GONGCHENGJINGJI

工程经济及电算法教程

■ 钟世谋　李小兵　孙京燕　编著

电子科技大学出版社
Http://www.uestcp.com.cn

图书在版编目（CIP）数据

工程经济及电算法教程／钟世谋，李小兵，孙京燕编著.
—成都：电子科技大学出版社，2005.1（2010.1 重印）
ISBN 978-7-81094-750-3

Ⅰ. 工…　Ⅱ. ①钟…　②李…　③孙…　Ⅲ. ①工程经济学—教材　②工程经济—电子计算机—计算方法—教材　Ⅳ. F40

中国版本图书馆 CIP 数据核字（2005）第 005413 号

内容提要

本书以工程经济评价方法为主线，全面系统地介绍了工程经济学的产生与发展、基本要素、分析方法的原理、静态评价指标、动态评价指标、不确定分析方法及方案的比较和评价指标的选择等工程经济学的基本概念、原理和方法。介绍了工程经济学在设备工程经济分析和可行性研究中的应用，工程经济评价指标的电子计算机计算方法。本书可作为高等学校工业工程、经济管理类和各种工程类专业本科生、研究生的教材，也可供工程技术人员、工程项目管理中的资产管理人员、成本管理人员、工程项目预测与决策人员、建设项目经济咨询与评价人员等作为工具书。

工程经济及电算法教程

钟世谋　李小兵　孙京燕　编著

出　　版：电子科技大学出版社（成都市一环路东一段 159 号电子信息产业大厦　邮编：610051）
组稿编辑：唐雅邻
责任编辑：唐雅邻　周元勋
主　　页：www.uestcp.com.cn
电子邮箱：uestcp@uestcp.com.cn
发　　行：新华书店经销
印　　刷：成都蜀通印务有限责任公司
成品尺寸：185mm×240mm　印张　21　字数　441　千字
版　　次：2005 年 1 月第一版
印　　次：2010 年 1 月第三次印刷
书　　号：ISBN 978-7-81094-750-3
定　　价：29.50 元

◆　本社发行部电话：028-83202463；本社邮购部电话：028-83208003。
◆　本书如有缺页、破损、装订错误，请寄回印刷厂调换。电话：028-84122206
◆　课件下载在我社主页“下载专区”。

前　言

工程经济已广泛应用于工程项目技术经济分析，其工程经济分析原理和方法在工程项目投资决策中备受青睐，它为工程项目投资决策提供了系统的分析方法。随着现代科学技术的迅猛发展，工程投资规模越来越大，工程项目的相关或制约因素愈来愈复杂，仅凭经验判断或简单筹划已不能满足准确、快速地进行工程项目决策的需要。工程经济的电子计算机计算方法提供了各种工程经济的定量评价模型和经济指标的计算模型，使工程项目方案评价人员能对输入的数据进行各种复杂的工程经济分析运算，实现数据的自动处理，并辅以图形可直观地分析所面临的各种复杂工程项目中的管理问题和经济问题。

工程经济已经历了百年历史，其工程经济分析和主要内容在国际、国内已经比较成熟，版本也屡见不鲜。为了适应教学和社会实践的需要，本教材在编写过程中使其内容融合了计算机算法，更突出了工程经济具有很强的实践性特点，能够为学生完成课程设计和毕业设计提供一本工具书，即可提高学生解决实际问题的能力和工程经济评价决策能力。

本教材是电子科技大学机械电子工程学院工业工程系列教材之一，适宜作为高等学校工业工程专业教材，也可供工程技术人员和工程项目管理中的各种投资管理人员、成本核算人员、工程项目预测与决策人员、建设项目经济咨询及评估人员等作为工具书。

在本教材的编写过程中，电子科技大学机械电子工程学院给予了极大的支持，众多教师同仁和本科生、研究生、工程硕士对该书提供了宝贵的意见和建议，在此致以诚挚的谢意。

由于编者水平有限，书中难免存在错误和不妥，恳请读者批评指正。

编　者

2004 年 12 月

重印前言

工程经济已广泛应用于工程项目技术经济分析，其工程经济分析原理和方法在工程项目投资决策中备受青睐，它为工程项目投资决策提供了系统的分析方法。随着现代科学技术的迅猛发展，工程投资规模越来越大，工程项目的相关或制约因素愈来愈复杂，仅凭经验判断或简单筹划已不能满足准确、快速地进行工程项目决策的需要。工程经济的电子计算机计算方法提供了各种工程经济的定量评价模型和经济指标的计算模型，使工程项目方案评价人员能对输入的数据进行各种复杂的工程经济分析运算，实现数据的自动处理，并辅以图形可直观地分析所面临的各种复杂工程项目中的管理问题和经济问题。

工程经济已经历了百年历史，其工程经济分析和主要内容在国际、国内已经比较成熟，版本也屡见不鲜。为了适应教学和社会实践的需要，本教材在编写过程中使其内容融合了计算机算法，更突出了工程经济具有很强的实践性特点，能够为学生完成课程设计和毕业设计提供一本工具书，即可提高学生解决实际问题的能力和工程经济评价决策能力。

本教材是电子科技大学机械电子工程学院工业工程系列教材之一，适宜作为高等学校工业工程专业教材，也可供工程技术人员和工程项目管理中的各种投资管理人员、成本核算人员、工程项目预测与决策人员、建设项目经济咨询及评估人员等作为工具书。

本教材此次重印修改，在第一版的基础上对第二章增加了部分内容，将第四章和第五章进行了调整，合并为第四章，增加了第五章价值工程。电子科技大学机械电子工程学院王皓老师和成都理工大学工业工程专业王笑非老师参与此次修改工作，在此致以诚挚的谢意。

由于编者水平有限，书中难免存在错误和不妥，恳请读者批评指正。

编　者

2008 年 1 月

目 录

第 1 章　工程经济概论

1.1　工程经济概念、对象和特点

1.1.1　工程经济概念

工程经济（Engineering Economics）是运用工程学和经济学等有关知识相互交融而形成的工程经济分析原理与方法，对能够完成工程项目预定目标的各种工程项目方案进行技术、经济论证，比较、优选出技术上先进、经济上合理的方案，从而为实现正确的投资决策提供科学依据的一门应用性学科。

工程经济学涉及的工程、技术、经济的基本含义是：

1. 工程，作为物质化的实体是指具体工程项目

工程项目按照性质的需要可以做出不同的分类，从投资使用方向和投资主体活动范围来看：有竞争性、基础性和公益性之分。竞争性项目主要是指那些投资收益水平较为显著，市场调节比较灵敏，参与市场竞争能力较强的项目，这类项目以盈利为主要目标，以经营为基本手段，其投资、融资直接面向市场，由投资主体自主决策、自担风险、自负盈亏，商业性和风险性最为显著，它们通常包括工业、商饮业、物流业、建筑业、房地产业、公共服务咨询业、金融业、保险业以及部分国家支柱产业的重点项目和高风险投资项目等；基础性项目主要是指那些具有一定的自然垄断性且其建设周期长、投资规模大、收益较低的基础产业和基础设施项目，这类项目与国计民生关系特别密切，对国民经济发展影响特别深远，使其投资、融资和建设难以完全推向市场，因为它们中有的不具备市场经济条件，有的竞争性较差，它们通常包括农业、林业、畜牧业、渔业和水利设施、能源、交通、城市公用设施等；公益性项目是指那些不以盈利为目标，自身属于公益性性质的投资项目。这类项目多数不形成明显的财务效益和经济效益，但社会效益显著。公益性项目主要是无偿投资，由政府担任投资主体，即由政府运用财政资金，以拨款方式安排政策性投资和建设。公益性项目主要包括科学、教育、文化、卫生、体育、环境保护、广

播电视等设施和国防建设等。

2. 技术，有狭义与广义之分

狭义的技术是指人们从事某种活动的技能。广义的技术是指人们控制自然和改造自然的手段。技术是多种多样的，在生产活动中的技术大致可以分为两类：一类是体现为机器、设备、厂房、建筑物、原材料、燃料与动力等的物质形态技术，又称为硬技术；另一类是体现为工艺、方法、配方、程序、仪器、技能、规划和谋略等管理能力和非物质形态的技术，又称为软技术。

3. 经济，在不同的范畴内有不同的含义

一是指生产关系的总和，这是上层建筑建立的基础，如经济制度；二是指社会再生产过程中各个环节的经济活动，如生产、分配、交换、消费等的社会经济活动；三是指一个社会或国家的国民经济的总称及其组成部分，如工业经济、农业经济、商业经济等；四是指节省或节约，如经济效益、经济合理性等，它包含和强调对人力、物力、资金、自然资源、时间的合理利用和节约使用的意思。在工程经济分析中较多地是在生产、再生产的社会活动过程中节约、节省的概念上使用这个名词。

显然，上述含义表明，工程经济涉及技术和经济之间的关系，它既不是研究纯技术问题的技术科学，也不是研究纯经济问题的经济科学，它是为了保证工程技术更好地服务于经济，最大限度地利用社会资源，去研究寻找技术与经济的最佳结合点，在具体目标和具体条件下，获得投入产出的最大效益的学科。

1.1.2 工程经济的研究对象

工程经济的研究对象是工程项目技术经济分析的最一般方法，即研究采用何种方法，建立何种方法体系，才能正确估价工程项目的有效性，才能寻求到技术与经济的最佳结合点。工程经济为具体工程项目分析提供方法基础，而工程经济分析的对象则是具体的工程项目。这里所说的工程项目是广义的，是由特定的管理主体负责的，包括被管理对象和管理手段在内的系列活动的整体。它们通常要求在规定时间和地点（领域），按照一个总体设计或初步设计，为完成某项或某系列发展目标而开展相应的工作或活动，必须是一个便于计划、筹资和执行的项目单位。它可以是大型项目，如神府煤炭开发项目（其中包括由16对大型矿井、1个洗煤厂、1个自备火力发电厂以及3条铁路、1个海港、1个海运船队构成的特大型集团项目）、京九铁路工程、三峡水利工程等。也可以是一项小的技术改造项目。把这些同一性质或虽然性质不尽相同但有密切联系的投资活动纳入特定的项目或项目系统，旨在统一规划、设计、指挥和协调，以便更充分地利用投资资源，更快地更有效地发挥投资效益。

1.1.3 工程经济的特点

工程经济是工程技术与经济核算相结合的边缘交叉学科，是自然科学、社会科学密切交融的综合科学，是一门与生产建设、经济发展有着直接联系的应用性学科。它具有以下几个显著的特点：

1. 理论联系实际

工程经济是西方经济理论的延伸，它具体研究资源的最佳配置，许多理论概念，如投资、费用、成本、寿命周期等均来自于西方经济学。因此，要正确地运用工程经济分析方法，必须要正确地把握经济学中的基本概念，了解经济学所描述的经济运行过程。对工程项目进行的分析、论证、评价，都是经济建设中亟待解决的实际的工程技术经济问题。因此，工程经济学的分析要密切结合国家和地区的自然资源特点、物质技术条件和社会经济状况，并结合具体情况具体分析。工程经济分析所需的各种数据和资料必须来源于实践，其分析成果、优选方案、论证结果、技术经济评价等，也都要用于生产实践或社会实践。

2. 定量与定性分析

工程经济对问题的分析过程，是以定性出发，通过定量，再返回到定性。即首先从工程项目的行业特点、分析的目标要求、基本指标的含义出发，通过资料的搜集、数据的计算得到一系列判别指标，最后通过实际指标与基准指标的对比，不同方案之间的经济指标的对比，对工程项目各方案做出优劣判断，是定性分析与定量分析的密切结合。

3. 系统分析与平衡分析

工程经济是一门系统分析的科学，任何一项工程项目都不是孤立存在的。一项工程项目的实施，是在一定的客观环境中进行的，要受到社会、政治、经济等客观条件和自然环境、自然条件的限制。从系统工程来看，不仅它本身是一个系统，而且它又是整个社会、政治、经济大系统的一个组成部分，是一个子系统。因此，要评价一个工程项目的经济效益时，必须用系统的思想和系统论的观点，把工程经济问题放在整个社会的技术、经济大系统中去研究、考察和分析它们同系统各组成部分之间的关系及其影响，才能得出正确的结论。在对任何工程项目方案决定取舍之前，都应找出可类比的工程项目方案，找出若干不同的采纳方式、采纳条件。这样，就可以在任何一种具体条件下决定取舍某一方案的时候，做到综合各方面因素，以便选择出最恰当的方案，并赋以最恰当的条件，保证采用技术的先进性，经济的合理性，达到最优的技术与经济的平衡点。

4. 统计预测分析与不确定性分析

工程经济是一门对未来实施的工程项目方案事前进行计算、分析、比较、评价和选优的科学，具有明显的预测性。工程项目中的投资、市场需求、成本、费用、收益、风险等均是预先估算，根据过去和现在的实际情况，推断未来将会发生的结果。因此，评价结论的准确性与预测数据的可行性有着密切的关系。但是，未来是不确定的，技术、经济预测的结果有一定的不确定性。为了提高决策的精确性和科学化水平，还要对工程项目的经济指标进行敏感性分析和概率分析等不确定性分析，以提高工程项目方案的可靠程度、抗风险能力。

1.2 工程经济的产生与发展简史

1.2.1 工程经济学的产生

工程经济是建立在技术与经济基础之上的一门学科，它的产生有其历史原因。直到 19 世纪末，工程师的工作仍然是把科学家的发明转变为有用的商品，他们仅仅关心机器设计、制造和运转，很少注意到有限资源的合理配置，投资活动的风险。随着科学技术的飞速发展，社会投资活动的增加，工程师的职责范围不断扩大，他们不得不对许多工程问题进行决策，例如，相比较的工程项目设计方案应该选择哪一个？正在使用的机器是否应该更新？在有限资金的情况下，如何选择投资方案？这些问题都会涉及方案的选择，需要考虑经济问题。因此，工程师要在日益复杂的经济环境下做出正确的决策，必须兼有工程学和经济学知识，掌握技术、经济的评价方法。这样就促成了工程经济学的产生。

1.2.2 工程经济的发展简史

工程经济的发展史大约有 100 多年。1887 年，美国的土木工程师亚瑟·M·惠灵顿（Arthur M. Wellington）出版的《铁路布局的经济理论》（The Economic Theory of Railway Location）一书，对工程经济做出了精辟的评述：“不把工程学简单地理解和定义为建造艺术是很有用处的，从某种意义来说，工程经济并不是建筑艺术，我们不妨把它精确地定义为一门少花钱多办事的艺术”。他的论点开辟了工程领域中的经济评价工作，他首次将成本分析方法应用于铁路的最佳长度和路线的曲率选择问题，并提出了工程利息的概念。1920 年，欧•哥德曼（O. B. Goldman）教授，在其著作《财务工程》（Financial Engineering）中，研究了工程结构的投资问题，提出了用复利法来确定方案的比较值。并说：“有一种奇怪而遗憾的现象，就是许多作者在他们的工程书籍中，没有或很少考虑成本问题。实际上，工程师的最基本的责任，是分析成本，以达到真正的经济性，即赢得最大可能数量的货币，获得最佳财务效率。”欧•哥德曼为工程经济学中许多基本原理的产生奠定了基础。1930 年，尤金•L•格兰特（Eugeue L. Grant）教授出版了《工程经济学原理》一书，第一次对工程经济学原理作了系统的论述，该书历经半个世纪，到 1982 年已再版六次，是一本公认的学科代表著作。在《工程经济学原理》一书中，他指出了古典工程经济学的局限性，提出要以复利计算为基础，讨论了判别因子和短期投资评价的重要性，对长期资本投资评价作了介绍。格兰特教授的卓越贡献获得社会承认，被誉为“工程经济学之父”。经济学家乔尔•迪安（Joel Dean）将凯恩斯等经济学家的理论结合起来，提出了分析资源配置中各种影响因素的方法，在他的影响下，折现的理论现金流量法和资本分配法等工程经济学中许多基本的研究方法应运而生。到 1982 年里格斯（J. L. Riggs）出版了《工程经济学》一书，系统阐述了工程经济学的内容。该书具有观点新颖、内容丰富、论述严谨的特点，把《工程经济学》的学科水平向前推进了一大步。

我国对工程经济的研究和应用起步于 20 世纪 70 年代后期。1978 年联合国工业发展组织为了推动发展中国家开展可行性研究，编写和发行了“工业可靠性研究手册”和“工业项目评价手册”，我国及时翻译出版并推广应用。1983 年有关部门颁发了《关于建设项目可行性研究的试行管理办法》，在经济建设中普遍开展了技术、经济分析论证工作和建设项目的可行性研究工作。1987 年，为了推进建设项目经济评价工作的开展，实现工程项目决策科学化、民主化，减少和避免投资决策失误，提高投资经济效益，有关部门又颁发了《建设项目经济评价方法与参数》，要求在大中型基本建设项目和限额以上技术改造项目中贯彻执行。这些评价方法中出现了工程经济学的若干基本概念，在工程项目投资决策分析、项目评估和管理中，已经广泛地应用工程经济学的原理和方法。

1.3　工程经济分析的重要意义

一个国家、一个地区或一个部门，其经济发展水平和增长速度，不仅取决于投入的人力、物力和财力的数量，而且还取决于这些投入能否得到充分有效的利用，能否发挥出最大的效益。工程经济分析就是要使这种投入能够得到合理利用，发挥出最大的效力。其意义在于：

1. 工程经济分析是提高工程项目合理利用资源的有效保证

工程项目的建设要占用各种有限资源。对拟建项目，必须从中选出对经济发展有重要影响，社会效益、经济效益好的项目，予以资金、人力、原材料、能源等等的支持，所以，如何以最低的成本可靠地实现产品的必要功能是项目管理部门必须考虑和解决的问题，而要做出合理分配和有效利用资源的决策，则必须同时考虑技术与经济方面的因素，进行工程经济分析，做出正确的投资决策。

2. 工程经济分析是降低项目投资风险的有效途径

随着科学技术的迅猛发展，各种新技术、新设备、新工艺和操作方法以及新材料、新能源层出不穷，使得实现同一目标的方案越来越多，达到同一目标的手段也越来越多，选择项目方案就要从技术——经济出发，对方案的效益水平进行全面分析、评价和比较，寻求技术与经济的最佳结合。工程经济分析方法就是克服盲目投资，避免不必要的损失，保证每项投资获得预期收益的有效途径。

3. 工程经济学是连接技术与经济的桥梁

技术与经济是一对互相制约、互相依存的矛盾体。工程离不开技术，而先进的技术并不一定能够在工程中得到应用。即技术上的先进性并不等同于经济上的合理性，不是在任何时候，先进的技术应用都能带来经济上的高效益。工程经济分析是横跨技术与经济之间的桥梁，是寻求技术与经济两者有机结合的直接途径，是改变技术与经济脱离的有效措施。通过工程经济分析方法寻找技术与经济的最佳结合点，在具体目标和具体条件下，获得投入产出的最大效益。

1.4 工程经济分析的基本原则

1. 工程经济分析强调的是以技术可行为基础

工程经济学的研究内容是在技术上可行的条件已确定后，也就是在技术可行性研究的基础上进行经济合理性的研究与论证工作。工程经济学不包括应由工程技术学研究解决技术可行性的分析论证内容。它是为技术可行性提供经济依据，并为改进技术方案提供符合社会采纳条件的改进方案的途径。

2. 提供尽可能多的备选方案

多数情况下的设计、决策变量还不可能是连续的，只能在给定方案中进行选择。所谓决策，就是在两个或两个以上的备选方案中做出选择。因此，形成尽可能多的备选方案是提高工程设计和决策水平的基础。如果一旦忽略了潜在的、可行的备选，就可能失去进一步优化决策的机会。工程技术人员经常要多问诸如“还有没有其他可行的方案？”此类的问题。在形成备选方案过程中，工程技术人员的创新精神是极为重要的。

3. 形成比较的基础，着眼于各个方案的差异比较

不同方案的使用寿命、产出效益（功能）、投资和运行费用可能都不相同。工程经济分析更注意项目方案的可比性。如果两个方案的寿命期不同，就失去了总费用比较的基础，就要设法通过更新，使寿命期相同，或者采用年度费用作为比较的基础。又如，费用支出总量相同，而分布的时间不同，比较费用总量就没有意义。功能相同的设备，投资大的项目的经常性运行费用就比较省，投资小的项目运行费用就高。由于投资是近期的支出，运行费用是日后的支出，简单加总的比较是没有意义的。这就是设法通过考虑资金的时间价值的换算来比较。在以后的章节中会详细说明这种比较的方法和指标。

只有方案产生结果的差别才对方案的比较选择有意义，因此我们可只集中注意方案结果之间有差异方面的比较。功能完全相同的，可只比较费用；投资相同的，可只比较经常性的运行费用；费用相同的，可只比较功能和效用。

4. 选择影响正确决策的恰当的成本费用数据

成本或费用有很多不同的含义。从会计角度，为了保证会计数据的完整，按交易发生时的凭证加以记录，称为会计成本，也称为账面或历史成本。从财务税收角度，考虑税收的合理性和及时性，成本是按一定周期（年、季或月）与收入相对应调整的成本费用，也称为应税成本。除了包含在产品内各种物料投入费用外，还包括各种税法规定的费用分摊，如折旧和摊销等非现金成本，还有与其他用途相对应的成本，如单位产品成本、全寿命周期成本、固定成本、可变成本等。在工程经济分析中，成本费用（包括收入）的界定是为今后的决策服务的，这与会计、财务或税收的成本费用不同。其主要区别是：工程经济分析中强调的是机会成本，而避免用与此对立的沉没成本。

作为决策，采用机会成本是合理的。只有把有可能实现的、最大的效益牺牲作

为成本，才能保证决策有现实性，而又不浪费资源。

5. 充分揭示和估计项目的不确定性

对工程项目的经济分析涉及对未来可能发生结果的预测和估计。这些结果都具有不确定性。这种不确定性是无法避免的，即便是不搞工程项目，按现状延续的“无”项目，将来可能出现的变化也是不确定的。分析人员的任务是尽可能事先揭示和估计这种不确定性有多少及对项目的影响程度。

思考题及作业

1. 什么是工程经济学？
2. 如何从广义上认识工程经济的研究对象？
3. 工程经济学有哪些特点？
4. 进行工程经济分析的重要意义是什么？
5. 工程经济分析有哪些基本原则？

第 2 章 工程经济分析的基本经济要素

对建设项目进行工程经济分析和评价时，将涉及许多基本经济要素，诸如投资、资产、成本、销售收入、利润与税金等。这些基本经济要素是进行建设项目财务评价和国民经济评价不可缺少的基础数据。而对这些基础数据的认识和测算将直接影响工程项目方案评价及选择的质量。

2.1 投资与资产

2.1.1 投资

投资从一定意义上讲是指为了将来获得收益或避免风险而进行的资金投放活动，是事先垫付的资金及其经济行为。在工程项目建设中，投资可以是购买一个单体设备的项目，或者可以是开发一个新的工艺流程的项目，还可以是建设一座工厂或一个联合企业的项目，也可以是对原有项目或企业进行更新改造的项目，以及可以是购买和取得无形资产等。在建设项目的工程经济分析和评价中，有不同种类的投资：

（1）按其与形成真实资产关系的直接程度，可划分为直接投资与间接投资。

① 直接投资，是指投资者运用筹措的资金，直接开厂设店，独立经营，或收买原有企业，或与其他投资者合资经营，合作经营、合作开发等，从而获得支配企业经营管理的权利。直接投资一般都能增加真实资产存量，为最终生产产品和提供劳务创造物质基础。

② 间接投资，是指投资者运用资金购买股票、债券等有价证券以收取一定的股息或利息为目的的投资行为。间接投资只能形成虚拟资产，本身并不直接导致生产能力、服务能力的增加。

（2）按其形成真实资产的内容可划分为固定资产投资、流动资产投资、无形资产投资与其他资产投资。

① 固定资产投资，是指购建新的固定资产或更新改造原有固定资产的投资。固定资产投资是指在项目投产时将直接形成固定资产的建设投资，如房屋、建筑物、机器设备、运输工具、环境设施等。它的一个重要特点是，在生产经营过程中，其价值随着固定资产的磨损，以折旧形式逐渐地计入产品成本，并随着产品价值的实现而分次地得到补偿。固定资产投资又可以分为固定资产简单再生产投资和固定资产扩大再生产投资，前者是指维持固定资产原有规模的投资，而后者则是指使固定资产规模有所扩大的投资。固定资产扩大再生产投资也可以继续划分为内含型和外延型。前者是指投资之后生产要素的质量得以提高，后者则是指生产要素的数量得以增加。

② 流动资产投资，是指在项目运营期内长期占用并周转使用的营运资金投资，如现金、各种存款、各种存货（原材料、在产品、半成品、产成品和商品）等。流动资产的一个重要特点是，在生产经营过程中，其价值一次性转移到产品成本中去，并随着产品价值的实现而得到补偿。

③ 无形资产投资，即为了获得无形资产而支付的资金。是指将直接形成无形资产的建设投资，包括专利权、非专利技术、商标权、著作权、土地使用权、商誉等。

④ 其他资产投资，是指不能一次计入当年损益，应在以后年度内分期摊销的费用，具体包括开办费、租入固定资产的支出等。开办费是筹建期内已由投资垫付的不应计入有关实物资产的费用。租入固定资产的支出，是指由于租入资产的产权不属于本企业，故不能作固定资产投资，而以改良支出作为其他资产，用投资垫付，在生产后分期摊销。

不管是固定资产投资，还是流动资产投资，都必须在项目投产前预先垫付。

2.1.2 资产

资产就是企业拥有或控制的以货币计量的经济资源，包括各种财产、债权和其他权利。它是企业从事生产经营活动的物质基础，并以各种具体形态分布或占用在生产经营的全过程中。根据资本保全原则，当建设项目建成投产运营时，前期的资产投资和新增投资将按规定形成固定资产、流动资产、无形资产和其他资产。

（1）固定资产，是指使用年限在一年以上，单位价值在规定标准以上，并且在使用过程中保持原有物质形态的资产，包括房屋及建筑物、机器设备、运输设备、工具器具等。其特点是：从实物形态上看，固定资产能以同样的实物形态为连续多次生产周期服务，而且在长期的使用过程中始终保持原有的物质形态。从价值形态上看，固定资产由于可以以同样的实物形态为连续多次的生产过程服务，因此固定资产的价值应当随着固定资产的使用磨损，以折旧的形式分期分批地转移到产品的价值中去，构成产品价值的组成部分。从资金运动来看，固定资产所占用的资金循环一次周期较长，通过折旧得到补偿与收回的部分将转化为货币资金。

在工程经济分析所考虑的期限终了时，固定资产还可以出卖换回的价值称为固定资产残值。由于固定资产（机器设备）的出卖还需一笔拆迁费，所以通常所说的固定资产残值是扣除拆迁费以后的净残值，净残值也可能为负数。固定资产残值通常是由有经验的资产管理人员评估与预测，固定资产残值不同于会计账面上的固定资产净值。

（2）无形资产，是指没有物质实体，但却可使拥有者长期受益的资产。它是企业拥有的一种特殊权利，它有助于企业取得高于一般水平的获利能力，它主要包括专有技术、专利权、商标权、著作权、土地使用权、经营特许权、商誉权等等。

（3）其他资产，是指不能全部计入当年损益，应当在以后年度内分期摊销的各项费用。它包括开办费、租入固定资产的支出以及摊销期限在一年以上的其他待摊费用。

（4）流动资产，是指可以在一年内或者超过一年的一个营业周期内变现或者耗用的资产，包括现金、各种存款、短期投资、应收及预付款、存货等。存货是指企业在生产经营过程中为销售或者耗用而储备的物资，如材料、燃料、低值易耗品、在产品、半成品、产成品、协作件和商品等。在流动资产中，现金及各种存款是企业在生产经营过程中停留于货币形态的那部分资产，它具有流动性大的特点。企业要进行生产经营活动，首先必须拥有一定数量的现金和各种存款，以支付劳动对象、劳动手段和活劳动方面的费用，通过生产经营过程，将劳动产品销售出去，又获得这部分资金。流动资产中存货的价值占有较大的比重，它包括为企业销售或制造产品所耗用而储备的一切物资。其特点是不断处于销售和重置或耗用和重置之中。一般情况下，其价值一次转移，并随着产品销售的实现，被耗用的价值一次性得到补偿。

投资是一个动态的资金运动过程，投资运动是从货币资金形成、筹集开始，通过建造和购置转换成资产，直到产品销售后投资的回收与增值，再完成新的一轮投资，构成了投资的循环与周转。

2.2　产品成本费用

产品成本是企业生产经营活动的重要综合性指标之一，是企业在产品生产和销售过程中所发生的费用。按工程经济分析的不同需要，可分为总成本费用、经营成本、固定成本和可变成本。

2.2.1　总成本费用

总成本费用是指项目在一定时期内（一般为一年）为生产和销售产品所花费的全部费用。总成本费用由产品制造成本（生产成本）及期间费用组成。

$$总成本费用 = 产品制造成本 + 期间费用 \tag{2-1}$$

1. 产品制造成本

产品制造成本是指工业企业为制造一定种类和数量的产品所发生的各项生产费用的总和。制造成本项目一般包括：直接材料费、直接工资、其他直接支出及制造费用等。

（1）直接材料费

制造成本中的直接材料是指在生产过程中直接消耗于产品各种物资的费用。它包括生产经营过程中实际消耗的原材料、辅助材料、备品配件、外购半成品、燃料、动力、包装物以及其他直接材料的费用。

（2）直接工资

生产成本中的直接工资是指在生产过程中直接从事产品生产人员的工资性消耗。它包括直接从事产品生产人员的工资、奖金、津贴和各类补贴。

（3）其他直接支出

生产成本中的其他直接支出主要包括直接从事产品生产人员的职工福利费等。

（4）制造费用

生产成本中的制造费用是指发生在生产单位的间接费用。它包括生产单位管理人员工资、职工福利费，生产单位房屋建筑物、机器设备折旧费、修理维护费、机器物料消耗、低值易耗品、取暖费、水电费、办公费、差旅费、运输费、保险费、设计制图费、试验检验费、劳动保护费、季节性及修理期间的停工损失等费用。

上述直接材料、直接工资及其他直接支出构成了产品的直接成本；制造费用则构成产品的间接成本。直接成本加上间接成本即构成了产品的制造成本即生产成本。

2. 期间费用

期间费用包括管理费用、财务费用、销售费用等。

（1）管理费用

管理费用是指企业行政管理部门为管理和组织生产经营活动所发生的一般管理费用。它包括管理人员工资和福利费、折旧费、修理费、无形资产及其他管理费用

（办公费、差旅费、劳动保护费、技术转让费、土地使用费等）。

（2）财务费用

财务费用是指为了筹集资金而发生的各项费用，包括生产经营期间发生的利息净支出及其他财务费用（汇兑净损失、外汇调剂手续费、支付给金融机构的手续费等）。

（3）销售费用

销售费用是指为了销售产品和提供劳务而发生的各项费用，包括销售部门人员工资、职工福利费、折旧费、修理费及其他销售费用（广告费、办公费、差旅费等）。

在计算总成本费用时，要注意扣除原材料消耗中自产自用部分，以免重复。

工业企业的生产成本，将随着产品的销售而转为销售成本；销售费用、管理费用和财务费用都属于期间费用，应分别进行核算，计入当期损益，并在利润中反映出来。

产品成本费用构成如图 2-1 所示。

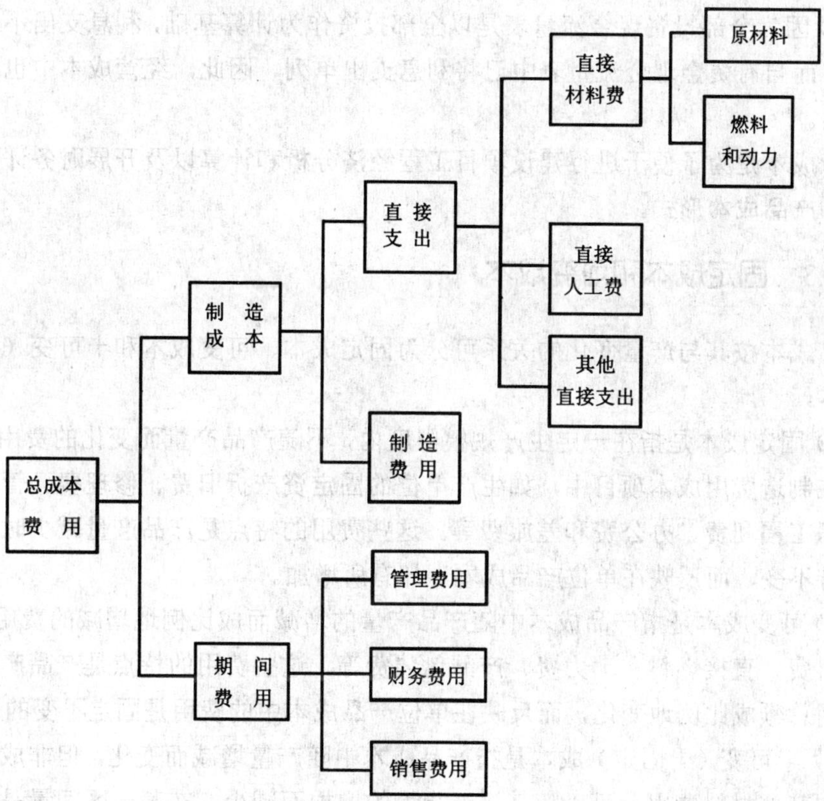

图 2-1　产品成本构成图

2.2.2 经营成本

经营成本是指总成本费用扣除固定资产折旧费、维简费、无形资产及其他资产摊销费和利息支出以后的费用。其公式为

$$经营成本=总成本费用-折旧费-维简费-摊销费-利息支出 \quad (2\text{-}2)$$

经营成本中不包括折旧费、维简费、摊销费及流动资金贷款利息是因为：

（1）现金流量表反映项目在计算期内逐年发生的现金流入和流出。与常规会计方法不同，现金收支在何时发生就在何时计入，不作分摊。由于投资已在其发生的时间作为一次性支出被计入现金流出，所以不能再以折旧和摊销的方式计为现金流出，否则会发生重复计算。因此，作为经常性支出的经营成本中不包括折旧和摊销费，同理也不包括“维简费”。

（2）因为全部投资现金流量表是以全部投资作为计算基础，利息支出不作为现金流出，而自有资金现金流量表中已将利息支出单列，因此，经营成本中也不包括利息支出。

经营成本是为了便于进行建设项目工程经济分析和计算以及开展财务评价而设置的一种产品成本形式。

2.2.3 固定成本和可变成本

产品成本按其与产量变化的关系可分为固定成本、可变成本和半可变（或半固定）成本。

（1）固定成本是指在一定生产规模限度内，不随产品产量而变化的费用。它一般包括在制造费用成本项目中，如生产单位的固定资产折旧费、修理费、管理人员工资及职工福利费、办公费和差旅费等。这些费用的特点是产品产量减少时，费用总额保持不变，而反映在单位产品成本上却有所增加。

（2）可变成本是指产品成本中随产品产量的增减而成比例地增减的费用，如直接原材料费、直接燃料和动力费、产品包装费等。这些费用的特点是产品产量变动时，费用总额成比例地变化，而反映在单位产品成本中的费用是固定不变的。

（3）半可变（半固定）成本是指产品成本中随产量增减而变化，但非成比例地变化，如某些材料费用，可以随某一订货量的增加而减少，在某一区间量是一个单价，而在另一个区间量则又是另一种单价。

2.3　销售收入、利润和税金

2.3.1　销售收入

销售是企业经营活动中的一项重要环节。产品销售过程是产品价值的实现过程。销售收入是企业垫支资金的回收或资金增值的实现，它是企业生产成果的货币表现。

企业销售收入是指企业销售产品或提供劳务等取得的收入，包括产品销售收入和其他销售收入。产品销售收入包括销售产成品、自制半成品、工业性劳务取得的收入；其他销售收入包括材料销售、维修、技术转让、包装物出租、外购商品销售、承担运输等非工业性劳务所取得的收入。即

$$销售收入 = 产品销售量 \times 销售单价 \tag{2-3}$$

随着市场经济的建立，企业的销售与市场的关系日益密切。企业销售收入的实现，表明企业生产的产品得到了社会的承认。企业销售收入是补偿企业生产耗费的资金来源，是保证企业再生产连续进行的前提条件，是企业取得盈利的前提，也关系到企业在激烈的市场竞争中的生存与发展。

企业发生的销售产品退回、销售折让、销售折扣，应冲减当期的销售收入。

2.3.2　利润

利润是企业在一定时期内全部生产经营活动的最终成果。利润的实现表明企业生产耗费得到了补偿，并取得了盈利。企业利润既是国家财政收入的基本来源，又是企业扩大再生产的重要资金来源。利润指标能够综合反映出企业的经营水平和管理水平。

企业实现的利润，一部分以税金形式上交国家；另一部分按规定进行分配。

《企业财务通则》规定：“企业的利润按照国家规定作相应的调整后，必须依法缴纳所得税。缴纳所得税后的利润，除国家另有规定外，按照下列方式分配：(1)被没收财物损失，违反税法规定支付的滞纳金和罚款。(2)弥补企业以前年度亏损。(3)提取法定公积金。法定公积金用于弥补亏损，按照国家规定转增资本金等。(4)提取公益金。公益金主要用于企业职工的集体福利设施支出。(5)向投资者分配利润。企业以前年度未分配的利润，可以并入本年度向投资者分配。”

衡量利润水平的指标有：利润总额和利润率。

1. 利润总额

利润总额包括销售利润、投资收益和营业外收支净额。企业利润总额按照下列公式计算：

$$\text{利润总额} = \text{销售利润} + \text{投资净收益} + \text{营业外收入} - \text{营业外支出} \tag{2-4}$$

其中

$$\text{销售利润} = \text{产品销售利润} + \text{其他销售利润}$$

$$\text{产品销售利润} = \begin{matrix}\text{产品}\\ \text{销售收入}\end{matrix} - \begin{matrix}\text{生产}\\ \text{成本}\end{matrix} - \left(\begin{matrix}\text{管理}\\ \text{费用}\end{matrix} + \begin{matrix}\text{销售}\\ \text{费用}\end{matrix} + \begin{matrix}\text{财务}\\ \text{费用}\end{matrix}\right) - \text{产品销售税金及附加}$$

$$\text{其他销售利润} = \text{其他销售收入} - \text{其他销售成本} - \text{其他销售税金及附加}$$

投资净收益是指投资收益扣除投资损失后的数额。投资收益包括对外投资分得的利润、股利和债券利息等。投资损失包括投资作价损失、投资到期收回或者中途转让取得款项低于账面净值的差额等。

工业企业的营业外收入和营业外支出是指与企业生产经营无直接关系的各项收入和支出。营业外收入包括固定资产盘盈、处理固定资产净收入、罚没收入、罚款收入、确实无法支付的应付款项、以前年度的收益等。营业外支出包括固定资产盈亏、报废毁损、职工子弟学校经费和技工学校经费、研究与开发失败损失、非常损失、公益救济性捐赠、罚息、赔偿金、违约金、以前年度损失等。

2. 利润率

利润率有以下三个衡量指标：

（1）资本金利润率。资本金利润率是企业的利润总额与资本金总额的比率。资本金是企业吸收投资者投入企业经营活动的各种财产物资的货币表现。资本金利润率的计算公式为

$$\text{资本金利润率} = \frac{\text{利润总额}}{\text{资本金总额}} \times 100\% \tag{2-5}$$

资本金利润率是衡量投资者投入企业资本金的获利能力。在市场经济条件下，投资者关心的不仅是企业全部资金所提供的利润，更关心投资者投入的资本金所创造的利润。资本金利润率指标越高，反映企业资本的获利能力越大。资本金利润率也是向投资者分配股利的重要参考依据。一般，向投资者分配的股利率要低于资本金利润率。

（2）销售收入利润率。销售收入利润率是企业的利润总额与销售净收入的比

率，其计算公式为

$$销售收入利润率 = \frac{利润总额}{销售收入净额} \times 100\% \tag{2-6}$$

所谓销售收入净额，是指企业销售收入减去当期销售收入中扣除的项目，如销货折扣、销货折让和销售退回等。

销售收入利润率反映企业每百元销售收入所创造的利润。一般，销售收入利润率越高越好。

（3）成本费用利润率。成本费用利润率是指企业的利润总额与成本费用总额的比率。它反映企业投入与产出之间的比例关系。其计算公式为

$$成本费用利润率 = \frac{利润总额}{成本费用总额} \times 100\% \tag{2-7}$$

一般，企业在一定时期内的成本费用水平越低，利润总额越高，则企业的投入产出效果越好。

2.3.3 税金

税金是指企业根据国家税法规定向国家缴纳的各种税款，是企业为国家财政提供积累的重要方式。

税收是国家参与国民收入分配和再分配的一种形式，具有强制性、无偿性和固定性的特点。我国税收制度具有鲜明的时期特点，是国家对各项经济活动进行宏观调控的重要杠杆。

本节就投资项目现金流量所涉及的主要税种按现行税法规定的税日、税率、计税依据作简要介绍：

1. 增值税

增值税是以商品生产、流通和提供加工、修理、修配、劳务等各环节的增值额为征税对象的一种流转税。根据规定，在境内销售货物、进口货物以及销售应税劳务，均应缴纳增值税。因此，不仅在生产环节销售货物要缴纳增值税，而且在商业批发和零售环节销售货物也需缴纳增值税。增值税的征收范围具体包括：（1）销售货物；（2）销售劳务；（3）视同销售货物；（4）混合销售行为；（5）出口货物；（6）进口货物。

增值税率分为基本税率、低税率和零税率三档，低税率为13%，基本税率为17%，零税率为一种优惠税率。报关出口的货物适用零税率，但政府另有规定的除外。

增值税的计税依据是增值额，即对生产经营过程中活劳动所新创造的价值课税，即对商品生产和流通中各环节的新增价值或商品附加值进行征税。增值税的计算公

式如下：

（1）扣额法。直接以增值额为计税依据，即

$$应缴纳增值税额 =（销项金额 - 进项金额）\times 税率 \quad (2\text{-}8)$$

（2）扣税法。间接以增值税额为计税依据，即

$$应纳增值税额 = 销项税额 - 进项税额 \quad (2\text{-}8')$$

在理论上，扣额法和扣税法是一致的，只是计算顺序不同。

2. 消费税

消费税是指对一些特定消费品或消费行为的流转额或流转量作为课税对象的一种税，属于流转税范围。它是国际上普遍通行的一个税种。

根据规定，在境内生产、委托加工和进口应缴纳消费税的消费品（简称应税消费品）的单位和个人，为消费税的纳税义务人，应按规定缴纳消费税。这就说明消费税仅就生产环节、委托加工环节和进口环节征收，在其他环节，如流通环节，一般不征收。11类消费品纳入了消费税征收范围。如特殊消费品（烟、酒、鞭炮、烟花等），奢侈品、非生活必需品（化妆品、贵重首饰及珠宝、玉石等），高耗能消费品（小汽车、摩托车等），不可再生和不可替代的石油类消费品（柴油、汽油等），对财政收入意义较大的产品（汽车轮胎、护肤护发品等）。消费税有从价定率和从量定额两种征收方法，不同的税目，所适用的税率、税额是不同的。如卷烟类税率为45%，啤酒每吨税额为220元等。

消费税的计算如下：

（1）从价定率计税。指以应税商品的价值量为计税依据。其公式为

$$应纳税额 = 销售额 \times 税率 \quad (2\text{-}9)$$

（2）从量定额计税。指以应税商品的数量为计税依据。其公式为

$$应纳税额 = 销售数量 \times 单位税额 \quad (2\text{-}9')$$

3. 营业税

营业税是指以营业额为课税对象的一种流转税，是工商税制中的一个重要税种。根据规定，在境内提供应税劳务、转让无形资产或销售不动产的单位和个人，都应按规定缴纳营业税。

营业税的征收范围是：交通运输业、建筑业、金融保险业、邮电通信业、文化体育业、娱乐业和服务业7个行业的劳动提供；转让土地使用权、商标权、专利权、非专利技术、著作权、商誉等无形资产；销售不动产和混合销售行为。税率则采用比例税率，按税目设置。除娱乐业税率规定为5%～20%的幅度税率，由地方自定外，营业税仅设置了3%和5%两档税率。营业税额可按下式计算：

$$应纳税额 = 营业额 \times 适用税率 \tag{2-10}$$

4. 企业所得税

企业所得税是对企业（纳税人）的净所得额征收的一种税。这里的企业是指所有进行独立核算的企业和其他经营组织，包括国有企业、集体企业、私营企业、联营企业、股份制企业和其他有经营收入的组织。外商投资企业和外国企业除外。

企业所得税的计税依据是企业应税所得额，即纳税人在纳税年度取得的总收入减去税法准予扣除项目后的余额。其计算公式为

$$应税所得额 = 收入总额 - 税收准予扣除项目金额 \tag{2-11}$$

其中，税收准予扣除项目包括国家有关规定的核算成本、费用、税金和损失等项目的金额和税收调整项目的金额。

企业所得税的税率为 25%。

计征企业所得税额的关键是确定计税所得额。有了计税所得额就可以乘以适用税率计算出所得税额，最后再考虑有无税收优惠和税率抵免，以确定实际缴纳所得税额。即

$$应纳所得税额(T) = 应纳税所得额 \times 适用税率 - 减免税额 - 抵免税额 \tag{2-12}$$

若企业上期期末存在其他所得税额或预付所得税额，则

$$本期实际应纳税额 = T + 期初其他所得税额 - 期初预付所得税额 \tag{2-13}$$

5. 城市维护建设税

城市维护建设税是以纳税人实际缴纳的消费税、增值税、营业税额为计税依据和规定的税率计算征收的一种税。税率依企业所在地的不同而有区别。

6. 房产税

房产税是向房产的产权所有人征收的一种税，按照房产的余值或出租房屋的租金收入征收。计算公式为

$$应纳税额 = 房产原值 \times (1 - 折扣率) \times 税率 \tag{2-14}$$

式中，折扣率按房屋新旧程度，取值范围为 10%～30%之间，税率为 1.2%；从租金收入征收，依照租金收入的 12%计算纳税。

7. 土地使用税

土地使用税是国家在城市、农村、县城、建制镇和工矿区，对使用土地的单位和个人征收的一种税。根据地域有差别地规定单位面积年税额。

国家规定，对农、林、牧、渔业的生产用地，军队及事业单位的自用土地免征土地使用税。对一些重点发展产业有相应的减免规定。

8. 教育费附加

教育费附加主要作为教育专项基金，用于各地改善教学设施和办学条件。凡缴纳增值税、营业税和消费税的单位和个人应同时缴纳教育费附加，其计征依据是实缴纳的上述三种税的税额乘以税率，教育费附加税率为3%。

2.4 成本和费用估算技术

在前面的章节中，曾经讲过工程经济分析实质上是研究不同方案在投资效益上的差别，即选择投资最少且得到满意经济效益的方案。在方案选择过程中，用于工程项目经济分析的现金流并不是已知的、实施得出的数据，而是基于项目建设阶段的投资成本及费用和运营阶段收益及成本的估算得来的。为此，在本章的学习中，从方法论角度介绍成本和费用的估算技术，以及投资及投资收益的估算方法和内容。

2.4.1 综合估算框架

成本和费用的估算采用的是综合估算法，通常由三个部分组成：

（1）工作分解结构（Work Breakdown Structure—WBS）

任何一个工程项目或产品都是由一系列工作元素组成的，通过对这些工作元素（人工、材料或部件）的费用估算可得出整个项目的总成本和费用。通过 WBS 可以清晰地定义出一个项目的各个工作元素和它们之间相互的关系和结构（工作分解结构）。

（2）成本与收入的分类

要对 WBS 中每一层的现金流进行估算，就必须将其对应的成本和收入的分类进行详细准确的描述。

（3）估算方法

通常选用各种数学模型估算分析期内的成本和收入。

WBS 是项目管理中的一种基本工具，对于工程项目进行评价的工程经济分析过程中，也具有重要的辅助作用。WBS 可以将项目元素及其相互关系、收集和组织的信息清楚地表示出来，并能为确定成本和收入提供数据。

分析现金流的综合估算法的第二个基本部分是成本与收入的分类。这一类结构是用来对分析中所需要的成本和收入进行辨识与分类，并在这一结构下准备成本和收入估算方法所需要的详细数据，进而估算方案的现金流。

现金流的估算时期要与项目的研究期一致。项目的研究期就是项目、产品或服务的生命周期。完整的项目成本费用估算应该包括项目全部生命周期内的各种费用。这样在决策的时候就可以全面考虑所有现在与未来的有关成本和收入，并有利于决策人员重视建设阶段的初始投资与运营阶段的成本和收入之间的平衡。

项目生命周期定义了最完整的时间段，建立了一系列在分析现金流中需要考虑的成本和收入要素，WBS 则将分析的重点集中在工程中具有特定功能和物理特性的工作元素以及与之相关的成本与收入上。然而，随着研究期的增长，成本和费用估算的准确性会降低，同时，估算的成本也会增加。因此，在选择项目经济分析的研究时期时，应综合考虑上述因素及方案对选比数据的要求，才能获得满意的决策。分析人员除了要确定研究期外，还要确定哪些成本和收入对现金流估算最重要，以作更深入详细的研究；哪些不重要，对分析影响不大。

对项目的主要成本和收入可作如下分类：

1）固定资产与流动资产投资；

2）人工成本；

3）材料成本；

4）维修费；

5）税费和保险费用；

6）损耗费用；

7）管理费；

8）资产处置费；

9）投入；

10）残值回收。

成本和收入估算可根据详细程度、精度和用途不同分类如下：

1）初步估算：用于项目规划与初始评估阶段；

2）准详细估算：用于项目概念设计或初步阶段；

3）详细估算：用于项目详细设计与施工建设阶段。

初步估算用于概念设计方案的选择，其精度范围在±（30%～50%）之间，可以通过会议、调查问卷和 WBS 中第一层或第二层的公式等方法估算。

准详细估算（概算）是为支持初步设计阶段的决策而进一步编制的成本与费用估算。其精度通常为±15%，这与成本和收入划分的准确定义及估算人员的努力与估算投资收入有关。在准详细估算中，估算人员常常用 WBS 第二层和第三层次的方程来计算。

详细估算是项目投标的基础，用于详细设计决策，其精度为±5%。估算人员一般可根据项目的规范与说明、设计图纸、现场勘查、供应商的报价单、公司内部历史记录，应用在 WBS 第三层次以及下层次的详细估算。

随着估算详细程度和精度的提高，估算的成本也会急剧上升。因此，估算前应明确估算的用途与精度的要求，从而避免不必要的估算开支。

2.4.2 估算数据的来源

成本和收入估算的信息来源很多，难以完全列出。按照其重要性顺序，有如下来源：

1）会计记录；

2）企业内部的其他信息；

3）企业外部的信息；

4）研究与开发。

2.4.3 估算过程

成本估算的方式是多样的，包括：

（1）召开成本估算会议。通过召开对成本估算信息充分了解、具有丰富经验的专家参加会议估算项目成本。例如可用德尔菲法，通过多轮问卷调查与反馈会及专家的意见进行估算。

（2）采用比较法完成成本估算。通过类似工程或设计项目的比较，推算项目的成本。尽管其估算的精度有限，但可确定项目成本的范围，为决策提供参考。

（3）采用定量分析的方法进行成本估算。

2.5 成本和费用估算方法

2.5.1 指数法

随时间的推移，成本和价格常常会发生变化，原因是多样的，主要包括：

1）技术的进步；

2）劳动力和材料的可获得性；

3）通货膨胀。

指数法（Indexes Method）是根据已建成或性质类似项目的数据来估算拟建项目的投资额。指数是无量纲的数字，它揭示了参照基准年的成本或价格是如何变化的。指数法提供了一个方便地根据历史数据来估算现在和将来成本和价格的方法。在 n 年的成本或项目销售价格的估算，可根据在此之前年份（第 k 年）的成本和价格的历史数据得来。通过对第 n 年（I_n）和第 k 年（I_k）的指数比率来计算：

$$C_n = C_k(I_n/I_k) \tag{2-15}$$

式中 k——参照对比的年份（如 2003 年）；

n——需要估算成本或价格的年份（如 2005 年），其中 $n>k$；

C_n——在第 n 年的成本或价格估算值；

C_k——参照年份 k 的成本或价格。

该方程也被称为是求解成本和价格的比率法。这种方法使得成本或潜在的项目销售价格可以根据某一特定年份的历史数据和指数来计算。这一概念可用在 WBS 较低层次上来估算设备、材料和人工的成本，当然也可用在高级别 WBS 中，来估算整个新设备、桥梁等的项目总成本。

例 2-1 某工厂准备在 2002 年扩建锅炉房，其中主要的支出是购买和安装锅炉的费用，该型号的设备在 1993 年曾经购买过，总费用为 425 万元，据了解生产厂家的技术无大的变化。试在厂家报价前估计这笔购置费大约是多少？

解 考虑到这笔费用的变化主要是因为物价上涨引起的，可用固定资产投资价格指数来估算。查年鉴，该指数 1993 年为 145.9，2002 年为 182.4，代入指数法公式，得出购置费估价为

$$C_{2002} = C_{1993}(I_{2002}/I_{1993}) = 425 \times (182.4/145.9) = 531(\text{万元})$$

2.5.2 单价法

单价法（Unit Technique）是采用估算的单位成本乘以相应的数量来估算项目成本的。这些单位成本主要包括：

1）每千瓦发电装机容量的投资费用；

2）每千米、每件或每吨产品的销售收入；

3）每千瓦时的燃油成本；

4）每运营 500 小时的节约费用；

5）每安装一部电话的初装成本；

6）每平方米建筑面积的土地、土建或配套成本。

这些要素单价，当乘以相应的数量后，就可估算出总成本或总收入。

虽然单价法对初步估算十分有用，但平均值的概念容易让人产生误导。一般来说，应采用更加详细具体的方法来提高估算精度。

2.5.3 要 素 法

要素法（Factor Technique）是单价法的延伸，其估算方法是将产品组成要素的直接估算成本与产品其他组成要素的估算相加，以求得产品的成本。

$$C=\sum_{d}C_d+\sum_{m}f_mU_m \tag{2-16}$$

式中 C——要估算的成本；

C_d——可直接估算成本的要素 d 的成本；

f_m——要素 m 单位成本（即单价）；

U_m——要素 m 数量。

这种方法把成本和费用分为两大部分：第一部分是直接估算，第二部分是间接估算。

例 2-2 某个能容纳 800 名学生的小学，占地为 5 000m^2；主体建筑由一栋教学楼和办公楼组成，其建筑面积分别为 1 500m^2 和 300m^2；直接估算造价分别为 350 万元和 50 万元。操场和附属设施按上述两个单位的建筑面积 500 元/m^2 来估算；市政设施与景观按占地面积 150 元/m^2 估算。此外，运动设施按学生人数每人 800 元计算,试用要素法估算总投资。

解 按要素法公式将有关数据代入，得

$$C=3\,500\,000+500\,000+500\times(1\,500+300)+150\times5\,000+800\times800=6\,290\,000(\text{元})$$

2.5.4 参数成本估算法

参数成本估算法（Parametric Cost Estimating）是采用历史成本数据和统计方法来预测将来的成本的。统计方法用来建立成本估算关系（Cost Estimation Relationship—CER），将某一项目的成本或价格与一个或多个变量联系起来（如成本驱动因素等）。

很多统计方法与数学方法可用于构建成本估算关系。例如，一元线性回归分析和多元线性回归分析模型，是估算一个或多个自变量函数的因变量的标准方法，常用来建立成本估算关系，这里主要介绍常用的生产规模估算法和学习曲线。

1. 生产规模法

生产规模法（Power-sizing Technique），有时又叫做生产能力指数法，或称为指数模型，常用于推算拟建工厂和设备的投资。一般来说，成本会随生产能力或规模的变化呈指数变化，这一指数往往大于零而小于 1。也就是说：

$$\frac{C_A}{C_B}=\left(\frac{S_A}{S_B}\right)^x \tag{2-17}$$

$$C_A=C_B\left(\frac{S_A}{S_B}\right)^x \tag{2-18}$$

式中　C_A——A 工厂的投资额；

C_B——B 工厂的投资额；

S_A——A 工厂的规模大小；

S_B——B 工厂的规模大小，其物理单位相同；

x——反映规模经济的成本-规模系数。

x 取决于被估算的工厂或设备的类型。例如：对于核电站 $x=0.68$，而对于炼油厂 $x=0.79$。请注意，若 $x<1$，则表示规模经济产生的新增的单位产品成本的减少；若 $x>1$，则表示规模不经济，即新增单位产品的成本增加；若 $x=1$，则表示产品成本与规模呈线性关系。

2. 学习曲线模型

学习曲线（Learning Curve）是表述随产出的重复增加，劳动者在生产过程中不断学会技术，提高了劳动生产率，使单位产品的劳动用工不断下降的一种规律。在估算成本费用时，要充分考虑这种重复生产的成本下降趋势。例如，生产第 1 件产品时单位产品用工为 10 000 工时，生产第 2 件产品时就可能只需要 8 000 个工时，生产第 4 件只需要 6 400 工时，第 8 件产品只需要 5 120 件工时，照此类推。一般假定，产出翻一番，用工下降一定的比率。上述例子中，产出翻一番，用工下降参数为 0.8。用公式表示为

$$Y_x = KX^{-\lg S/\lg 2} \tag{2-19}$$

式中　Y_x——生产第 x 件产品的用工工时；

K——生产第 1 件产品的用工工时；

S——用工下降参数，是大于零、小于 1 的正数；

X——产出个数（第 x 件产品）。

例如，上面的例子中，第 8 件产品的单位用工为

$$Y_8 = 10\,000\times 8^{-\lg 0.8/\lg 2} = 5\,120\text{（工时/单位产品）}$$

学习曲线的参数 S 可通过调查同类产品的历史数据统计得出。S 越大，工时下降得越慢；反之，则越快。

例 2-3　某飞机制造公司开发研制了一种新型的支线飞机，其装配车间完成第一架飞机的装配用了 1 200 工日，根据以往经验，估计学习曲线下降参数为 $S=0.8$，求装配第 120 架飞机时的用工。

解 $Y_{120} = 1\,200 \times 120^{-\lg 0.8/\lg 2} = 1\,200 \times 120^{-0.322} = 256.8$（工日）

2.5.5 设计过程中的成本估算

企业往往面临向消费者提供具有价格竞争力的高质量产品和服务的挑战，这些产品和服务的价格是通过在全部生产成本的基础上加上利润而得到的。因此，为确保这些商品能够以有竞争力的价格销售，在产品的设计阶段，就要考虑成本的因素。一个功能设计优良的产品如果不具备经济上的可行性就没有任何价值。对消费者有价值的产品，其消费者愿意支付的价格必须大于成本。

这里分别讨论“自下而上”和“自上而下”估算法，以决定产品的成本和销售价格。这两种方法与目标成本法、根据成本设计、价值工程等概念综合使用，可以帮助工程师设计出有合理成本和价格竞争力的产品。

1. 产品成本的组成要素与“自下而上法”

产品成本通常分为直接成本和间接成本。直接成本很容易划归于特定的产品中，然而间接成本并不容易分配到某一产品中，比如直接人工成本是指机器操作工的工资，而间接人工成本则是指辅助生产人员和管理人员费用。

制造成本与产品生产能力有明显的关系，可能是固定的，也可能是变化的或混合变化的。通常而言，管理费用是固定的，与产量无关。材料费用与产量有直接关系，而设备费用是生产水平的混合变动函数。

制造费用中的基本费用包括工艺和设计、开发费用、工具费、制造人工费、现场监督费、质量控制费、可靠性与测试费、包装费、企业管理费、分销和营销费、财务费用、税费以及保险等费用。怎么进行估算呢？

工艺和设计成本包括设计成本、分析成本和草图的成本以及其他重复设计费用等。工艺成本可以根据工艺劳动时间的多少分配到一件产品中。其他主要成本则可以采用以下方法来估算：

（1）工具用具费，包括维修和维护费加上其他新设备的费用。

（2）制造人工成本，可根据标准数据、历史记录或会计部门数据来计算。学习曲线模型也常常用来估算直接人工成本。

（3）材料成本，可从历史数据和代理商的报价和材料清单中获得，必须考虑损耗。

（4）监督费用，可根据监督管理者个人工资的确定。

（5）工厂车间管理费，包括工具费、维护费和维修费，有很多方法来分配这些管理费，比如根据直接人工工时或机器工作时间的一定比例来分摊。

（6）企业管理费，这些费用有时也包括在车间管理费中。

“自下而上法”对产品成本进行估算一般用于企业决定生产何种产品和如何对产品定价。它需要对低一级的成本结构进行估算，而后汇总得出产品的总体成本。

2. 目标成本法和“根据成本设计”“自上而下”法

一般来说，很多传统企业确定一个新产品的销售价格往往采用自下而上的方法来做初始的估算。也就是说，估算的销售价格是在对变动和固定成本的累计之上加上一定的边际利润而计算出来的。这个边际利润往往是总的生产成本的某一百分比，这一过程称为“根据设计定价”。营销部门采用这一估价的销售价格来决定新产品是否销售。

而与之相对照的是，现代企业则采用自上而下的“目标成本法”。目标成本法关注的是“这件产品的成本应该是多少？”而不是“这件产品的成本是多少？”目标成本法的目的是在这些产品进入生产过程之前预先确定产品的成本。在这种自上而下的方法中，成本被视为设计过程的输入量，而不是输出量。

运用目标成本法，首先应对最佳竞争对手的销售价格开展充分的市场调查，然后通过从最佳竞争对手的价格扣除一定的目标利润之后便得到目标成本，即

$$\text{目标成本} = \text{竞争对手的价格} - \text{目标利润} \tag{2-20}$$

目标成本还可以通过下面方法计算：

$$\text{目标成本} = \frac{\text{竞争对手的价格}}{1+\text{目标利润率}} \tag{2-21}$$

该目标成本是在产品设计之前确定的，并作为工艺设计、采购和生产的控制目标。

目标成本法应用在设计阶段之前。工程师将目标成本作为考核成本绩效的标准。最终产品必须既能够满足技术要求又能够符合成本绩效的需要。这种把成本绩效与技术性能视为同等重要的方法称为“根据成本设计”。

这种“根据成本设计”方法始于把目标成本视为整个产品的成本目标。目标成本接着被分解为主要子系统、部件以及辅助部分等成本目标。这些成本目标将会涵盖直接材料成本和直接人工成本。需要注意的是必须建立一个合适的成本目标。如果成本目标太容易实现，那么设计者就没有动力去寻找更好的选择方案；相反，如果成本目标太高，难于实现，那么人们就会丧失信心。

确立了成本目标之后，便可开始工程初步设计。前面提到工作分解结构和成本估算等工具，被用在从下而上的整体生产成本准备的计算上，将总生产制造成本与目标成本加以对比。如果总生产制造成本大于目标成本，那么设计就需要反馈，利用价值工程来分析设计的功能并尝试去减少设计成本。这个不断反馈的过程很重要。如果总制造成本比目标成本小，那么设计过程就进入详细设计阶段，直到完成最终设计为止。

2.6 投资估算

项目投资的构成在前面的章节中已经介绍过，那么实际上一个项目投资到底是多少，有很多不同的说法。一种是所谓“静态”投资额，指的是项目建设期间实际支出总费用，不包括建设期利息和物价上涨因素。如果包括利息支出和物价上涨等数额，则被称为“动态”的总投资。在项目经济评价采用现金流量折现方法时，因为已经考虑了货币的时间价值，全部投资指的是静态的建设投资（固定资产投资，Fixed Investment）和净营运资金（流动资金，Working Capital）投资。

2.6.1 固定资产投资估算

固定投资中形成固定资产的支出叫做固定资产投资，指的是使用期限超过一年的房屋、建筑物、机器、机械、运输工具以及与生产经营有关的设备、器具、工具等的支出费用。在投资决策的前期阶段，如投资机会研究、项目建设书和可行性研究阶段，只能对这些投资费用进行估算。不同的研究阶段所具备的条件和掌握的资料不同，估算的方法和准确程度也不相同，下面介绍目前常用的几种方法：

1. 生产能力指数法

根据已建设的、性质类似的工程或装置的实际投资额和生产能力，按拟建项目的生产能力，推算出拟建项目的投资。一般来说，生产能力增加不会带来投资额的同倍增加，而是小于1的倍数，不同行业可以找到这种指数关系。公式为

$$I_C = I_R \left(\frac{D_C}{D_R} \right)^{m_0} \phi \tag{2-22}$$

式中 I_C，I_R——分别为拟建项目和已建工程或装置的投资额；

D_C，D_R——分别为拟建项目和已建工程或装置的生产能力；

ϕ——因建设地点和时间的不同而给出的调整系数；

m_0——投资生产能力指数；

例 2-4 已知生产流程相似的年生产能力为10万吨的化工装置，两年前建成的固定资产投资为2 500万元。拟建装置年生产能力设计为15万吨，一年后建成。根据过去大量这种装置的数据得出投资生产能力指数 $m_0 = 0.72$，这几年设备与物资的价格上涨率平均为7%左右，试估算拟建装置的投资费用。

解 由于两个装置建成时间间隔3年，物价上涨的调整系数可按 $(1 + 0.07)^3$ 估

计，代入公式有：

$$I_C = 2\,500 \times (15/10)^{0.72} \times (1 + 0.07)^3 = 4\,100(\text{万元})$$

2. 设备及工器具购置费的估算方法

设备及工器具购置费包括设备的购置费、工器具购置费、现场制作非标准设备费、生产用家具购置费和相应的运杂费。设备购置的估算应根据项目主要设备表及价格、费用资料编制。工器具购置费一般按占设备费的一定比例计取。对于价值高的设备应按单台估算购置费；对于价值较小的设备，可按类估算。国内设备和进口设备的设备购置费应分别估算。

设备购置费是指为投资项目购置或自制的达到固定资产标准的各种国内或进口设备、工具、器具的购置费用。它由设备原价和设备运杂费构成。设备原价是指国内设备或进口设备的原价；设备运杂费是指除设备原价之外的设备采购、运输、途中包装及仓库保管等方面支出的费用的总和。

（1）国产设备原价的构成及计算

国产设备原价一般是指设备制造厂的交货价，即出厂价或订货合同价。它一般是根据生产厂或供应商的询价、报价、合同价确定，或采用一定的方法计算确定。国产设备原价分为国产标准设备原价和国产非标准设备原价。

国产标准设备原价。国内标准设备原价是指按照主管部门颁布的标准图纸和技术要求，由我国设备生产厂批量生产的，符合国家质量检测标准的设备。国内标准设备原价可通过查询相关价格目录或向设备生产厂家询价得到。

国产非标准设备原价。国内非标准设备是指国家尚无定型标准，各设备生产厂不可能在工艺过程中采用批量生产，只能按一次订货，并根据具体的设计图纸制造的设备。国产非标准设备有多种不同的计算方法。如成本计算估价法、系列设备插入估价法、分部组合估价法、定额估价法等。但无论采用哪种方法都应该使用非标准设备计价接近实际出厂价，并且计算方法要简便。按成本计算估价法，非标准设备的余价由以下各项目组成：材料费，辅助材料费，专用工具费，废品损失费，外购配套件费及包装费，利润，税金，非标准设备设计费。综上所述，单台非标准设备原价可表达为

$$\begin{aligned}\text{单台非标准设备原价} = &\{[(\text{材料费}+\text{加工费}+\text{辅助材料费})\times(1+\text{专用工具费率})\\ &\times(1+\text{废品损失率})+\text{外购配套件费}]\times(1+\text{包装费率})\\ &-\text{外购配套件费}\}\times(1+\text{利润率})+\text{增值税销项税}\\ &+\text{非标准设备设计费}+\text{外购配套件费}\end{aligned} \quad (2\text{-}23)$$

（2）进口设备原价的构成及计算

进口设备原价的是指进口设备的抵岸价，即抵达买方边境港口或边境车站，且

交完关税后形成的价格。

通常，进口设备采用最多的是装运港交货方式，即卖方在出口国装运港交货，主要有装运港船上交货价（FOB），习惯称为离岸价格；运费在内价（CFR）及运费、保险费在内价（CIF），习惯称为到岸价格。装运港船上交货价是我国进口设备采用最多的一种货价。进口设备抵岸价的构成可以概括如下：

进口设备抵岸价 = 货价 + 国外运输费 + 国外运输保险费 + 银行财务费
+ 外贸手续费 + 关税 + 增值税 + 消费税
+ 海关监管手续费 + 车辆购置税 （2-24）

进口设备到岸价 = 离岸价 + 国外运费 + 运输保险费 （2-25）

上述公式中，相关费用计算如下：

国外运输费 = 离岸价 × 运费率
= 单位价 × 运量

国外运输保险费 =（离岸价 + 国外运费）× 国外保险费率

进口关税 = 进口设备到岸价 × 人民币外汇牌价 × 进口关税率

进口环节增值税 =（进口设备到岸价 × 人民币外汇牌价 + 进口关税率 + 消费税）
× 增值税率

外贸手续费 = 进口设备到岸价 × 人民币外汇牌价 × 外贸手续费率

银行财务费 = 进口设备价格 × 人民币外汇牌价 × 银行财务费率

海关监管手续费 = 进口设备到岸价 × 人民币外汇牌价 × 海关监管手续费率

海关监管手续费是指海关对发生减免进口税或实行保税的进口设备，实施监管和提供服务收取的手续费。全额征收关税的设备，不收取海关监管手续费。

进口设备国内运杂费按运输方式，根据运量或者设备金额估算。进口设备各项费用名称及计算公式如表 2-1 所示。

表 2-1 进口设备费用各名称及计算公式

序号	费用名称	计算公式	备　注
1	货价	货价 = 合同中硬、软的离岸价外币金额 × 外汇牌价	合同生效，第一次付款日期的对汇价
2	国外运输费	国外运输费 = 合同中硬件货价 × 国外运输费率	海运费率 6% 空运费率 8.5% 铁路运输费率 1%
3	国外运输保险费	国外运输保险费 =（合同中硬件货价 + 国外运价 + 国外运输保险费）× 运输保险费 ÷（1 − 运输保险费率）	海运保险费率 0.35% 空运保险费率 0.455% 陆运保险费率 0.266%

（续表）

序号	费用名称	计算公式	备注
4	关税	硬件关税 =（合同中硬件货价 + 国外运费 + 国外运输保险费）× 关税税率 = 合同中硬件到岸价 × 关税税率 软件关税 = 合同中应计关税软件的货价 × 关税税率	计关税的软件指设计费、技术秘密、专利许可、专利科技等
5	增值税	增值税 =（硬件到岸价 + 应付关税软件的货价 + 关税）× 增值税	增值税率取 17%
6	消费税	消费税 = [（到岸价 + 关税）+（1 − 消费税率）] × 消费税率（进口车辆才有此税）	越野车、小汽车取 5%，小轿车取 8%，轮胎取 10%
7	银行财务费	合同中硬、软件的货价 × 银行财务费率	银行财务费率取 0.4%～0.5%
8	外贸手续费	（合同中硬件到岸价 + 完关税软件的货价）× 外贸手续费率	外贸手续费率取 1.5%
9	海关监管手续费	减免关税部分的到岸价 × 海关监管手续费	海关监管手续费率取 0.3%

（3）设备运杂费的计算

$$设备运杂费 = 设备原价 \times 设备运杂费率 \tag{2-26}$$

其中，设备运杂费率按各部门及省、市等的规定计取。

例 2-5 某公司拟从国外进口一套机电设备和配套软件，设备硬件装运港船上交货价，即离岸价价为 450 万美元，包括配套软件费为 50 万美元，其中不计算关税软件费有 15 万美元。相关费用参数如下：美元的外汇牌价是 8.27 元人民币，海运费率为 6%，海运保险费率为 0.35%，外贸手续费率为 1.5%，中国银行财务手续费率为 0.5%，关税税率为 22%，增值税率为 17%，国内运杂费率（包括运杂、装卸费率、包装费率、采购与仓库保管费率）为 2.5%，则该套机电设备及配套软件进口的投资估算价是多少？

解 该套机电设备及配套软件进口的投资估算价计算如下：

货价（离岸价）= 400 × 8.27 + 50 × 8.27 = 3 308 + 413.5 = 3 721.5（万元）

国外运输费 = 3 308 × 6% = 198.48（万元）

国外运输保险费 =（3 308 + 198.48）× 0.35%/（1 − 0.35%）= 12.32（万元）

到岸价 = 离岸价 + 国外运输费 + 国外运输保险费

= 3 721.5 + 198.48 + 12.32 = 3 932.30（万元）

硬件关税 = (3 308 + 198.48 + 12.32) × 22% = 3 518.80 × 22% = 774.14(万元)

软件关税 = 35 × 8.27 × 22% = 289.45 × 22% = 63.68(万元)

关税合计 = 774.14 + 63.68 = 837.82(万元)

增值税 = (3 518.80 + 289.45 + 837.82) × 17% = 4 646.07 × 17% = 789.83(万元)

银行财务费 = 3 721.5 × 0.5% = 18.61(万元)

外贸手续费 = (3 518.80 + 289.45) × 1.5% = 57.12(万元)

海关监管手续费 = 15 × 8.27 × 0.3% = 0.37(万元)

抵岸价 = 货价 + 国外运输费 + 国外运输保险费 + 关税 + 增值税 + 银行手续费 + 外贸手续费 + 海关监管手续费
= 到岸价 + 关税 + 增值税 + 银行手续费 + 外贸手续费 + 海关监管手续费
= 3 932.30 + 837.82 + 789.83 + 18.61 + 57.12 + 0.37 = 5 635.6(万元)

国内运杂费 = 抵岸价 × 运杂费率 = 5 635.6 × 2.5% = 140.89(万元)

投资估算价 = 抵岸价 + 国内运杂费 = 5 635.6 + 140.89 = 5 776.49(万元)

2.6.2 流动资金估算

流动资金是指生产经营性项目投资后，为进行正常生产运营，用于购买原材料、燃料，支付工资及其他经营费用等所需的周转资金。它是伴随着规定固定资产投资而发生的永久性流动资产投资，等于项目投产运营后所需全部流动资产扣除负债后的余额。项目决策分析与评价中，流动资产主要考虑应收账款、现金和存货；流动负债主要考虑应付账款。由此看出，这里所解释的流动资金的概念，实际上就是投资项目必须准备的最基本的营运资金。

1. 分项定额估算法

对构成流动资金的各项流动资产和流动负债应分别进行估算。在可行性研究中，为简化计算，仅对存货、现金、应收账款和应付账款四项内容进行估算，其计算公式为

流动资金 = 流动资产 − 流动负债　　(2-27)

流动资产 = 应收账款 + 存货 + 现金　　(2-28)

流动资金本年增加额 = 本年流动资金 − 上年流动资金　　(2-29)

流动负债 = 应付账款

估算的具体步骤为：首先计算各类流动资产和流动负债的年周转次数，然后再

分项估算占用资金额。

周转次数等于 360 天除以最低周转天数。存货、现金、应收账款和应付账款的最低周转天数可参照同类企业的平均周转天数并结合项目特点确定。

（1）应收账款估算

应收账款是指企业已对外销售商品、提供劳务而尚未收回的资金，包括若干科目。在可行性研究时，只计算应收销售款。其计算公式为

$$应收账款=\frac{年销售收入}{收账款周转次数} \tag{2-30}$$

（2）存货估算

存货是企业为销售或生产耗用而储备的各种货物，主要有原料、辅助材料、燃料、低值易耗品、维修备件、包装、在产品、自制半成品和产成品等。为简化计算，仅考虑外购原材料、外购燃料、在产品和产成品，并分项进行计算。其计算公式为

$$存货=外购原材料+外购燃料+在产品+产成品 \tag{2-31}$$

$$外购原材料=\frac{年外购原材料}{按种类分项周转次数} \tag{2-32}$$

$$外购燃料=\frac{年外购燃料}{按种类分项周转次数} \tag{2-33}$$

$$在产品=\frac{年外购原材料+年外购燃料+年工资及福利费+年修理费+年其他制造费用}{在产品周转次数} \tag{2-34}$$

$$产成品=\frac{年经营成本}{产成品周转次数} \tag{2-35}$$

（3）现金需要量估算

项目流动资金中的现金是指货币资金，即企业生产运营活动中停留于货币形态的那部分资金，包括企业库存现金和银行存款。其计算公式为

$$现金需要量=\frac{年工资及福利费+年其他费用}{现金周转次数} \tag{2-36}$$

$$\begin{aligned}年其他费用&=制造费用+管理费用+销售费用\\&\quad-（以上三项费用中所含的工资及福利费、折旧费、维简费、摊销费、修理费）\end{aligned} \tag{2-37}$$

（4）流动负债估算

流动负债是指在一年或者超过一年的一个营业周期内需要偿还的各种债务。在可行性研究中，流动负债的估算只考虑应付账款一项。其计算公式为

$$应付账款=\frac{年外购原材料+年外购燃料}{应付账款周转次数} \tag{2-38}$$

2. 扩大指标估算法

扩大指标估算法是按照流动资金占某种基数的比率来估算流动资金，是一种简化的流动资金估算方法。一般常用的基数有销售收入、经营成本、总成本费用和建设投资等，究竟采用何种基数，依行业习惯而定。所采用的比率根据经验确定，或根据现有同类企业的实际资料确定，或依行业、部门给定的参考值确定。扩大指标估算法简便易行，但准确度不高，适用于项目建议书阶段流动资金的估算。

产值（销售收入）资金率估算法为

$$流动资金额=年产值(年销售收入额)\times 产值(销售收入)资金率 \tag{2-39}$$

经营成本（或总成本费用）资金率估算法。经营成本是一项反映物质、劳动消耗和技术水平、生产管理水平的综合指标。一些工业项目，尤其是采掘工业项目常用经营成本（或总成本费用）资金率估算流动资金。

3. 固定资产比例法

流动资金的计算可参照的另一项指标是固定资产。通常，在某一行业中，一定的固定资产要求有一定的流动资金配套。因此，如果知道某项目固定资产的投资，可按比例推算流动资金。

$$流动资金=项目固定资产投资\times 流动资产占固定资产投资比例 \tag{2-40}$$

一般工程按固定资产的10%～20%计。

4. 流动资金估算应注意的问题

在采用分项详细估算法时，需要分别确定现金、应收账款、存货和应付账款的最低周转天数。在确定周转天数时要根据实际情况，并考虑一定的保险系数。对于存货中的外购原材料、燃料要根据不同品种和来源，考虑运输方式和运输距离等因素来分别确定。

不同生产负荷下的流动资金是按照相应负荷时的各项费用金额和给定的公式计算出来的，而不能按100%负荷下的流动资金乘以负荷百分数求得。

思考题及作业

1. 怎样认识投资与资产？
2. 什么是固定资产、无形资产、其他资产、流动资产？

3．总成本费由哪几项构成？

4．如何区分固定成本和变动成本？

5．简述销售收入、利润和税金之间的关系。

6. 某公司拟从国外进口一套机电设备，重量为 1 500 吨，装运港船上交货价，即离岸价（FOB 价）为 400 万美元，其他有关费用参数为：国际运费标准为 360 美元/吨，海上运输保险费率为 0.266%，中国银行费率为 0.5%，外贸手续费率为 1.5%，关税税率为 22%，增值税税率为 17%，美元银行牌价为 8.09 元人民币，设备的国内运杂费率为 2.5%，该套机电设备的投资估算价是多少？

7．项目投资估算的作用有哪些？

8．简述基本预备费和涨价预备费估算方法。

第 3 章　工程经济分析方法的原理

3.1　经济效益原则

3.1.1　经济效益的概念

工程项目投资的内在动力源于对经济效益的追求，讲究经济效益是社会生产所必须遵循的重要原则。

所谓经济效益，就是指在生产实践活动中的劳动耗费同所创造的劳动成果的比较关系。或者说是投入与产出的比较关系或所得与所费的比较关系。

经济效益的表达式通常有三种类型：

1. *差额表示法*

绝对量的表达式：

$$E = V - C \tag{3-1}$$

式中　E —— 经济效益；

V —— 劳动成果；

C —— 劳动耗费。

这种表示法要求劳动成果与劳动耗费必须是相同计量单位，即相同量纲，常常是以价值形态表示，如元、万元等。例如：

盈利额（纯收入）= 销售收入 - 产品销售成本

盈利或利润，是最常用的绝对量经济效益指标。这种经济效益指标计算简单，概念明确，直观。它是工程经济分析、评价和考核的主要经济效益指标。

2. 比率表示法

相对量的表达式：

$$E = \frac{V}{C} \tag{3-2}$$

式中　E —— 经济效益；
V —— 劳动成果；
C —— 劳动耗费。

这是比率表示法的正指标。例如：投资收益率 $= \frac{收益额}{投资额}$，投资收益率越大，经济效益就越好。

还可以表示为：

$$E = \frac{C}{V} \tag{3-2'}$$

式中　E —— 经济效益；
C —— 劳动耗费；
V —— 劳动成果。

这是比率表示法的逆指标。例如：单位生产能力投资 $= \frac{投资额}{设计能力}$，单位生产能力投资越小，经济效益越好。

3. 百分率表示法

这也是相对量的表达式：

$$E = \frac{V - C}{C} \times 100\% \tag{3-3}$$

式中　E —— 经济效益；
V —— 劳动成果；
C —— 劳动耗费。

这种表示法的劳动成果与劳动耗费量纲是以价值形态表示的，例如：

$$成本利润率 = \frac{利润额}{成本额} \times 100\%$$
$$= \frac{销售收入 - 产品销售成本 - 销售税金}{成本额} \times 100\%$$

如资金利润率、投资盈利率、产值利润率、销售利润率等都是以百分率表示的常用的经济效益指标。

3.1.2 经济效益指标体系

对工程项目进行工程经济分析、论证、评价和选择时，都需要有衡量的尺度和标准。这个尺度和标准就是指标，即经济效益指标。由于工程经济问题的复杂性，只用一两个指标进行比较，有时是不够的。必须同时采用若干个指标，包括经济效益指标及一般技术指标，从不同的侧面去比较、分析才能评价其全貌，为工程项目决策提供科学的依据。设立若干个相互联系相互制约的指标或指标组，即构成一个经济效益评价的指标体系。

经济效益指标体系，按其应用范围可分为企业（或工程项目）经济效益指标和社会的国民经济效益指标两类。

1. 企业经济效益指标

企业经济效益指标，也就是对一个工程项目评价的经济效益指标。这类指标体系应包括的指标有：

（1）反映劳动成果的经济效益指标

劳动成果是重要的经济工程项目指标。表示劳动成果的指标通常有产量指标、质量指标、品种指标以及时间因素指标等。

1）产量指标

是表示某一工程项目方案在一定时期所能提供的产品（产值）数量或规模水平的指标。产量指标通常可分为实物量指标和价值量指标两种。

① 实物量指标。它可以直接地、具体地反映工程项目方案在一定时期内向社会可能提供的劳动成果的数量。它是以实物单位为计量单位的。

当同一个方案或相比较的几个不同方案，其产量指标有几种不同实物量的同类产品时，或同类产品而规格、成分等不同时，计算总量不能直接相加，而需要先将各实物量指标折算为同一个标准的实物量，然后才加总求和进行比较。标准实物量的折算式如下：

$$\text{标准实物产量} = \text{某种实物产量} \times \text{折合系数} \tag{3-4}$$

$$\text{折合系数} = \frac{\text{单位某种实物特性（功能，成分，工时，…）}}{\text{单位标准实物特性（功能，成分，工时，…）}}$$

例如，计算各种能源总量时，通常都是先折算为标准煤，然后再加总求和。所谓标准煤是指 1kg 煤的完全发热值等于 29 308J，即标准煤完全发热值 = 29 308J/kg。故能源的折合系数计算式为

$$\text{折合系数} = \frac{\text{单位某种能源完全发热值}}{29\ 308}$$

② 价值量指标，工业企业的价值量指标，主要包括工业总产值、工业净产值、

纯收入（即盈处）和利润等指标。

（a）工业企业总产值，是工业企业在一定时期内完成的以货币形式表现的工作总量。企业总产值通常要以工厂法计算，其计算式为

$$\text{工业企业总产值}=\text{报告期生产的成品价值（包括自备原材料生产的和订货者来料生产的）}+\text{报告期已经销售或准备销售的自制半成品价值}+\text{报告期已完工的对外承做的工业性作业的价值}+\text{半成品，在制品期初期末结存量差额价值} \quad (3\text{-}5)$$

工业企业总产值可反映一定时期内工业企业生产的总规模和总水平，是研究工业生产发展速度、国民经济和工业内部的比例关系，计算劳动生产率及其他经济指标的依据。

各个工业企业的总产值加总求和得到整个工业系统的工业总产值。如工业总产值、农业总产值、交通邮电业总产值、建筑业总产值及商业总产值相加求和得出社会总产值。

（b）工业企业净产值，是工业企业在一定时期内新创造的价值。它包括劳动者为自己劳动新创造的价值（V）和为社会劳动新创造的价值（M）。工业净产值是反映工业企业生产经营活动的一项重要的经济效益指标。

计算工业净产值的方法有两种，即生产法和分配法。

生产法：

工业总产值从价值方面分析，它是由物资消耗的转移价值和新创造的价值构成的。因此，用生产法计算工业净产值，就是从工业总产值中减去物资消耗的转移价值后即可得到工业净产值。其计算式为

$$V+M=C+V+M-C \quad (3\text{-}6)$$

式中　$V+M$——工业企业净产值；

$C+V+M$——工业总产值；

C——物资消耗价值。

物资消耗价值，就是物化劳动消耗的价值，包括原材料、辅助材料、燃料与动力、固定资产折旧以及其他物资消耗等费用。

分配法：

是从国民收入的初次分配出发，把构成工业净产值的各项要素，如工资、利润、税金等直接相加而得到。其计算式为

$$\text{工业企业净产值}=\text{工资}+\text{税金}+\text{利润}+\text{利息}+\text{其他分配性支出} \quad (3\text{-}7)$$

其他分配性支出，主要包括属于国民收入初次分配性质的各种支出，如差旅费、市内交通费、职工培训费、罚金等。

各个工业企业的净产值加总后可求得工业系统的净产值，即工业净产值，亦即

工业国民收入。而各个物质生产部门净产值的总和就是国民收入。

工业企业净产值是计算工业净产值，进而计算国民收入的基础。工业净产值的水平和增长情况，可以反映一个国家的工业生产力的发展水平和经济实力的增长状况。

（c）工业企业纯收入，企业纯收入也叫做企业盈利，是工业企业净产值扣除劳动者为自己劳动新创造价值后的余额，是劳动者为社会劳动新创造的价值，是为社会新创造的财富。企业的纯收入是反映企业生产经营活动成果的一项重要的经济效益指标，其计算式为

$$企业纯收入 = 产品销售收入 - 产品销售成本$$

或

$$企业纯收入 = 企业净产值 - 工资及附加费等 \tag{3-8}$$

（d）企业利润，企业利润是劳动者为社会劳动新创造价值的一部分，即企业纯收入扣除产品销售税金后的余额。因此，企业利润是反映企业生产经营活动成果的一项更重要的经济效益指标。其计算式为

$$企业利润 = 企业纯收入 - 产品销售税金 \tag{3-9}$$

2）质量指标

产品质量，是指产品所具备的满足需要的各项特性，它可分为内在质量特性与外部质量特性。产品的内在质量特性，包括产品构造、精度、纯度、机械性能、物理性能以及化学性能与化学成分等；产品的外部质量特性，包括外观、形状、尺寸、色泽、气味、手感等。

工业产品的各种质量特性，通常可以概括为五个方面，即性能、寿命、可靠性、安全性、经济性等。

性能：是指产品所具备的满足某种需要的技术特性；

寿命：是指产品能够正常使用的期限；

可靠性：是指产品在规定时间内和规定条件下，完成规定工作任务的能力；

安全性：是指产品在操作或使用过程中保证安全的程度；

经济性：是指产品的寿命周期总费用（包括研究制造成本、使用维修成本）的大小。

产品不同，其质量特性不同，因而反映产品质量的指标也不同。

为了考核和表明产品的质量，在实际工作中通常采用间接的质量评价指标。这些指标主要有：

$$优质品率 = \frac{优质品量}{全部产品（成品+废品）量} \times 100\% \tag{3-10}$$

$$一级品率 = \frac{一级品量}{全部产品（成品+废品）量} \times 100\% \tag{3-11}$$

$$废品率=\frac{废品量}{全部产品（成品+废品）量}\times 100\% \tag{3-12}$$

$$返修率=\frac{返修品量}{全部参检品量}\times 100\% \tag{3-13}$$

3）品种指标

表明产品品种的指标主要有：产品品种数量、新产品品种数量、尖端产品品种数量以及它们在产品品种数中的比重等。

4）时间指标

表示时间的指标主要有产品设计制造周期、工程项目建设周期、达产期限、使用年限、投资回收期、贷款偿还期等。

（2）反映劳动耗费的经济效益指标

劳动耗费经济效益指标可分为劳动消耗与劳动占用两类指标。

1）劳动消耗经济效益指标

① 反映活劳动消耗的指标

主要有劳动生产率指标。劳动生产率是人们在生产过程中的劳动效率，因此，它是一项重要的经济效益指标。其表达式为

$$劳动生产率=\frac{产品数量}{活劳动消耗量（劳动时间）} \tag{3-14}$$

这是劳动生产率的正指标，是反映企业劳动生产率水平的指标，是表示单位时间生产的产品数量，因而是一种产量定额。或者改写为另一种表达式为

$$劳动生产率=\frac{活劳动消耗量（劳动时间）}{产品数量} \tag{3-15}$$

这是劳动生产率的逆指标，表明生产单位产品所需要的劳动时间。因此它是一种工时定额，是用于制定和管理劳动定额的指标。

实际工作中采用的劳动生产率指标主要有以下几种：

$$生产工人劳动生产率=\frac{计划（报告）期产量（产值）}{计划（报告）期生产工人数} \tag{3-16}$$

$$全员劳动生产率=\frac{计划（报告）期产量（产值）}{计划（报告）期全部在册职工人数} \tag{3-17}$$

此外，反映活劳动消耗的一般经济技术指标还有职工总人数、工资总额、平均工资等。

② 反映物化劳动消耗的指标

（a）原材料（燃料、动力）总消耗量指标。原材料（燃料、动力）的总消耗量是指生产某种产品所消耗的某种原材料（燃料、动力）的全部数量，即某时期从开

始投料到制成成品的整个生产过程中的总消耗量，这是一般的经济技术指标。其计算式为

$$\text{某期原材料(燃料动力)消耗总量} = \text{本期投料量} + \text{本期期初结转的半成品、在制品和未入库成品用料量} - \text{本期期末结转的半成品、在制品和未入库成品用料量} \quad (3\text{-}18)$$

（b）单位产品原材料（燃料、动力）消耗量指标。此指标又叫做原材料（燃料、动力）单耗，这是一项经济效益指标。其计算式为

$$\begin{array}{c}\text{单位产品原材料}\\\text{(燃料、动力)消耗量}\end{array} = \frac{\text{原材料(燃料、动力)总消耗量}}{\text{产品数量}} \quad (3\text{-}19)$$

此式表明生产单位产品时所消耗的原材料（燃料、动力）的数量，显然，这是单位产品的消耗，简称单耗。

（c）原材料（燃料、动力）利用率指标，评价工程项目方案经济效益时，除了计算和考核原材料（燃料、动力）的消耗量，即单耗外，还必须分析研究反映原材料（燃料、动力）有效利用程度的指标。利用率也是一项重要的经济效益指标，其计算方法有两种：

其一，以单位原材料（燃料、动力）消耗所制成的成品数量来反映原材料（燃料、动力）的利用情况，其计算公式为

$$\text{原材料利用率} = \frac{\text{产品数量}}{\text{原材料(燃料、动力)消耗总量}} \quad (3\text{-}20)$$

如油料物品的出油率、粮食的产酒率等。

其二，以产品中所包含的原材料净重与原材料总消耗量之比来反映原材料利用程度。其计算式为

$$\text{原材料利用率} = \frac{\text{产品中包含的原材料净重}}{\text{生产产品时原材料总消耗量}} \quad (3\text{-}21)$$

如钢坯成材率、原木出材率等。

（d）固定资产消耗量指标，作为厂房、建筑物、机器设备等工业固定资产的消耗，与作为劳动对象的原材料、燃料和动力的消耗有根本的区别。原材料、燃料和动力投入生产过程后一次就全部被消耗掉，改变了原有实物形态或原有物理和化学性能，转变为具有新的形态与特性的产品，其价值也一次全部转移到产品中去，构成产品价值的重要部分；但是，固定资产的消耗过程却与此不同。固定资产是多次地、长期地参加生产过程，长期保持其原有实物形态，并在生产过程中随着不断地磨损，逐渐地被消耗，其价值以折旧的形式逐步地转移到产品中去，构成产品价值的一部分。

固定资产磨损的消耗量，通常是不能用实物单位衡量的，一般都是用价值形态

衡量的。固定资产磨损消耗量的价值指标就是折旧额和产品折旧费，其按使用年限法的计算式为

$$固定资产折旧额 = \frac{固定资产原值 - 净残值}{使用年限} \tag{3-22}$$

或者采用余额递减法计算，余额递减法又称为定率递减法，其计算式为

$$折旧率 = 1 - \sqrt[使用年限]{\frac{残值 - 清理费}{原始价值}} \tag{3-23}$$

$$固定资产年折旧额 = 年初折余价值 \times 折旧率 \tag{3-24}$$

固定资产消耗的经济效益指标的计算式为

$$单位产品折旧费 = \frac{年固定资产折旧额}{年产量} \tag{3-25}$$

2）劳动占用经济效益指标

劳动占用，是指有一部分劳动产品必须参加生产经营过程，虽然它们有的还没有被消耗，但是作为生产经营过程的正常进行是必不可少的，已被生产经营过程占用了的劳动产品，这种被占用了的劳动产品，就被称为劳动占用。

劳动占用的数量多少以及占用时间长短，也直接影响着经济活动的效益。因为从总体上来讲，社会的物质资源和劳动产品是有限的，如果某方面对劳动产品占用过多，那么必然会影响其他方面所需劳动产品数量的减少或不足，乃至这方面的生产经营活动不能正常进行而造成社会经济效益的降低；反之，如果某方面对劳动产品的占用减少了，节约了劳动占用，那么必然就能腾出一部分劳动产品用于其他更需要的方面，使得这些方面的生产经营活动顺利进行，从而提高了整个社会的经济效益。显然，劳动占用的多少及占用时间的长短，直接影响着社会经济效益的高低。生产经营活动中的劳动占用，通常包括以下几个方面：

① 机器设备、仪器仪表中扣除折旧后的价值，即折余价值（净值）。就是被占用的劳动，即劳动占用。

② 厂房、建筑物、构筑物等扣除折旧后的价值，就是被占用的劳动，即劳动占用。

③ 处于储备状态中的原材料、燃料、动力等物化劳动产品，就是被占用的劳动，即劳动占用。

④ 处于生产过程和流通领域中的在制品即未完工产品、已完工验收入库待销售产品、已销售发货但未收回货款的产品、银行存款和库存现金等货币资金以及劳动力等，就是被占用的劳动，即劳动占用。

上列①、②两部分，是作为劳动手段而被占用的固定资产，其货币表现就是被占用的固定资金；③、④两部分，是作为劳动对象而被占用的流动资产，其货币表

现就是被占用的流动资金。

固定资金与流动资金之和，就是被占用的资金总额，这是一般的经济技术指标。

反映固定资产占用和利用程度的经济效益指标，主要有固定资金产值率、百元固定资金产值、百元产值固定资金率、固定资金利税率等。其计算式为

$$\text{固定资金产值率} = \frac{\text{总产值}}{\text{固定资金占用总额}} \times 100\% \tag{3-26}$$

$$\text{百元固定资金产值} = \frac{\text{总产值(元)}}{\text{固定资产占用总额(百元)}} \tag{3-27}$$

$$\text{固定资金利税率} = \frac{\text{利税总额}}{\text{固定资金占用总额}} \times 100\% \tag{3-28}$$

$$\text{百元产值固定资金率} = \frac{\text{固定资金占用总额}}{\text{年工业总产值}} \times 100\% \tag{3-29}$$

应当指出，上列计算式中的固定资金占用总额一般是指固定资产原值的折余价值，即固定资产净值。当然，需要时也可采用固定资产原始价值计算固定资产占用和利用程度的各项指标。

反映流动资金占用和利用程度的经济效益指标主要有流动资金周转率、流动资金产值资金率、流动资金利润率等。其计算式为

$$\text{流动资金周转次数} = \frac{\text{年销售收入额}}{\text{年流动资金平均占用额}} \tag{3-30}$$

$$\text{流动资金周转天数} = \frac{360}{\text{周转次数}} = \frac{360 \times \text{定额流动资金平均占用额}}{\text{年销售收入额}} \tag{3-31}$$

$$\text{百元产值流动资金率} = \frac{\text{定额流动资金平均占用额}}{\text{年工业总产值}} \times 100\% \tag{3-32}$$

$$\text{流动资金利润率} = \frac{\text{年利润额}}{\text{年流动资金平均占用额}} \times 100\% \tag{3-33}$$

反映固定资产与流动资金总和的全部资金经济效益指标，如资金产值率、资金利润率等。其计算式为

$$\text{资金产值率} = \frac{\text{年工业总产值}}{\text{固定资金占用总额} + \text{流动资金年平均占用额}} \times 100\% \tag{3-34}$$

$$\text{资金利税率} = \frac{\text{年利税总额}}{\text{固定资金占用总额} + \text{流动资金年平均占用额}} \times 100\% \tag{3-35}$$

3）劳动消耗与劳动占用的综合经济效益指标

根据建设项目经济评价的需要，反映劳动消耗与劳动占用的综合经济效益指标主要有经营成本与建设项目投资两项指标。

① 经营成本，是根据建设项目经济评价方法的规定而设置的产品成本费用的一种表达形式。它与产品的总成本费用一样，是指项目投产后在一定时期内的为生产和销售产品而花费的成本和费用。一般是由生产成本、管理费用、财务费用和销售费用等几部分构成；但是，经营成本与通常的产品总成本费用也有一定的区别，即经营成本中不包括折旧费、维简费、摊销费和借款利息。由于经营成本构成中既包含劳动消耗费用又包含劳动占用费用，因此它是一项重要的经济技术综合指标。而经营成本利润率，则是经济评价时经常采用的经济效益指标，其计算式为

$$经营效益指标 = \frac{利润额}{经营成本} \times 100\% \tag{3-36}$$

② 建设项目投资，是工程项目建设中所消耗和占用的劳动量的货币表现，因此它是一项重要的经济技术综合指标。建设项目的总投资一般由固定资产投资、建设期借款利息以及流动资金等构成。当项目建成投入经营时，上述总投资就形成了固定资产、无形资产和其他资产三部分。显然，项目总投资是反映建设项目劳动消耗与劳动占用量的一项重要的经济技术综合指标，也是方案评价和比较时经常采用的重要指标。而反映建设项目总投资效益的综合指标主要有投资效果系数，或一般称为资金（固定资产投资与流动资金之和）收益率，其计算式为

$$\begin{matrix}投资效果系数\\（或称为资金收益率）\end{matrix} = \frac{收益额（利润额或利税额）}{总投资额（固定资产投资+流动资金）} \times 100\% \tag{3-37}$$

2. 全社会经济效益指标

全社会经济效益指标，是反映国民经济宏观效益的指标。它是用来对全国或各地区进行技术经济分析和评价、技术经济预测和决策的经济效益指标。主要包括人均国民收入及其增长速度、社会积累效果、社会劳动生产率、能源利用效果系数等一系列指标。其意义及计算方法如下：

（1）人均国民收入

国民收入是反映全社会经济效益的一项重要的综合指标，它是各物质生产部门净产值的总和，也就是各物质生产部门的劳动者在一定时期（通常为一年）内新创造的全部价值。从价值形态来看，国民收入等于一个国家或地区在一定时期内所生产的社会总产品的价值减去同期内所消耗的生产资料的价值。从物质形态来看，国民收入等于一个国家或地区在一定时期内所生产的社会总产品减去同期内所消耗的生产资料后的剩余产品。显然，国民收入是真正的国民财富的增长额，是反映全社会经济活动成果的一项综合的经济效益指标。

人口数量对国民收入的分配有直接的影响，所以按人口平均的国民收入，即人均国民收入能反映一个国家或地区的经济发展水平和经济实力，并从总体上反映人民生活的富裕程度。因此，人均国民收入也是经常采用的反映全社会经济效益的重要指标，其计算式为

$$人均国民收入=\frac{国民收入总额}{年平均人口总数} \tag{3-38}$$

国民收入增长的快慢，反映着一个国家或地区的国民经济发展速度和经济效益提高的状况，所以，在考察全社会国民经济的发展和经济效益时，除了考核和计算人均国民收入指标外，还要考核和计算人均国民收入增长速度，这是研究和确定提高人民生活水平以及进一步发展社会生产的增长速度，也是一项综合性很强的经济效益指标。其计算式为

$$人均国民收入年平均增长速度=\sqrt[n]{\frac{计划期人均国民收入}{基期人均国民收入}}-1 \tag{3-39}$$

式中　n—— 计划期与基期相隔年数。

（2）社会积累效果

国民收入经初次分配和再分配后，最终形成社会积累基金和社会消费基金两部分。由于国民收入本身就是一项重要的经济效益指标，所以作为国民收入一部分的社会积累基金，也是重要的经济效益指标。社会积累基金主要用于扩大再生产、增加非生产性固定资产和建立社会物质储备。

社会积累效果，是指每百元社会积累基金所增加的国民收入额。它是用来评价积累基金投入所取得的经济效益，因此，社会积累效果是一项重要的经济效益指标，其计算式为

$$百元社会积累效果=\frac{新增国民收入}{积累基金总额}\times 100 \tag{3-40}$$

显然，社会积累效果的提高或降低，表明了社会积累基金使用效率的高低和经济效益的大小。应当指出，社会积累基金可分为用于生产性积累基金和非生产性积累基金，其中只有生产性积累基金才能创造和增加国民收入。因此，确切地讲，应当考核和计算生产性积累基金的效果，其计算式为

$$百元生产性社会积累效果=\frac{新增国民收入}{生产性积累基金总额}\times 100 \tag{3-41}$$

（3）人均消费基金

由于国民收入经初次分配和再分配形成了社会积累基金与社会消费基金两部分。社会消费基金作为国民收入的一部分，其本身就是一项经济效益指标。社会消费基金，是用于满足社会成员个人的物质文化生活需要和社会共同需要的基金。显然，社会消费基金或人均消费基金，是直接反映人们物质文化生活满足程度的指标，它体现着社会生产目的的要求，也是评价宏观经济效益的一项重要指标。人均消费基金的计算式为

$$人均消费基金=\frac{国民收入额-积累基金总额}{年平均人口总数}=\frac{消费基金总额}{年平均人口总数} \tag{3-42}$$

（4）社会劳动生产率

社会劳动生产率是指物质生产部门劳动者平均每人每年创造的国民收入，它综合反映了全社会的劳动生产率。社会劳动生产率，是反映全社会经济效益的一项重要指标。其计算式为

$$社会劳动生产率=\frac{国民收入}{物质生产部门劳动者年平均总数} \tag{3-43}$$

显然，社会劳动生产率提高，就意味着全社会在同一时期内生产出更多的产品，创造了更多的国民收入。

（5）国民收入物资消耗率

国民收入物资消耗率，是指每百元国民收入的物资消耗额。因此，它是反映社会物资消耗的一项重要的经济效益指标。其计算式为

$$国民收入物资消耗率=\frac{社会物资消耗总额}{国民收入总额}\times 100 \tag{3-44}$$

显然，国民收入物资消耗越低，社会经济效益就越好。

（6）能源利用效果

能源利用效果，是反映以标准煤表示的能源利用的效果。它是指耗用一吨标准煤所创造的国民收入。因此，它是反映能源利用效果的一项重要的经济效益指标。其计算式为

$$能源利用效果=\frac{国民收入总额}{标准煤消耗量} \tag{3-45}$$

显然，能源利用效果越好，经济效益就越好。此外，还可以考核和计算能源消耗系数。能源消耗系数是指创造每万元国民收入（或国民生产总值）所消耗的标准煤数量，这是反映能源消耗水平的一项重要的经济效益指标。其计算式为

$$能源消耗系数=\frac{标准煤消耗量}{万元国民收入(或国民生产总值)} \tag{3-46}$$

显然，能源消耗系数越低，经济效益就越好。目前有的能源消耗系数较高，今后应采取措施不断降低能耗，力争在短期内将能源消耗降低。

（7）资金利税率

资金利税率，是指每百元资金（包括固定资产年平均净值和定额流动资金年平均占用额）所提供的利税总额。其计算式为

$$资金利税率=\frac{利润额+税金额}{固定资产年平均净值+定额流动资金平均占用额}\times 100 \tag{3-47}$$

显然，资金利税率反映了社会资金的利用效果，资金利税率的提高，表明了单位资金或每百元资金为社会提供了更多的利税总额，即社会纯收入。所以，资金利税率是一项重要的经济效益指标。

（8）流动资金占用率

流动资金占用率是指每百元国民收入占用的流动资金数额，其计算式为

$$\text{流动资金占用率}=\frac{\text{年平均定额流动资金占用额}}{\text{国民收入}}\times 100 \tag{3-48}$$

流动资金占用率指标，综合反映了生产、建设和流通领域的经营管理水平。这也是一项重要的经济效益指标，流动资金占用率低，就意味着经济效益好；反之，亦然。

（9）固定资产交付使用率

固定资产交付使用率，是指计划期内建成投产并交付使用的固定资产投资额与同期固定资产投资总额之比。它表明固定资产投资后已形成的固定资产使用能力，因此，这是一项考核固定资产投资效益的综合性经济效益指标。其计算式为

$$\text{固定资产交付使用率}=\frac{\text{计划期交付使用的固定资产投资额}}{\text{计划期固定资产投资总额}} \tag{3-49}$$

（10）未完工程资金占用率

未完工程资金占用率，是指计划期未完工程占用的资金与计划期固定资产投资总额的比率。它综合反映了固定资产投资的利用效果。其计算式为

$$\text{未完工程资金占用率}=\frac{\text{计划期未完工程累计占用投资额}}{\text{计划期固定资产投资总额}} \tag{3-50}$$

显然，计划期未完工程资金占用率越小，表明建设速度越快，投资效益越好。因此，未完工程资金占用率，亦可视为经济效益指标。

3.2　工程经济分析的比较原理

在工程经济分析中，除了要对单个工程项目方案本身的所得与所费进行分析评价，以确定其经济效益的优劣以外，更重要的是要进行工程方案之间的比较分析，从而确定某一工程项目方案的技术经济效益的优劣。研究工程项目方案的可比性，首先必须明确比较的对象指标应遵循的原则和条件，以及什么情况下各方案之间具有可比性，什么情况下各方案之间不具有可比性，如何将不可比因素转化为可比因素等等，即找出不可比转化为可比的规律，从而保证工程经济分析和评价结论的正确性。

为了使被比较的工程项目方案具有可比性，就是要使各工程项目方案中的各项技术经济指标具有可以对比的共同基础，即必须满足以下四个可比条件：（1）满足需要上的可比；（2）满足耗费上的可比；（3）满足价格上的可比；（4）满足时间上的可比。

3.2.1　满足需求上的可比性

不同工程项目方案进行比较时，首先必须以满足相同的需求（要）为前提条件。任何工程项目方案总是以满足一定的需要为目的，因此，不能满足相同需要的方案是不能进行比较的。例如，水力发电和火力发电能够满足相同的需要——发电，因此是可以比较的；而铜和铝是不同的金属材料，具有不同的金属特性，分别满足不同的材料需要，两者不可比，但当制成铜导线和铝导线时，都是满足输送电流这一相同的需要，这里两者便是可比的。

工程项目方案一般都是以其数量、品种和质量等指标来满足需要的，因此，在具体操作需求的可比性这一条件时，就要对各方案的数量、品种和质量等指标进行可比性修正计算。

1. 产品产量可比性修正运算

当工程项目方案在生产规模上不相同时，可采用单位产品指标进行比较，就是把方案的总投资额和年总投资额和年总经营成本的绝对值转化为相对值。即

$$\text{单位产品投资额} = \frac{\text{总投资额}(K)}{\text{年产量}(Q)} \tag{3-51}$$

$$\text{单位产品年经营成本} = \frac{\text{年总经营成本}(C)}{\text{年总产量}(Q)} \tag{3-52}$$

需要指出，分析各工程项目方案满足产量（即生产规模）上的可比性时，所涉及的产量是最终向本项目外提供的实际产量，即净产量，而不是指技术方案的设备能力——额定产量，两者是有差别的。例如，水电站与火电站相比，水电站自用电量约占其发电量的 0.1%～0.2%，而火电站的自用电量一般占到其发电量的 6%～8%，甚至更高。所以，在进行产量可比测算时，不能以额定产量，而应以向社会（不包括项目本身）最终提供的产量作为比较的基础。

2. 产品质量的可比性修正计算

实际工作中，不同的工程项目方案，即选择不同的工艺、设备等生产出来的产品质量通常是有差异的。在此情况下，即使两方案的产量已具备了可比条件，方案仍不可比。产量可比只是需求上可比的一个方面。因为质量（品种）不可比意味着产品的使用价值不等，如果无视这一点而勉强进行比较，势必形成错误的结论。

进行不同方案的质量可比性分析时，首先应将产品质量使用效果指标（如产品使用寿命、可靠性）来定量描述，然后使用效果系数对投资额和经营成本等进行修正。其公式为

$$k = \frac{E_{k1}}{E_{k2}} \tag{3-53}$$

式中 k —— 使用效果系数；

E_{k1} —— 方案Ⅰ的使用效果；

E_{k2} —— 方案Ⅱ的使用效果。

经调整后的方案Ⅰ的投资额和经营成本分别为

$$K_{\mathrm{I}}' = \frac{1}{k} K_{\mathrm{I}}$$

$$C_{\mathrm{I}}' = \frac{1}{k} C_{\mathrm{I}}$$

式中 K_{I}，K_{I}' —— 方案Ⅰ调整前、后的投资额；

C_{I}，C_{I}' —— 方案Ⅰ调整前、后的年经营成本。

品种不同的工程项目方案比较时，其使用效果可用材料的节约额、工资的节约额等来表示，修正方法与上述相同。

3.2.2 满足耗费上的可比性

经济效果是产出与投入即所得与所费之比较，对工程项目方案的经济效果进行比较时，除了要满足使用价值的可比（即需求上的可比）之外，还应满足消耗费用上的可比，即满足对各种耗费的计算范围、计算基础的一致性，以及计算原则和计算方法上的统一性，以保证对比口径相同。

计算工程项目方案的耗费时，要从整个社会生产和国民经济的角度，运用系统的观点和方法计算全部耗费，不仅包括技术方案本身直接的耗费，还应包括与该项目方案直接相关的部门发生的耗费。例如，建设某钢铁厂除考虑钢铁厂投资外，还必须考虑其配套工程，像各种备品、备件制造厂工程、耐火材料厂工程、机修厂工程等相关投资，以及外部配套工程（铁路工程、矿石转运工程、煤炭工程等）的相关费用。对于设备制造方案进行评价时，不仅要考虑设备制造方面的消耗费用，即制造费用，同时，也要考虑设备使用部分在使用过程中的耗费，即使用费用。

3.2.3 满足价格上的可比性

在测算工程项目方案的经济效果时，必须要涉及价格。如何合理地选用价格指标，这是工程经济分析中必须考虑的重要问题。为了使不同的工程项目方案的分析比较科学合理，在计算方案的投入与产出时，应采用统一的折算价格，即对各种投入物和产出物在现行市场价格的基础上进行适当的合理调整。

不同时期的工程项目方案进行比较，应采用统一的不变价格或用价格指数进行折算，并应根据工程项目方案计算期的长短确定相应时期的价格指标，如对近期方案比较时，应采用近期价格指标计算；而对远期方案比较时，应采用远期的测算价格，否则将会得出错误的结论。

国外在进行方案比较时，常采用影子价格作为方案比较的基础。我国近年来对项目的国民经济评价也开始采用这一价格。所谓影子价格，其经济含义是指资源对收益的边际贡献，即资源在最优产出水平时所具有的价值。某种稀缺资源的价值，表示这种资源的任何边际变化对国家的基本社会经济目标所作贡献的价值。例如，当供电紧张时，一旦增加供电量，就可以提高产量，那么，每增加一个单位的供电量所引起的社会效果的增量（即产量的增量）就是电的影子价格。由此可见，影子价格既不是计划价格，也不是市场价格。影子价格的高低，主要是由该种资源的稀缺程度所决定的，也反映了这种资源的合理利用程度。由此还派生出了影子工资（即劳动的影子价格）、影子汇率（即外汇的影子价格）等。

3.2.4　满足时间上的可比性

时间上的可比，对于不同技术方案的经济比较同样具有重要的意义。首先，不同方案的比较应以相同计算期作为比较的基础。当对比的方案的经济寿命期不同时，可采用最小公倍数方法折算成相同的计算寿命，并按这一相同时期计算费用和效益，不能对甲方案计算其 5 年期的经济效果，而对乙方案计算其 10 年期的经济效果，那样是无法比较的。其次，必须对不同时点上发生的费用和收益考虑时间因素的影响，并对其进行折算。比如，等额的资金，在其他条件相同的情况下，占用的时间越长，其效果越差；反之，占用的时间越短，效果就越好。同样，项目早投产就能为国家早发挥效益，为国家创造的财富就越多。再次，方案的时间可比不仅指主要工程，而且也包括相关的配套工程。

因此，方案比较必须考虑时间因素，这对合理利用有限的资金，最大限度地发挥资金的效用，树立投资者和决策者的资金时间价值观念，都具有重要的意义。

3.3　资金的时间价值

3.3.1　资金时间价值的概念

所谓资金的时间价值，是指资金在生产和流通过程中，随着时间的推移能产生增值，所增值的部分就称为资金的时间价值。

资金的时间价值是商品经济中的普遍现象，它是社会劳动创造价值的能力的一种表现形式。它表明一定的资金，在不同时点具有不同的价值，也即不同时间发生的等额资金在价值上存在差别。

需要指出的是，资金的时间价值不是货币本身产生的，也不是时间产生的，而是在资金运动中产生的。在商品经济条件下，资金是不断运动着的。资金的运动伴随着生产与交换的进行，生产与交换会给投资者带来利润，表现为资金的增值。所以，只有当资金作为生产的基本要素，经过生产和流通的周转，才会产生增值。如果把资金积压起来，锁在保险箱里，不投入运动，那么时间再长，也不会产生增值。因为资金增值的实质是劳动者在生产过程中创造的新的价值。

利润和利息是资金时间价值的基本形式，它们都是社会资金增值的一部分，是社会剩余劳动在不同部门的再分配。利润由生产和经营部门产生，利息是以信贷为媒介的资金使用权的报酬，它们都是资金在时间推移过程中的增值。

衡量资金时间价值的尺度有：

1. 利息和利润

通常我们把通过银行借贷资金所付出的（或得到的）比本金多的那部分资金称为利息。所以，利息是指占用货币使用权所付出的代价（或放弃使用资金所得到的补偿）。而利润指的是把货币资金投入生产经营过程所获得的比原来投入资金多的那部分资金。利息和利润体现了资金的盈利能力，是衡量资金时间价值的绝对尺度。

2. 利息率和利润率

利息率或利润率是一定时期（通常为一年）的利息额或利润额与本金（或原投入资金）的比率，一般用百分数表示。

$$\begin{matrix}\text{利息率}\\ \text{（利润率）}\end{matrix} = \frac{\text{一定时期的利息额（或利润额）}}{\text{本金（或原投入资金）}} \times 100\% \tag{3-54}$$

例 3-1 某人存入银行为 100 元，1 年所得利息为 10 元，则该存款的利息率为

$$\text{利息率} = \frac{10}{100} \times 100\% = 10\%$$

这时计算的利息率是年利息率。年利息率中的“年”是反映按此利息率计息一次的单位时间长度，它也称为利息率周期。

利息率或利润率反映了资金随时间变化的增值速度，是衡量资金时间价值的相对尺度。因此，在工程经济分析中，通常两者不加区分，并把利息率和利润率统称为利率。

3. 利息计算的方法

利息计算的方法有单利法和复利法两种。

（1）单利法

单利法是仅用本金为基数计算利息的方法。单利率一经确定，应获得的利息就正比于债务的本金，用公式表示利息 I_n 为

$$I_n = P\,i\,n \tag{3-55}$$

式中　P —— 本金；

i —— 利率；

n —— 计息周期数。

本金 P 是一个固定值，因而年息也是个不变的值，则至 n 期期末借方应偿还的总金额为

$$\begin{aligned} F_n &= P + I_n \\ &= P + P\,i\,n \\ &= P(1 + i\,n) \end{aligned} \tag{3-56}$$

式中　F_n —— n 期末的本利和。

例 3-2　某人有现金 1 000 元，存 3 年定期，年利率为 10%。试计算第 3 年年末的本利和为多少？

解　3 年应付的利息为

$$I_3 = 1\,000 \times 10\% \times 3 = 300（元）$$

3 年后可获得的本利和为

$$\begin{aligned} F_3 &= P + I_3 \\ &= 1\,000 + 300 = 1\,300（元） \end{aligned}$$

应注意，1 000 元本金 1 年获利为

$$I_1 = 1\,000 \times 10\% \times 1 = 100（元）$$

在第 2 年，这新增的 100 元并不产生利息。

同理，1 000 元本金在 2 年中的获利为

$$I_2 = 1\,000 \times 10\% \times 2 = 200（元）$$

在第 3 年，这新增的 200 元同样也不产生利息。

可见，单利法虽然考虑了资金的时间价值，但仅对本金而言，对先前周期中已产生的利息不再转化为本金累计计息。

（2）复利法

复利法是将当期本金与利息之和作为下一周期的本金来计算利息的方法，也就是利滚利的计算方法。

例 3-3　在上例中，如以复利计息，试计算第 3 年年末的本利和是多少？

解

从例 3-2 和例 3-3 的计算结果可见，复利计息支付的利息比单利计息时多 1 331 − 1 300 = 31(元)，这 31 元的差额是由于复利计息时把先前周期中的利息加到本金中计息所致，即所谓的“利滚利”。

表 3-1 （单位：元）

年份	年初金额	利率	年末利息	年末本利和
1	1 000	10%	$1\,000 \times 10\% = 100$	1 100
2	1 100	10%	$1\,100 \times 10\% = 110$	1 210
3	1 210	10%	$1\,210 \times 10\% = 121$	1 331

用前面定义过的符号，表 3-1 的计算可以表示为复利计息的推导过程。见表 3-2。

表 3-2

计息周期数 n	计息基数	各期利息 I_n	期末本利和 = 计息基数 + 各期利息
1	P	Pi	$F_1 = P + Pi = P(1+i)$
2	$P(1+i)$	$P(1+i)i$	$F_2 = P(1+i) + P(1+i)i = P(1+i)^2$
3	$P(1+i)^2$	$P(1+i)^2 i$	$F_3 = P(1+i)^2 + P(1+i)^2 i = P(1+i)^3$
…	…	…	
n	$P(1+i)^{n-1}$	$P(1+i)^{n-1} i$	$F_n = P(1+i)^n$

以上过程推广到任意计息期 n 即可得复利计息的本利和公式为

$$F_n = P(1+i)^n \tag{3-57}$$

复利计息比较符合资金在社会再生产过程中运动的实际状况，在工程经济分析中，一般都采用复利计息。

复利计息有间断复利与连续复利之分。如果计息周期为一定的时间区间（如年、季、月、旬、周、日等），并按复利计息，称为间断复利。如果计息周期无限缩短，则称为连续复利。从理论上讲，资金是在不停地运动，每时每刻都通过生产和流通在增值，因而应该采用连续复利计息；但在实际工作中为了简化计算，一般采用间断复利计息。

4. 名义利率与实际利率

利率通常是按年计息的，但有时也商定每年分几次按复利计息，例如按月、按季或按半年等。比如，按季复利计息，每季利率为 3%，通常表达为“年利率 12%，按季复利计息”，这样描述的利率称为名义利率。因此，所谓名义利率就是周期利率与每年计息周期数的乘积。

例 3-4 借款为 2 000 元，利率为 12%，按季复利计息，那么第 1 年末的本利和就是

$$F = 2\,000 \times \left(1 + \frac{12\%}{4}\right)^4$$
$$= 2\,000 \times 1.126 = 2\,252（元）$$

而若按 12%的年复利率，则第 1 年末的本利和为

$$F = 2\,000 \times (1+12\%) = 2\,000 \times 1.12 = 2\,240（元）$$

这比按季计息少 12 元。可见，一年内复利计息次数不同，其年末的本利和结果也不同。

对同样的名义利率，一年中复利次数增多，年末的本利和就会增大。

实际获利多少可用实际利率说明，为了防止借方因利息用不同语言说明可能造成的混乱，1973 年通过了国际“借贷真实性法”，规定：实际利率是 1 年利息额与本金之比。

例 3-5　1 000 元的借款，借期为 1 年，名义利率为 12%，按年复利计算时，期末本利和为

$$F = 1\,000 \times (1 + 12\%) = 1\,000 \times 1.12 = 1\,120（元）$$

则

$$实际利率 = \frac{F-P}{P} = \frac{1\,120-1\,000}{1\,000} = \frac{120}{1\,000} = 12\%$$

而同样的名义利率，按月复利计息时，期末本利和为

$$F = 1\,000 \times \left(1+\frac{12\%}{12}\right)^{12} = 1\,000 \times 1.126\,8 = 1\,126.8（元）$$

而

$$实际利率 = \frac{F-P}{P} = \frac{1\,126.8-1\,000}{1\,000} = \frac{126.8}{1\,000} = 12.68\%$$

这意味着，名义利率为 12%，按月计息与按年利率为 12.68%计息，两者是等价的。而这 0.68%的差额就是由于 1 年中计息次数增加而导致利息的时间价值产生的。

因此，当利率的时间单位与计息周期一致时，实际利率与名义利率是一致的，且都等于周期利率；当利率的时间单位与实际计算周期不一致时，名义利率等于一个计息周期的利率与一年中的计算周期的乘积，而实际利率等于名义利率加上利息的时间价值产生的利率。

设名义利率为 r，一年中计息周期数为 m，则一个计息周期的利率应为 $\frac{r}{m}$，一年后的本利和由 $F_n = P(1+i)^n$，得

$$F = P\left(1+\frac{r}{m}\right)^m \tag{3-58}$$

利息为

$$I = F - P = P\left(1+\frac{r}{m}\right)^m - P$$

按利率定义得实际利率 i 为

$$i=\frac{I}{P}=\frac{P\left(1+\frac{r}{m}\right)^m-P}{P}=\left(1+\frac{r}{m}\right)^m-1$$

所以，由名义利率求实际利率的公式为

$$i=\left(1+\frac{r}{m}\right)^m-1 \tag{3-59}$$

由式（3-59）可见，当 $m=1$ 时，实际利率等于名义利率；当 $m>1$ 时，实际利率大于名义利率；当 $m\to\infty$ 时，即按连续复利计息时，i 与 r 的关系为

$$i=\lim_{m\to\infty}\left[\left(1+\frac{r}{m}\right)^m-1\right]=\lim_{m\to\infty}\left[\left(1+\frac{r}{m}\right)^{\frac{m}{r}}\right]^r-1$$

$$\because \lim_{m\to\infty}\left(1+\frac{r}{m}\right)^{\frac{m}{r}}=\mathrm{e} \tag{3-60}$$

$$\therefore i=\mathrm{e}^r-1$$

在上例中，若按连续复利计算，实际利率为

$$i=\mathrm{e}^{0.12}-1=1.127\,5-1=12.75\%$$

3.3.2 现金流量及现金流量的表达

1. 现金流量的概念

正确确定项目方案在寿命周期内各个时期（各个时间点）的现金流量，是项目方案评价的基础。在工程经济分析中，要把评价的项目方案视为一个独立的经济系统，这个系统可以是一个企业，也可以是一个地区、一个部门或者是一个国家。通常，对流入系统的资金收入叫做现金流入，对流出系统的资金支出叫做现金流出，并把某一个时间点的现金流入与现金流出的差额叫做净现金流量。系统的现金流入、现金流出和净现金流量统称为现金流量。

由于系统的资金运动有现金流入与现金流出之差别，因此现金流量就有正与负之区别。通常规定，现金流入为正值，现金流出为负值。因此净现金流量也就有可能是正值、负值或者为零。如果净现金流量是大于零的正值，则为正净现金流量，是现金流入；如果净现金流量是小于零的负值，则为负净现金流量，是现金流出。也就是说，如果现金流入与现金流出的代数和为正值，则净现金流量就是正净现金流量，是净流入；如果现金流入与现金流出的代数和为负值，则净现金流量就是负净现金流量，是净支出；如果现金流入与现金流出的代数和为零，则净现金流量就是零，是收支相抵。

2. 项目系统现金流量的构成

在项目工程经济分析与评价中，构成系统现金流量的要素，主要有以下一些方面：

（1）固定资产投资及其借款利息

作为项目的固定资产投资，一般来讲，在建设期已全部投入系统，而固定资产投资及其建设期借款利息也转为本金投入系统。因此，在工程经济分析和财务评价中，要将固定资产投资及其建设期借款利息均作为系统的现金流出项计算。

（2）流动资金投资

在项目建成投产时要向系统投入流动资金，以保证生产经营活动的正常进行。因此，在工程经济分析和财务评价中，要将流动资金投资作为现金流出项计算。

（3）经营成本

经营成本是在项目建成投产后的整个运行使用期间内，为生产产品或提供劳务而发生的经常性成本费用支出。因此，在工程经济分析和财务评价中，要将经营成本作为现金流出项计算。

（4）销售收入

销售收入是项目建成投产后出售商品和提供劳务的货币收入，是直接反映项目真实收益的重要经济参数。因此，在工程经济分析和财务评价中，要将销售收入作为重要的现金流入项计算。

（5）利润

利润是项目系统经济目标的集中表现，是项目的最终财务成果，也是反映项目经济效益的重要综合指标。企业利润总额包括销售利润、投资净收益以及营业外收支净额。利润总额若为正数，表示盈利；若为负数，则表示亏损。因此，在工程经济分析和财务评价中，要将利润作为重要的现金流入项计算。

（6）税金

目前国家颁布实行的与企业生产经营活动有密切关系的税种有 10 多种。在工程经济分析中，对项目进行工程经济分析和财务评价时，将税金作为重要的现金流出项计算；但进行国民经济评价时，企业缴纳的税金，并未减少国民收入，也未发生社会资源的变动，只是相应资源的分配使用权从项目转移到政府手中，是整个国民经济系统的内部转移支付，不是经济费用，故在国民经济评价中既不是现金流出，也不是现金流入。

（7）补贴

对项目的补贴，是与企业缴纳税金相反方向的一种货币流动。如果是专为鼓励或扶持项目系统而发生的补贴，那么工程经济分析和财务评价时应作为现金流入项计算。如果补贴是体现在价格、税收、汇率等方面的优惠政策上，那么补贴效益已体现在项目收入的增加或支出的减少，因此，工程经济分析和财务评价时就不必再单列为现金流入或现金流出项计算。对项目进行国民经济评价时，由于补贴既未增加社会资源，也未减少社会资源，而国民收入也并未因补贴发生变化，仅是货币在项目与政府之间的一种转移。因此，在国民经济评价中，补贴既不作为现金流入项计算，也不作为现金流出项计算。

（8）新增固定资产投资与流动资金投资

在项目建成投产后的运营过程中，如果需要增加投资，那么新增加的固定资产投资和流动资金投资，在工程经济分析和财务评价中均作为现金流出项计算。

（9）回收固定资产净残值

在项目经济寿命（使用年限）周期终了固定资产报废时的残余价值扣除清理费用之后的余额，即为固定资产的净残值。在工程经济分析和财务评价时，回收固定资产净残值要作为现金流入项计算。

（10）回收流动资金

在项目经济寿命（使用年限）周期终了停止生产经营活动时，要如数回收投产时或投产后投入的流动资金金额。在工程经济分析和评价中，回收流动资金要作为现金流入项计算。

3. 现金流量的表达

一般用现金流量表与现金流量图两种方式来表达现金流量。

（1）现金流量表

现金流量表，是反映项目计算期内各年的现金流入、现金流出和现金流量的表格。现金流量表的纵列由现金流量项目、建设期、投产期、达产期、回收期构成，表的横行是项目寿命期内各现金流量项目的基本数据及计算结果，现金流量表可以横向看资金的流动变化，又可以从纵向看各年现金流量的流入与流出情况如表 3-3 所示。

（2）现金流量图

现金流量图是表示项目系统在整个寿命周期内各时间点的现金流入和现金流出状况的一种图示。它是用纵轴表示现金流量，用横轴表示时间坐标的现金流量与时间关系的直角坐标图，简称为现金流量图。现金流量示意图如图 3-1 所示。

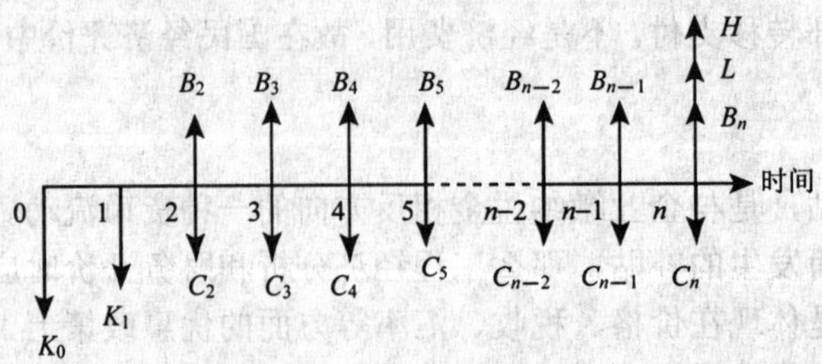

图 3-1　现金流量示意图

图中 K —— 投资，包括固定资产投资与流动资金投资；

C —— 各时点经营成本，可以是等额值也可以是非等额值；

B —— 各时点销售收入或收益；

L —— 回收固定资产净残值；

H —— 回收流动资金。

表 3-3 某工程项目现金流量表 （单位：万元）

项目 \ 年份	建设期			投产期		达产期							回收期
	1	2	3	4	5	6	7	8	9	10	11	12	13
1. 现金流入				2600	2700	3100	3100	3100	3100	3100	3100	3100	3650
（1）销售收入				2600	2700	3100	3100	3100	3100	3100	3100	3100	3100
（2）固定资产残值回收													260
（3）流动资金回收													290
2. 现金流出	600	700	300	2350	2220	2796	2780	2780	2780	2780	2780	2780	2780
（1）总投资	600	700	300	250	20	20							
（2）经营成本				2100	2220	2700	2700	2700	2700	2700	2700	2700	2700
（3）税金						76	80	80	80	80	80	80	80
3. 净现金流量	−600	−700	−300	250	480	304	320	320	320	320	320	320	870

现金流量图的优点：项目系统的现金流入或现金流出的发生时间、数量等都绘制在坐标图上，看起来一目了然，非常清晰，便于检查核对，可减少或避免差错。

绘制现金流量图的方法与规定如下：

① 以横轴为时间坐标，时间间隔相等，时间单位可根据需要取年、季、月、周、日等。

② 以纵轴为现金流量坐标，单位可取元、万元。

③ 现金流入为正值，用向上的箭头线表示；现金流出为负值，用向下的箭头线表示。箭头线的长短只要能区别现金流量多少即可，按比例大致绘制。

④ 时间坐标的原点通常取在建设期开始的时点，也可取在投产期开始（即建设期末）的时点，而分析计算的起始时间一般都规定在时间坐标的原点。

⑤ 为了统一绘制方法和便于比较，通常规定投资发生在各时期的期初，而销售收入、经营成本、利润、税金等，则发生在各个时期的期末，回收固定资产净残值与回收流动资金则在项目经济寿命周期终了时发生。

例 3-6 某工程项目，其建设期为 2 年，生产期为 8 年。第 1 年和第 2 年的年初固定资产投资分别为 1 000 万元和 500 万元。第 3 年年初开始投产并达产运行。

项目投产时需要流动资金为400万元，并一次全部投入。投产后每年获销售收入为1200万元，年经营成本及销售税金合计支出800万元。生产期的最后1年年末回收固定资产净残值200万元及全部流动资金。试绘制现金流图。

解 绘制现金流量图如图3-2所示。

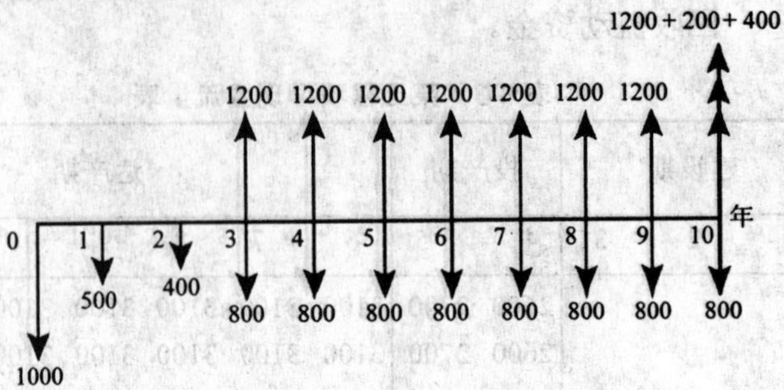

图3-2 某工程项目现金流量示意图

3.3.3 资金等值

1. 资金等值的概念

在工程经济分析中，为了考察投资项目的经济效益，在对工程项目寿命期内不同时间发生的全部收益和全部费用进行分析和计算时经常采用资金等值换算进行工程项目方案的经济效益比较和选优。

资金等值是指在考虑了时间因素之后，把不同时刻发生的数额不等的现金流量换算到同一时点上，从而满足收支在时间上可比的要求。即把任一时点的资金按一定的利率换算为另一特定时点的不同数额的资金，而这同时点的不同数额的资金，在经济上的作用是相等的，有相等的经济价值，即资金是等值的。例如，现在的100元在利率为10%的条件下，与1年后的110元，虽然资金数额不相等，但其经济价值是相等的，即两者是等值的。

影响资金等值的因素主要有三个，即资金数额的大小；资金运动发生的时间长短；利率的大小。虽然三个因素中任何一个因素变化都将导致等值的变化，但其中利率是关键因素，资金的等值换算是以同一利率作为比较计算的依据。

由于资金有时间价值，所以不同时点发生的现金流量就不能直接相加或相减，对不同方案的不同时点的现金流量就不能直接相比较。由此可见，资金等值概念及等值计算非常重要，是工程经济分析中非常重要的一种换算方法。

2. 资金等值计算公式

由于利息是资金时间价值的主要表现形式，在工程经济分析和评价中，资金等值计算公式通常是采用复利计算公式，并用现金流量图作为重要的辅助计算工具。在实际工作中，流入和流出项目系统的现金流量的方式常常是多种多样的，有一次流入或流出，也有多次流入或流出，有定期等额流入或流出，也有不定期等额流入或流出等等。为了适应这种实际需要，运用等值换算的复利公式，也有多种多样，根据资金支付方式的不同，分为一次支付类型和多次支付类型两种类型。对公式中常用的符号规定如下：

i —— 利率（或折现率、报酬率或收益率）；

n —— 期数，其单位通常用“年”；

P —— 现值（或本金）；

F —— 终值（或本利和、未来值）；

A —— 等额值（或等额年值、等额年金）。

在符号规定中，把将来某一时点的现金流量换算为现在时点的等值现金流称为“贴现”或“折现”。通常把将来时点的现金流量折现后的现金流量称为现值，而把与现值等值的将来时点的现金流量称为“终值”，对连续若干期期末等额的现金流量，称为“等额值”。应当指出，现值常指计算期的期初值，即零期的现金流量；但在工程项目寿命期（建设期、投产期、达产期、回收处理期）内，现值又是一个相对的概念，一般来讲，凡是把第（$t+k$）个时点发生的现金流量，折现到第 t 个时点所得到的等值现金流量，就是第（$t+k$）个时点现金流量折现后的现值。

（1）一次支付类型

一次支付又称为整付，所以此类型又叫做整付类型。这种类型所分析的系统的现金流量，无论是流入还是流出，均在一个时点上一次发生，其典型现金流量图如图 3-3 所示。

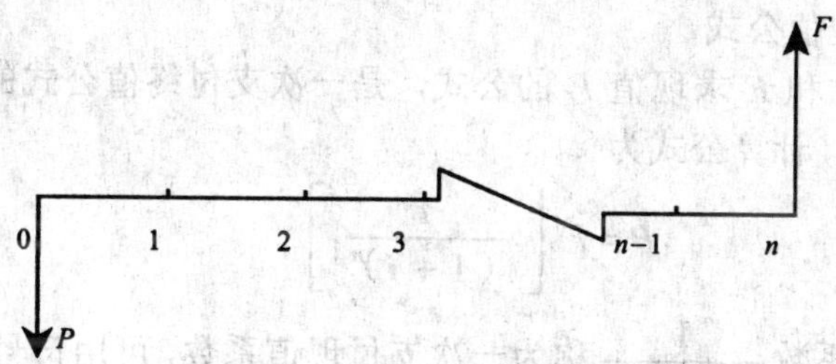

图 3-3　一次支付现金流量图

在一次支付情况下，i，n，P 和 F 四个参数一定出现，其中 i，n 一般为已知，P 和 F 中有一个为已知，另一个为未知。所以整付类型有两个等值计算公式。

1）一次支付终值公式

这是在已知 i，n，P 的情况下求 F，计算公式为

$$F=P(1+i)^n \tag{3-61}$$

可见，式（3-61）与复利计算的本利和公式形式完全一样。在等值计算中此式表示

在折现率为 i，周期数为 n 的条件下，终值 F 与现值 P 之间的等值关系。式中 $(1+i)^n$ 称为一次支付终值系数（或一次支付本利和因子），可用符号 $(F/P,\ i,\ n)$ 来表示，其中斜线右边的是已知参数，斜线左边的是欲求的参数。在已知 i 和 n 时，可用普通复利系数表，直接查表求得。这样式（3-61）就可简化为系数公式

$$F=P(F/P,\ i,\ n) \tag{3-61'}$$

在已知 i、n 和 P 的条件下，欲求 F 只需用 P 乘以一次支付终值系数即可。

例 3-7 如果现在投资为 50 万元，若年利率为 6%，问 3 年后应收回本利和是多少？

解 现金流量图为如图 3-4 所示。

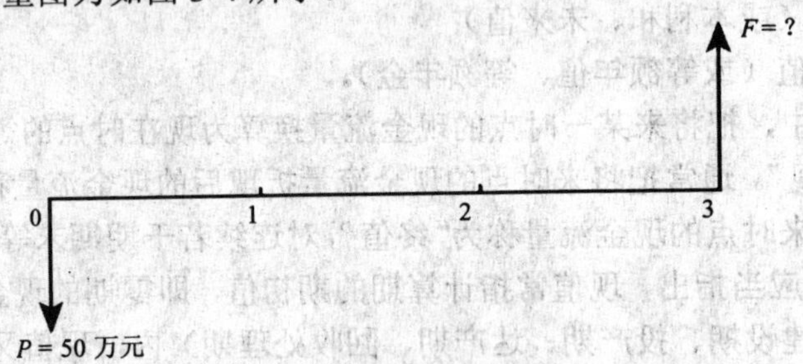

图 3-4

公式计算为

$$F=P(1+i)^n=50\times(1+0.06)^3=50\times1.191\ 0\approx59.6\ (\text{元})$$

或系数计算（查复利系数表）为

$$F=P(F/P,\ i,\ n)=50\times(F/P,\ 6\%,\ 3)=50\times1.191\ 0=59.6\ (\text{元})$$

2）一次支付现值公式

这是已知 i、n 和 F 求现值 P 的公式，是一次支付终值公式的逆运算，可由式（3-61）直接导出，计算公式为

$$P=F\left[\frac{1}{(1+i)^n}\right] \tag{3-62}$$

式中，方括号中的系数 $\frac{1}{(1+i)^n}$ 称为一次支付现值系数，可用符号 $(P/F,\ i,\ n)$ 表示。它和一次支付终值系数 $(1+i)^n$ 互为倒数，则式（3-62）可写成系数公式

$$P=F(P/F,\ i,\ n) \tag{3-62'}$$

例 3-8 如果银行利率为 10%，为了在 5 年后获得 80 000 元款项，现在应存入银行多少钱？

解 现金流量图为如图 3-5 所示。

公式计算为

$$P=F\frac{1}{(1+i)^n}=80\ 000\times\frac{1}{(1+10\%)^5}=49\ 627\text{（元）}$$

或系数计算（查复利系数表）为

$$P=F(P/F,i,n)=80\ 000\times(P/F,10\%,5)=80\ 000\times0.620\ 9=49\ 672\text{（元）}$$

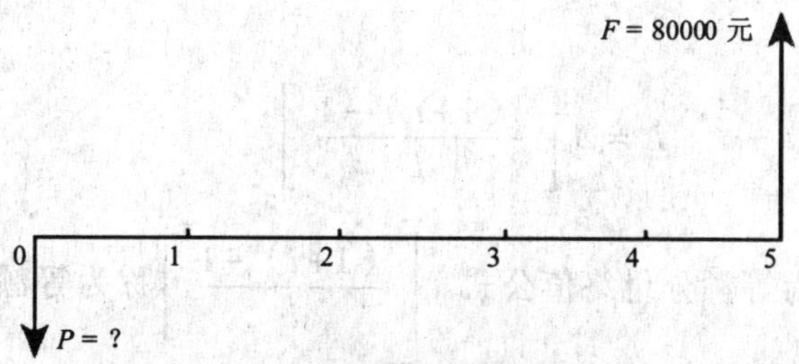

图　3-5

（2）多次支付类型

多次支付是指所分析的系统中现金流入或现金流出在多个时点上发生，而不是集中在某个时点上。现金流数额的大小可以是相等的，也可以是不等的。我们把在 n 期内发生的一系列现金流出和流入称为系列现金流。对于多次支付类型的系列现金流的等值换算，可以采用逐个折现或逐个求终值的方法，也就是说，可以把系列现金流看做 n 个一次支付的组合，然后利用一次支付的公式求出系列现金流的等值现值或终值。

1）等额系列现金流

当多次支付的系列现金流量是连续的，且数额相等，则称之为等额系列现金流。在等额多次支付情况下，i，n，A 三个参数一定出现，再加上 P 或 F 共四个参数。等额分付有四个等值计算公式。

① 等额分付终值公式

如图 3-6 所示，从第 1 年末至第 n 年末有一等额的现金流系列，每年的流出金额均为 A，在考虑资金时间价值的条件下，如果 n 年内系统的总现金流出等于总现金流入，则第 n 年末的现金流入 F 应与等额现金流出序列等值。F 相当于等额年值系列的终值。

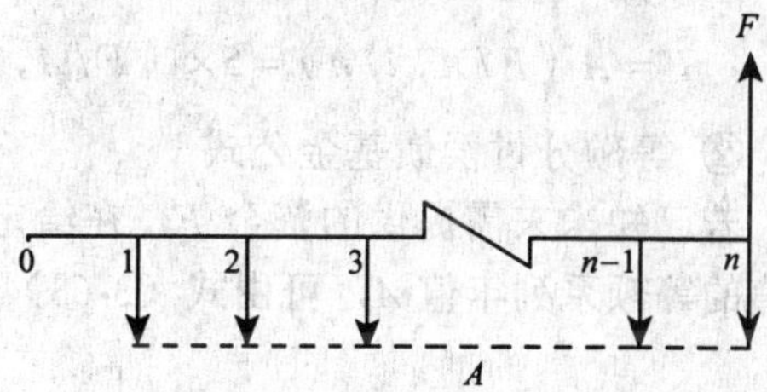

图 3-6　等额系列现金流量图 1

规定：（a）每期连续支付金额相等即 A 值，且发生在每期的期末。

（b）期初（$n=0$）时，没有资金发生，每期间隔相等。

（c）终值 F 与最后一期等额支付发生在同一时刻。

若已知每年的等额年值 A、利率 i、计息期数 n，欲求终值 F，依据图 3-3 可把等额系列视为 n 个一次支付的组合，然后就可利用一次支付终值公式推导出等额分

付终值公式。即

$$F=A(1+i)^{n-1}+A(1+i)^{n-2}+\cdots+A(1+i)^{1}+(1+i)^{0}$$
$$=A[1+(1+i)+(1+i)^{2}+\cdots+(1+i)^{n-2}+(1+i)^{n-1}]$$

上式方括号中是一个公比为（1 + i）的等比级数，利用等比级数求和公式可得，计算公式为

$$F=A\left[\frac{(1+i)^{n}-1}{i}\right] \tag{3-63}$$

式（3-63）即为等额分付终值公式。$\left[\frac{(1+i)^{n}-1}{i}\right]$称为等额分付终值系数（或年金终值因子），以符号（$F/A,i,n$）表示，则式（3-63）又可表示为系数公式

$$F=A(F/A,i,n) \tag{3-63'}$$

例 3-9 某校为设立奖学金，每年年末存入银行为 5 万元，如果存款利率为 8%，第 5 年末可得款多少？

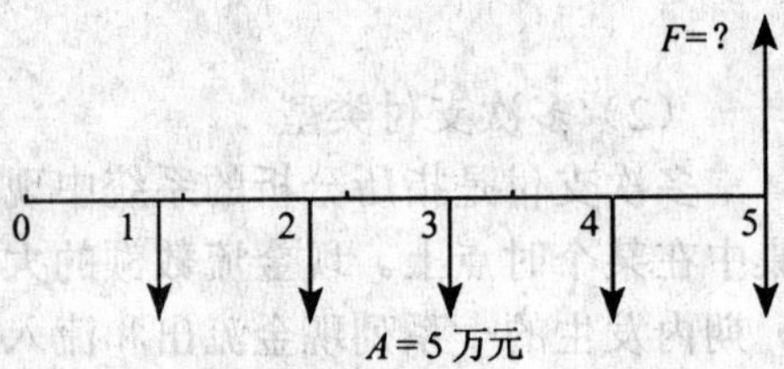

图 3-7

解 现金流量图如图 3-7 所示。

公式计算为

$$F=A\left[\frac{(1+i)^{n}-1}{i}\right]=5\times\left[\frac{(1+0.08)^{5}-1}{0.08}\right]=5\times5.867=29.335（万元）$$

或系数计算（查复利系数表）为

$$F=A(F/A,i,n)=5\times(F/A,8\%,5)=5\times5.867=29.335（万元）$$

② 等额分付偿债基金公式

若已知未来需提供的资金 F，在给定利率 i 和计息期数 n 的条件下，欲求与 F 等值的等额系列年值 A，可由式（3-63）直接推导出，计算公式为

$$A=F\left[\frac{i}{(1+i)^{n}-1}\right] \tag{3-64}$$

式中，方括号内的系数$\left[\frac{i}{(1+i)^{n}-1}\right]$称为等额分付偿债基金系数（或偿债基金因子），记为（$A/F,i,n$），则式（3-64）又可表示为系数公式

$$A=F(A/F,i,n) \tag{3-64'}$$

例 3-10 某厂计划从现在起每年等额自筹资金，在 5 年后进行扩建，扩建项目预计需要资金为 150 万元，利率为 10%，那么，每年末应等额筹集多少资金？

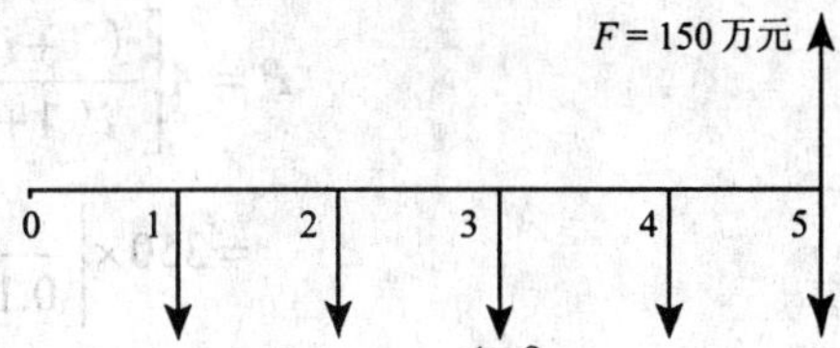

图 3-8

解 现金流量图如图 3-8 所示。

公式计算为

$$A=F\frac{i}{(1+i)^n-1}=150\times\frac{0.1}{(1+0.1)^5-1}=150\times0.163\ 8=24.57\text{（万元）}$$

或系数计算（查复利系数表）为

$$A=F(A/F,i,n)=150\times(A/F,10\%,5)=150\times0.163\ 8=24.57\text{（万元）}$$

③ 等额分付现值公式

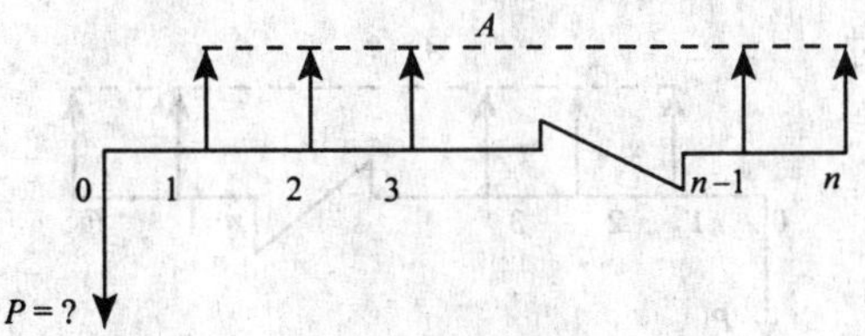

图 3-9 等额系列现金流量图 2

等额分付现值公式推导时所依据的现金流量图如图 3-9 所示。

在考虑资金时间价值的条件下，如果 n 年内系统的总现金流出等于总现金流入，则第 1 年初的现金流出 P 应当与第 1 年到第 n 年每年年末的等额现金流入系列等值，P 就相当于等额年值系列的现值。

若已知等额年值 A，并给定利率 i 和计算期数 n，欲求现值 P，可将式（3-63）两边同乘以 $\frac{1}{(1+i)^n}$，可得到其计算公式为

$$P=A\left[\frac{(1+i)^n-1}{i(1+i)^n}\right]\tag{3-65}$$

式（3-65）即为等额分付现值公式。$\left[\frac{(1+i)^n-1}{i(1+i)^n}\right]$ 称为等额分付现值系数（或年金现值因子），记为（$P/A,i,n$）。则式（3-65）又可表示为系数公式

$$P=A(P/A,i,n)\qquad(3\text{-}65')$$

例 3-11 某工厂 15 年中每年年末应为设备支付维修费为 350 元，年利率为 12%，现在应存入多少钱？

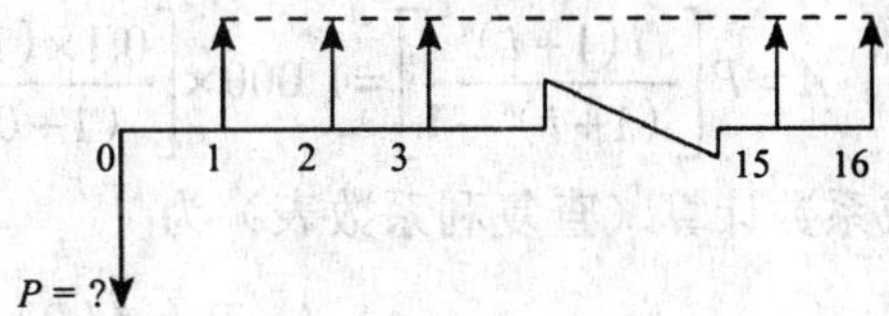

图 3-10

解 现金流量图如图 3-10 所示。

公式计算为

$$P=A\left[\frac{(1+i)^n-1}{i(1+i)^n}\right]$$

$$=350\times\left[\frac{(1+0.12)^{15}-1}{0.12\times(1+0.12)^{15}}\right]$$

$$=350\times6.810\,9\approx2\,383.82\text{（万元）}$$

或系数计算（查复利系数表）为

$$P=A(P/A,i,n)=350\times(P/A,12\%,15)=350\times6.810\,9\approx2\,383.82\text{（万元）}$$

④ 等额分付资本回收公式

所谓等额分付资本回收，是指若以年利率 i 投资 P 元，在 n 年内每年年末等额地提取 A 元，到第 n 年年末将期初投资连本带利全部回收，求 A 值为多少？也即将现值转换为与之等值的等额年金系列。其对应的现金流量如图 3-11 所示。

可见等额分付资本回收公式是等额分付现值公式的逆运算。由式（3-65）可直接导出，计算公式为

$$A=P\left[\frac{i(1+i)^n}{(1+i)^n-1}\right]\qquad(3\text{-}66)$$

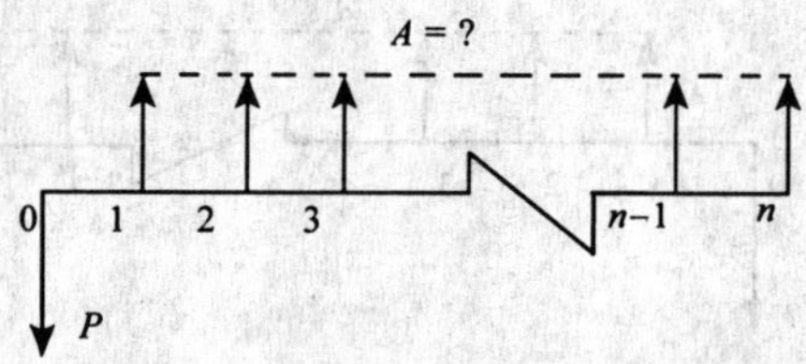

图 3-11　等额系列现金流量图 3

式中，方括号中的部分称为等额分付资本回收系数，亦可记为（A/P，i，n），这是一个重要的系数，对工程项目进行经济分析时，它表示在考虑资金时间价值的情况下，对应于工程项目的单位投资，在项目寿命期内每年至少应该回收的金额。如果对应于单位投资的实际回收金额小于这个值，则在项目的寿命期内就不可能将全部投资收回。式（3-66）同样可以表示为系数公式为

$$A=P(A/P,i,n)\qquad(3\text{-}66')$$

例 3-12　新建一工厂，期初投资为 1 000 万元，利率为 10%，打算投产后 5 年内等额收回全部投资，那么，该厂每年要获利多少？

解　现金流量图如图 3-12 所示。

公式计算为

$$A=P\left[\frac{i(1+i)^n}{(1+i)^n-1}\right]=1\,000\times\left[\frac{0.1\times(1+0.1)^5}{(1+0.1)^5-1}\right]=1\,000\times0.263\,8=263.8\text{（万元）}$$

或系数计算（查复利系数表）为

$$A=P(A/P,i,n)$$

$$=1\,000\times(A/P,10\%,5)$$

$$=1\,000\times0.263\,8=263.8\text{（万元）}$$

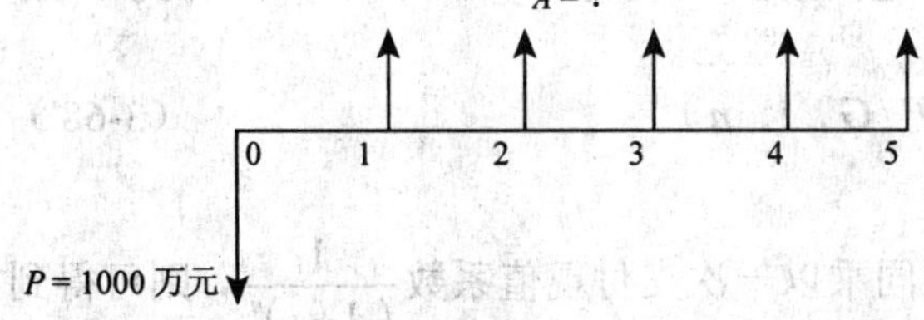

图　3-12

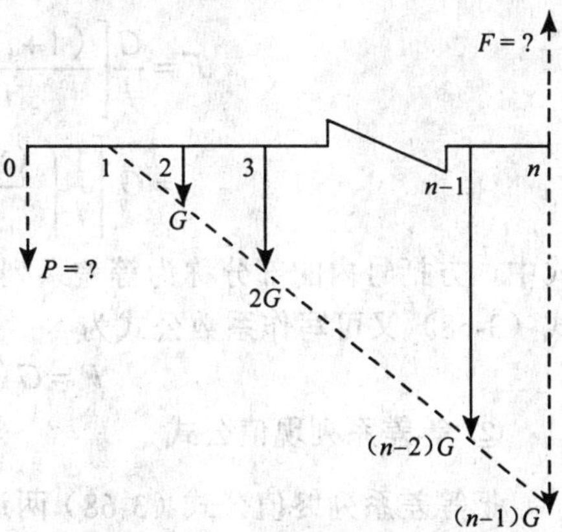

图 3-13　等差系列现金流量图

2）等差系列现金流

等差系列现金流即各时点的现金量按某一定值逐年递增或递减形成一个等差数列，那么这一系列的现金流量称为等差系列现金流。如图 3-13 所示。

等差系列现金流量的通用公式为

$$A_t=(t-1)G \quad (t=1,\ 2,\ \cdots,\ n) \tag{3-67}$$

式中　G—— 等差额；

t—— 时点。

① 等差系列终值公式

等差系列现金流 n 年末的终值为

$$F=\sum_{t=1}^{n}A_t(1+i)^{n-t}=\sum_{t=1}^{n}(t-1)G(1+i)^{n-t} \qquad (t=1,\ 2,\cdots,\ n)$$

即把等差系列视为（$n-1$）个一次支付的组合，然后利用一次支付终值公式可得

$$F=\sum_{t=1}^{n}(t-1)G(1+i)^{n-t} \tag{a}$$

上式两边同乘以（$1+i$）得

$$F(1+i)=\sum_{t=1}^{n}(t-1)G(1+i)^{n-t+1} \tag{b}$$

式（b）减式（a）得

$$Fi=\left[\sum_{t=1}^{n-1}G(1+i)^{n-t}\right]-(n-1)G$$

$$=G\left[(1+i)^{n-1}+(1+i)^{n-2}+\cdots+(1+i)^{2}+(1+i)^{1}+1\right]-nG$$

上式右侧方括号内为一公比为（$1+i$）的等比级数，利用等比级数求和公式可得计算公式为

$$F=\frac{G}{i}\left[\frac{(1+i)^n-1}{i}\right]-\frac{nG}{i}$$

$$=G\left[\frac{1}{i}\left(\frac{(1+i)^n-1}{i}-n\right)\right] \tag{3-68}$$

式中，方括号内的部分称为等差系列终值系数，可用符号（$F/G, i, n$）表示。故式（3-68）又可写作系数公式为

$$F=G(F/G, i, n) \tag{3-68'}$$

② 等差系列现值公式

把等差系列终值公式（3-68）两边同乘以一次支付现值系数$\frac{1}{(1+i)^n}$，则可得到等差系列现值公式，计算公式为

$$F\frac{1}{(1+i)^n}=\frac{G}{i}\left[\frac{(1+i)^{n-1}}{i}-n\right]\frac{1}{(1+i)^n}$$

$$P=\frac{G}{i}\left[\frac{(1+i)^n-1}{i(1+i)^n}-\frac{n}{(1+i)^n}\right] \tag{3-69}$$

$$P=G\left[\frac{(P/A, i, n)-n(P/F, i, n)}{i}\right]$$

式中，方括号内的部分称为等差系列现值系数，可用符号（$P/G, i, n$）表示。故式（3-69）又可写作系数公式为

$$P=G(P/G, i, n) \tag{3-69'}$$

③ 等差系列年值公式

当需要把等差序列通过等值的概念转换成等额序列时，就要用等差系列年值公式。实际上，这是已知等差额 G 以及 i 和 n，求与等差系列等值的等额系列 A 的数值，我们可先求出已知的等差系列的现值 P，然后把 P 转换成与之等值的等额系列，即可求得等额年值 A，转换过程如图 3-14 中虚线所示。

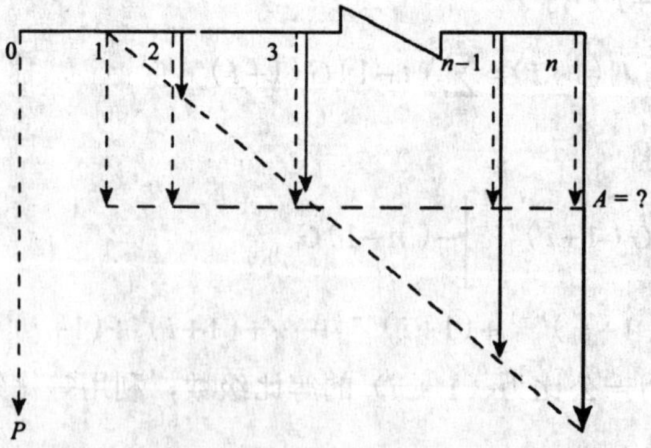

图 3-14 等差系列转换为等额系列现金流量图

公式推导时，只要用等差系列现值公式代入等额系列资本回收公式（3-66）即可得出。

等额系列资本回收公式：

$$A=P\left[\frac{i(1+i)^n}{(1+i)^n-1}\right]=P(A/P, i, n)$$

等差系列现值公式：

$$P=G\left\{\frac{1}{i}\left(\frac{(1+i)^n-1}{i(1+i)^n}-\frac{n}{(1+i)^n}\right)\right\}=G(P/G, i, n)$$

所以，等差系列年值公式，即计算公式为

$$A=G(P/G, i, n)(A/P, i, n)$$

即

$$A=G\frac{1}{i}\left[\frac{(1+i)^n-1}{i(1+i)^n}-\frac{n}{(1+i)^n}\right]\left[\frac{i(1+i)^n}{(1+i)^n-1}\right]$$

$$=G\frac{1}{i}\left[1-\frac{in}{(1+i)^n-1}\right]$$

$$=G\left[\frac{1}{i}-\frac{n}{(1+i)^n-1}\right] \tag{3-70}$$

上式方括号内的部分称为等差系列年值系数（或算术梯度转换因子），可用符号（$A/G, i, n$）表示，则式（3-70）可以写作系数公式为

$$A=G(A/G, i, n) \tag{3-70'}$$

例 3-13　假设某人第 1 年末存入银行为 100 元，以后 7 年每年递增存款为 50 元，如果利率为 8%，则这笔存款折算成 8 年的等额支付系列，相当于每年末存入多少元？

解　这一系列现金流量相当于年值为100元的等额系列和等差额为50元的标准等差系列之和。

现金流量图如图 3-15 所示。

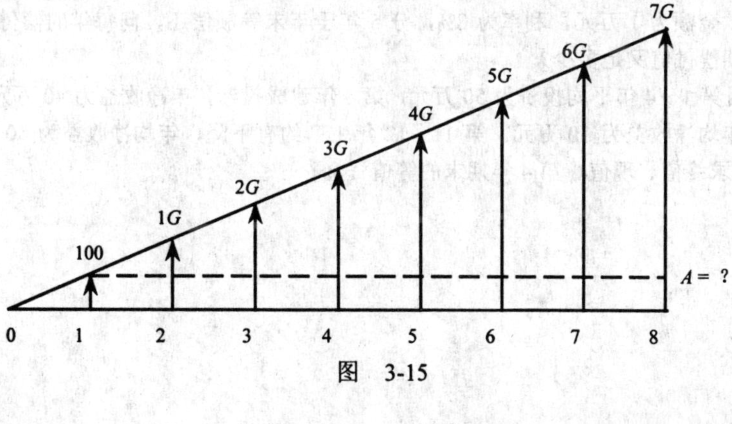

图　3-15

$$A=A_1+G\ (A/G,\ 8\%,\ 8)=100+50\times 3.099=254.95\ (元)$$

即相当于每年年末等额存入 254.95 元。

思考题及作业

1. 经济效益的表达式有哪几种类型？

2. 设置经济效益指标及指标体系的作用是什么？

3. 在进行工程经济分析时为什么要强调可比性原理？

4. 什么是资金的时间价值？

5. 简述名义利率与实际利率的相互关系。

6. 在工程项目中现金流量的构成要素有哪些？

7. 某工程投资为 100 万元，第 3 年开始投产，需要流动资金为 300 万元，投产后，每年销售收入抵消经营成本后为 300 万元，第 5 年追加投资为 500 万元，当年见效且每年销售收入抵消经营成本后为 750 万元，该项目的经济寿命为 10 年，残值为 100 万元，绘制该项目的现金流量图。

8. 什么是资金等值？影响资金等值的因素有哪些？

9. 某工程项目需要投资，现在向银行借款为 100 万元，年利率为 10%，借款期为 5 年，一次还清。问第 5 年年末一次偿还银行的资金是多少？

10. 某工厂拟在第 5 年年末能从银行取出 2 万元，购置一台设备，若年利率为 10%。那么现在应存入银行多少钱？

11. 某项改扩建工程，每年向银行借款为 100 万元，3 年建成投产，年利率为 10%，问投产时一次还款多少钱？

12. 某工厂计划自筹资金于 5 年后新建一个生产车间，预计需要投资为 5 000 万元，若年利率为 5%，从现在起每年年末应等额存入银行多少钱才行？

13. 某项投资，预计每年收益为 2 万元，年利率为 10%时，10 年内可以全部收回投资，问期初的投资是多少钱？

14. 某项工程投资借款为 50 万元，年利率为 10%，拟分 5 年年末等额偿还，求偿还金额是多少？

15. 某借款金额为 1 万元，利率为 8%，分 5 年于年末等额偿还，问每年的偿付值？若在每年初偿还，每期偿付值又是多少？

16. 某项目第 1～4 年平均投资为 50 万元，第 4 年建成投产，年净收益为 40 万元，第 5～10 年生产达产后年均净收益为 70 万元。第 11～12 年生产约有下降，年均净收益为 50 万元，在年利率为 8%时，求终值、现值、第 4 年期末的等值资金？

第 4 章　工程经济分析的评价指标及评价方法

评价工程项目方案的经济性，是工程经济分析的核心任务，是最终形成可行性结论，在多方案中选择出最佳投资方案的主要依据。为此，根据评价对象、场合、需求的不同，建立了一系列的评价指标。

评价经济效益是工程经济分析最基本、也是最主要的工作。评价工程项目的经济效益时，在评价精度要求不高、项目现金流量满足一定分布特征时，采用静态评价方法，忽略其时间效应，可以快速得出粗略的结论，而且往往比较直观。但在评价精度要求高、项目现金流量分布复杂时，就必须采用动态评价方法，充分考虑时间价值的影响。如何选择好评价指标，对于准确评估具有很大影响。

评价工程项目的经济效益有两大类情形：最简单的是单独对该项目进行评价，直接反映方案自身的经济效益。然而实际中往往先提出多个方案进行比较，以寻求最佳方案，此时就需要采用对多个方案进行直接比较的简捷有效的方法，以减小计算量，此类方法往往只能衡量方案的相对经济性，而不反映单个方案的经济效益。

除经济效益类指标而外，对项目不确定性的分析则是对项目的风险实现评估，是较为全面掌握项目经济性质的重要内容，包括了盈亏平衡分析、敏感性分析与概率分析等方法。

4.1　项目比较与选择中的方案特性

对投资者而言，一个项目就意味着一个投资机会。有没有可能投资，值不值得投资，对所有可能投资的项目或方案是全部采纳，取其一二或吸纳某些项目组合，或者干脆全部否定，这不仅和具体项目、方案的特定内涵有关，也和投资者自身的条件、可能以及所追求的目标和决策能力有关。

项目方案决策离不开比较，有比较才有鉴别，才能选优。项目方案评价和选优从来就是密不可分的，评价不可能脱离比较和选择。完整的工程项目评价应该是在方案可行基础上的比较。首先，对所有可能的（独立）项目或方案一一进行技术、经济可行的判别，剔除未能通过的项目或方案。其次，对通过可行鉴别的几个以上项目方案分别进行对比选优，根据具体情况最终进行取舍和决策，这是传统的，也是最有代表性的项目方案的比较思路。

任何项目方案决策都离不开所追求的目标，工程项目投资这样的经济活动，在市场经济条件下，就微观项目方案而言，其所追求的仍然是利润最大化（或其延伸）目标，尤其是针对经营性项目投资，从而就确立了经济评价指标在项目方案评价决策中的重要地位。

在进行工程项目方案的比较和选择时，首先应明确工程项目方案之间的相互关系，然后才能考虑用适宜的评价指标和方法进行方案的比较。备选方案之间的关系不同，决定了所采用的评价方法也会有所不同。一般来说，按工程项目方案的特点，方案分为三类：

（1）独立方案

在一系列备选项目方案中，如果接受某一方案并不影响其他方案的采纳，就称为独立方案，或称为完全独立方案。这种方案各自解决不同的问题，它们之间不存在明显的关系，可以看做是相互独立的方案。独立方案的特点是诸方案之间没有排他性。各个投资方案的现金流量是独立的，而与其他方案是否采用没有关系。相互独立方案之间的经济效果具有可加性（即投资、经营费用与投资收益之间可加）。

独立方案的选择有两种情况：一种是企业可利用资金足够多，即无资金限制条件，这对项目方案的选择只作技术、经济可行性鉴定即可。另一种是企业可利用资金是有限的。在不超出资金限额的条件下，选择出最佳的方案组合。在这种条件下，独立方案要转化为一定程度的互斥方案，就要参照互斥方案的比较方法选择出最佳方案。

（2）互斥方案

在多个备选方案中选择一个方案，就排斥所有其他方案的采纳，这种类型的方案就称为互相排斥方案。互斥方案之间的经济效果不具可加性，即选择其一，就意味着其他项目方案被淘汰了。在进行互斥方案的比选时，要分两步走：第一步要检验其方案自身的技术、经济可行性；第二步在几个可行备选方案的基础上要检验其相对最优，即进行相对效果检验。

（3）相关方案

在各个项目方案之间，其中某一方案的采用与否会对其他方案的现金流量带来一定的影响，进而影响其他方案的采用或拒绝，处于这种相关关系中的方案叫做相关方案。在相关关系中，某些方案的接受是以另一些方案的接受作为前提条件的。各相关方案的现金流量相互影响，如对项目方案现金流量之间具有正的影响方案，可等同于独立方案看待；对项目方案现金流量之间具有负的影响的方案，可等同于互斥方案看待。

4.2 静态评价方法

在评价工程项目方案的经济效益时，如果不考虑资金的时间因素，则称为静态评价，适用于那些寿命周期较短且与每期现金流量分布均匀的工程项目方案评价。由于这类方法计算简单，故在方案初选阶段应用较多。静态评价方法主要包括投资回收期法、投资收益率法、差额投资回收期法及计算费用法，前两个指标是针对单个方案的，后两个指标是针对多个方案进行比较的。

4.2.1 投资回收期法（P_t）

投资回收期又称为返本期，是指项目投产后，以每年取得的净收益（包括利润和折旧），将投资（固定资产投资、流动资金投资）回收所需的时间，一般以年为计量单位，从建设开始年算起，如果从投产年算起时，一般要注明。其表达式为

$$\sum_{t=1}^{P_t}(CI-CO)_t=0 \tag{4-1}$$

式中　CI —— 现金流入量；

CO —— 现金流出量。

（1）投资回收期（P_t）可根据财务现金流量表（全部投资）中累计净现金流量计算求得，计算公式为

$$\text{投资回收期}(P_t)=\frac{\text{累计净现金流量}}{\text{开始出现正值年份数}}-1+\frac{\text{上年累计净现金流量的绝对值}}{\text{当年净现金流量}} \tag{4-2}$$

（2）在已知投资总额、年净收益时可用下式计算：

$$P_t=\frac{\text{投资总额}}{\text{年净收益}}=\frac{K}{M} \tag{4-3}$$

式中　K —— 总投资额；

M —— 达产后正常年份的净收益或年平均净收益。

采用投资回收期进行方案评价时，应把技术方案的投资回收期 P_t 与行业规定的基准投资回收期 P_c 相比较，便可决定方案的取舍。

判别准则是：

如果 $P_t \leqslant P_c$，则认为该方案是可取的；

如果 $P_t > P_c$，则该方案不可取。

由此可见，基准投资回收期是取舍方案的决策标准。

基准投资回收期的确定是一项很复杂的工作。因各行各业生产性质和经济特点不同，技术发展速度不同，技术装备和投资结构不同，在国民经济中的作用和地位不同，所以基准投资回收期不能确定一个统一的标准。因此行业不同，标准也各异。一般，基准投资回收期受下列因素影响：

1）投资构成的比例。一般，生产性投资比重扩大，非生产性投资比重减小，投资回收期可以缩短。

2）成本构成比例。一般，成本降低，利润增加，则导致回收期的缩短。

3）技术进步的程度。新产品发展速度快，老产品更新频率高，企业改造、扩建、改建加速等，都会使回收期缩短。

此外，产品的税率、建设规模、投资能力等也会直接或间接影响投资回收期。

一般，基准投资回收期为：大、中型拖拉机行业为 13 年，内燃机行业为 8 年，光学仪器行业为 9 年，印刷机械行业为 9 年，重型机械行业为 17 年，机床行业为 12 年，铸造设备行业为 15 年，电机行业为 10 年，汽车行业为 9 年。美国基准投资回收期平均在 3～5 年，日本则为 3～4 年。

用投资回收期的长短来评价技术方案，反映了初始投资得到补偿的速度。从缩短资金占用周期、发挥资金的最大效益、加速扩大再生产的角度来说是很必要的。其缺点是没有考虑资金的时间价值等因素。

例 4-1 拟建某机械厂，预计每年获得的净收益及投资回收情况如表 4-1 所示，试用投资回收期法判断其在经济上是否合理？设基准投资回收期 $P_c = 7$ 年。

表 4-1 有关资料表 （单位：万元）

时期	建设期		生产期							
年份	1	2	3	4	5	6	7	8	9	10
投资	2 000	1 500								
年净收益			500	800	1 000	1 500	1 500	1 500	1 500	2 500
累计净收益	–2 000	–3 500	–3 000	–2 200	–1 200	300	1 800	3 300	4 800	7 300

解 根据表 4-1 资料计算得到：

$$P_t = 6 - 1 + \frac{1\,200}{1\,500} = 5.8\text{（年）}$$

因为 $P_t < P_c = 7$ 年，所以方案在经济上合理，可以采纳。

投资回收期（P_t），是以项目方案的净收益回收全部投资（包括固定资产投资和流动资金）所需要的时间来反映项目方案财务上投资回收的能力，兼顾项目方案盈利能力和投资风险性的重要指标。

长期以来，建设单位及有关主管部门一直将投资回收期作为评价项目方案投资效果的常用指标之一。由于行业和地区的差异以及投资体制和经营管理水平的发展和变化，使得该指标的经济内涵出现一些不尽相同的约定或理解，甚至出现一些变通，比如从企业管理角度，有以年利润回收投资的，也有以年利税或以年利润和折旧之和作为回收额的等等。

投资回收期指标计算简便，对于测定项目方案投入运营后资金周转趋势及投资回收能力，是极其有用的；但该指标一般是静态的、粗线条的，它未能通盘考虑项目在整个计算期的全部财务情况，不能直接衡量项目的盈利能力，回收期的长短只能说明哪一个方案能够最快地回收投资，而不能确认经济效益最高的方案。投资回收期毕竟和企业盈利能力紧密联系，能尽快回收投资，为企业正常经营奠定了基础，故回收期法作为投资项目决策的一种辅助方法，作为项目方案选优的参考条件和必要条件，还是极有价值的。

4.2.2　投资收益率法（E_s）

投资收益率又称为投资效果系数，是工程项目投产后每年取得的净收益与总投资额之比，即

$$E_s = \frac{M}{K} \times 100\% \tag{4-4}$$

式中　E_s —— 静态总收益率；

M —— 达产后正常年份的净收益或年平均净收益；

K —— 总投资额。

投资收益率越大，说明投资效益越好。它的含义是单位投资所能获得的年净收益，如 $E_s = 15\%$，则说明每元投资每年可获净收益为 0.15 元。

用投资收益率来评价方案，将实际的方案投资收益率 E_s 同基准的投资收益率 E_c 进行比较。

判别准则是：

若 $E_s \geqslant E_c$，则方案在经济上是可取的；否则，不可取。

基准的投资收益率应该取多大才算是经济可行，应该确定一个定额数值（标准），但如何确定这个标准是比较复杂的问题。根据统计资料，一般的基准收益率为：大、中型拖拉机行业为 8%，内燃机行业为 17%，光学仪器行业为 14%，印刷机械行业为 15%，重型机械行业为 4%，工程机械行业为 5%，机床行业为 9%，铸造设备行业为 7%，机床附件行业为 11%，量具刃具行业为 14%，电机行业为 12%，汽车行

业为 16%。

例 4-2 拟建某厂所需总投资额为 2 000 万元，预计投产后每年销售收入为 1 000 万元，年经营成本和销售税金为 500 万元，试求该项目的投资收益率。

解 根据题意得

$$E_s=\frac{M}{K}\times 100\%=\frac{1\,000-500}{2\,000}\times 100\%=25\%$$

4.2.3 差额投资回收期法（P_a）

投资回收期法和投资收益率法都是反映工程项目的绝对经济效益，用于评价单方案自身的经济效益；但在考察投资活动时，往往需对互斥方案之间的相对经济效益进行比较，可采用差额投资回收期法。

当相互比较的方案都能满足相同需要，并满足可比要求时，则只需比较它们的投资额大小和经营成本多少，就可以进行优选。差额投资回收期是指在不计利息的条件下，用投资额大的方案比投资额小的方案所节约的经营成本，来回收其差额投资所需的期限。其计算公式为

（1）当两个比较方案的年产量 Q 基本相同时，即 $Q_1\approx Q_2$ 时

$$P_a=\frac{\Delta K}{\Delta C}=\frac{K_2-K_1}{C_1-C_2} \tag{4-5}$$

式中 P_a —— 静态差额投资回收期；

C_1，C_2 —— 两个比较方案的年总经营成本，且 $C_1>C_2$；

K_1，K_2 —— 两个比较方案的全部投资，且 $K_2>K_1$。

在实际工作中，往往是投资大的方案经营成本较低，投资小的方案经营成本较高，此时，要计算差额投资回收期 P_a。当差额投资回收期 P_a 小于基准投资回收期 P_c 时，说明差额部分的投资经济效益是好的，因此高投资方案比较有利，否则低投资方案有利。

判别准则：

当 $P_a<P_c$ 时，选投资大的方案；

当 $P_a>P_c$ 时，选投资小的方案。

（2）当两个比较方案的年产量 Q 不同时，即 $Q_1\neq Q_2$，若 $\frac{K_2}{Q_2}>\frac{K_1}{Q_1}$，$\frac{C_2}{Q_2}<\frac{C_1}{Q_1}$ 时，其差额投资回收期 P_a 为

$$P_a=\frac{\frac{K_2}{Q_2}-\frac{K_1}{Q_1}}{\frac{C_1}{Q_1}-\frac{C_2}{Q_2}} \tag{4-6}$$

判别准则：

当 $P_a < P_c$ 时，方案 2 为优；

当 $P_a > P_c$ 时，方案 1 为优。

例 4-3　已知两建厂方案，方案甲投资为 1 500 万元，年经营成本为 400 万元，年产量为 1 000 件；方案乙投资为 1 000 万元，年经营成本为 360 万元，年产量为 800 件。基准投资回收期 $P_c = 6$ 年。试选出最优方案。

解　计算各方案单位产量费用为

$$\frac{K_2}{Q_2} = \frac{1\,500}{1\,000} = 1.5\text{（万元/件）}$$

$$\frac{K_1}{Q_1} = \frac{1\,000}{800} = 1.25\text{（万元/件）}$$

$$\frac{C_2}{Q_2} = \frac{400}{1\,000} = 0.40\text{（万元/件）}$$

$$\frac{C_1}{Q_1} = \frac{360}{800} = 0.45\text{（万元/件）}$$

计算差额投资回收期 P_a 为

$$P_a = \frac{1.5-1.25}{0.45-0.40} = 5\text{（年）}$$

由此可见，$P_a < P_c$，即 5 年 < 6 年，故方案甲为优。

应该指出，采用单位产品费用计算的差额投资回收期法，对于产量不同的项目进行优选时，有一个假定条件，即投资与年经营成本分别与产量成正比，而这一条件在一般情况下是不成立的，故这种计算存在着误差。

差额投资回收期适用于两个方案的比较。对多个方案进行比较优选时，应按各比较方案的投资额由小到大排列次序，把投资额小的放在前面，然后计算差额投资回收期，进行替代式的淘汰，最后留下的一个方案，便是最优方案。

注意：若不按投资大小来排序，而作两两对比，则必须列出所有两两对比的结果进行对比；否则，只作不完全的任意两两对比，可能会得出错误结论。

例 4-4　已知 4 个相同产品产量的方案，其数据如表 4-2 所示。若基准投资回收期为 8 年，试选出最优方案。

表 4-2　方案数据

方　　案	Ⅰ	Ⅱ	Ⅲ	Ⅳ
投资/万元	24	40	20	30
经营成本/万元	11	7	15	12

解　首先按投资额大小由小到大排列次序为

Ⅲ→Ⅰ→Ⅳ→Ⅱ

然后按顺序由小到大来比较差额投资回收期为

$$P_{a_{1-3}} = \frac{24-20}{15-11} = 1\text{（年）}$$

因为 $P_{a_{1-3}} < P_c$（8 年），故选Ⅰ方案，淘汰Ⅲ方案。

$$P_{a_{1-4}} = \frac{30-24}{12-11} = 6\text{（年）}$$

因为 $P_{a_{1-4}} < P_c$（8 年），故选Ⅳ方案，淘汰Ⅰ方案。

$$P_{a_{4-2}} = \frac{40-30}{12-7} = 2\text{（年）}$$

因为 $P_{a_{4-2}} < P_c$（8 年），故选Ⅱ方案，淘汰Ⅳ方案。

如果不按投资额由小到大排序，同时由小到大顺序比较淘汰，最后优选，而是选一个投资额小的方案为基础，其他方案都与它作比较，最后优选，它们的结论是不一样的，可能是错误的。仍以此例，选投资额最小的Ⅲ方案为基础，其他方案都与它比较，则各方案的差额投资回收期为

$$P_{a_{1-3}} = \frac{24-20}{15-11} = 1\text{（年）}$$

$$P_{a_{4-3}} = \frac{30-20}{15-12} = 3.3\text{（年）}$$

$$P_{a_{2-3}} = \frac{40-20}{15-7} = 2.5\text{（年）}$$

显然，方案Ⅰ最优。

两种方法所得的结论不同，哪个是正确的呢？再将Ⅰ-Ⅱ两方案进行比较：

$$P_{a_{1-2}} = \frac{40-24}{11-7} = 1.5\text{（年）}$$

因 $P_{a_{1-2}} = 1.5$ 年 $< P_c = 6$ 年，故方案Ⅱ优。

由此可见，在用差额投资回收期法进行多方案优选时，按投资额由小到大排列顺序，可以在保证结论正确的前提下大大减小计算量。

同样差额投资回收期的倒数称为差额投资收益率 E_a。其计算公式为

$$E_a = \frac{\Delta M}{\Delta K} = \frac{C_1 - C_2}{K_2 - K_1} \times 100\% \tag{4-7}$$

这个公式的意义是：由于节约了成本，通常也就增加了收益，故经营成本节约额与差额投资的百分比率被称为（差额投资的）收益率。一般而言，该指标值越大，说明多投资的那部分效益越佳。故在方案比较时，如果差额投资收益率大于基准收益率（或设定的收益率），则选择投资大的（或追加投资）方案；反之则选择投资小

的方案。

差额投资回收期仍然是一种投资回收期，它是一个方案比另一个方案多投资（或追加投资）的回收期限。当两个方案产量相同或相近时，多投资（投资差额或增量）的目的在于降低成本，提高效益（如采用新工艺或新型设备，提高产品质量和档次，降低单位产品成本费用以及资源综合利用等）。如果多投资的那部分资金能早日回收，这无异于降低了风险，加大了盈利的可能性。

可见，P_a 的确切含义是，用经营成本的节约来补偿增量投资（或追加投资）所需要的年限，该回收期越短，说明所能节约的经营成本越多，从而表明增量投资能提供更多的经济利益，故当差额投资回收期小于基准回收期时，投资大的方案较优（或者追加投资较之不追加投资为优）。

应该指出：差额投资回收期法和差额投资收益率法，只能用以衡量方案的相对经济性，而不能反映两方案自身的经济效益，所以往往要结合其他标准对方案进行比选。

差额投资回收期与过去传统上经常使用的追加投资回收期基本相当，只是前者是以经营成本的节约去回收增量投资，后者则是以产品成本的节约去回收追加投资的，显然差额投资回收期更符合项目评估的一贯要求和原则精神。

差额投资回收期与差额投资收益率作为静态指标，且假定各年经营成本变化不大，一般只用于择优参考。如果考虑时间价值，可以将其改为动态指标，只是它们与被公认、被广泛应用的那些指标（如 NPV，IRR，N/K 等）相比，仍略逊一筹。

4.2.4　计算费用法

多方案比较时，虽然可以用差额投资回收期法所列方案进行两两比较逐步淘汰，直至选出最优方案，但如有 n 个方案就要比较（$n-1$）次，计算繁琐，而且容易出现差错，所以在多方案比较中，常采用计算费用法。

大家知道，一个技术方案是否经济合理，既取决于一次性投资的大小，又取决于经营成本的高低；但这两者不能直接相加，采用“计算费用”这个概念，可将其合二为一。计算费用就是用一种合乎逻辑的方法，将一次性投资与经营成本，统一成为一种性质相似的费用，称为“计算费用”或折算费用。

由差额投资回收期法可知，两个互斥方案比较时，若有：

$$P_a = \frac{K_2 - K_1}{C_1 - C_2} < P_c$$

则方案 2 优于方案 1。

将上式移项并整理，得

$$K_2 + P_c C_2 < K_1 + P_c C_1$$

式中　$K_2 + P_cC_2$—— 方案 2 在基准投资回收期内的总计算费用；

$K_1 + P_cC_1$—— 方案 1 在基准投资回收期内的总计算费用。

对于多方案，令方案 j 的总计算费用 $Z_{j总}$ 为

$$Z_{j总} = K_j + P_cC_j\,,\qquad j=1,\ 2,\ \cdots,\ n$$

将某一个方案的投资额 K_j 与按基准投资回收期 P_c 累计的经营成本 C_j 之和，称为总计算费用 $Z_{j总}$。

同理，由差额投资收益率法可知，两个互斥方案比较时，若有：

$$E_a = \frac{C_1 - C_2}{K_1 - K_2} \geqslant E_c$$

则方案 2 优于方案 1。

将上式移项并整理，得

$$C_1 + E_cK_1 \geqslant C_2 + E_cK_2$$

将方案的年经营成本与按基准投资收益率年分摊投资之和，称为年计算费用。

由此，可得两个计算费用的计算公式。

（1）总计算费用计算公式：

$$Z_{总} = K + P_cC \tag{4-8}$$

（2）年计算费用计算公式：

$$Z_{年} = C + E_cK \tag{4-9}$$

式中　$Z_{总}$ —— 方案的总计算费用（元）；

$Z_{年}$ —— 方案的年计算费用（元/年）；

K —— 总投资额（元）；

C —— 年经营成本（元）。

在用计算费用法进行多方案的经济评价和优选时，首先计算各方案的计算费用 $Z_{总}$或 $Z_{年}$，然后进行比较，其中 $Z_{总}$和 $Z_{年}$最小的方案为最优方案。

应该注意：计算费用法应用的前提条件是：各互比方案间的收益相同。

计算费用法的优点是：在经济分析对比范围内，变二元值为一元值，即把投资与经营成本两个经济因素统一起来，从而大大简化了多方案的比较。它既可衡量各方案的相对差异，又可衡量各方案的实际计算费用水平。

例 4-5　为保证某种产品的产量达到某一水平，有 3 个建厂方案：方案Ⅰ是改建现有工厂：其一次性投资 K_1 = 2 545 万元，年经营成本 C_1 = 760 万元；方案Ⅱ是建设新厂：一次性投资 K_2 = 3 340 万元，年经营成本 C_2 = 670 万元；方案Ⅲ是扩建现有工厂：一次性投资 K_3 = 4 360 万元，年经营成本 C_3 = 650 万元。设 3 个方案的寿命周期相同，如所在部门的基准投资收益率 E_c = 10%，试用年计算费用法选择最优方案。

解　用公式 $Z_{年} = C + E_c K$ 计算为

$$Z_{年1} = C_1 + E_c K_1 = 760 + 0.1 \times 2\,545 = 1\,014.5（万元）$$
$$Z_{年2} = C_2 + E_c K_2 = 670 + 0.1 \times 3\,340 = 1\,004（万元）$$
$$Z_{年3} = C_3 + E_c K_3 = 650 + 0.1 \times 4\,360 = 1\,086（万元）$$

取 $Z_{年}$最小的方案为优，故方案Ⅱ最优。

综上所述，静态评价法评价方案简便、直观。其缺点是：① 未考虑各方案经济寿命的差异；② 未考虑各方案经济寿命周期内费用、收益变化的情况；③ 未考虑各方案经济寿命期末的残值；④ 未考虑资金的时间价值。

4.3　动态评价方法

工程项目方案的经济效益，除了有数量的概念外，还要有时间概念。参与比较的技术方案，由于投资时间、投产时间、达到设计能力时间、各年经营成本以及服务年限不同等等，所得到的投资效果也不同。因此，资金的时间因素已成为方案比较中一个不可忽视的因素。考虑资金时间因素的评价方法，称为动态评价方法。动态评价方法比较符合资金的运动规律，使评价更加符合实际，对那些经济寿命周期长、分期费用和收益的分布差异较大的技术方案的经济效益评价，具有十分重要的意义。动态评价方法主要包括现值法、未来值法、内部收益率法和年值（金）比较法等。

4.3.1　现值法

所谓现值，是指以某一个特定的时间为计算基准点来计算的价值。在现值法中，这个基准点（或基准年）一般定在投资开始的投入年份。

现值法有净现值法、现值成本法和净现值率法。

1. 净现值法（Net Present Value 称 NPV）

净现值法只能在已知方案的所有现金流入和流出的情况下应用，常用于改建、扩建项目的经济评价。

净现值是指技术方案在整个分析期内，不同时点上的净现金流量按基准收益率折算到基准年的现值之和。净现值是反映技术方案在整个分析期内获利能力的动态评价指标。

判别准则：

如果计算出的净现值大于零，说明方案的投资能获得大于基准收益率的经济效果，则方案可取；如果计算出的净现值等于零，说明方案的投资刚好达到要求的基准收益率水平，则方案在经济上也是合理的，一般可取；如果计算出的净现值小于零，说明方案没有达到基准收益率水平，则方案在经济上是不合理的，一般不可取。在多方案比较时，以净现值最大的方案为优。

净现值的计算方法根据具体情况有两种：

（1）当项目在分析期内每年净现金流量均等时，项目的净现值为

$$NPV=-K_p+(B_t-C_t)\frac{(1+i_c)^n-1}{i_c(1+i_c)^n}+L(1+i_c)^{-n} \tag{4-10}$$

式中 NPV —— 基准收益率为 i_c 时的项目净现值；

K_p —— 投资的现值；

B_t —— 项目分析期内年等额收益；

C_t —— 项目分析期内年等额费用；

L —— 项目残值（包括固定资产余值和流动资金）；

i_c —— 基准收益率；

n —— 项目使用寿命。

例 4-6 某工程项目预计投资为 10 000 元，预测在使用期为 5 年内，每年平均收入为 5 000 元，每年平均支出为 2 200 元，残值为 2 000 元，基准收益率为 10%，用净现值法判断该方案是否可行？

解 根据题意画出方案的现金流量图，如图 4-1 所示。

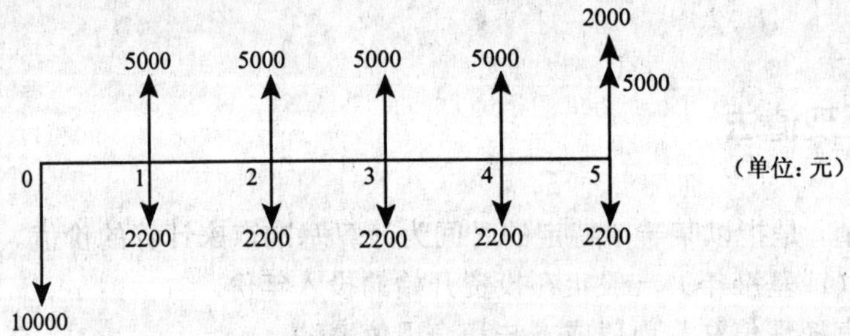

图 4-1 某工程项目现金流量图

根据式（4-10）得

$$NPV=-K_p+(B_t-C_t)\frac{(1+i_c)^n-1}{i_c(1+i_c)^n}+L(1+i_c)^{-n}$$

$$=-10\,000+(5\,000-2\,200)\times\frac{(1+0.1)^5-1}{0.1\times(1+0.1)^5}+2\,000\times(1+0.1)^{-5}$$

$$=1\,856.04(元)$$

不难看出，由于 NPV ＞ 0，故方案可取。

（2）当项目在分析期内每年净现金流量不等时，项目的净现值为

$$NPV=\sum_{t=0}^{n}(CI-CO)_t(1+i_c)^{-t}=\sum_{t=0}^{n}F_t(1+i_c)^{-t} \tag{4-11}$$

式中 F_t —— 项目第 t 年的净现金流量；

t —— 现金流量发生的年份序号；

i_c —— 基准收益率；

n —— 项目使用寿命。

例 4-7　有两个投资方案，使用寿命均为 5 年，设基准收益率为 15%，两个方案的经济指标如表 4-3 所示，试用净现值法比较两方案的经济效益。

表 4-3　两方案的有关资料

方案	年末	投资/万元	经营成本/万元	总收入/万元	净现金流量/万元
甲	0	3 000			−3 000
	1		500	1 800	1 300
	2		500	2 000	1 500
	3	500	600	3 000	1 900
	4		600	3 000	2 400
	5		600	2 800	2 200
乙	0	3 500			−3 500
	1				
	2		800	1 800	1 000
	3		800	2 400	1 600
	4		850	2 200	1 350
	5		850	2 200	1 350

解　每年的净现金流量不等，根据式（4-11）得

$$\begin{aligned}NPV_{甲}&=-3\,000+1\,300\times(1+0.15)^{-1}+1\,500\times(1+0.15)^{-2}\\&\quad+1\,900\times(1+0.15)^{-3}+2\,400\times(1+0.15)^{-4}+2\,200\times(1+0.15)^{-5}\\&=-3\,000+1\,300\times0.870+1\,500\times0.756+1\,900\times0.658\\&\quad+2\,400\times0.572+2\,200\times0.497\\&=2\,918.4\ (万元)\end{aligned}$$

$$\begin{aligned}NPV_{乙}&=-3\,500+1\,000\times(1+0.15)^{-2}+1\,600\times(1+0.15)^{-3}\\&\quad+1\,350\times(1+0.15)^{-4}+1\,350\times(1+0.15)^{-5}\\&=-3\,500+1\,000\times0.756+1\,600\times0.658+1\,350\times0.572+1\,350\times0.497\\&=-248.05\ (万元)\end{aligned}$$

由于 $NPV_{甲}>NPV_{乙}$，故甲方案的经济效益好。

2. 现值成本法（Present Worth of Cost 称 PC）

现值成本法仅适用于方案功能相同，并只有支出而没有收入或不易计算收入的情况。它是把方案所耗成本（包括投资和成本）的一切耗费都换算为与其等值的现值（即现值成本），然后根据已决定的方案取舍的经济分析方法。其计算方法基本与 NPV 法相同。计算公式为

$$PC=\sum_{t=0}^{n} CO_t (1+i_c)^{-t} \qquad (4\text{-}12)$$

式中 PC —— 现值成本法；

CO —— 现金流出或费用支出。

对具体方案而言，其有关费用和效益是对立的统一体，所谓项目评价本质上正是其效益和费用的对比和计量分析。故当效益相同或基本相同但难以具体估算的方案进行比较时，可以简化为比较方案的费用大小并进行择优。可以认为，PC 指标及后面的 AC 指标是 NPV 指标的异化或衍生，其决策思路是和 NPV 指标一脉相承的。

判别准则：

在方案比较时应选择费用现值 PC 较低的方案。

例 4-8 可供选择的空气压缩机方案 I 和 II，均能满足相同的工作要求，其不同点如表 4-4 所示。假定基准收益率为 15%，试用现值成本法比较两方案的经济效益。

表 4-4 空气压缩机有关资料 （金额单位：元）

项 目	方案 I	方案 II
投 资	3 000	4 000
寿 命	6 年	9 年
残 值	500	0
年操作费	2 000	1 600

解 对经济寿命不同的技术方案，必须采用相同的计算期才具有时间上的可比性，为此取 6 年和 9 年的最小公倍数 18 年作为计算周期。先按资料绘制现金流量图如图 4-2 所示。

根据式（4-12）得

方案 I 的现值成本 PC_I 为

$$PC_I = 3\,000 + (3\,000-500)\times(1+0.15)^{-6} + (3\,000-500)\times(1+0.15)^{-12} + 2\,000\times\frac{(1+0.15)^{18}-1}{0.15\times(1+0.15)^{18}} - 500\times(1+0.15)^{-18}$$

$$= 3000 + 2500\times0.4323 + 2500\times0.1869 + 2\,000\times6.128 - 500\times0.080\,8$$

$$= 16\,763.6（元）$$

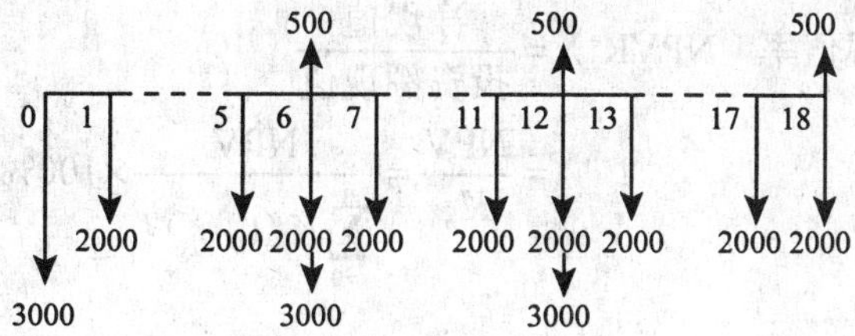

（a）方案 I

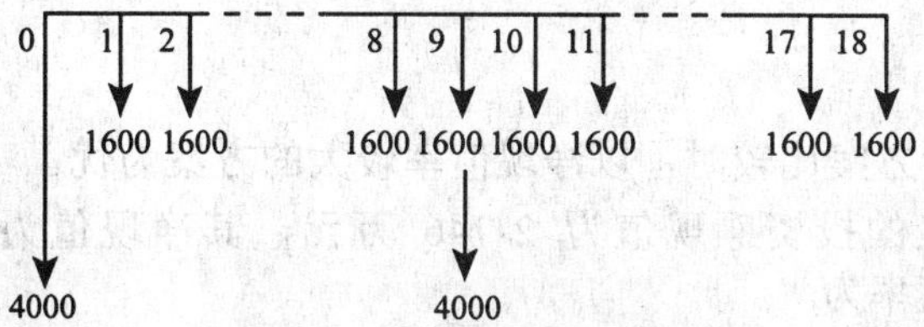

（b）方案 II

图 4-2　空压机方案 I 和 II 的现金流量图

方案 II 的现值成本 PC_{II} 为

$$\begin{aligned}PC_{II} &= 4\,000 + 4\,000\times(1+0.15)^{-9} + 1\,600\times\frac{(1+0.15)^{18}-1}{0.15\times(1+0.15)^{18}}\\ &= 4\,000 + 4\,000\times 0.284\,3 + 1\,600\times 6.128\\ &= 14\,942(\text{元})\end{aligned}$$

因为 $PC_{II} < PC_{I}$，所以方案 II 在经济上比方案 I 更合算。

3. 净现值率法（Rate of Net Present Value 称 NPVR）

在运用净现值法对多个互斥方案评价时，如果各方案的使用寿命相同，则净现值最大的方案为最优方案；但净现值只能反映技术方案给国民经济带来的盈利总额，而没有说明这样的盈利是在何种费用水平上取得的，即没有反映资金的利用效率。换句话说，净现值只是一个绝对经济效益指标，它没有反映方案的相对经济效益。因此，净现值最大的方案不一定就是经济效益最好的方案。如果单纯以净现值最大作为方案优选的标准，可能会出现选择盈利多但投资也大的方案为优，从而忽视了盈利额较大而投资额较少，即相对经济效益好的方案。为此，在应用净现值法评价方案时，还应同时计算净现值率作为辅助评价的标准。

净现值率（NPVR）就是净现值与投资额现值的比值，它是测定单位投资净现值的尺度。其计算公式为

$$净现值率（NPVR）=\frac{净现值}{投资额现值} =\frac{NPV}{K_p}=\frac{NPV}{\sum_{t=0}^{n}K_t(1+i_c)^{-t}}\times 100\% \tag{4-13}$$

净现值率是净现值标准的一个辅助指标。净现值率说明该方案单位投资所获得的超额净效益。

判别准则：

用净现值率进行方案比较时，以净现值率较大的方案为优。

例 4-9 某方案的投资额现值为 2 746 万元，其净现值为 1 044 万元（设 $i_c = 10\%$），则净现值率为

$$NPVR=\frac{1\,044}{2\,746}\approx 0.38\times 100\% = 38\%$$

净现值率为 38%说明，该方案除确保为 10%的基准收益率外，每元投资现值还可获得 0.38 元的现值额外收益。

在确定多方案的优先顺序时，如果资金没有限额，只要按净现值指标的大小排列方案的优先顺序即可。当资金有限额时，要评价在限额内的方案并确定它们的优先顺序，以采用净现值率法较好；但必须与净现值法联合使用，经过反复试算，再确定优先顺序，这样可以得出较理想的结论。

在实际中，还有一类问题，不是从多个项目方案中优选一个方案，而是在有限度资金实力下，可从多项中选择若干项进行投资，要求选出其优先顺序前面若干项进行投资，直至剩余资金为零或剩余资金不足以投资任何一个剩余的可赢利项目。就其目的而言，仍然属于比较对比后进行优选的范畴，只不过要选出的不是一个，而是多个对象，现举例说明。

例 4-10 资金预算限额为 60 万元，有 A～H 8 个产品投资方案，各方案的净现值和净现值率如表 4-5 所示。问在投资限额内应优先投资哪些产品方案？

表 4-5 方案资料数据 （单位：元）

方案	投资额	净现值	净现值率
A	200 000	120 000	0.60
B	120 000	54 000	0.45
C	40 000	5 000	0.13
D	90 000	22 500	0.25
E	130 000	28 600	0.22
F	360 000	64 800	0.18
G	30 000	4 200	0.14
H	150 000	57 000	0.38

解　先根据净现值的大小确定优先顺序，如表 4-6 所示。

表 4-6　按净现值大小排列优先顺序　　　　（单位：元）

顺序	方案	净现值	投资额
1	*A*	120 000	200 000
2	*F*	64 800	360 000
3	*H*	57 000	150 000
4	*B*	54 000	120 000
5	*E*	28 600	130 000
6	*D*	22 500	90 000
7	*C*	5 000	40 000
8	*G*	4 200	30 000

按 60 万元的资金限额，选择方案的优先顺序应为 *A*，*F*，*C* 3 个方案。这 3 个方案的投资额总和为 60 万元，净现值总和为 189 800 元。

再根据净现值率的大小确定优先顺序，如表 4-7 所示。

表 4-7　按净现值率的大小排列优先顺序　　　　（单位：元）

顺序	方案	净现值率	投资额	顺序	方案	净现值率	投资额
1	*A*	0.60	200 000	5	*E*	0.22	130 000
2	*B*	0.45	120 000	6	*F*	0.18	360 000
3	*H*	0.38	150 000	7	*G*	0.14	30 000
4	*D*	0.25	90 000	8	*C*	0.13	40 000

因投资限额为 60 万元，应选择 *A*，*B*，*H*，*D*，*C* 5 个方案，选 5 个方案的投资额总和为 60 万元，其净现值总和为 258 500 元。

比较两种方案选择的净现值合计总数，可以看出 258 500 元 ＞ 189 800 元。因此，按净现值率法选择方案较有利。如果将其中的 *D*，*C* 两方案用 *E* 方案来取代，投资额不变，而净现值可以最大。所以最后在资金预算限额 60 万元的前提下，选择 *A*，*B*，*H*，*E* 4 个产品方案，其净现值为 259 000 元。

上例说明，分析评价多个投资方案资金有限额时，采用净现值率法决定优先顺序比采用净现值法优越；但是，为了选择净现值之和最大的方案组，使用净现值法来调整优先顺序也是必要的。上例就是先根据净现值率法选择优先顺序，然后用净现值法来调整，经过反复试算，最后得出净现值最大的组合方案。

在现值法中还有一个标准收益率或称为基准折现率如何选定的问题。在以现值为基准选择方案时，所希望的收益率即基准收益率定得越高，被选中的方案则越少。

基准收益率是根据企业追求的投资效果来确定的，选定的基本原则是：

（1）以贷款筹措资金时，投资的基准收益率应高于贷款的利率。

（2）以自筹资金投资时，不需付息，但基准收益率也应大于至少应等于贷款的利率。

根据国外的经验，基准收益率应高于贷款利率的5%左右为宜。

如贷款利率为10%，则基准收益率应为15%。

4. 效益成本比率（B/C）与净效益投资率（N/K）

效益成本比率是世界银行以及美国等西方国家用来评价项目的主要指标。这里所说的“效益”，是指由于某一项目（或行动）给企业或国民经济带来的效益或作出的贡献；所说的“成本”，并非一般意义上的会计核算成本，而是企业或国民经济花费在某一项目的代价。某一项目的效益成本比率就是该项目的效益现值总额与其成本现值总额之比，亦即

$$\mathrm{B/C}=\sum_{t=1}^{n}\frac{B_t}{(1+i)^t}\Bigg/\sum_{t=1}^{n}\frac{C_t}{(1+i)^t} \tag{4-14}$$

式中，B_t代表项目在第t年的效益，C_t为项目在t年的成本，i为规定的折现率。

判别准则：

当B/C≥ 1时，方案可行。

当B/C＜ 1时，方案不可行。

需要说明的是，这里对“效益”和“成本”不仅可以从广义（即国民经济）和狭义（即微观项目）两种角度加以理解并分别测算，而且也常因对效益及成本的内涵的不同归纳得出两种结果：第一种方法是将项目投资和投产后的营运费用之和作为成本总额，将未扣除营运成本的效益作为效益总额；第二种方法是仅以投资作为“成本”总额，而效益总额中要扣除营运成本（亦即成为“净效益”），这种方法实为净效益与投资的对比，故又称为“净效益投资率”，其表达式为

$$\mathrm{N/K}=\sum_{t=1}^{n}\frac{N_t}{(1+i_c)^t}\Bigg/\sum_{t=1}^{n}\frac{K_t}{(1+i_c)^t} \tag{4-15}$$

式中 N_t —— 代表项目在第t年净效益；

K_t —— 一般表示项目在初始各年的投资（也可包括生产经营期的投资）；

i_c —— 基准收益率。

可以认为，净效益投资率是在独立项目（即彼此在技术、效益上互不影响、互不相干的项目）之间排列优劣顺序的较理想的标准。一般而言，可以考虑接受N/K ≥ 1的方案，且该比率越大其投资效果愈好。率先采用B/C指标评价项目的美国，政府部门规定统一采用第二种方法计算，亦即采用N/K指标。

例4-11 某投资项目建设期为3年，每年投资为1000万元，生产期为20年，

其间各年的收益平均每年为 800 万元，成本费用平均每年为 200 万元，年利率为 12%，求净效益投资比率。

解　根据题意画出项目的现金流量图，如图 4-3 所示。

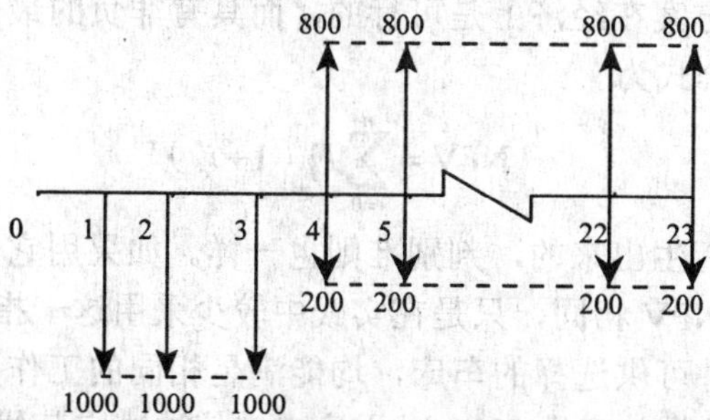

图 4-3　某投资项目现金流量图

净收益为

$$\sum_{t=4}^{23}\frac{N_t}{(1+i)^t}=600\times(P/A,\ 12\%,\ 20)\times(P/F,\ 12\%,\ 3)$$

$$=600\times7.469\times0.711\,8$$

$$=3\,189.860\,5\ (\text{万元})$$

投资为

$$\sum_{t=1}^{3}\frac{K_t}{(1+i)^t}=1\,000\times(P/A,\ 12\%,\ 3)$$

$$=1\,000\times2.402$$

$$=2\,402\ (\text{万元})$$

故其

$$\mathrm{N/K}=\frac{3\,189.860\,5}{2\,402}=1.328$$

显然，如果 N/K = 1，则有 NPV = 0。N/K = 1.328＞1，项目可行。

就是说该项投资除收回投资之外，尚可获得其现值相当于投资现值总额 0.328 倍的净利。

4.3.2　终值法或未来值法

终值法是把工程项目方案在整个分析期内不同点上的所有净现金流量，按基准收益率全部折算为终值并求和，然后根据终值之和的大小评价方案优劣。

实际应用时，终值法依不同情况分为净未来值法和未来值成本法。

1. 净未来值法（Net Future Value 称 NFV）

当已知方案的所有现金流入和流出的情况下，可用净未来值法评价方案好坏。只要 NFV ＞0，证明方案在经济上是可行的，而具有非负的最高净未来值的方案则为最优方案。其计算公式为

$$\mathrm{NFV}=\sum_{t=0}^{n}F_t\,(1+i_c)^t \tag{4-16}$$

NFV 是由 NPV 衍生出来的，判别准则也一样。如果用它来评价项目或方案比选，原则上也应该与 NPV 相同，只是在实践中较少采用这一指标。

例 4-12 有两种可供选择的车床，均能满足相同的工作要求，其有关资料如表 4-8 所示。假定基准收益率为 8%，试用净未来值法决定其优劣。

表 4-8 车床有关资料 （单位：元）

项目 / 方案	投资	寿命/年	残值
车床 *A*	10 000	5	2 000
车床 *B*	15 000	10	0

项目 / 方案	年收入	年支出
车床 *A*	5 000	2 200
车床 *B*	7 000	4 300

解 根据提供的资料，绘制两种方案的现金流量图，如图 4-4 所示。根据现金流量图，计算净未来值。

方案 *A* 的净未来值为

$$\begin{aligned}\mathrm{NFV}&=5\,000\times(F/A,\ 8\%,\ 10)+2\,000-10\,000\times(F/P,\ 8\%,\ 10)\\&\quad-(10\,000-2\,000)\times(F/P,\ 8\%,\ 5)-2\,200\times(F/A,\ 8\%,\ 10)\\&=5\,000\times14.487+2\,000-10\,000\times2.159-8\,000\times1.469-2\,200\times14.487\\&=9\,221.6\text{（元）}\end{aligned}$$

方案 *B* 的净未来值为

$$\begin{aligned}\mathrm{NFV}&=7\,000\times(F/A,\ 8\%,\ 10)-15\,000\times(F/P,\ 8\%,\ 10)\\&\quad-43\,000\times(F/A,\ 8\%,\ 10)\\&=7\,000\times14.487-15\,000\times2.159-4\,300\times14.487\\&=6\,729.9\text{（元）}\end{aligned}$$

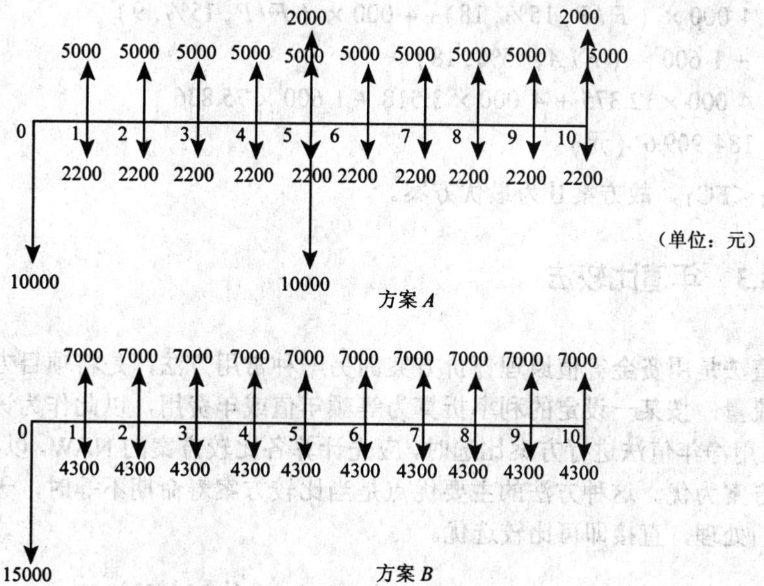

图 4-4　车床 A，B 方案现金流量图

由以上计算可见，车床 A，B 两方案的净未来值均大于零，说明除能获得 8%的收益率外，还可分别额外获得 9 221.6 元和 6 729.9 元的净未来值收益。因而两个方案在经济上都是可行的，但方案 A 优于方案 B。

2. 未来值成本法（Future Worth of Cost 称 FC）

当可供选择的方案其实现的功能相同，且只知其现金流出，而不知其现金流入时，可用未来值成本法作方案比较。其计算公式为

$$FC=\sum_{t=0}^{n} CO_t (1+i_c)^t \tag{4-17}$$

判别准则：

具有最低未来值成本的方案为最优方案。

仍以前述空气压缩机为例，其数据见表 4-4，其现金流量图如图 4-2 所示。试用未来值成本法分析选择较优方案。

例 4-13　空气压缩机方案 I 的未来值成本为

$$\begin{aligned} FC_I &= 3\,000 \times (F/P,\ 15\%,\ 18) + (3\,000-500) \times (F/P,\ 15\%,\ 12) \\ &\quad + (3\,000-500) \times (F/P,\ 15\%,\ 6) + 2000 \times (F/A,\ 15\%,\ 18) - 500 \\ &= 3\,000 \times 12.375 + 2\,500 \times 5.350 + 2\,500 \times 2.313 + 2\,000 \times 75.836 - 500 \\ &= 207\,454.5\ (元) \end{aligned}$$

方案 II 的未来值成本为

$$\begin{aligned}FC_{\text{II}} &= 4\,000 \times (F/P, 15\%, 18) + 4\,000 \times (F/P, 15\%, 9) \\ &\quad + 1\,600 \times (F/A, 15\%, 18) \\ &= 4\,000 \times 12.375 + 4\,000 \times 3.518 + 1\,600 \times 75.836 \\ &= 184\,909.6（元）\end{aligned}$$

$FC_{\text{II}} < FC_{\text{I}}$，故方案Ⅱ为最优方案。

4.3.3 年值比较法

年值法是用资金等值原理评价方案的另一种常用方法，是将项目方案寿命期内的现金流量，按某一设定的利率折算为等额年值或年费用，以此作为评价和比较的依据。运用净年值法进行方案比选时，应先计算各比较方案的NAW，以净年值NAW较大的方案为优。这种方法的主要优点是当比较方案寿命期不等时，无需进行计算期等同的处理，直接即可比较选优。

1. 净年值法（Net Annual Worth Method 称 NAW）

若项目的投入和支出已知，在进行方案比较时，可计算各比较方案净收益的等额年值，然后进行比较，以净年值大的方案为优。净年值法的计算公式为

$$\begin{aligned}NAW &= \sum_{t=0}^{n} F_t (1+i_c)^{-t} \frac{i(1+i_c)^n}{(1+i_c)^n - 1} \\ &= NPV \frac{i(1+i_c)^n}{(1+i_c)^n - 1}\end{aligned} \tag{4-18}$$

2. 年费用比较法（Annual Cost 称 AC）

当对多个方案进行比较和选择时，如果各方案的产出效益相同，或者满足相同需要的程度基本相同，但其效益难以用价值形态计量（如教育、卫生、环保、国际等）时，为了便于计算，大都采用年费用比较法。年费用比较法，仅计算和比较各方案的支出费用，不涉及方案的产出效益，以最小年费用方案为最优。其计算公式为

$$AC = \sum_{t=0}^{n} CO_t (1+i_c)^{-t} \frac{i(1+i_c)^n}{(1+i_c)^n - 1} = PC \frac{i(1+i_c)^n}{(1+i_c)^n - 1} \tag{4-19}$$

4.3.4 内部收益率法（Internal Rate of Return 称 IRR）

1. 内部收益率法

由净现值法可知，对某个技术方案来说，在整个寿命周期内其净现值的大小与

所选定的基准收益率 i_c 有关，收益率越小，净现值越大；收益率越大，净现值越小；当收益率大到一定程度后，净现值就由正变为零，再变为负。

内部收益率又称为内部报酬率，是指方案的净现值等于零时的收益率。即

$$\mathrm{NPV}=\sum_{t=0}^{n}F_t(1+i_0)^{-t}=0 \tag{4-20}$$

式中　i_0 —— 方案的内部收益率（IRR）；

F_t —— 方案第 t 年的净现金流量；

t —— 现金流量发生的年份序号；

n —— 项目使用寿命。

对于任何一个投资项目，如果各年的净现金流量为 F_t ($t=0, 1, 2, \cdots, n$)，则求内部收益率的方程是一个高次方程：

$$F_0+\frac{F_1}{1+i_0}+L+\frac{F_n}{(1+i_0)^n}=0$$

令 $x=\dfrac{1}{1+i_0}$，则方程为

$$F_n x^n+F_{n-1}x^{n-1}+L+F_1 x+F_0=0$$

从理论上讲，上述方程应有 n 个根，当然对这类问题只有正实根才有意义。根据狄斯卡尔符号规则，这个方程的正实根数目一定不大于系数正负号变化的次数。对典型的投资项目来说，其净现金流量的符号从负到正只变化一次，这样也就只存在唯一的内部收益率了。尽管如此，直接求解内部收益率 i_0 也是很复杂的，在实际工作中多采用试算法。

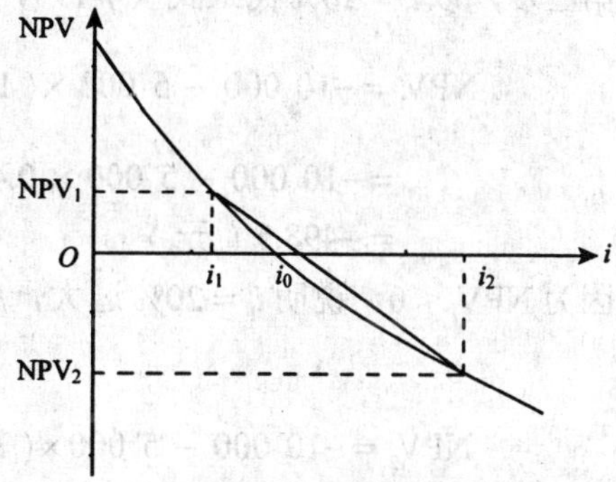

图 4-5　净现值与收益率的关系曲线

试算法的根据是，方案的净现值与收益率有如图 4-5 所示的关系。试算时，先以某个 i 值根据经验或静态收益率确定代入公式，净现值为正时，增大 i 值；净现值为负时，则缩小 i 值。通过反复试算，求出使 NPV_1 略大于零时的 i_1，再求出使 NPV_2 略小于零时的 i_2，在 i_1 和 i_2 之间用直线插值法求得内部收益率 i_0，如图 4-5 所示。由图 4-5 可以得出：

$$\frac{|\mathrm{NPV}_1|}{|\mathrm{NPV}_1|+|\mathrm{NPV}_2|}=\frac{i_0-i_1}{i_2-i_1}$$

$$i_0=i_1+(i_2-i_1)\frac{|\mathrm{NPV}_1|}{|\mathrm{NPV}_1|+|\mathrm{NPV}_2|} \tag{4-21}$$

式中 i_0 —— 内部收益率（IRR）；

i_1 —— 试插的低收益率；

i_2—— 试插的高收益率；

NPV_1 —— 采用低收益率 i_1 时的方案净现值；

NPV_2 —— 采用高收益率 i_2 时的方案净现值。

应该指出：收益率引起的变化呈曲线关系，而直线插值法是按直线关系对待的，为了减小误差，应使两个试插的 i 值不超过 2%～5%。

计算出某一方案的内部收益率 i_0 并与基准收益率 i_c 比较，当 $i_0 \geqslant i_c$ 时，则认为方案可取；反之，则认为不可取。

例 4-14 某厂拟购置一台设备，初始投资为 10 000 元，当年投产每年可节省成本为 3 000 元，使用寿命为 8 年，残值为 0，使用 5 年后必须花 5 000 元大修后继续使用。设基准收益率为 10%，试用内部收益率法确定此方案是否可行。

解 第一步，根据题意画出现金流量图，如图 4-6 所示。

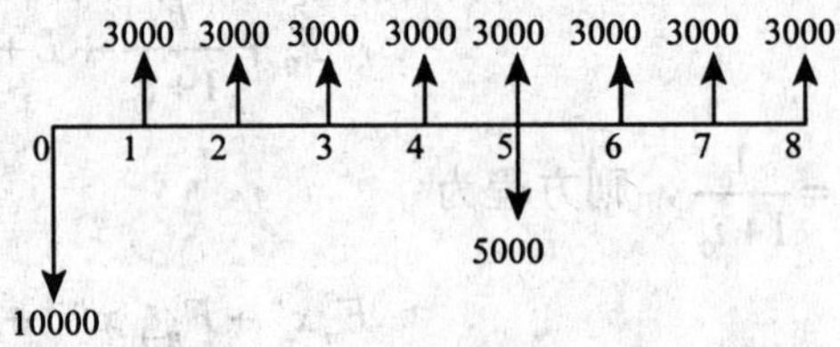

图 4-6 某设备方案现金流量图

第二步，用静态收益率作为第一个试算值：

$$i=\frac{\text{正常年份的年净现金流量}}{\text{投资总额}}=\frac{3\ 000}{10\ 000+5\ 000}=0.2=20\%$$

第三步，以 $i_1=20\%$ 代入式（4-19），求 NPV_1：

$$\begin{aligned}NPV_1&=-10\ 000-5\ 000\times(1+i_1)^{-5}+3\ 000\times\frac{(1+i_1)^8-1}{i_1(1+i_1)^8}\\&=-10\ 000-5\ 000\times0.401\ 9+3\ 000\times3.837\\&=-498.5\ (\text{元})\end{aligned}$$

因为 $NPV_1<0$，说明 $i_1=20\%$ 过大，所以 i 应调小，取 $i_2=15\%$，代入式（4-20）得

$$\begin{aligned}NPV_2&=-10\ 000-5\ 000\times(1+i_2)^{-5}+3\ 000\times\frac{(1+i_2)^8-1}{i_2(1+i_2)^8}\\&=-10\ 000-5\ 000\times0.497\ 2+3\ 000\times4.487\\&=975\ (\text{元})\end{aligned}$$

第四步，用直线插值法求 i_0：

因为 $NPV_1=-498.5$元，$NPV_2=975$ 元，两值符号相反，且两值均不等于 0（或接近于 0），而 $i_1-i_2=20\%-15\%=5\%$又在2% ～5%范围内，根据式（4-21）求 i_0：

$$i_0=0.15+(0.20-0.15)\times\frac{|975|}{|975|+|-498.5|}\approx0.183=18.3\%$$

因为 $i_0 > i_c$，故此方案可行。

求内部收益率 i_0 亦可用图解法，以收益率 i 为横坐标，方案净现值 NPV 为纵坐标，方案净现值随收益率变化的曲线与横坐标相交的交点，就是这个方案的内部收益率，如图 4-7 所示。

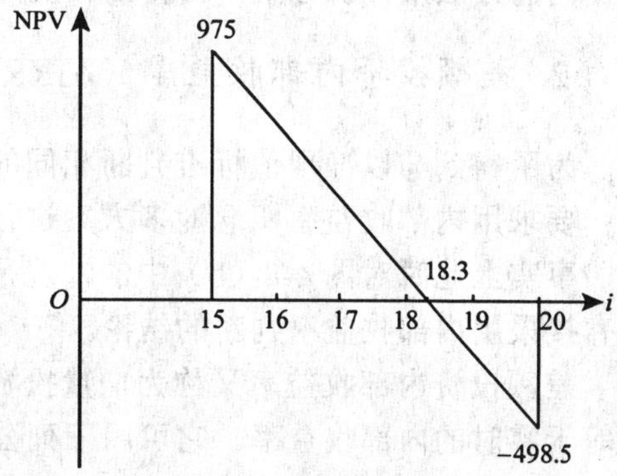

图 4-7　用图解法求 i

内部收益率法的优点是不需事先确定基准收益率，使用方便；另外用百分率表示，直观形象，比净现值法更能反映单位投资的效果，但计算比较复杂。

在进行多方案比较时，直接用各方案的内部收益率的大小来比较，将有可能与以净现值标准判断的结论相互矛盾。这是由于以净现值、内部收益率不同标准判断，受现金流量结构影响不同所致。

如有两个互斥方案 1 与 2，两者的现金流量结构不同，其净现值函数曲线呈现出不同的形状。一般，当方案的前期净收益大，后期净收益小时，其净收益现值函数的变化率较小，曲线平缓，如图 4-8 中的曲线 1 所示（这类情况一般对应投资规模较小，而后期收益也较小的方案）；反之，若方案的前期净收益较小，后期净收益较大，则其净收益现值函数的变化率较大，曲线较陡，如图 4-8 中的曲线 2 所示（这类情况一般对应投资规模较大，后期收益亦较大的方案）。

一般，由于投资规模不同，互斥方案的净现值函数曲线之间可能存在着三种相互关系，如图 4-8 中的（a）、（b）、（c）所示。

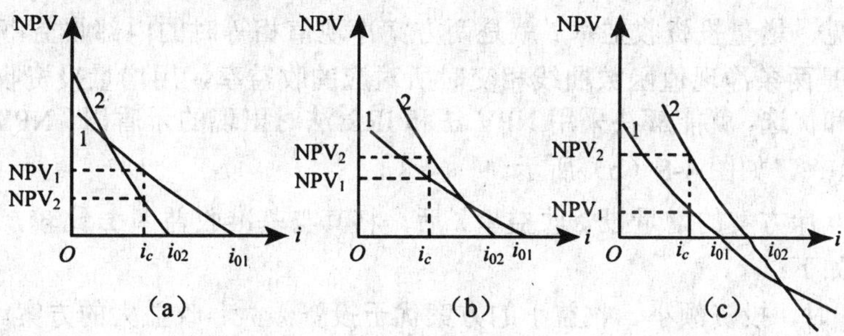

图 4-8　互斥方案净现值函数的三种关系

1）在图 4-8（a）中，曲线 1，2 的交点在标准收益率 i_c 的左侧，此时用净现值法和内部收益率法所得的结论是一致的，即方案 1 优于方案 2。

2）同样，在图 4-8（c）中，两方案曲线的交点在横坐标下，此种情况用净现值法和内部收益率法所得的结论也是一致的，即方案 2 优于方案 1。

3）但在图 4-8（b）中的情况就不同了，曲线 1，2 的交点在 i_c 的右侧，又在横坐标的上方，方案 1 的内部收益率 i_{01} 大于方案 2 的内部收益率 i_{02}，故方案 1 优于方案 2，而从净现值的标准来看，$NPV_1 < NPV_2$，方案 2 又优于方案 1，这样以两种不同的方法来评价方案，会得出相反的结论。

2. 差额投资内部收益率（ΔIRR）法

为了得到与以净现值标准判断相同的结论，构建了“差额投资内部收益率”指标；要求用内部收益率概念对多方案进行比较选优时，一定要用增量投资内部收益率。事实上此时对图 4-8（b）中的情况是采用了以净现值标准判断的结论，而放弃了直接采用内部收益率判断的结论。

差额投资内部收益率又称为增量投资收益率，是指两个方案的投资增量的净现值等于零时的内部收益率。它可用下列公式计算：

$$\sum_{t=0}^{n}(F_{t2}-F_{t1})\frac{1}{(1+i')^t}=0 \tag{4-22}$$

式中 F_{t2} —— 投资额大的方案第 t 年的净现金流量；

F_{t1} —— 投资额小的方案第 t 年的净现金流量；

i'—— 增量投资收益率（ΔIRR）；

t —— 现金流量发生的年份序号；

n —— 计算期。

上式经过变换可得出：

$$NPV_2 - NPV_1 = 0$$

即

$$NPV_2 = NPV_1$$

由此可见，增量投资收益率 i' 就是两方案净现值相等时的内部收益率。反映在图 4-8 中就是两条净现值函数曲线相交时所对应的收益率，用增量投资收益率 i' 对多方案评价和优选，就能解决采用 NPV 法和 IRR 法时出现的矛盾，即 $NPV_1 < NPV_2$ 而 $IRR_1 > IRR_2$，如图 4-8（b）所示。

求出两互斥方案的增量投资收益率 i' 后，将其与基准收益率 i_c 比较，方案优劣的判断准则如下：

当 $i' < i_c$ 时，投资额小、收益小的方案优于投资额大、收益大的方案。如图 4-8（a）所示，方案 1 优于方案 2。

当 $i' > i_c$ 时，投资额大的方案优于投资额小的方案。如图 4-8（b）、图 4-8（c）所示，方案 2 优于方案 1。

例 4-15 有两个互斥投资方案 A 和 B，其现金流量如表 4-9 所示。设基准收益率 $i_c = 10\%$，试用增量投资收益率比较两方案的经济效益。

表 4-9　方案现金流量比较　　　　（单位：万元）

年　末	方　案 *A*	方　案 *B*
0	−5 000	−3 000
1	1 500	1 000
2	1 500	1 000
3	2 000	1 200
4	2 000	1 200

解　先求 *A*，*B* 两方案的现金流量差额，如表 4-10 所示。再计算差额部分的内部收益率，即增量投资收益率，可用前面介绍的公式来计算，亦可用列表进行计算，其计算过程如表 4-11 所示。

表 4-10　现金流量差额　　　　（单位：万元）

方案＼年末	0	1	2	3	4
A	−5 000	1 500	1 500	2 000	2 000
B	−3 000	1 000	1 000	1 200	1 200
(*A*) − (*B*)	−2 000	500	500	800	800

表 4-11　现金流量差额部分净现值计算　　　　（单位：万元）

年末	现金流量	按收益率 $i_1 = 10\%$		按收益率 $i_2 = 11\%$	
		现值系数 $\frac{1}{(1+i_1)^t}$	现值差额	现值系数 $\frac{1}{(1+i_2)^t}$	现值差额
0	−2 000	1.000	−2 000	1.000	−2 000
1	500	0.909	455	0.900	450
2	500	0.826	413	0.812	406
3	800	0.751	601	0.731	585
4	800	0.683	546	0.659	527
	净现值		$\sum = 15$		$\sum = -32$

增量投资收益率为

$$i' = 0.10 + (0.11 - 0.10) \times \frac{15}{15+32} \approx 0.103\,2$$

$$= 10.32\%$$

由方案优劣判断准则可知：$i' > i_c$，则投资大的方案 *A* 较优。

对于能满足相同需要的多个互斥方案，用增量投资收益率来评价方案时，其基本步骤为：

（1）计算各方案的内部收益率 IRR_j（j 为方案代号，$j=1, 2, \cdots, m$），从 m 个方案中选出 $IRR_j > i_c$（基准收益率）的所有方案。

（2）将所选出的方案按初始投资额从小到大的顺序排列，并由最小的开始依次成对比较。

（3）通过比较来计算两方案的增量投资收益率 i'，若 $i' > i_c$，则选投资较大的方案；反之，取投资较小的方案。将选出的方案与后一个方案再进行比较。

（4）按上述原则依次往下比较，直至选出最优方案为止。

3. IRR、ΔIRR 与 NPV 判断准则的关系

NPV 评价准则、IRR 评价准则都能全面地考虑待选方案的现金流量和时间价值，本质上都是对照机会成本去决策的，按理说都应该是一种理想的择优评价准则；但是对同一组互斥方案，由于参选方案现金流量的不规则分布，导致 IRR、NPV 评价准则的不一致。这时更加倾向于采用 NPV 评价结论。

这是因为 NPV 指标的设计充分体现了企业利润最大化目标，又由于在该指标计算中可根据实际情况灵活选用折现率 i，可见根据 NPV 判断方案优劣的准则能充分体现（投资的）机会成本原则，因而无论在理论上还是在评价中，NPV 评价准则都是互斥方案（不考虑其他约束条件）比较理想的优选准则。

而 IRR 评价方法并未能完全遵循机会成本原则。内部收益率指标隐含着再投资收益率假设（即假设项目方案在计算期中的资金的收益率就是 IRR 自身），虽然 IRR 指标设计的原意是完全按机会成本行事（即将 IRR 值与边际投资的机会成本进行比较并决策），成本本身可能随时间、空间和有关条件的变化而变化，并非是一个固定不变的常量，因此 IRR 指标设计的再投资收益率假定，事实上使 IRR 标准很难真正遵循机会成本原则（除非 IRR 值高于期间内的一切机会成本）。

内部收益率本质上仍然是一种投资收益率，传统的观念认为，投资收益率最高的方案即为最佳方案。选择投资利益率最高的方案就是坚持了利润最大化目标。如果注意到比选本身深层次的动态特性，就会更倾向于坚持边际原则，就是对互斥方案正确的判断准则是边际投资（或投资增量）的收益率。NPV 标准作为一种理想的择优评价准则，归根结底是由于这种评价准则较好地体现了机会成本原则：NPV 指标计算可据实灵活选用折现率 i 并得到不同的结论，这实质上也就是根据机会成本的变化去筛选最佳方案，是真正坚持了利润最大化原则（不是一般意义上的利润最大化）。而根据 IRR 进行决策优选本质上是将项目方案的 IRR 与某一固定的机会成本相比较，是根据规划成本得出的唯一结论。如果规划成本改变结论也就不一定是唯一的了，这一缺陷对于一个判别准则来说，显然是致命的，因为这意味着，IRR 方法不能保证取得最大的 NPV 方案或项目组合，不符合严格意义上的最大利润化目标。

IRR 毕竟是一个有着深刻经济内涵、构思巧妙的指标，为了克服其在方案比选中的局限性，可改用“差额法”亦即差额投资内部收益率（ΔIRR）评价准则。显然，ΔIRR 仍然是一内部收益率，只不过它是由两个参选方案各年净现金流量的差额流量计算出来的内部收益率，从数学角度看，求解 ΔIRR 与求解 IRR 并无二致，只是多了一道手续（即先算出差额流量）而已。ΔIRR 指标是针对两个投资规模不同的互斥方案比选的需要设计出来的。不难看出，计算 ΔIRR 旨在考察规模大的方案比规模小的方案多投资的那部分资金，能否产生令人满意的收益率，如能，则说明投资规模大的方案较优；反之则说明多投资的那部分资金得不偿失，相比之下规模小的方案为优。因此，ΔIRR 的选择准则是：ΔIRR 大于等于基准（或设定的）收益率，选投资大的方案；否则，选投资小的方案。

差额投资内部收益率法有时又称为增量分析法。在理论上，该法遵从机会成本原则，且与 NPV 评价准则有着紧密的内在联系，其择优结果与 NPV 的完全相同；但是 ΔIRR 的计算较 NPV 的复杂，且有可能出现方程无解或多根问题。当然，ΔIRR 作为一种相对指标，某些场合可能弥补绝对指标的某些不足。

既然 ΔIRR 可用于两个互斥方案的比选，则也必然可用于多个方案比选，只是多方案进行比较时，须先按投资额度由小到大排列顺序，然后再依次就相邻方案两两比较，直到从中选出最佳方案。

值得一提的是，A，B 两个互斥方案的 $\Delta IRR_{A\text{-}B}$ 一般并不等于 IRR_A 与 IRR_B 之差。ΔIRR 只反映“差额投资”部分的获利前景，并不能表明两个方案作为独立方案时是否可行。可见从两个（或多个）互斥方案中择优，第一步工作是先判断清楚作为单个方案的可行性，然后再进一步运用 ΔIRR 选优。

4.4 对受约束条件限制的方案进行经济效益选优

1. 约束条件和优选

约束也就是限制，约束条件也就是限制条件。严格地讲，一切项目方案的选优，都会或多或少地牵涉到主观方面的一些限制条件，选优的结果也必然是符合约束条件的最佳选择，这就如同数学上的条件极值那样。投资项目会受到许多主客观条件的限制。从企业的角度看，除了自身的功利目标和大致的投资方向外，其现有的资源（或者能够组织调度的资源，如人力、物力和财力资金等）条件总是有一定限制的——虽然在理论上，“好”项目总是可筹集到所需的资金及其他投入资源的，然而这需要充分发育的（理想的）资本市场，且还存在融资成本或费用高低的问题。在客观上，市场容量和竞争的程度，政策性限制和投资环境优劣，待选方案或其组合的多寡，方案之间的关系（如互斥、相关、互补等），都会影响到优选决策。

本来是独立的项目方案参与比选时会因某些条件约束（如资金约束）而变得不再是独立的，有可能互相排斥或互不相容。经济上或技术相当的方案是经常存在的，相关的方案选择其中之一会关连到另一或几个其他方案。至于互补方案（主要是经济上的互补，即如采用方案 A 可显著提高方案 B 的盈利水平），有时需要把它们"捆"在一起去考虑（当然还要考虑是否是双向互补）。我们在选择方案时总是把每一个方案看做一个整体，或取或舍必居其一，不能取方案的一部分，这实为一种合理的假设——如果某方案的其中一部分内容非常合理，则自然可置于其他方案中形成一个新的方案，这也是一个整体，这时被称为项目的不可分性。项目的不可分性有可能引起大、小项目之争：如果资源有限或者待选的大项目所需资源较多，选择这个大项目就可能排斥若干个小项目，这会涉及企业的经营方向、经营战略，当然最终主要还是取决于效益高低。至于项目在其他方面如在技术上、建设用地等所受到的约束以及某些方案的多目标追求，将使优选工作变得非常复杂。

在市场经济条件下，资金约束（或资金的定量分配）是经常发生的。而方案择优则往往是针对一个投资方向（比如考虑投资建设一个水泥厂）而有几种规划方案，从中择出最佳的，这是典型的互斥方案比较择优。还有的投资决策并不限于一种投资方向，而是多方向、多项目选择，这意味着有较多的资本可供在较大范围内择优，可能同时选中若干项目或项目组合，这是单一择优的扩展，是深层次的真正投资者所面对的决策，对国家、地区、部门经济或大企业而言，这种类型的择优决策也是经常发生的。通常所说的项目选择，应该是从众多的受约束的待选方案中挑选出最优的方案（项目）或方案组合。而约束条件的存在，相当于减少了待选方案的数量（不合约束条件的方案在优选前已被排除在外），只对剩余的（满足约束条件的）待选方案的挑选。

2. 受约束的项目方案的择优

迄今为止，在工程经济分析中经常采用的择优方法仍然是排列顺序法，即全部待选方案及其组合按优劣降级顺序排列，然后按顺序选择项目，直到（预计可用于投资的）资金用完为止。此外，在企业的具体约束条件下寻求某些收益评价准则（如 NPV 评价准则）最大化的数学规划方法有时也被用于项目择优。

项目排队法在理论上也许略欠严谨：实际评价中很难说将最优的方案或方案组合都已排列进去，而且按 NPV 评价准则或者按 NPVR 评价准则有可能导致矛盾的选择（这要依企业的目标及某些限制条件，如资金限量而定）。未事先明确考虑实际存在的约束条件，容易将排队误解为直接的顺序方法（直接排序不能保证肯定能选出最优方案），都不能不说是这种方法的缺陷。然而排序毕竟简单易行，是被经常采用的传统决策方法，特别是，在实际工作中由于受多方面条件的限制（比如咨询决策费用的限制），一般情况下只有不多几个待选方案，排序法完全可以满足决策要求。

（1）一般互斥方案的择优

互斥也是一种约束，因此互斥方案的比较具有典型性和可推广性。

例 4-16　某食品生产线有 4 个待选的设计方案。计算期均为 20 年，期末余值均很小，可略去不计，这 4 个方案的主要参数如表 4-12 所示。

表　4-12

方案	总投资/万元	每年净现金流量/万元
1	200	26.8
2	150	18.0
3	300	48
4	350	57

如果该企业的收益率为 10%，准备从中选出一个最优方案。

最优方案首先应该是可行的，即在企业收益率水平上是有利可图的（至少不至于亏本），可分别计算这 4 个方案的内部收益率为

$$\mathrm{IRR}_1 \approx 10.3\% \qquad \mathrm{IRR}_2 \approx 11\% \qquad \mathrm{IRR}_3 \approx 15\% \qquad \mathrm{IRR}_4 \approx 14\%$$

可知这 4 个方案全部符合可行性评价准则（其 IRR 均高于 10%）。

接着按投资额由小到大顺序，以便进一步计算 ΔIRR 并据以择优。见表 4-13。

表　4-13

方案	总投资/万元	每年净现金流/万元
2	150	18.0
1	200	26.8
3	300	48
4	350	57

方案1与方案2相比的$\Delta\mathrm{IRR}_{1\text{-}2}=16.82\%$，$\left[\text{由}\,(P/A,\ i,\ 20)=\dfrac{200-150}{26.8-18.0}=5.6818\right.$ 经计算或查表可得$\left.\right]$，可知方案 1 优于方案 2，故舍去方案 2。

同理将方案 3 与 1 相比，因$\Delta\mathrm{IRR}_{3\text{-}1}=18.57\%$，方案 3 优于方案 1，故选择方案 3 而舍去方案 1。再将方案 4 与方案 3 比较，因其$\Delta\mathrm{IRR}_{4\text{-}3}=17.26\%>15\%$，可知投资大的方案 4 优于方案 3，方案 4 为最优方案。

以上互斥方案当然也可以根据NPV评价准则进行择优，各方案的NPV如表4-14所示。

表 4-14

方案	总投资/万元	每年净现金流/万元	NPV/万元
1	200	26.8	28.175 2
2	150	18.0	3.252
3	300	48	108.672
4	350	57	135.298

可见方案4的NPV最高，当为最优方案，结论与上述增量择优的结果相同。从择优决策的角度来说，这两种评价准则是一致的。

ΔIRR方法本质上是通过对追加投资（或投资增量）所产生的效益，从动态的角度选择最佳方案的，在理论上也就是按边际原则选择投资方案，即方案的边际投资收益率比较接近企业的边际投资收益或者企业边际收益率时应为最理想，这也就是通常所说的按边际收益等于边际成本的边际原则去选择最佳投资方案；但严格地讲，企业的（边际）收益率并非是一成不变的，在充分发育的资本市场上，某企业过多地融资很可能引起收益率不同程度的增长。如果资金需求（或资金来源）曲线与IRR曲线（各方案IRR由高到低的点的连线）绘在同一直角坐标系中，则从资金来源曲线可大致看出每单位投资增量所对应的（边际）收益率增量，而两曲线的交点所对应的横坐标正表明了企业可用来投资的资金限额，如图4-9所示。

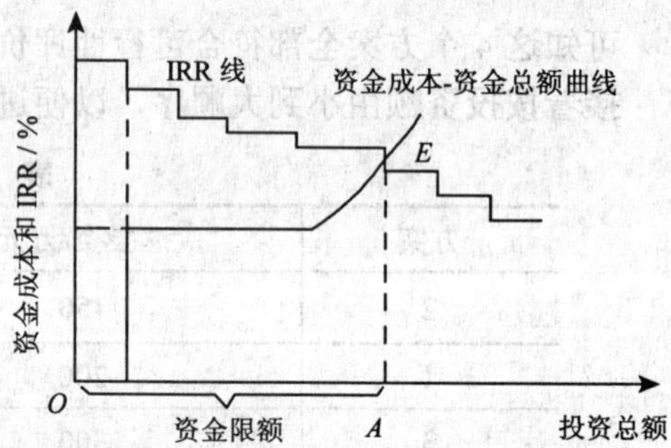

图 4-9 投资方案的 IRR 和资本成本

由此可知，项目方案的优劣好坏是相对的，是由其自身的收益率水平与资本成本高低共同决定并取舍的；同时还表明，人们不能随心所欲地大量投资项目，因为自有资金有限，而外部资金来源也有一定限度，只能而且需要对各种投资机会、项目方案进行比较选择和决定取舍。这就是说，在待选方案考虑资源约束时，可直接根据边际原理从中挑选最优或次优项目组合，当然这些待选方案之间可以是互斥或相关甚至是互补的。

（2）投资资金受约束（限量）时多方案的组合优选

即便是一个大公司拓展实业投资，由于受内部主管部门的限额指令以及受外部融资的（边际）利率的约束（利率太高，就不值得扩大投资规模了），在投资决策时常常受资金限量的影响。一个被广为采纳的选择办法是，对所有可能且可行的项目组合按优劣顺序排队，然后先优后劣依次挑选，直到资金用完为止。一般而言，这些可能且可行的项目组合视为同一个具体方案（有的就是原设计方案，有的则可能是几个原设计方案新组合成的），它们之间是互斥的，如果存在某种相关关系特别是互补关系，可以将相互的效益上的影响考虑进去。如果这些项目组合的计算期相同，则可直接按互斥项目比较方法进行择优；如果计算期不同，严格地讲，要先统一计算期（能重复投资的可用重复投资法，矿山类投资项目不宜重复投资的，可采用最短年限法）。这样做当然增加了择优的复杂性，即便如此，也只能说尽可能使参比组合可比而已（细究起仍然有一些不可比因素）。

前已述及，对计算期相同的互斥方案比选，采用 NPV 评价准则或 ΔIRR 评价准则是等价的。值得注意的是，这里的项目排队并非仅对各可能方案的优劣排序，而是对可能组合进行排序，显然后者要严格全面得多。

例 4-17　有 A，B，C 3 个待选的项目方案，选择时以 12% 作为基准收益率。3 个方案的有关参数如表 4-15 所示。

表 4-15　待选方案的有关参数

方案	总投资（$t=0$）/万元	每年净现金流量/万元	计算期/年	余值
A	2 400	500	8	0
B	2 000	420	8	0
C	3 000	550	10	0

首先，应判断 3 个方案各自的可行性，剔除不可行方案。经测算，A，B，C 在 $i=12\%$的净现值分别为 84，86.56，107.5（万元）均大于 0，因而是可行的，均予以保留和参选。

其次，按数学上排列组合的原理，一一列出方案 A，B，C 的所有可能的方案组合。由于 m 个方案应有 $\sum_{j=1}^{m} C_m^j = (2^m - 1)$ 个组合，故 A，B，C 3 个方案总共有 $7 = (2^3 - 1)$ 个组合方案，即：A；B；C；AB；AC；BC；ABC 共 7 组。其中前 4 组计算期均为 8 年，后 3 组则计算期不统一（分别为 8 年和 10 年的组合）。考虑到可比性，我们只需将方案 C 按最短期限法折算成 8 年期的“等价”方案：

$$
\begin{aligned}
&[-3\,000+550\times(P/A,\ 12\%,\ 10)]\times(A/P,\ 12\%,\ 10)\times(P/A,\ 12\%,\ 8)\\
&=-3\,000\times(A/P,\ 12\%,\ 10)\times(P/A,\ 12\%,\ 8)+550\times(P/A,\ 12\%,\ 8)\\
&=-3\,000\times0.176\,98\times4.968+550\times4.968\\
&=-2\,637.71+2\,732.4\\
&=94.69(\text{万元})
\end{aligned}
$$

式中，$[-3\ 000+550\times(P/A,\ 12\%,\ 10)]$为方案 C 的净现值，而与之等价的（计算期为 8 年的）方案应为：$t=0$ 时总投资为 2 637.71 万元、每年净现金流量为 550 万元、净现值为 94.69 万元。

统一计算期为 8 年后，AB，AC，BC，ABC 4 组的资料为：

AB：总投资 440 万元，每年净现金流量为 920（＝500＋420）万元；

AC：总投资为 5 037.71（＝2 400＋2 637.71）万元，每年净现金流量为 1 050（＝500＋550）万元；

BC：总投资为 4 637.71（＝2 000＋2 637.71）万元，每年净现金流量为 970（＝420＋550）万元；

ABC：总投资为 7 037.71（＝4 400＋2 637.71）万元，每年净现金流量为 1 470（＝920＋550）万元。

将这 7 个组合方案有关参数列于如表 4-16 所示。

表 4-16　各个方案组合资料

组合	方案组合	组投资（$t=0$）/万元	各组每年净现金流量/万元	计算期/年
1	A	2 400	500	8
2	B	2 000	420	8
3	C	2 637.1	550	8
4	AB	4 400	920	8
5	AC	5 037.71	1 050	8
6	BC	4 637.71	970	8
7	ABC	7 037.71	1470	8

再次，按投资额由小到大的顺序，排列这 7 个组合，以便应用 ΔIRR 标准（当然也可以用 NPV 标准）进行优选（如表 4-17 所示）。

表　4-17

组合	方案组合	组投资（$t=0$）/万元	各组每年净现金流量/万元
2	B	2 000	420
1	A	2 400	500
3	C	2 637.71	550
4	AB	4 400	920
6	BC	4 637.71	970
5	AC	5 037.71	1 050
7	ABC	7 037.71	1 470

我们依次对追加投资或投资增量的收益率进行测算以判断投资额高的组和低的组哪一个更为合算，具体而言是先计算 ΔIRR 而后进行判断的。即如第 1 组与第 2 组相比，投资增量为 400 万元，每年净现金流量的增量为 80 万元，计算期为 8 年，则其 $\Delta NPV(i) = -400 + 80 \times (P/A, i, 8)$。

通过查表或试算插值可得两方案的差额投资内部收益率为

$$\Delta IRR_{1\text{-}2} = 11.8\% < 12\%$$

则应选投资小的组，即淘汰组 1 而暂时保留组 2。接着再以组 3 与组 2 相比较。同法可得 $\Delta IRR_{3\text{-}2} = 12.4\% > 12\%$，可见投资额大的组 3 稍优于组 2，因而淘汰组 2，即选择比组 2 较为优越的组 3。依次逐组进行比较，直到最后一组，其优选结果如表 4-18 所示。

表　4-18

组合	方案组合	各组投资/万元	ΔIRR	优选判断
2	*B*	2 000	$\Delta IRR_{2\text{-}0} = 13.28\% > 12\%$	取 2：*B*
1	*A*	2 400	$\Delta IRR_{1\text{-}2} = 11.8\% < 12\%$	舍 1
3	*C*	2 637.71	$\Delta IRR_{3\text{-}2} = 12.4\% > 12\%$	取 3：*C*
4	*AB*	4 400	$\Delta IRR_{4\text{-}3} = 13.28\% > 12\%$	取 4：*AB*
6	*BC*	4 637.71	$\Delta IRR_{6\text{-}4} = 13.3\% > 12\%$	取 6：*BC*
5	*AC*	5 037.71	$\Delta IRR_{5\text{-}6} = 11.8\% < 12\%$	舍 5
7	*ABC*	7 037.71	$\Delta IRR_{7\text{-}6} = 13.04\% > 12\%$	取 7：*ABC*

如果结合投资限额，可将优选结果列示成于表 4-19：

表　4-19

投资限额（*H*）/万元	采纳组号	采纳的组合
$200 \leqslant H < 2\,637.71$	2	*B*
$2\,637.71 \leqslant H < 4\,400$	3	*C*
$4\,400 \leqslant H < 4\,637.71$	4	*AB*
$4\,637.71 \leqslant H < 7\,037.71$	6	*BC*
$7\,037.71 \leqslant H$	7	*ABC*

也可以根据 NPV 标准对上述 7 个方案组合进行比较选优。具体做法是，先分别计算各组合的 NPV（$i = 12\%$），并按投资增量顺序连同相应的 NPV 排列出表 4-20：

表 4-20

组号	方案组合	组投资/万元	各组 NPV（$i=12\%$）/万元	判断
2	*B*	2 000	86.56	取 2
1	*A*	2 400	84	舍 1
3	*C*	2 637.71	94.69	取 3
4	*AB*	4 400	170.56	取 4
6	*BC*	4 637.71	181.25	取 6
5	*AC*	5 037.71	178.69	舍 5
7	*ABC*	7 037.71	265.25	取 7

按照 NPV 大者为佳的原则，依次比较各组合的 NPV，优中选优，其先后被采纳的组号为：2，3，4，6，7，亦即：*B*，*C*，*AB*，*BC*，*ABC*，与 ΔIRR 标准的选择结果完全相同。如果结合企业的投资资金限额，可得到如同表 3-9 所列示的完全一致的决策结果。

也可以按 NPVR 大小将方案组合排序，挑选满足投资资金限制条件的方案组合。上述 7 个方案组合按 NPVR 大小从优到劣的排列顺序是：2，6，4，7，3，5，1。可见 NPVR 标准和 NPV（或 ΔIRR）标准的优选结果并不完全一致。不一致的原因在于，NPV 是为总额指标，所追求的是净收益最大；而 NPVR 是效率指标，所反映的是投资资金使用效率（亦即每单位投资的创收效率）的高低。有时净收益最高的项目未必其资金使用效率最高，而 NPVR 高的项目也不能肯定能赚到多少钱（比如那些效率高的小项目)。我们认为这需要根据具体情况，在充分尊重企业的投资目标的基础上，将 NPV 和 NPVR 标准结合起来考虑。在理论上，应用 NPVR 对项目或方案进行排队，未必都是尽善尽美的。这样说当然并不影响 NPVR 指标在项目方案优选中被广泛应用。在实际工作中，许多场合下由于投资资金并不很多，且待选方案也较少，问题就比较简单，当然有时情况也非常复杂，就根本不是某一指标或标准所能定论的。这里还需特别指出，上例只限于最简单的直接排序优选，某一方案在其任一排序组合中至多出现一次，这种优选显然是有局限的，并不完全符合纯理性的优选要求。

综上所述，从项目评价和方案比较的实际出发，几个主要指标（或方法）的应用范围可大致归纳为表 4-21。而在具体应用中，则要注意这些指标方法（或标准）本身的假设或前提条件、实际情况是否基本符合这些条件，要正确理解这些标准的经济含义和本质所在，尽量避免误解和误用。经济生活本来就是丰富多彩、复杂多变的，一个指标或一种方法有可能在一定范围内解决一些实际问题，但不能绝对化。

项目评估和方案比选时，要根据实际情况（如计算期是否相同、效益是否相等、资金有无限制等）选择评价指标和方法，而且选用不同的指标或方法时，有可能出现相左的结论，就尤需全面考虑、慎重选择，要特别注意指标或方法本身的性质和特点。

表 4-21　几个指标的应用

应用＼指标	NPV	IRR	NPVR	N/K
1）独立项目的可行性判断和选择标准	可考虑接受所有（按规定的折现率算得的）NPV≥0 的独立项目	可考虑接受所有 IRR 大于等于基准（或规定的）收益率的独立的项目	可考虑接受所有(按规定的折现率算得的）NPVR＞0 的独立项目	可考虑接受所有（按规定的折现率算得的）N/K≥1 的独立项目
2）方案比较（互斥方案优选）	无资金限制时，选择 NPV 较大者	一般不直接采用，而改用 ΔIRR，当 ΔIRR ≥基准收益率 i 时，以投资较大的方案为优	存在明确的资金限制时，选择 NPVR 较大者	存在明确的资金限制时，选 N/K 较大者
3）项目排队（独立方案组合优选）	穷举方案组合并按投资额（或增量）由小到大排序，然后用恰当的机会成本作折现率计算 NPV，一一对比，按大者为优的原则排序	穷举方案组合并按投资额（或增量），由小到大排序，计算相邻组合的 ΔIRR，按 ΔIRR 大于等于基准收益率（或机会成本）时投资大者为优的原则，一一对比排序	按 NPVR 大小将项目排序，选满足资金约束条件的项目组合，使 NPV 最大	按 N/K 大小将项目排序，选满足资金约束条件的项目组合，使 N/K 最大

4.5　不确定性分析方法

对工程项目方案评价的基础数据，大部分来自预测或估算，必然存在某种程度的不确定性。如经济形势等的影响；市场需求的变化；技术的进步；数据统计方法的局限性等等。这些因素的不确定性，将会给评价方案带来经济效益的变动，使评价方案具有极大的潜在风险，容易导致评价结果的失误。为了使被评估工程项目方案能够经受各种风险，提高经济效益评价的可靠性和经济决策的科学性，常需要进一步对评价方案作不确定性分析。所谓不确定性分析，就是分析和研究某些不确定性因素对评价方案的评价指标的影响程度。

不确定性分析方法包括盈亏平衡分析法、敏感性分析法和风险概率分析法。

4.5.1 盈亏平衡分析

盈亏平衡分析是通过测算项目方案在投产后的盈亏平衡点（Break Even Point 称为 BEP）来分析项目方案对风险的承受能力的一种方法。盈亏平衡点一般是根据正常生产年份的产品产量或销售量、固定成本、可变成本、产品价格、销售税金等数据计算确定的。在盈亏平衡点上销售收入等于成本费用，它标志着企业既不盈利也不亏损的生产经营水平，以此可以确定项目保本的最低生产水平或销售水平。找到这个“界限”就可预知产品的销售量达到多少有利润，预测市场是否能达到这个销售水平，进而确定这种产品有无开发价值，避免决策的盲目性。

1. 盈亏平衡分析的基本原理

假设正常年份的年产量（或销售量）为 Q，年固定总成本为 B，单位产品可变成本为 V，单位产品价格为 P，单位产品销售税金为 D，则有
年销售收入为

$$S = PQ \tag{4-23}$$

年生产成本为

$$C = B + VQ \tag{4-24}$$

令 $S = C$，可得到用产量表示的盈亏平衡点计算公式为

$$\text{BEP}_Q = \frac{B}{P - V} \tag{4-25}$$

如果用横坐标表示产量，纵坐标表示收入或成本，由盈亏平衡点计算公式的产量、成本、盈利三者的函数关系，当它们的关系均为线性关系时，我们可以得到图 4-9 所示的盈亏平衡图。

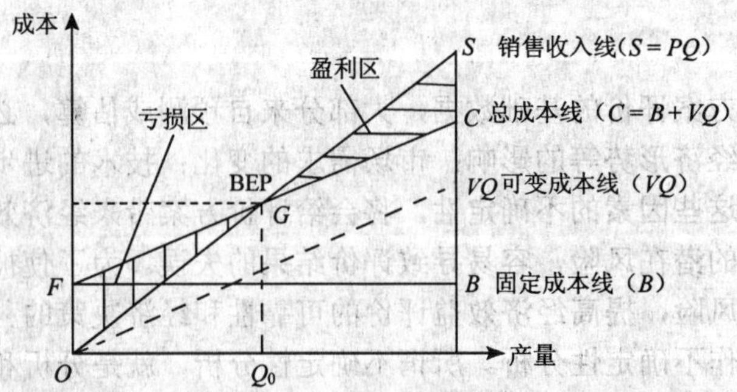

图 4-10 盈亏平衡图

由盈亏平衡图可知，在平衡点右面，即产量大于盈亏平衡点产量，销售收入大于总成本，表示项目有盈利；在平衡点左面，销售收入小于总成本，表示项目亏损。盈亏平衡点越低，表明项目盈利的机会越多，适应市场变化的能力越大，抗风险能力越强。

2. 盈亏平衡点的确定

盈亏平衡点的确定有图解法和计算法两种。

（1）图解法

由图 4-10 所示，根据产品产量（销售量）、产品价格以及固定总成本费用和可变总成本费用等资料，以产品产量（或销售量）为横坐标，以总成本费用或销售收入的金额为纵坐标，分别做出总成本费用与产量、销售收入与产量的关系线，两线相交于点 G，G 点即为所求的盈亏平衡点。在绘制盈亏平衡图时，如果考虑销售税金及附加，通常可视为项目必要的固定支出，此时，将使盈亏平衡点向上移动。

绘制步骤大致如下：

1）画平面直角坐标。以产量（销售量）为横坐标，总成本费用或销售收入的金额为纵坐标。

2）根据资料，确定所分析的某一产量 Q 的固定总成本费用、总成本费用和销售收入。

3）绘制在该产量 Q 下的固定总成本费用、总成本费用和销售收入点 B，C，S。

4）连固定总成本费用线 FB、总成本费用线 FC 和销售收入线 OS。

5）总成本费用线 FC 与销售收入线 OS 的交点 G 即为所求的盈亏平衡点。点 G 所对应的产量即为盈亏平衡时的产量 Q_0，亦称为临界产量。

例 4-18　新建某厂，设计能力为年产量 4 200 台，预计售价为 6 000 元/台，总固定成本费用为 630 万元，单位产品可变成本费用为 3 000 元（未考虑销售税金及附加），试求盈亏平衡点的产量。

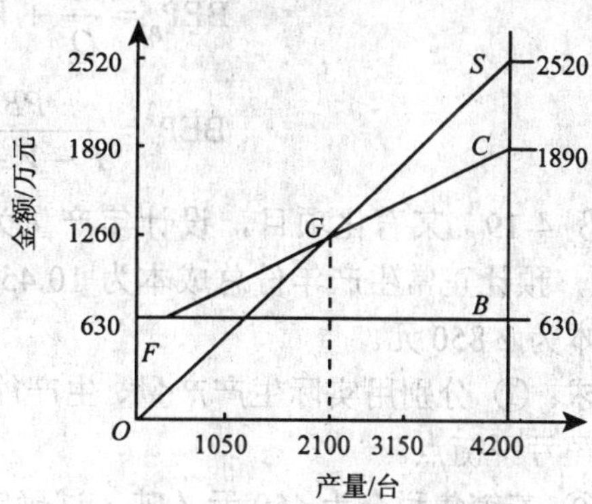

图 4-11　图解盈亏平衡点

解　① 画直角坐标图，如图 4-11 所示。

② 在纵坐标轴上找点 B，C，S，F。

已知：$B=630$（万元），$F=B$，则

$$C=B+VQ=63+0.3\times4\,200=1\,890\text{（万元）}$$
$$S=PQ=0.6\times4\,200=2\,520\text{（万元）}$$

③ 连 FB，FC，OS 三线。

④ 找出 FC 与 OS 的交点 G，其对应的产量为 2 100 台，即为所求盈亏平衡点的产量。

（2）计算法

如果盈亏平衡模型中，方案的总成本费用、销售收入与产量（销售量）呈线性关系，即：

若用生产能力的利用率表示平衡点，其计算公式为

$$\mathrm{BEP}_i = \frac{\mathrm{BEP}_Q}{Q_i} = \frac{B}{(P-V)Q_i} \times 100\% \tag{4-26}$$

式中　Q_i —— 设计年生产能力。

若用销售价格表示平衡点，其计算公式为

$$\mathrm{BEP}_p = \frac{B}{Q_i} + V \tag{4-27}$$

若用销售收入表示平衡点，其计算公式为

$$\mathrm{BEP}_s = P\,\mathrm{BEP}_Q = \frac{PB}{P-V} \tag{4-28}$$

若考虑销售税金及附加，应从销售收入中加以扣除，上面四个公式分别成为

$$\mathrm{BEP}_Q = \frac{B}{P-V-D} \tag{4-25'}$$

$$\mathrm{BEP}_i = \frac{B}{(P-V-D)Q_i} \times 100\% \tag{4-26'}$$

$$\mathrm{BEP}_p = \frac{B}{Q_i} + V + D \tag{4-27'}$$

$$\mathrm{BEP}_s = \frac{PB}{P-V-D} \tag{4-28'}$$

例 4-19　某石化项目，设计年产量为 30 万吨聚乙烯，产品销售价格为 4 500 元/吨，预计正常生产年份总成本为 10.45 亿元，其中固定成本为 1.9 亿元，单位可变成本为 2 850 元。

求：① 分别用实际生产产量、生产能力利用率、销售价格和销售收入来计算项目的盈亏平衡点。

② 若销售税金为 450 元 / 吨，试确定保本点产量。

解　① 计算项目的盈亏平衡点

用产量表示的盈亏平衡点为

$$\mathrm{BEP}_Q = \frac{B}{P-V} = \frac{1\,900}{0.45-0.285} = 11.52\text{（万吨）}$$

用生产能力利用率表示的盈亏平衡点为

$$\text{BEP}_i = \frac{\text{BEP}_Q}{Q_i} \times 100\% = \frac{11.52}{30} \times 100\% = 38.4\%$$

用销售价格表示的盈亏平衡点为

$$\text{BEP}_p = \frac{B}{Q_i} + V = \frac{19\ 000}{30} + 0.285 = 0.348\ 3\text{（万元/吨）}$$

用销售收入表示的盈亏平衡点为

$$\text{BEP}_s = P\,\text{BEP}_Q = 0.45 \times 11.52 = 5.175\text{（亿元）}$$

② 计算项目税率 10%时的保本产量

$$\text{BEP}_Q = \frac{B}{P - V - D} = \frac{1\ 900}{0.45 - 0.285 - 0.045} = 15.83\text{（万吨）}$$

3. 盈亏平衡点用于多方案经济评价

在用盈亏平衡模型对两个或多个方案进行分析和评价时，一般必须特别注意对比方案的总费用支出必须和同一经济参量有关（如服役时间等），当该经济参量取某一数值时，对比方案的总费用相等，由此可利用盈亏平衡点来评价各对比方案之间的相对优劣。

例 4-20 某排水系统所用水泵，每年运行时间取决于使用地区的年降雨量。现有两个驱动方案：电动机驱动和柴油机驱动，资料数据如表 4-22 所示。若两方案寿命周期皆为 4 年，4 年后皆无残值，年利率为 10%，试比较两方案的经济性。

表 4-22 资料数据

驱动方案	投资/元	运行费用/元/h	维护修理费用	看管工人工资
A（电机驱动）	1 400	0.84（电费）	120 元/年	设备自动化无需工人照管
B（柴油机驱动）	500	0.80（油费）	0.15 元/时	0.42 元/h

解 方案 *A* 总费用计算：

设方案 *A* 的年度总费用为 C_A，其中包括：

$$\text{年等额投资} = 1\ 400 \times \frac{0.1\times(1+0.1)^4}{(1+0.1)^4 - 1} = 1\ 400 \times 0.31\ 547 = 441.66\text{（元）}$$

年度维护修理费 = 120 元

年度电费 = 0.84*t* 元　（*t*——每年运行时数）

则

$$C_A = 441.66 + 120 + 0.84t = 561.66 + 0.84t$$

方案 B 总费用计算：

设方案 B 的年度总费用为 C_B，其中包括：

$$年等额投资 = 500 \times \frac{0.1 \times (1+0.1)^4}{(1+0.1)^4 - 1} = 500 \times 0.315\ 47 = 157.74\ （元）$$

$$年度可变费用 = (0.8 + 0.15 + 0.42)\ t = 1.37t\ （元）$$

则

$$C_B = 157.74 + 1.37t$$

令 $C_A = C_B$，可求出两个方案的盈亏平衡点（时间）为

$$561.66 + 0.84t = 157.74 + 1.37t$$
$$t = 762\text{h}$$

用图解法绘制出两个方案的时间-费用图，如图 4-12 所示。

由此不难看出，当运行时间等于 762h 时，两个方案的年费用相等。当降雨量较大，致使排水系统开动台时多于 762h 的地区，选择电动机驱动方案有利；而对因降雨量较小致使排水系统年运行时间低于 762h 的地区，宜采用柴油机驱动方案。

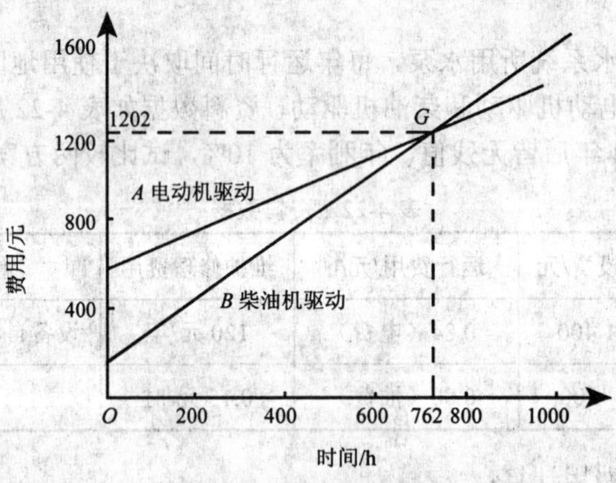

图 4-12　某排水系统驱动方案的盈亏平衡分析

4. 盈亏平衡点应用于工艺方案的经济分析

工艺方案的经济分析是在确保制造质量的前提下，通过对主要零件的工艺成本计算、对比来评定其经济性。

工艺成本是指同本工艺方案有关的费用，可分为固定费用与可变费用两部分。

固定费用包括：调整工人工资，专用机床折旧费和修理费，专用工夹具折旧费和维修费等。可变费用包括：生产工人工资，通用机床折旧费和修理费，通用工夹具的折旧费和修理费，主要是材料费、机床电费等。

某工艺过程（或工序）的全年工艺成本可用下式计算：

$$C_m = QV + B$$

式中　C_m —— 工艺过程方案的年度工艺成本（元/年）；

Q —— 工艺方案的年产量（件/年）；

V —— 工艺成本中单位产品可变费用（元/件）；

B —— 工艺成本中年度固定费用（元/年）。

通过对比两个工艺方案的工艺成本来评定方案的经济性。设两方案的工艺成本分别为

$$C_{m1} = QV_1 + B_1$$
$$C_{m2} = QV_2 + B_2$$

令 $C_{m1} = C_{m2}$ 得临界产量 Q_0 为

$$Q_0 = \frac{B_2 - B_1}{V_1 - V_2} \tag{4-29}$$

当对比不同工艺方案时，若对比方案的工艺成本相等，此时的产量称为对比两工艺方案的临界产量。

其图解如图 4-13 所示。

由图可见，当 $Q < Q_0$ 时，则采用工艺方案 I 有利；反之，当 $Q > Q_0$ 时，则采用工艺方案 II 有利。故 $Q < Q_0$ 时为工艺方案 I 的适用范围；而 $Q > Q_0$ 时，则为工艺方案 II 的适用范围。这是因为在 $Q \sim Q_0$ 产量范围内，设有某一产量 Q_1，此时工艺方案 I 与工艺方案 II 的工艺成本差额为

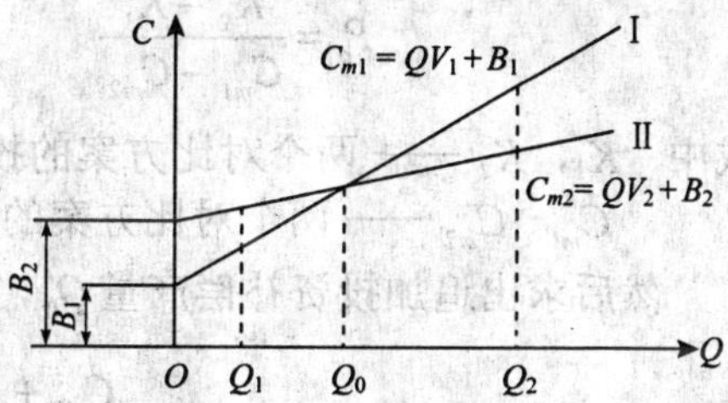

图 4-13　两对比方案工艺成本与产量的关系

$$\begin{aligned}\Delta C_m &= C_{m2} - C_{m1} \\ &= Q_1(V_2 - V_1) + (B_2 - B_1)\end{aligned}$$

即工艺方案 II 较工艺方案 I 的工艺成本超支了 ΔC_m 元/年，故在此区域内，工艺方案 I 较经济。

同理，当生产量为 Q_2 时，则 I，II 两个工艺方案的工艺成本差额为

$$\Delta C_m = C_{m1} - C_{m2}$$
$$= Q_2(V_1 - V_2) + (B_1 - B_2)$$

即工艺方案Ⅱ较工艺方案Ⅰ节约了 ΔC_m 元/年，故当实际产量 $Q > Q_0$ 时，工艺方案Ⅱ较经济。

例 4-21 车间生产某种零件，提出了 A，B 两个工艺方案。方案工艺成本中单位产品可变费用分别为：$V_1 = 10$ 元/件，$V_2 = 6$ 元/件；而相应的固定费用分别为：$B_1 = 600$ 元/年，$B_2 = 800$ 元/年。若车间生产任务为 $Q = 2\ 000$ 件/年，问应采用哪个工艺方案更经济？节约多少？

解 先计算临界产量 Q_0：

$$Q_0 = \frac{B_2 - B_1}{V_1 - V_2}$$
$$= \frac{800 - 600}{10 - 6} = 50(\text{件/年})$$

因生产任务 $Q = 2\ 000$ 件/年，远远大于临界产量 $Q_0 = 50$ 件/年，故应采用工艺方案 B 进行生产。此时较方案 A 的节约量 ΔC_m 为

$$\Delta C_m = C_{m1} - C_{m2} = Q(V_1 - V_2) + (B_1 - B_2)$$
$$= 2\ 000 \times 4 + (600 - 800)$$
$$= 7\ 800(\text{元/年})$$

当相互对比的工艺方案，因提高技术标准和降低工艺成本，需要追加投资，以便购置新的生产效率高的机器设备和工艺装备，在这种情况下，选择最佳方案，还需要计算差额投资回收期 P_a。其计算方法为

$$P_a = \frac{K_2 - K_1}{C_{m1} - C_{m2}} \qquad (K_2 > K_1,\ C_{m1} > C_{m2})$$

式中 K_1，K_2 —— 两个对比方案的投资总额（元）；

C_{m1}，C_{m2} —— 两个对比方案的年工艺成本（元/年）。

然后求出追加投资补偿产量 Q_0'，可通过下面的关系来算出：

$$C_{m1} + \frac{K_1}{P_a} = C_{m2} + \frac{K_2}{P_a}$$

即

$$V_1 Q_0' + B_1 + \frac{K_1}{P_a} = V_2 Q_0' + B_2 + \frac{K_2}{P_a}$$

故

$$Q_0' = \frac{\Delta B_{21} P_a + \Delta K_{21}}{\Delta V_{12} P_a} \tag{4-30}$$

式中 ΔB_{21} —— 两个对比方案工艺成本中固定费用的差额；

ΔV_{12} —— 两个对比方案工艺成本中可变费用的差额；

ΔK_{21} —— 两个对比方案投资的差额；

P_a —— 差额投资回收期、机械制造、分析工艺过程方案时，可取 5 年。

判别准则：

如果实际产量 $Q > Q_0'$ 时，追加投资的方案是比较有效的。

如果实际产量 $Q < Q_0'$ 时，投资小的原方案较为合适。

亦可通过图解法求出能够补偿追加投资的产量，如图 4-14 所示。

其方法如下：从投资额较大的新工艺方案工艺成本线的起点 a 开始，沿纵坐标轴取一线段 ab，使 ab 等于 ΔC_m，然后从点 b 引一平行直线平行于新方案成本线，直至与对比方案成本线相交，该两直线相交点的横坐标为 Q_0'，此点 Q_0' 即为引起追加投资为($K_{新} - K_{原}$)的新方案的最小经济产量。

ΔC_m 值可用下式求出：

$$\Delta C_m = \frac{\text{新方案投资额} - \text{原方案投资额}}{\text{差额投资回收期}}$$

式中　ΔC_m —— 采用新工艺方案时，在产量为 Q_0' 的情况下，年度工艺成本降低额（元/年）。

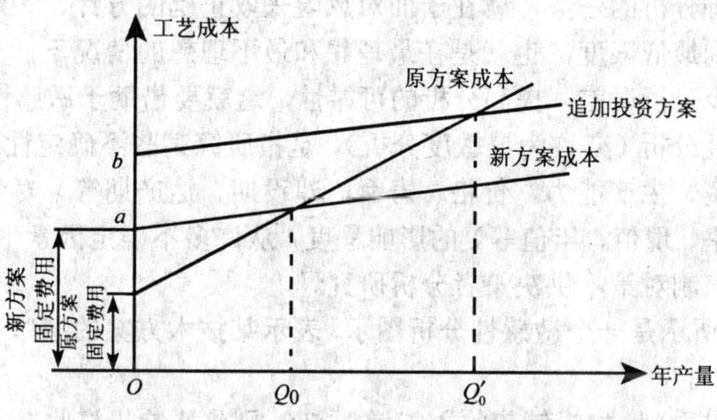

图 4-14　补偿追加投资产量图解法

例 4-22　某机械厂生产某种产品，原有工艺方案 A：已知其固定费用 $B_1 = 9\,000$ 元/年，可变费用 $V_1 = 500$ 元/件，年产量为 5 000 件。欲投资 $K = 10$ 万元改造该产品生产设备，改用工艺方案 B 进行生产，预计可变费用减少为 $V_2 = 50$ 元/件，固定费用 $B_2 = 10\,000$ 元/年。若要求 3 年收回全部投资为 10 万元，试问采用生产方案 B 是否可行？

解　先求追加投资补偿产量 Q_0'

$$Q_0' = \frac{\Delta B_{21} P_a + \Delta K_{21}}{\Delta V_{12} P_a} = \frac{1\,000 \times 3 + 100\,000}{450 \times 3} \approx 76.3\text{（件/年）}$$

因今年产量 Q 为 5 000 件/年，即 $Q > Q_0'$，故追加投资的工艺方案 B 比较有效，是可行的。

4.5.2 敏感性分析

敏感性分析是常用的一种评价经济效益的不确定性方法，用来研究和预测不确定因素对技术方案经济效益的影响情况及影响程度。

1. 基本概念（单因素敏感性分析）

对工程项目、投资方案的决策，取决于经济评价数据的计算。计算中所用的数据，多数来自预测和估计，而任何预测和估计，都是建立在某种假设、判断和数据统计基础上的。这些数据往往会由于条件变化而发生变化，如经济关系和经济结构的变化；未预见到的经济等发展因素；价格的调整与浮动；技术改革与进步；生产能力测算不准；预计的建设期与达产期不符合实际等等。各种不确定性因素综合作用的结果，可能给评价项目带来风险。一般，不确定因素和风险的存在是不可避免的，而工程经济分析的任务，就在于面对风险采取正确的方针、策略，因势利导，力求把风险减到最低限度，也就是在最理想和最不理想的情况下，分析项目的投资经济效益，减少分析误差，提高分析的可靠性，这就要借助于敏感性分析。

所谓敏感性分析（亦称为灵敏度分析），是指研究某些不确定性因素（如销售收入、成本、投资、生产能力、价格、寿命、建设期、达产期等）对经济效益评价值（如投资收益率、现值、年值等）的影响程度，从许多不确定因素中找出敏感因素，并提出相应的控制对策，供决策者分析研究。

如图 4-15 所示是一个敏感性分析图示，表示某技术方案的某些不确定因素对投资收益率的影响。

从图中可以看到，如果销售收入能增加 5%，则将影响投资收益率从目标值 20% 增加到 28%；如果生产能力下降 10%，则影响投资收益率从目标值 20%下降到 14%。事实上，任何一个不确定因素的变动，都必然影响经济效益的评价目标值，只是影响的程度不同而已。由图可知，销售收入的变化对投资收益率的影响较大，而投资额的变动对投资收益率的影响较小。也就是说，投资收益率对销售收入的变化反应敏感，对投资额的变化反应不敏感。通常，将那些使经济效益评价值产生强敏感性的不确定因素称为敏感因素；反之，则称为非敏感因素。敏感性分析的核心问题，就是从许多不确定因素中找出敏感因素，因为敏感因素的不确定性给项目带来的风险性更大。然后针对敏感因素，采取相应的对策措施，使风险力求减至最低限度，提高分析的可靠性。

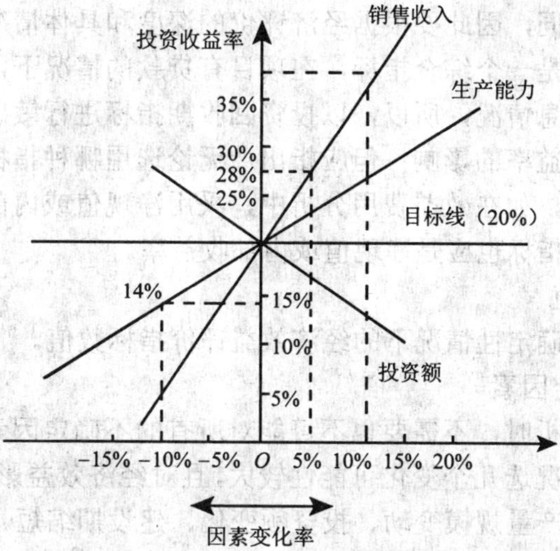

图 4-15　敏感性分析图示

通过敏感性分析可以研究影响因素的变动将引起经济效益评价值的变动范围，找出影响技术方案经济效益的敏感因素，并进一步分析与之有关的预测或估算数据可能产生不确定性的根源；通过多方案敏感性对比，选取敏感性小的方案亦即风险小的替代方案；通过可能出现的最有利与最不利的经济效益分析，来寻找替代方案或对原方案采取某些控制措施。敏感性分析虽然可以用来研究不确定因素对技术方案的影响，但应注意，单因素敏感性分析是假定其他因素保持不变，而只变动某一个因素，研究其影响经济效益的程度。实际上不管哪种类型的项目，各个不确定因素变化对项目经济效益的影响是交叉、综合地发生着，而且各个因素变化的幅度大小及其发生的概率是随机的。可能会出现这样一种情况：找出了某一个敏感因素，在未来可能发生的某一幅度的变动几率却很小，以致可以完全不必考虑它的影响；而另一个不敏感因素，可能发生的某一幅度的变动几率却很大，以致必须考虑其变化对项目经济效益的影响，这是敏感性分析本身无法解决的，也是此法的缺点。这种方法的优点是分析方法简单，易掌握，对提高评价项目的评价可靠性有现实意义。

2. 敏感性分析的基本步骤

敏感性分析的基本步骤可归纳如下：

（1）确定敏感性分析指标

所谓敏感性分析指标就是敏感性分析的对象。敏感性分析的对象应该是项目方案的经济效益。而项目方案的经济效益是由一系列经济效益评价指标加以反映的。理论上讲，这样的一系列经济效益评价标准都可以作为敏感性分析的指标。如投资回收期、投资收益率、净现值及内部收益率等。各个指标都有其特定的含义，分析反映的问题也有所不同，因此要根据经济评价的深度和具体情况来选择敏感性分析指标。如投资回收期是一个综合指标，在项目有贷款的情况下，能反映建设期和贷款偿还期的借贷和利息情况，所以，以投资回收期指标进行敏感性分析，能够了解贷款和资金对投资收益率的影响；但应指出：无论选用哪种指标，都应与效益费用分析的评价指标一致，如在效益费用分析中，采用净现值或内部收益率作为评价标准，则敏感性分析的指标也应是净现值或内部收益率。

（2）计算目标值

即计算该方案在确定性情况下的经济效益评价指标数值。

（3）选取不确定因素

在进行敏感性分析时，不需要也不可能对所有的不确定因素都考虑和计算，而应根据方案的具体情况选几个变化可能性较大，且对经济效益影响较大的因素即可。如产品售价的变动、产量规模变动、投资额变化、建设期缩短、达产期延长等。

（4）计算不确定因素变动对分析指标的影响程度

在固定其他因素的条件下，变动其中某一个不确定因素，逐个计算不确定因素的影响程度（或范围），并找出它们一一对应的关系。值得注意的是，固定其他因素，变动其中某一个不确定因素，逐个计算，这里面隐含着两个假设：一是当计算分析某一个不确定因素变化对评价指标的影响时，假定其他因素都不变化；二是假定每个不确定因素变动的几率是相等的。

（5）找出敏感因素

在逐个计算的基础上，将结果加以整理，并采用表或图的形式表示出不确定因素变动与评价指标随之变动的对应数量关系，通过对表中因素变动率或图中曲线斜率的分析，找出敏感因素。

（6）综合其他对比分析的结果采取措施

如果两种分析方法的结果比较吻合最好，否则，要采取适当的对策与措施，甚至重新寻找替代方案。

3. 敏感性分析举例

例 4-23 有一投资方案，其设计能力为年产某产品 1 500 台，预计产品售价为 1 800 元/台，单位经营成本为 700 元/台，估算投资额为 800 万元，方案寿命为 8 年，试对此方案的投资回收期作敏感性分析。

解

1）由题可知敏感性分析指标为投资回收期：

$$P_t=\frac{投资总额}{年净收益}=\frac{8\ 000\ 000}{1\ 500\times(1\ 800-700)}\approx 4.8（年）$$

2）选产品产量、产品售价和投资为不确定因素。

3）计算不确定因素变动时，对投资回收期的影响程度，分别按±10%，±20%的变动量考虑，其投资回收期 P_t 的敏感性状况见表 4-23。用图解法表示如图 4-16 所示。

4）找出敏感因素。由图 4-15 不难看出，方案的投资回收期对产品售价最敏感，在其他因素不变的情况下，只要售价降低幅度超过 24%（即售价降至 1 367 元/台）以下，投资回收期超过方案的寿命，表明售价低于此价格时，将无利可图。因此，售价是个敏感因素，也是一个风险因素，必须作进一步研究，以便采取有效措施。

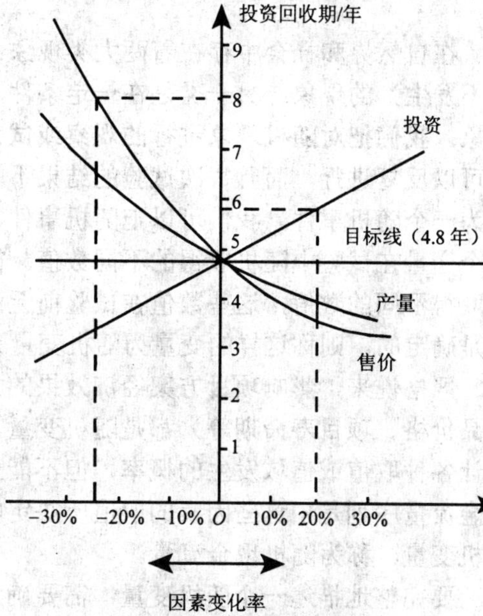

图 4-16　某投资方案敏感性分析图

敏感性分析有助于找出影响工程项目经济效益的敏感因素及其影响程度，对提高项目的经济效益评价有现实意义；但敏感性分析对不确定因素造成的风险难以做出定量的分析，而对风险的定量分析则有赖于不确定因素的概率分析。

表 4-23　不确定因素对投资回收期的影响　　　（单位：年）

序号	变动量 / 变动因素	+20%	+10%	0	−10%	−20%
1	产品产量	4	4.40	4.8	5.39	6.06
2	产品售价	3.65	4.17	4.8	5.80	7.21
3	投　资	5.82	5.33	4.8	4.40	3.88

4.5.3　概率分析

概率分析又称为风险分析，它是通过研究各种不确定因素发生不同幅度变动的概率分布，来对项目经济效益评价指标做出某种概率描述的一种定量分析方法。进行概率分析的目的是为了提高项目经济效益预测值的精确性，从而对项目的风险情况做出比较准确的判断。

1. 随机变量的概率描述

在自然界和社会中存在着两大类现象：一类是在一定条件下必然会发生（或必定不发生）的现象；另一类是在一定条件下无法事先确知结果的现象，被称为随机现象。我们把对随机现象进行的观察或试验统称为随机试验。随机试验在相同条件下可以反复进行，而且每次试验的结果不能事先确定，称随机试验的每一个可能结果为一个随机事件。我们可以把随机事件与一个变量联系起来，把随机事件看做是这个变量在试验中随机取得的不同数值。简单地说，如果一个变量在随机试验中可以取得不同的数值，这些数值在试验前无法确定，而对于一次具体的试验它的取值又是确定的，则称这样的变量为随机变量。

严格说来，影响项目方案经济效果的大多数因素（如投资额、成本、销售量、产品价格、项目寿命期等）都是随机变量，我们可以预测其未来可能的取值范围，估计各种取值或值域发生的概率，但不能肯定地预知它们确知的取值。投资方案的现金流量序列是由这些因素的取值所决定的，所以实际上方案的现金流量序列也是随机变量，称为随机现金流量。

要完整地描述一个随机变量，需要确定其概率分布的类型和主要参数。常见的概率分布类型有均匀分布、二项分布、泊松分布、指数分布和正态分布等。在经济分析和决策中普遍使用的是均匀分布和正态分布。一般说来，工业投资项目的随机现金流在多数情况下近似地服从正态分布。描述随机变量的主要参数有期望值和方差。随机变量的期望值就是它的所有可能取值的加权平均数，权重为各种可能取值出现的概率。随机变量的期望值反映了随机变量所有可能取值的平均结果。随机变量的方差反映的是随机变量所有可能数值的离散程度。

假定某方案的寿命期为 n 年，净现金序列为 $Y_0, Y_1, Y_2, \cdots, Y_n$。为了便于分析，设 n 为常数，则各年的净现金流序列 Y_t（$t=0, 1, 2, \cdots, n$）是随机变量。从理论上讲，某一特定年份的净现金流量 Y_t 可能出现的数值有无限多个，我们将其简化为 m 个离散数值 $y_t^{(1)}, y_t^{(2)}, \cdots, y_t^{(m)}$。这些离散数值出现的概率各不相同，记为 p_j（$j=1, 2, \cdots, m$），且 $\sum_{j=1}^{m} p_j = 1$，则第 t 年净现金流 Y_t 的期望值的计算公式为

$$E(Y_t)=\sum_{j=1}^{m} y_t^{(j)} p_j \tag{4-31}$$

式中 $E(Y_t)$ —— 第 t 年随机变量 Y_t 的期望值；

$y_t^{(j)}$ —— 第 t 年随机变量 Y_t 的各种可能取值；

p_j —— 与 $y_t^{(j)}$ 对应的出现概率。

第 t 年净现金流 Y_t 的方差的计算公式为

$$D(Y_t)=\sum_{j=1}^{m}\left[y_t^{(j)}-E(Y_t)\right]^2 p_j \tag{4-32}$$

式中　$D(Y_t)$ —— 第 t 年随机变量的方差；

其他的符号同式（4-30）。

第 t 年净现金流 Y_t 的标准差的计算公式为

$$\sigma(Y_t)=\sqrt{D(Y_t)} \tag{4-33}$$

式中　$\sigma(Y_t)$—— 第 t 年随机变量 Y_t 的标准差。

例 4-24　某投资方案第 1 年和第 2 年的净现金流量可能出现三种情况，对应出现 $y_t^{(j)}$ 的概率见表 4-24。试求各年净现金流量的期望值、方差和标准差。

表 4-24　项目第 1 年和第 2 年的净现金流量的概率分布　　（单位：万元）

年	1			2		
可能发生的情况	Ⅰ	Ⅱ	Ⅲ	Ⅰ	Ⅱ	Ⅲ
净现金流量	800	1 000	1 100	900	1 000	1 200
概率	0.3	0.5	0.2	0.2	0.6	0.2

解　利用式（4-30）、（4-31）、（4-32），有

$$E(Y_1)=\sum_{j=1}^{n}y_t^{(j)}p_j=800\times0.3+1\,000\times0.5+1\,100\times0.2=960\text{（万元）}$$

$$\begin{aligned}D(Y_1)&=\sum_{j=1}^{3}[y_t^{(j)}-E(Y_1)]^2p_j\\&=(800-960)^2\times0.3+(1\,000-960)^2\times0.5+(1\,100-960)^2\times0.2\\&=12\,400\end{aligned}$$

$$\sigma(Y_1)=\sqrt{D(Y_1)}\approx111.36\text{（万元）}$$

同理可算出

$$E(Y_2)=1\,020\text{（万元）}$$
$$D(Y_2)=21\,120\text{（万元）}$$
$$\sigma(Y_2)=145.33\text{（万元）}$$

由于投资方案的效果评价指标如净现值、内部收益率、投资回收期等都是根据项目现金流量计算的，而各年的现金流量是随机变量，因此通过各年净现金流量计算的经济评价指标必须也是随机变量，其概率描述可以利用式（4-30）、（4-31）、（4-32）推出。例如，方案净现值的计算公式为

$$\text{NPV}=\sum_{t=0}^{n}Y_t(1+i_c)^{-t} \tag{4-34}$$

根据各年随机现金流的期望值$E(Y_t)$（$t=0,1,2,\cdots,n$），可以求出方案净现值的期望值为

$$E(\text{NPV})=\sum_{t=0}^{n}E(Y_t)(1+i_c)^{-t} \tag{4-35}$$

在不考虑随机现金流之间的相关关系时，方案净现值的方差为

$$D(\text{NPV})=\sum_{t=0}^{n}D(Y_t)(1+i_c)^{-t} \tag{4-36}$$

如果考虑随机现金流之间的相关关系，方案净现值的方差值往往要比不考虑相关关系的大，具体计算方法可参考有关概率统计方面的书籍。

分别估算各年随机现金流的期望值与方差往往相当麻烦，如果能通过统计分析或主观判断给出方案寿命期内可能发生的各种状态所对应的净现金序列及其发生概率，就可以用比较简便的方法求出方案净现值的期望值和方差。假定某方案寿命期内可能发生 k 种状态，各种状态的净现金流序列$\{y_t|t=0,1,2,\cdots,n\}^{(j)}$（$j=1,2,\cdots,k$），对应于各种状态发生的概率为$p_j$（$j=1,2,\cdots,n$）且$\sum_{j=1}^{n}p_j=1$，则在第$j$种状态下，方案的净现值为

$$\text{NPV}^{(j)}=\sum_{t=0}^{n}y_t^{(j)}(1+i_c)^{-t} \tag{4-37}$$

式中，$y_t^{(j)}$为在第j种状态下，第t年的净现金流量。方案净现值的期望值为

$$E(\text{NPV})=\sum_{j=1}^{k}\text{NPV}^{(j)}p_j \tag{4-38}$$

净现值方差的计算公式为

$$D(\text{NPV})=\sum_{j=1}^{k}[\text{NPV}^{(j)}-E(\text{NPV})]^2p_j \tag{4-39}$$

方案净现值的标准差为

$$\sigma(\text{NPV})=\sqrt{D(\text{NPV})} \tag{4-40}$$

通过以上介绍我们知道，有了概率分布就掌握了离散型随机变量取任一数值的概率；但在很多时候，我们不仅想要知道随机变量取任一数值的概率，还想知道随机变量取某些数值的概率。例如想要知道随机净现值出现大于或等于零以上的概率$P\{\text{NPV}\geqslant 0\}$，这就需要引入分布函数的概念。

分布函数又称为累积分布函数。设X为一随机变量，x为任意实数，称函数

$$F(x)=P\{X<x\} \qquad (-\infty<x<+\infty)$$

为随机变量X的分布函数。

对于离散型随机变量，只要把它的概率分布逐个累加，就可以得出其分布函数。

2. 概率分析

这里的概率分析可称为简单概率分析。它是在根据经济设定各种情况（状态）发生的可能性（概率）后，计算项目净现值的期望值、标准差以及净现值大于或等于零的累计概率。累计概率值越大（越接近 1），说明方案承担的风险越小；反之，则风险越大。简单概率分析的一般步骤与方法是：

（1）列出各种要考虑的不确定因素，例如销售价格、销售量、投资额、经营成本等。

（2）设想各不确定因素可能发生的情况，即其数值发生变化的几种情况。

（3）根据历史资料或经验分别确定每种情况出现的可能性，即概率。每种不确定因素可能发生的各种情况的概率之和必须等于 1。值得注意的是，若是确定主观概率则应十分慎重，否则会对分析结果产生影响。

（4）计算净现值的期望值。常用的方法是分别求出各可能发生事件的净现值、加权净现值，然后求出净现值的期望值。

（5）计算净现值的标准差。

（6）求出净现值大于或等于零的累计概率，并判断项目承担风险的大小。

例 4-25　某建设项目投资为 20 万元，建设期为 1 年。根据预测，项目生产期的年收入（各年相同）为 5 万元、10 万元和 12.5 万元的概率分别为 0.3、0.5 和 0.2。在每一收入水平下，生产期为 2 年、3 年、4 年和 5 年的概率分别为 0.2、0.2、0.5 和 0.1。如图 4-17 所示。设基准折现率 $i_c = 10\%$，试求净现值的期望值、标准差以及净现值大于或等于零的累计概率。

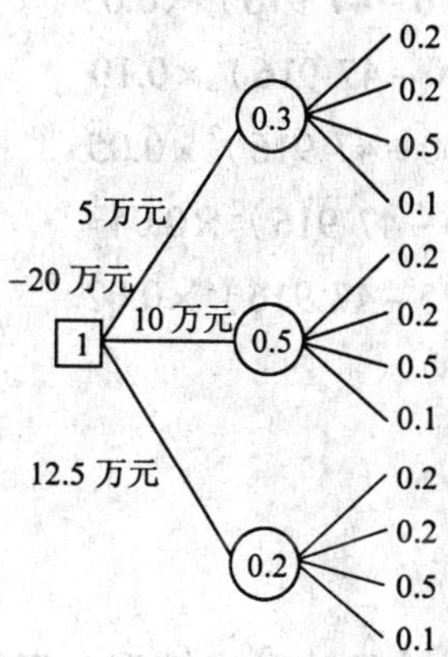

发生的可能性（概率值）	净现值/元	加权净现值/元
0.3×0.2=0.06	−102 950	−6 177
0.3×0.2=0.06	−68 800	−4 128
0.3×0.5=0.15	−37 750	−5 662.5
0.3×0.1=0.03	−9 550	−286.5
0.5×0.2=0.10	−24 100	−2 410
0.5×0.2=0.10	44 200	4 420
0.5×0.5=0.25	106 300	26 575
0.5×0.1=0.05	162 700	8 135
0.2×0.2=0.04	15 325	613
0.2×0.2=0.04	100 700	4 028
0.2×0.5=0.10	178 325	17 832.5
0.2×0.1=0.02	248 325	4 976.5
合计：　1.00	净现值的期望值	47 916

图 4-17　风险分析决策树图

解 1）计算净现值的期望值。

净现值期望值的计算结果如图 4-17 所示。

图中的□表示决策节点，○表示状态节点，每个状态节点中的数字表示不确定因素出现的概率，并以直线与另一些分支联结，每 1 分支表示在某一不确定条件下可能发生的事件。图中共有 12 个分支，第 1 个分支表示投资不变，年净收入为 5 万元，生产期为 2 年的情况。

净现值期望值的计算步骤为：

① 分别计算各可能发生事件发生的可能性，即发生的概率。例如图 4-17 中第 1 分支表示的情况称作第 1 事件，第 1 事件发生的概率为 $0.3\times0.2=0.06$。这样可计算出全部 12 个事件可能发生的概率，将所得概率值顺序列入图 4-17 右侧的“发生的可能性”一栏中，其合计数应为 1。

② 分别计算各可能发生事件的净现值。将计算结果按顺序列入图 4-17 右侧的“净现值”一栏中。

③ 将各事件发生的可能性与净现值分别相乘，按顺序得到“加权净现值”，如图 4-17 右侧最后一栏数字所示。然后将各加权净现值相加，可求得净现值的期望值。本例题的净现值的期望值 $E(\mathrm{NPV})=47\ 916$ 元。

2）计算净现值的标准差。

利用式（4-38）有

$$
\begin{aligned}
D(\mathrm{NPV})&=\sum_{j=1}^{k}\left[\mathrm{NPV}^{(j)}-E(\mathrm{NPV})\right]^{2}p_{j}\\
&=(-102\ 950-47\ 916)^{2}\times0.06+(-68\ 800-47\ 916)^{2}\times0.06\\
&\quad+(-37\ 750-47\ 916)^{2}\times0.15+(-9\ 550-47\ 916)^{2}\times0.03\\
&\quad+(-24\ 100-47\ 916)^{2}\times0.10+(44\ 200-47\ 916)^{2}\times0.10\\
&\quad+(106\ 300-47\ 916)^{2}\times0.25+(162\ 700-47\ 916)^{2}\times0.05\\
&\quad+(15\ 325-47\ 916)^{2}\times0.04+(100\ 700-47\ 916)^{2}\times0.04\\
&\quad+(178\ 325-47\ 916)^{2}\times0.10+(248\ 825-47\ 916)^{2}\times0.02\\
&=8\ 075\ 684\ 944
\end{aligned}
$$

$$
\sigma(\mathrm{NPV})=\sqrt{8\ 075\ 684\ 944}=8.99\times10^{4}\ (\text{元})
$$

3）计算净现值大于或等于零的累计概率。

可利用净现值累计概率表来计算。具体步骤为：

将上面计算出的各可能发生事件的净现值，按负值从大到小顺序排列，直到出现第一个正值为止；并将各可能发生事件的概率按同样顺序排列求得累计概率，一并列入表 4-25 中。

表 4-25　累计概率计算表

净现值/万元	概率	累计概率
−10.295	0.06	0.06
−6.88	0.06	0.12
−3.775	0.15	0.27
−2.41	0.10	0.37
−0.955	0.03	0.40
1.532 5	0.04	0.44

$$P(\text{NPV} \leqslant 0) = 0.4 + (0.44 - 0.4) \times \frac{0.955}{0.955 + 1.532\,5} = 0.42$$

所以净现值大于或等于零的累计概率为

$$P(\text{NPV} \geqslant 0) = 1 - P(\text{NPV} \leqslant 0) = 1 - 0.42 = 0.58$$

计算结果表明此项目风险较大，净现值大于或等于零的累计概率只有 0.58，而且标准差也比较大。

概率统计的知识告诉我们，对于随机净现值服从正态分布的投资方案，只要计算出了净现值的期望值和标准差，就可以根据正态分布的特点，对方案的风险情况作出大致判断。在正态分布条件下，随机变量的实际取值在（$\mu \pm \sigma$）（μ为期望值，σ为标准差）范围内的概率为 68.3%，在（$\mu \pm 2\sigma$）范围内的概率为 95.4%，在（$\mu \pm 3\sigma$）范围内的概率为 99.7%。对于例 4-23 来说，这意味着方案的实际净现值在（4.791 6 ± 8.99）万元范围内的可能性有 68.3%，在（4.791 6 ± 17.98）万元范围内的可能性有 95.4%，在（4.791 6 ± 26.97）万元范围内的可能性有 99.7%，也就是说，几乎不可能出现偏离期望值 26.97 万元以上的情况。

思考题及作业

1. 为什么说工程项目方案的比较是工程经济分析的重要内容？

2. 什么是独立方案、互斥方案、相关方案？

3. 在方案的比选中如何对 NAW、PC 和 AC 指标进行选择？

4. 简述 NPV，IRR，ΔIRR 指标在方案比选中的适用范围和评价准则。

5. 某建设项目方案表明，该项目在建设的第一年完工，投资为 10 000 元，第二年投产并获净收益为 2 000 元，第三年获净收益为 3 000 元，第四年至第十年每年获净收益为 5 000 元，试求该项目的静态投资回收期。

6. 已知 4 个同产品产量的方案，其数据如表 4-26 所示。P_c=8 年，用差额投资回收期法选出最优方案。

表 4-26 (单位：万元)

方 案	1	2	3	4
投 资	24	40	20	30
经营成本	11	7	15	10

7．某项目的各年现金流量如表 4-27 所示，收益率在 15%时，试用净现值判断项目的经济性。

表 4-27 某项目现金流量表 (单位：万元)

项目 \ 费用 年	0	1	2	3	4～19	20
投资支出	40	10				
经营成本			17	17	17	17
收入			25	25	30	50
净现金流量	−40	−10	8	8	13	33

8．甲、乙两项目的有关费用支出如表 4-28 所示，在收益率为 10%时，试用费用现值法选择方案。

表 4-28 (单位：万元)

项目 \ 费用 年	投资第 1 年初	年经营成本 2～10 年末	寿命期
甲	800	320	10
乙	900	300	10

9．某方案需要投资为 1 995 元，当年见效，每年收益为 1 500 元，年成本支出为 500 元，第 4 年有 1 000 元追加投资，服务期为 5 年，在收益率为 10%时，用净现值率法评价方案。

10．某项目需要投资为 2 万元，经济寿命为 5 年，残值为 0.4 万元，每年收益为 1 万元，每年支出成本费用为 0.44 万元，若基准收益率为 8%，用效益成本比率法确定方案是否可取？

11．某投资项目，投资额为 1 万元，在 5 年中每年的平均收入为 0.6 万元，每年的费用支出为 0.3 万元，期末残值为 0.2 万元，若投资收益率为 10%。试用净未来值法评价方案。

12．某项目投资为 700 万元，每年的净收益均为 200 万元，寿命期为 5 年，基准收益率为 10%，试用内部收益率判断方案。

13．有两个投资方案 *A* 和 *B*，其投资分别为 1.8 万元和 1.6 万元，年净收益分别为 0.34 万元和 0.3 万元，项目寿命期均为 20 年，基准收益率为 10%。用差额投资收益率比较方案。

14．某项目总产量为 6 000 吨，产品售价为 1 335 元/吨，其固定成本为 1 430 640 元，单位可变成本为 930.65 元。试求盈亏平衡点产量和盈亏平衡点时的生产能力利用率（分别用作图法和计算法求解）。

15．生产某种产品有三种工艺方案，采用方案 *A*，年固定成本为 800 万元，单位变动成本为

10 元；采用方案 B，年固定成本为 500 万元，单位变动成本为 20 元；采用方案 C，年固定成本为 300 万元，单位变动成本为 30 元。用盈亏平衡法分析各种方案适用的生产规模。

16．某项目设计年生产能力为 10 万吨，计划投资需要为 1 800 万元，建设期为 1 年，产品销售价格为 63 元/吨，年经营成本为 250 万元，项目寿命期为 10 年，残值为 60 万元，收益率为 10%。试就投资额、产品价格、经营成本等影响因素对投资方案进行敏感性分析。

17．某建设项目方案，在收益率为 10%的条件下，其净现值 NPV = 4.855 亿元，根据市场预测和经验判断，在生产期内销售价格和可变成本会发生变动，它们各自对净现值的影响及发生的概率如表 4-29 所示和如表 4-30 所示，用概率分析法评价方案的风险。

表 4-29　对净现值的影响　　（单位：亿元）

变动量 变动因素	+ 20%	0	− 20%
销售价格	11.928	4.855	− 2.218
可变成本	2.337	4.855	7.388
净现值	2.518	4.855	2.538

表 4-30　不确定因素变化及发生的概率

变动量 变动因素	+ 20%	0	− 20%
销售价格	0.3	0.5	0.2
可变成本	0.3	0.5	0.2

18．某拟建项目有 3 个相互独立的投资组合，其数据如表 4-31 所示。若最高投资限额为 10 000 万元，投资收益率不低于 15%，问应如何决策（用 NPV 法）？

表 4-31　三个独立方案数据　　（单位：万元）

项目 方案	投资	1～3 年净收入
A	2 000	1 200
B	6 000	3 000
C	10 000	4 000

第5章 价值工程

5.1 价值工程概述

5.1.1 价值工程的产生与发展

价值工程（Value Engineering，VE），是1947年起源于美国，由通用电气公司一位采购工程师麦尔斯（L. D. Miles）首先提出并研究的。第二次世界大战期间，美国军工业迅速膨胀，而同时发生的军火材料——石棉板的短缺，使得生产困难加剧。麦尔斯在石棉板采购过程中，石棉板价格正成倍增长，于是他提出："为什么要采购石棉板？它的功能是什么？"经研究表明，石棉板完全可以用一种价格便宜且不燃烧的纸代替。由此，麦尔斯提出："如果得不到所需要的材料或物品，可以想办法获得同样的功能。"通过研究他发现了商品的功能与成本的关系，"所谓物美价廉的产品，对用户而言不是产品本身，而是它的功能，并依照功能的必要程度来付款，因此要以用户对产品所要求的功能为基础进行产品设计"。于是，设计产品的问题变为以最低成本（费用）提供用户所需功能的问题。这种保证同样功能、完成任务的前提下降低成本的科学方法以《价值分析》（Value Analysis，VA）为名发表，后经发展、完善为现在的价值工程。

由于价值工程实施效果十分显著，引起美国政府的重视，到了20世纪60年代初，美国国防部规定：所有供应国防物资的厂商，凡金额超过一定数量必须进行价值分析，并对进行分析的厂商订有优厚的奖励条款（把节约额的20%～30%用于贡献者的奖励）。自此不仅军工部门采用，在民用生产部门也开始推广价值工程。1955年VE传到日本，日本的企业将其与泰勒的工业工程（Industrial Engineering，IE）技术、休哈特的质量控制（Quality Control，QC）技术三者结合起来开展活动。我国自1978年引进、推广价值工程，为很多企业采用，节约了大量的能源和珍贵的原材料，降低了企业生产成本，提高了经济效益。

价值工程从材料代用开始，发展到改进技术、改进工艺、改进生产等领域；由单个零件、单个作业工序的改进，发展到整机整工序的改进或设计；由产品开发设计，发展到行政、培训、管理、风险分析、预测、资源分配和销售等领域，是一门提高产品或服务价值的应用学科。

5.1.2 价值工程与工程经济的关系

工程经济的核心是通过技术经济分析的方法，对工程项目进行评价、核算、选优。价值工程的核心是通过系统分析的方法研究产品功能和成本的关系，合理配置、有效利用资源，同时又满足客户功能需求且经济效益好的管理技术，因此，价值工程是一种新兴的工程经济分析方法，广泛应用于工程项目的各个阶段。功能是技术指标，成本是经济指标，价值工程用“价值”的概念把两者统一起来，谋求成本最低，最佳经济效益，并使有限资源得到充分合理利用。价值工程是工程项目经济效果提高的关键技术之一。

5.2 价值工程的基本原理

日常生活中我们如何评定一种产品的价值呢？ 例如，购买一台彩色电视机，通常要同时考察其功能、质量和售价。看看电视的质量，花多少钱？值不值得？是否合算？有人买进口名牌彩电，看中的是功能和质量，价格高些也觉得值；有人买国产彩电，满足了基本视听要求后，享受到优惠的价格，也觉得值。对产品需求不同、功能不同，则其消费群体不同。社会中所有的产品与彩电一样，都存在着质量和价格的关系，这种关系构成了产品的价值，用公式表示为

$$价值(\text{Value})=\frac{功能(\text{Function})}{成本(\text{Cost})} \tag{5-1}$$

简写为

$$V=\frac{F}{C}$$

从以上对价值的分析，我们得出所谓价值工程，就是以最低的寿命成本，可靠地实现产品或作业的必要功能，着重于功能分析的有组织的创造性的活动。

要准确掌握 VE 的原理，可从其定义的几个部分作进一步讨论：

5.2.1 寿命周期成本

价值工程研究的成本是总成本，即寿命周期成本（Life Cycle Cost)。所谓寿命

周期是指一个产品从构思、设计、制造、流通、使用、维护直到报废为止的整个时期。产品的寿命周期成本 C 分为两部分：即生产成本费用 C_1 和使用成本 C_2。产品出厂以前的一切费用均为生产成本费用，包括科研、设计、原料、生产制造、外协等物化劳动和活劳动所支付的费用。使用成本是产品出厂后的各项费用总和，它包括储藏、运输、销售、使用、维修直至报废处理费等物化劳动和活劳动所支付的费用。用公式表示为

$$C = C_1 + C_2 \tag{5-2}$$

为什么价值工程要强调研究成品或劳务的寿命周期成本呢？这是用户利益的要求。用户购买一种物品，不仅关心一次性的购价，更关心长期使用开支。例如购买一台电视机，喜欢名牌产品，主要是因为这些产品质量好，固然购买时价格稍微昂贵了些，但买回来使用方便，耗能少，维修次数少，使用费用少，结果总开支是合算的。据国外统计，一辆小汽车在 10 年内的使用费，竟达到购买费的 2.5 倍。提高企业的竞争力，不仅要生产合格产品，还要把它全部销售出去，才能盈利，这就要求产品不仅有用户要求的必要功能，还应有符合用户总费用最低的要求，才能在市场上有竞争力。这也是节约国家资源的途径。为此，价值工程强调寿命周期总成本最低，是符合用户、企业和社会的要求的。

寿命周期成本的最低与产品功能水平具有内在联系。一般说来，在技术经济条件不变的情况下，随着产品功能水平的提高，则总成本费用上升，使用成本下降，如图 5-1 所示。寿命周期成本随产品功能水平的变化呈现出开口向上的抛物线形变化。可以看到，寿命周期成本有个最低点 C_{min}，对应的产品功能则有一个最适宜水平 F_0。功能过高，虽然使用成本低，但总成本费用太大，则寿命周期成本仍偏高；反之，功能过低，虽然总成本费用较低，但使用成本太大，寿命周期的成本也偏高。

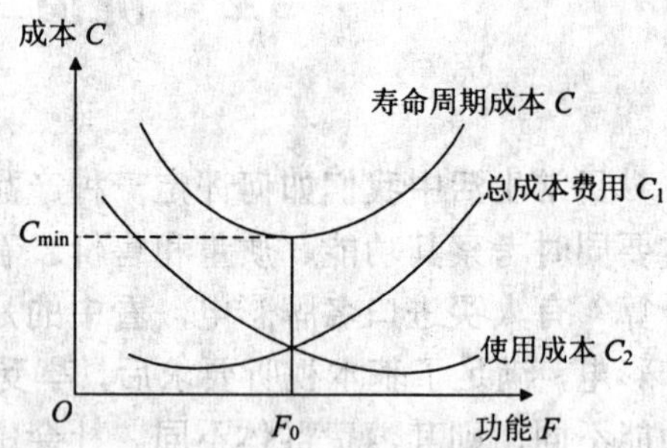

图 5-1　寿命周期成本图

价值工程的目的，正式要使产品功能达到最适宜水平。一次达不到，通过几次 VE 逐步达到，使功能和寿命周期成本得到最佳匹配。

5.2.2　可靠地实现必要的功能

什么是功能呢？就物品而言，是指其功用、效用、作用、用途等；就人的工作而言，是指目的、任务、作业、操作等。

产品功能的种类可分为以下几种：

（1）按功能的性质特点分为使用功能和美学功能。使用功能是产品在应用中所

提供的功能；美学（贵重）功能是为了满足用户对美学或贵重性质的要求而提供的功能。有些产品只要求使用功能，如矿产资源。有些产品则要求美学功能，如工艺美术品。多数产品则两者皆具备，只是随着产品类型的不同，比重不同，如轻纺产品，美学功能占很大比重，而机电产品则使用功能占较大的比重。

（2）按功能的重要程度分为基本功能和辅助功能。基本功能是产品的主要功能，它是产品得以存在并被生产的主要依据，也是用户购买的主要原因。辅助功能则是除了基本功能以外，附加给产品的功能。应该指出，两者的划分是相对应的，需视具体情况而定。如一般自行车的功能是代步、省力和提高速度，后支架是为了带点东西"承载重量"，可认为是辅助功能。但对于农民用来运输货物的加重型自行车来讲，这就是基本功能了。

所谓必要功能就是用户所要求的功能。也就是为了满足用户要求必不可少的功能，这部分功能（包括使用功能和美学功能）应当充分可靠地实现。如电冰箱的必要功能是把新鲜食品冷冻起来，无伤害地保存起来，或者把饮料冷藏起来这些使用功能是用户必需的。另外，电冰箱也是房间摆设的一部分，用户要求色彩协调，图案新颖。这些美学功能，如果设计者不注意这些美学功能，恐怕再好的使用功能的电冰箱也卖不出去。若用户要求的功能产品不具备时，称为功能不足。功能不足是应当补充的。VE 就是要集中各方面的信息和智慧，消除不必要的功能，补充不足功能，使产品的功能构成更加合理，以满足顾客的必要功能要求。

可靠地实现表现在性能、可靠性、保养性、安全性和操作性等几个方面。

1）性能——功能的实现程度；

2）可靠性——功能实现持续性；

3）保养性——功能发生故障时修复的容易程度；

4）安全性——实现功能时的安全程度；

5）操作性——实现功能时人们使用产品或装置的难易程度。

5.2.3 VE 中价值的概念

价值工程中的价值概念，不同于政治经济学中有关价值的概念，这里的价值是作为一种"尺度"提出来的，可以概括为"评价事物（产品和劳务）有益程度的尺度"，它是产品功能与成本的综合反映，也是两者的比值。所以价值实际上反映了物品"物美价廉"的程度，是个相对的概念，是从物品的用途大小程度与资源消耗的相互关系来说明的概念。那么价值在一定程度上相当于我们从产品上所获得的经济效益。即

$$\text{效益}=\frac{\text{输出}}{\text{输入}}=\frac{\text{功能}}{\text{成本}} \tag{5-3}$$

提高价值的途径有五种：

1）提高功能，降低成本。主要通过改进设计或增加用户希望功能来提高产品功能水平；靠采用新技术、新材料、新工艺、新方法等降低成本。这是提高价值的最理想途径。

2）功能不变，降低成本。开展 VE，找出过剩和不必要的功能，采用代用品，或新方法、新工艺等措施来降低成本，提高价值。主要针对性能和质量都趋于稳定的定型产品。

3）成本不变，提高功能。通过改进设计、工艺、材料、扩大和提高产品功能，满足用户需要。

4）大幅度提高功能，成本略有提高。针对购买力较高的用户，在原有产品基础上适当提高档次的同时使功能大幅增加，以提高价格出售。

5）稍微降低功能，大幅度降低成本。针对购买力较低的用户，满足功能需要的同时适当降低产品档次。

综上所述，价值工程的基本原理是：就是运用集体智慧和有组织的活动，通过对产品或劳务所进行的功能分析，用最低的寿命周期成本，可靠地实现用户的必要功能，借以提高产品或劳务的价值。它有四大基本特征：独特的研究方法——功能分析；着眼于价值的提高；侧重于研制阶段的开展工作；集群众智慧的有组织活动。

5.3 价值工程活动的工作程序

价值工程活动的过程是不断提出问题和解决问题的过程。完成价值工程活动的十个问题，就完成了价值工程活动的一个循环。为此，价值工程的一般工作程序可分为准备、分析、创新和实施四个阶段。具体对应步骤和问题，如表 5-1 所示。

表 5-1 价值工程活动的四个阶段

阶 段	步 骤	VE 提问
准备阶段	对象选择	VE 的对象是什么？
	组成价值工程工作小组	围绕 VE 对象需要做哪些准备工作？
	制订工作计划	
分析阶段	收集信息	VE 对象的功能是什么？
	功能分析	VE 对象的成本是多少？
	功能评价	VE 对象的价值是多少？

（续表）

阶段	步骤	VE提问
创新阶段	方案创新	新方案的成本是多少？
	方案评价	新方案能满足功能需求吗？
	提案编写	怎样保证新方案的实施？
实施阶段	审批	怎样保证新方案的实施？
	实施与检查	
	成果鉴定	VE活动的效果有多大？

5.3.1 VE对象选择

开展价值工程首先要确定对象，价值工程研究的对象就是生产中存在的问题，包括产品和工作过程。那么究竟从何入手呢？从一个企业范围来讲，不能把所有品种，所有零部件，所有工序，都列为VE对象。要根据一定的原则，采取适当的方法，选择和确定对象。若选择不当，可能劳而无功。

1. 选择VE对象的一般原则

选择VE对象主要是根据企业的生产经营需要、发展方向、存在的问题，以提高生产率、提高质量、降低成本，提高价值和提高经济效益为目标。

一般VE对象的确定可以从以下几个方面来考虑：

1）对国计民生影响较大，与企业的发展方针密切相关，适应社会需要的项目。

2）投入的资源少而收效速度快，预计在短期内便可取得成果的项目。

3）成本高的产品且占成本比重大的零部件、价格贵且有代用可能的零部件及成品效率低的产品和零部件。

4）工艺复杂、工序多，有明显的改进余地，节约潜力较大或积累效益较多的项目。

5）用户意见大、退货多及功能差的产品。

6）信息资料较齐全，目标比较明确，有发展前途的产品。

7）具备某方面的技术管理人才，对某些问题有改进能力，并预计成功率较高的项目。

2. 选择VE对象的方法

选择VE对象的方法很多，下面主要介绍三种常见的方法：

（1）ABC 分析法

ABC 分析法，也叫做比重分析法、巴列特法，其核心思想是“分清主次、轻重，区别关键的少数和次要的多数”。意大利经济学家巴列特在研究人口收入规律及资本财富时发现 80%的财富集中在 20%的人手里，分配是不均匀的，称为不均匀分配定律。类似的现象在社会和经济生活中屡见不鲜，后人将其应用在成本分析上，通过成本分析发现：占零件数 10%左右的零件，其成本往往占总产品的 60%～70%，将这种零件划为 A 类；占零件数 20%左右的零件，其成本也占总成本的 20%，这类零件划为 B 类；占零件数 70%左右的零件，其成本仅占总成本的 10%～20%左右，为 C 类，如图 5-2 所示。人们利用这种分类方法，可以实现对零件的分类控制，再根据不同情况进行分析。在一个企业中，工厂生产的产品品种很多，但销售量大、盈利多的产品可能只有少数几种；产品质量不合格或造成废品，原因是多方面的，可主要原因可能就是一两个。在实际工作中，就是要根据主次、轻重关系，采取保证重点、照顾一般，才能取得事半功倍的效果。

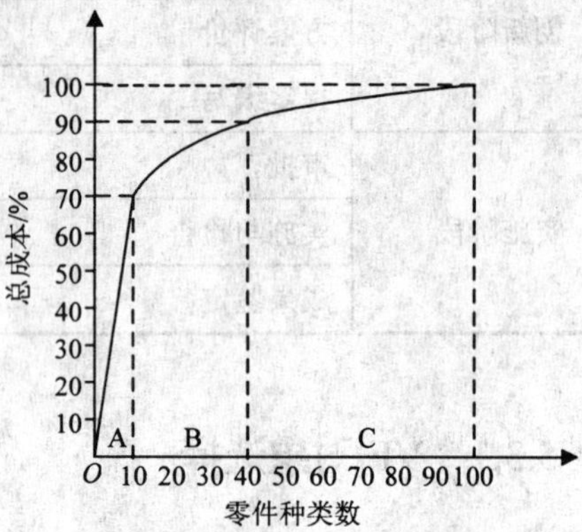

图 5-2　ABC 分类法简图

进行 ABC 分析法的步骤如下；

1）将产品或零部件按其成本大小依次排序；

2）按排队的累计件数求出其所占产品或零件数总数的百分比；

3）根据产品或零部件的累计成本求出占总成本的百分比；

4）将全部零件划分为 A，B，C 三类；

5）画出巴列特曲线，首先以 A 类为 VE 对象，再依次以 B，C 类为 VE 对象。

例 5-1　假定某产品有 42 种零件，每种零件的件数不同，共计 100 件，总成本为 200 元，每件成本也已知。用 ABC 法来选择 VE 对象，如表 5-2 所示。

其方法步骤如下：

第一步：将 42 种零件按成本大小依次排列添入表 5 -2 中（第 5 栏），并按其排列先后编出序号 1～42（第 1 栏）。

第二步：根据零件排队的累计件数（第 3 栏）求出其占全部零件总数的百分比（第 4 栏）。

第三步：根据零件累计成本（第 6 栏），求出占全部成本的 200 元的百分比（第 7 栏）。

第四步：按巴列特原则，按零件分为 ABC 三类，如表 5-2 所示。

表5-2 产品ABC分类表

零件序号 (1)	件数 (2)	累计 件数 (3)	累计 占零件总数/% (4)	成本 (5)	累计 金额 (6)	累计 占全部成本/% (7)	分类
1	1	1	1	40	40	20	A
2	2	3	3	38	78	39	
3	1	4	4	16	94	47	
4	2	6	6	15	109	54.5	
5	2	8	8	14	123	61.5	
6	3	11	11	12	135	67.5	
7	2	13	13	9	144	72	B
8	4	17	17	8	152	76	
9	4	21	21	8	160	80	
10	2	23	23	7	167	83.5	
11	1	24	24	6	173	86.5	
12	4	28	28	4	177	88.5	
13	3	31	41	3	180	90	C
…	…	…	…	…	…	…	
42	2	100	100	1	200	100	
总计	100			200			

① 1-6六种零件，累计11件，占零件总数的11%，其累计成本135元，占全部成本的67.5%，将其划为A类。

② 7-12六种零件累计17件，占零件总数的17%，成本累计42元，占全部成本的21%，划为B类。

③ 13-42三十种零件，累计72件，占零件总数的72%，而成本累计仅有23元，占全成本的11.5%，划为C类。

第五步：根据需要与可能，选择A类为对象，或A，B两类为对象。

如产品零件很多，可采用ABC法确定产品部件对象，然后以部件为单位，将零件划分为ABC三类。还有一种办法是先将零件按一定的成本幅度进行归并，如将成本为91～100元的零件划为一组，编入一个序号，在将成本81～90元的零件编为另一序号等等，以简化计算。

ABC法的优点是能抓住重点，把数量少而成本大的零部件或工序选为VE对象，利于集中精力，重点突破，取得较大效果。缺点是在实际工作中，由于成本分配不合理，常常出现有的零部件虽然属于A类，但功能比较次要；也会出现有的零部件功能比较重要但成本却低（C 类）。对于后一种情况应选为 VE 对象，提高其功能水平，但因其成本较低而划为 C 类，未被选上。解决的办法是结合其他方法（如强制确定法）综合分析，避免应入选的而未被选中，不应入选的却选中了。

（2）强制确定法

强制确定法（Forced Decision Method），简称 FD 法，它的核心思想是：产品的每一个零部件成本应该与其功能的重要性相对应。如果某零部件的成本很高，但它的功能在产品中却处于很次要的地位，即功能与成本不匹配，可利用 FD 法，通过求算功能评价系数、成本系数、价值系数来判断对象的价值，把价值低的选为 VE 对象。

进行 FD 法步骤如下：

1）把构成产品的零部件按顺序排列起来；

2）各零件之间就其功能的重要性逐一进行比较、打分，重要的多得分，次要的少得分（如果是 0-1 打分法，则重要的得 1 分，次要的得 0 分）；

3）把各零部件的累计得分，被全部零部件的总分除，即求得功能评价系数；

4）根据每个零部件的目前成本，除以全部零部件的总成本，得出每个零部件的成本系数；

5）将每个零部件的功能评价系数除以成本系数，得出该零部件的价值系数。

选取 VE 对象原则：原则上价值系数＞1 或价值系数＜1 的零部件都可列为 VE 的对象。当价值系数＜1，即功能评价系数小于成本系数时，说明功能重要性较小的零件，占用了过多的目前成本，可将其列为 VE 对象，考虑降低其成本。而价值系数＞1，则说明功能重要性较大的零部件，实际分配到的成本较少，可将其列为 VE 对象，考虑提高其功能。当价值系数 = 1，说明该零件的功能和成本匹配合理，成本的花费与用户的需求相一致，可不列为 VE 对象。

例 5-2 某产品有 8 个零部件，从 8 个零部件中选择 VE 对象。

其具体的做法是：

把构成产品的零件排列起来，各零件之间就其功能的重要性，进行一对一的比较，重要的一方得 1 分，次要的一方得 0 分，然后把各零部件得分累计起来，并被全部零件总分除，即得功能评价数，如表 5-3 所示。

把每个零件的累计得分除以全部零件总分（28 分），得出功能评价系数，即：

$$\text{功能评价系数} = \frac{\text{零件累计得分}}{\text{全部零件总分}}$$

每个零件的功能评价系数的大小，表示该零件在全部零件中的重要比重，系数大的重要性大。

表5-3 功能评价系数表

零件名称	*A*	*B*	*C*	*D*	*E*	*F*	*G*	*H*	得分	功能评价系数
A	×	1	1	0	1	1	1	1	6	0.214
B		×	1	0	1	1	1	1	5	0.179
C			×	0	1	1	1	0	3	0.107
D	1	1	1	×	1	1	1	1	7	0.250
E					×	0	1	0	1	0.036
F					1	×	1	0	2	0.071
G							×	0	0	0
H			1	0	1	1	1	×	4	0.143
总计									28	1.000

根据每个零件的目前成本（如表5-4所示），除以全部零件的目前成本（7 208元）得出每个零件的成本系数。成本系数反映该零件成本在产品中的比重。

$$成本系数=\frac{各零件目前成本}{产品目前成本}$$

将每个零件的功能评价系数除以成本系数，得出该零件的价值系数。

$$价值系数=\frac{功能评价系数}{成本系数}$$

表5-4 零件*G*价值系数表

零件名称	功能评价系数	目前成本/元	成本系数	价值系数
A	0.214	1 818	0.252	0.85
B	0.179	3 000	0.416	0.43
C	0.107	285	0.040	2.68
D	0.250	284	0.040	6.25
E	0.036	612	0.085	0.42
F	0.071	407	0.056	1.30
G	0	82	0.011	0
H	0.143	720	0.100	1.43
总计	1.000	7 208	1.000	

由表5-4可见，零件*G*的价值系数最低，可考虑将其省略，或与其他零件合并。零件*D*的价值系数最高（6.25），说明成本偏低，可适当增加成本，使其功能更加完善。零件*B*的价值系数为0.43，而功能素数仅为0.179，成本系数却达到0.416居首位，说明它是功能重要性不太重要的零件，目前却占据较高的成本，所以降低成本

的潜力很大。VE 的精力应集中在这里。

使用这种方法对功能进行打分时，应由 10 个人左右参加评分，最后取平均值，减少个体误差以更符合实际情况。打分的方法有 0-1 法和 0-4 法等。0-1 法是两两比较时重要的得 1 分，不重要的得 0 分，简单易行；但这种非此即彼的情况与实际往往不符，为了克服这些不足，有时采用 0-4 打分法。0-4 打分法使用规则与 0-1 法的相同，只是在比较时将打分距离拉大，可以使所确定的零部件的功能系数更加接近实际情况，对于复杂情况甚至可扩充为多比例打分法。

（3）最合适区域法

由前面介绍的强制确定法可知，凡是价值系数不为 1 的对象，原则上皆可为 VE 对象，实际上 VE = 1 的情况很少，显然这样选取势必浪费人力、物力，又不能保证合理性。日本东京大学田中教授于 1973 年提出最合适区域法用以避免强制确定法的缺点。

最合适区域法的核心思想也是求算价值系数，进而选择 VE 对象。其求取价值系数的方法与步骤和强制确定法的相同，不同点是提出一个价值系数的最合适问题，凡分布在最合适区域以内的对象，视为合理，不作为 VE 对象；凡分布在最合适区域以外的对象，视为不合理，可作为 VE 对象；越远离区域的，则作为重点对象。

表 5-5　零件数据列表

零件名称	目标成本/元	成本系数	功能评价系数	价值系数
A	100	0.10	0.090	0.9
B	10	0.01	0.009	0.9
C	100	0.10	0.20	2.0
D	10	0.01	0.02	2.0
…	…	…	…	…
总计	1000	1.000	1.000	

这种方法的原理是：价值系数相同的对象，由于各自的功能评价系数和成本系数的绝对值不同，对产品价值的实际影响有很大差异，在选择 VE 对象时，不应把价值系数相同的对象同等看待，而应优先选择对产品价值影响大的为对象；至于对产品影响小的，则可根据必要与可能性，决定靠近与否。如表 5-5 所示 *A*，*B*，*C*，*D* 4 个零件，有关数据列于表中，由于它们的成本系数和功能评价系数的绝对值不同，虽然价值系数相同，但对产品价值改善的实际影响有很大差异，如零件 *A* 将价值系数提高 0.1，则成本可降低 10 元；而若将零件 *B* 的价值系数提高 0.1，则成本仅降低 1 元。另外，若使零件 *C* 的价值系数达到 1，需将零件 *C* 的目前成本提高一倍，即增加 100 元，而零件 *D* 的价值系数达到 1，则成本最多只增加 10 元。所以在根据价值系数选择 VE 对象时，还应区别对象的成本系数和功能评价系数绝对值的大小，分别加以控制，对成本系数和功能评价系数大的对象要从严控制，不允许其

价值系数对1的偏离过大，当其对1的偏离稍大时，即应选为VE 对象，以提高其价值。对于成本系数和功能评价系数小的对象，要放宽控制，即使其对1偏离较大，也可不列为VE对象。

在直角坐标系中，以成本系数为横坐标，功能评价系数为纵坐标，绘制价值曲线坐标图，如图5-3所示。图中第一象限内的角分线，即价值系数等于1的线，称为价值标准线，此标准线上的点所代表的对象，其功能与成本是合理匹配的。分布在价值标准线左上方的点所代表的对象，其价值系数均大于1；分布在价值标准线右下方的点所代表的对象，其价值系数均小于1。显然，如果按强制确定法，除了在标准线上的点，其他标准线外点所代表的对象皆为VE对象，这样势必加大工作量且不一定都有必要，所以事实上存在着一个围绕价值系数标准线的一个最合适区域，凡是超过此区域的对象，都可选为VE对象。

如何确定最合适区域？远离原点O的对象从严控制，对离点O近的对象放宽控制。于是，最合适区域就是一个向原点O开口的喇叭形，这个喇叭形由两条曲线围绕$V=1$标准线组成，曲线内称为最合适区，均可不作改进。曲线外的对象，皆选为VE对象。构成最合适的两条曲线是这样确定的，即曲线上任意一动点Q（X_i，Y_i）到价值标准线的垂直距离R，垂足P到原点的距离$OP=L$，其乘积为一常数S，即$S=RL$，点S的运动轨迹就是最合适区域曲线。如图5-4所示通过解析几何理论可推导出满足曲线的方程是

当$X_i > Y_i$时

$$Y_i=\sqrt{X_i^2-2S} \tag{5-4}$$

当$X_i < Y_i$时

$$Y_i=\sqrt{X_i^2+2S} \tag{5-5}$$

由此可见，最适合区域的大小取决于S值。若S值较大，则两条曲线距离标准线的差异R就大，VE对象就选择少些；反之，若给定的S值较小，则曲线与标准线的距离较近，VE对象就选择多些；S值的确定一般可根据具体对象而定，即可根据代表各对象的点在图5-4中的分布情况，选一个S值，绘出曲线。若大多数点（80%以上）分布在区域内，则可认为是一最适合区域；否则，需再改变S值重新画曲线，直到获得满意的结果为止。

选择VE对象的方法除了上述方法外还有：

1）经验估计法。即凭借价值工程人员的经验，共同讨论VE对象的选择。此法简单易行，但只能定性不能定量，精度差且受分析人员的工作态度和经验水平影响很大。

2）用户评分法。通过用户对产品的各项性能指示的重要程度进行评分，用户认为重要的功能多打分，次要的功能少打分，把用户认为最重要的功能选择出来作为

VE 对象。要注意参加评分的用户需使用相同的参考等级。

3）成本模式法。建立理想的成本模式，把偏离模型成本范围的一些对象作为 VE 对象。

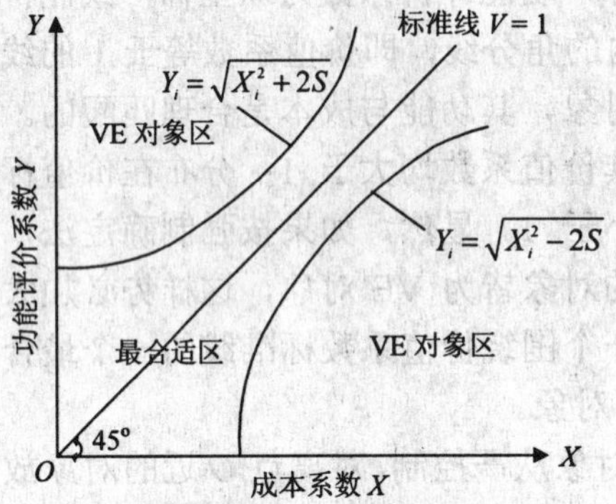

图 5-3　价值线坐标图

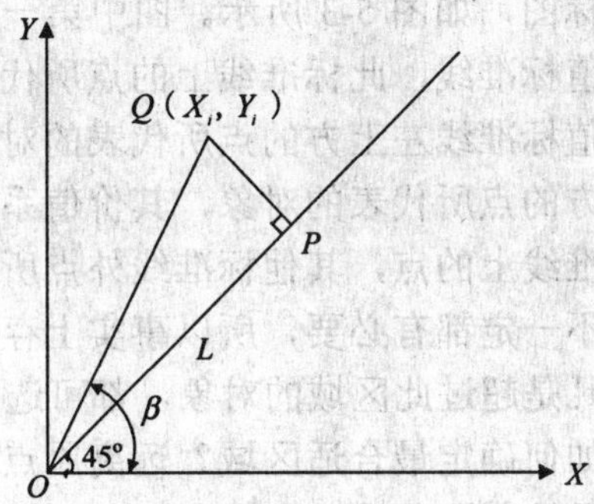

图 5-4　求曲线方程图

4）功能重要分析法。根据零部件或工序的功能重要性大小选择对象，站在用户要求的立场上选择重要性大的 VE 对象。

5）费用比重分析法。根据各个对象所花费的某种费用占该费用总额的比重大小，来选 VE 对象，优先选择费用比重大的为 VE 对象。

总之，选择 VE 对象的方法很多，应根据具体情况灵活运用或结合应用。

5.3.2　VE 信息的收集

价值工程工作的目标是提高对象价值，为实现这一目标所需进行的行动或决策都与掌握信息的多少有关。通过信息反映出的产品问题及差距，是确定如何解决问题的方向；信息也是资源，价值工程的结果在很大程度上取决于信息搜集的质量、数量与适宜的时间。为此，确定 VE 对象以后，围绕着 VE 对象，收集有关信息，是一项很重要的工作。

1. 收集信息的原则

对象整个寿命周期的信息都要收集、归纳、整理和分析。在收集过程中，要注意信息的广泛性、目的性、可靠性、时间性和经济性，力求时间短、成本低、质量高地完成信息收集。

2. 收集信息的内容

关于信息的内容，应根据分析对象的特点而定。对于产品来讲，必须掌握产品的研制、生产、使用至报废的全部专门资料，以及与产品有关的一般资料。主要有：

（1）用户方面

① 用户使用产品的目的，使用环境和使用条件；

② 用户对产品性能方面的要求：如产品的功能、可靠性、安全性、维修保养和寿命的要求，以及过去使用中的故障等；

③ 用户对产品外观方面的要求：如造型、体积、色彩等；

④ 用户对价格、交货期、配件供应和技术服务等方面的要求。

（2）销售方面

① 产销量的演变和预测；

② 同类产品生产企业的状况和市场的划分、布局及产品占有率，竞争对手产品质量、数量、价格、成本、利润、技术服务和研发情况等；

③ 供应协作单位的生产情况、技术水平、成本、利润和价格；

④ 厂外运输方式。

（3）产品设计技术方面

① 现产品的研制设计历史和演变；

② 本企业和国外同类企业的有关技术资料；

③ 有关新结构、新工艺、新材料、新技术、标准化和三废处理方面的技术资料。

（4）成本方面

按产品的定额成本、工时定额、材料消耗定额、各种费用定额、材料、配件、自制半成品、厂内计划价格，以及用户的使用维护等。

3. 收集信息的方法

收集信息的方法有以下几种：购买法；交换法；观察法；调查法；直接见面法。

最常使用的是直接见面法。由于这是收集对方所有的信息，因此，要把想了解的信息排好队，站在对方的立场来询问和听取意见，要尊重对方，并遵守事先约定好的时间。最后可用提问的方式，调查信息的收集工作。

5.3.3 功能分析

功能分析也称为功能研究，或功能设计，它是价值工程活动的核心及主要内容。价值工程师对研究对象的分析，首先不是分析结构，而是分析它的功能，并依靠功能分析来达到降低成本的目的。功能分析包括功能定义、功能整理和功能评价。

1. 功能定义

功能定义是要用最简明的语言来为产品或零部件所能担负的职能或所起的作用下定义，指出产品或零部件的本质属性，也就是说把对象产品或零部件所具有的效用，一件一件地加以区分和限定。对生产作用的认识越深刻，理解得越全面，产品功能的描述就越能简明扼要，如防锈漆用于“保护表面”，变压器用于“调节电压”，润滑剂用于“减少摩擦”等。通常用一个动词和一个名词的词组定义功能，首先要搞清楚作为定义时对象所具有的功能之间的关系，然后确定承担功能的对象是描述功能句子的主语，功能与物品关系是主、谓、宾的关系。

如：

主 语	动 词	名 词
杯 子	盛	水
圆珠笔	作 出	记 号
钻 床	打	孔
桌 腿	支 承	重 量
钟 表	指 示	时 间

以客观事实为基础，逐项给功能下定义并充分考虑功能的承担对象、功能实现的环境条件和实现功能的目的与手段等制约条件，搞清楚功能的内容，将概念明确化，用简单准确的词语表达功能，完成对“功能是什么”的回答。

2. 功能整理

产品往往具有多个功能，这些功能是由组成产品的零部件的功能实现的。功能整理依据功能之间的逻辑关系对功能进行分析、归类，建立功能之间的联系并画出功能系统图。产品的功能结构通常以基本功能为始端，各种辅助功能按逻辑关系排列其后，形成树形结构，即功能系统图（Functional Analysis Systems Technique，FAST）。

功能间的内在联系有上下逻辑关系和并列逻辑关系。

上下逻辑关系是产品或零部件功能间存在的目的和手段的关系，这种关系是相对而言的，同一种功能也可能既是目的功能，又是手段功能。如：“保持水温”是“防止容器散热”的目的，“防止容器散热”是“保持水温”的手段，而同时又是“减少热传导”、“减少辐射”、“减少热对流”的目的。如图 5-5 所示。

并列逻辑关系是产品功能间相互独立、平行排列的关系。如保温瓶中的“减少热传导”、“减少辐射”、“减少热对流”是并列逻辑关系。

通常功能间的逻辑关系构成的功能系统图，如图 5-6 所示。

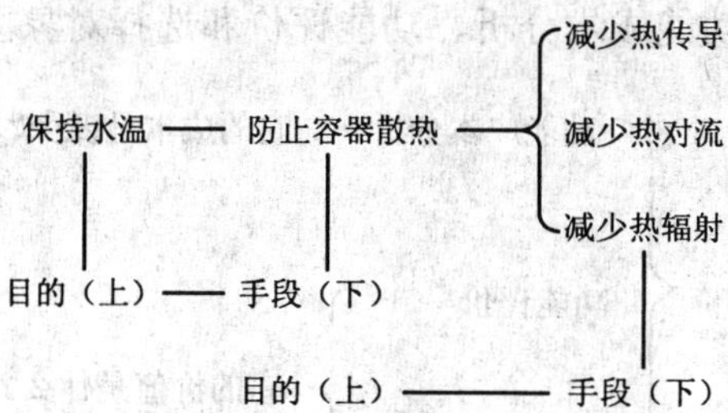

图 5-5 暖水瓶的功能关系

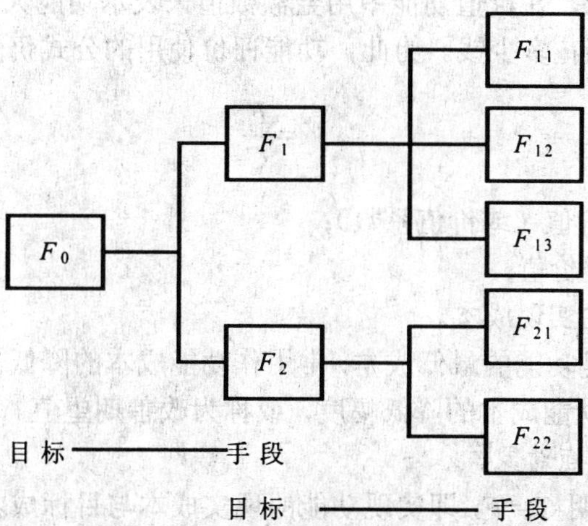

图 5-6 功能逻辑关系图

功能整理的方法主要是制作功能卡片和寻找上位或下位功能。制作功能卡片的步骤如下：

1）编制功能卡片。把定义好的功能按零件逐个填写卡片，每张卡片只填一种功能。

2）功能卡片归类。按功能定义相同、零件名称不同的功能卡片集中起来形成卡片组。

3）建立功能之间的联系。按功能间的联系，通过连续提问寻找，可依次寻找到它的目的功能、手段功能，并依据逻辑关系建立功能系统图。

4）编制功能系统图。

3. 功能评价

功能评价是把产品的结构系统撇开，以功能系统的各个功能区域进行评价。评价的对象是功能，评价的尺度是实现功能的最低成本——功能评价值。功能评价值就是目标，把目标与现状进行比较，找出价值低的功能区域，作为价值工程开展活

动的对象。功能评价由功能成本分析、功能评价和选择对象区域三个步骤组成，即

功能评价
- 功能成本分析——它的成本是多少？
- 功能评价 ⎫
- 选择对象区域 ⎭ 它的价值是什么？

功能是抽象概念，在价值功能中用金额数值来表示功能大小和重要程度，即用户为获得某一功能要花多少钱。为此，功能评价使用的公式仍然是：

$$V=\frac{F}{C} \tag{5-6}$$

式中 V —— 功能价值（或价值系数）；

F ——功能评价值；

C ——功能的实现成本。

功能评价值 F 是功能的最低成本，常用作功能成本的降低目标，叫做目标成本。（$C-F$）的差值是功能成本的降低幅度，或称为改善期望值。改善期望值大的功能常选为 VE 活动的重点对象。

当 $V=1$ 时，说明 $C=F$，即实现功能的现实成本与目标成本相符合，比较理想。

当 $V<1$ 时，说明 $C>F$，即实现功能的现实成本高于功能评价值，应设法降低其功能现实成本，以提高其价值。

当 $V>1$，即 $C<F$，应先检查一下功能评价值 F 是否定得恰当，如果 F 定得太高，应降低 F 值；如果 F 定得合理，再检查 C 低的原因；如果是由功能不足造成的，就应提高功能以适应用户的需要。

由此，总结出进行功能评价的步骤大致如下：

1）求功能评价值（F，或功能评价系数）。

2）确定功能现实成本（C，或功能成本系数）。

3）计算功能价值（V，或功能价值系数）。

4）计算改善期望值（$C-F$）。

5）选择功能价值低的、改善期望值大的作为 VE 对象。

5.3.4 方案创新与评价

前面的工作程序完成后，已经确定了 VE 对象和目标成本，并可以回答出“它的成本是多少?”“它的价值是多少？”下一步的工作，就是要进入构思新方案的阶

段，通过创新性的方案可实现新功能、降低成本，来解决“有无其他方法实现这个功能”的疑问。方案创新是价值工程的重要阶段，为此要充分发挥 VE 人员创造能力，尽可能地提出改进设想和构思设计，以便从中挑出最优方案。

1. 方案创新的主要方法

方案创造是一种智力开发工作，其方法很多，介绍几种常用的方法如下：

（1）头脑风暴法（Brain Storming，BS 法）

BS 法由美国 BBDO 广告公司的奥斯本（A. F. Osborn）首创，他通过开会的方式来寻找新的广告创意。原意是使提案人要自由奔放、打破常规、创造性地思考问题。抓住瞬时的灵感或意思得到新的构思方案。

通常该方法以开小组会的方式进行，会议人数以 5～10 人左右。会议只给出一个总设想，由熟悉设计对象、善于启发归纳的人主持。会议要遵守 4 条规则：

① 只提自己的想法，不批评别人的意见。

② 欢迎自由奔放的设想。

③ 不迷信权威，希望尽可能多地提出方案。

④ 可以在改善和结合别人意见的基础上提方案。

这种会议方式集中了集体的智慧，在诱发和综合的基础上，激发灵感，提出高质量的方案，会议时间不宜过长，约 1h 左右即可，会议气氛要融洽，会议环境要宁静、温馨。这种方法简单易行，且能互相启发，集思广益，比相同人数单独提方案的效率高出 65%～90%左右，其缺点是会后整理工作量较大。

（2）哥顿法

此法是 1964 年由美国价值工程师哥顿（W. J. Gordon）所创。这种方法也采用在会议上提方案的形式，不同的是主持人不把具体问题摊开，只提出一个抽象的功能概念，以启发与会者开拓思路。若思考的范围过大时，主持人再进行引导，时机成熟才提出要解决的问题。如要研究改进剪草机方案时，开始主持人只提出“用什么方法可以把一种东西断开？”与会者可能提出用剪断、切断、扯断、刨断、割断、锯断、冲断等不同方法以后，再宣布断开东西是草，让大家进一步研究剪草机方案。围绕着剪草机方案，可能提出理发推子式的刀片，镰刀形式的旋转刀片，圆盘形式的刀片等各种设想方案，便于对比选择。

（3）仿生类法

通过仿生学对自然系统生物分析和类比启发，创造新方法。生物界具有各种丰富多彩的功能，以及极其复杂而精巧的机构，其奇妙程度远远超过现有机构。向生物界寻求启发，为创造开拓了广阔的前景。如我国著名巧匠鲁班发明锯子，就是受到能割破人皮肤的锯齿形草叶的启发。仿生学用于技术领域的例子很多，从动物瞳孔随光线强弱放大缩小，到照相机光圈；从鱼类的体型类比，发明许多减少流体阻力的流线型结构．近年来，机械手和机器人的设计，使仿生类比法达到了更高的水平。

（4）德尔菲法（Delphi Method）

此法是美国著名的咨询机构兰德公司率先使用的。德尔菲是古希腊阿波罗神殿所在地，传说阿波罗经常派遣使者到各地收取聪明人的意见，用以预测未来，因此以预言灵验著称，而该咨询机构将预测某军事保密研究项目，代号为“德尔菲项目”，德尔菲法由此而来。

组织者将研究对象的内容分解，以意见征询表的形式，寄给专家们。经过对方邮回意见后加以综合、调整，提出若干方案和建议，再寄给有关专家，征求意见。经过几次反馈后意见逐渐集中和明确，便得到较好的预测改进方案。这种分别用书面发表看法的过程，避免了相互间的不良影响，有助于各种意见的充分发挥。

（5）阿尔诺特提问法

此法是美国麻省理工学院为解决设计过程的问题而提出的。

① 增加功能。在原有基础上能增加新功能吗？

② 提高性能。在便携、耐用、可靠、修理、保养等方面能否改善？

③ 降低成本。是否能去掉多余零件，选用便宜材料，采用更简单的制造方法等方面减少费用、降低成本？

④ 增加销售。对商品特点、产品的设计包装等方面是否做了研究？

（6）其他方法

其他方法还有检核表法、缺点列举法、希望列举法、特性列举法、反向探求法等。

2. 方案的评价与制定

通过前面的各种方法，针对价值工程的研究对象，势必已经创造出许多解决方案，要从众多方案中筛选出一个可行的最佳方案，首先要进行方案的评价活动，通常方案评价主要由概略评价和详细评价两个步骤完成。概略评价是通过粗略评价，从许多设想方案中选出价值较高的方案，作为具体指定方案的基础。详细评价则是对筛选出的方案进行论证，从中选取最优方案，从而确定实施的具体方案。

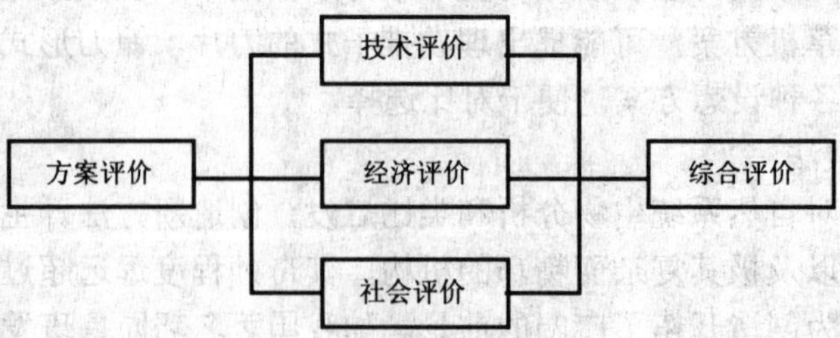

图 5-7　方案评价内容

然而无论是概略评价环节，还是详细评价环节都包括技术评价、经济评价、社会评价以及综合评价四个方面。技术评价的内容是所提方案能否实现所需功能以及实现程度；经济评价是围绕着成本进行的评价；社会评价是针对方案对社会的影响；综合评价也叫做价值评价，是在前三者的基础上进行的整体评价。方案评价的内容如图 5-7 所示。

（1）技术评价

主要是评价方案的功能实现程度（性能、质量、寿命等）、可靠性、维修性、操作性、安全性以及整个系统的协调与环境条件的协调等工程上这些最低要求、期望的满足程度和技术性能等技术指标。主要的评价方法有：直接打分法和功能加权评分法。

直接打分法是专家在采用相同评分标准基础上，通过 0-4 打分法进行打分后，对方案的技术性进行评价。技术性系数用 X 表示如下：

$$X=\frac{SP}{nP_{\max}} \tag{5-7}$$

式中，P 为各方案满足功能的得分数（0～4，分别为不能满足、勉强满足、满足、好、理想等）；$P_{\max}$ 为满足功能的最高得分数（最高为 4）；n 为需满足的功能数。

加权打分评价法把目标判据的重要性考虑进去，而不是像直接打分那样把目标判据都按同等重要性看待，评分标准按百分制给分，规定最低为 70 分，最高为 90 分来评价。先根据设计要求，确定评价的目标判据。目标判据的重要性，用加权系数来表示。加权系数大时，重要性大；加权系数小时，重要性小，且使其总加权系数小于 1。总评是加权后的总得分，总得分高的方案是最优方案，得分最低的是较差方案。

打分步骤：应用 FD 法确定目标判据重要性系数 W_i 和各方案分别满足目标判据的得分 S_i（满分 100 分），最后求出各方案总评价值 $A_i=\sum W_iS_i$ 。

选取原则：A_i 最大者为最优方案。

（2）经济评价

经济评价是以最低的总成本为依据，从经济效益上评价改进方案的合理性。要评价的内容包括：总成本、利润、使用期限和数量、实施方案的措施费用、方案实施的生产条件等。经济评价的方法主要有：总额法、直接成本计算法、变动成本法、盈亏分析法等工程经济评价方法。

（3）社会评价

是考核改进方案实施后企业利益与社会利益是否一致，具体内容包括方案的功能条件与国家技术政策和科学发展规划是否一致。方案的实施与社会环境、公害污染、能源消耗等相关国家法律、法规等是否一致。社会评价主要使用国民经济评价方法。

（4）综合评价

方案的综合评价是在技术评价、经济评价和社会评价的基础上，对改进方案作全面整体的评价。评价程序一般是首先确定评价项目，即明确用哪些指标来衡量方案的优劣，然后分析每个方案对每一评价项目满足程度，最后判断方案的总体价值，选择总体价值大的方案为最优方案。评价方法有：优缺点列举法、评分法、DARE系统法、线性规划法和层次分析法等。

3. 方案的实施与活动评价

（1）方案试验和审定

经过方案评价后选定的最佳方案，在正式实施前还要对其进行必要的试验和验证，通过之后才能成为正式方案上报。方案实验的内容包括产品结构、零部件、新材料、新工艺、新方法、样机或样品的性能和使用等。改进方案提案审批时，应提交简明的分析提案表，包括原产品的技术经济指标体系、用户要求、存在的问题、拟达到的目标等内容。另外，产品功能分析，改进对象目标、依据，改进前后的数据、图纸，改进后的预计成本、预计效果等均应一同上报。

（2）活动评定

对活动成果的评定包括相关的技术指标和经济指标。

1）技术评定

技术评定通过价值改进系数来进行。改进后产品价值和改进前产品价值之差与改进前产品价值之比称为价值改进系数，即

$$\Delta V=\frac{V_2-V_1}{V_1}=\frac{V_2}{V_1}-1 \tag{5-8}$$

式中：ΔV 为价值改进系数；V_2 为改进后产品的价值；V_1 为改进前产品的价值。

当 $\Delta V > 0$，$V_2 > V_1$ 时，说明价值工程活动的技术性良好，ΔV 越大效果越好。

当 $\Delta V < 0$，$V_2 < V_1$ 时，说明开展价值工程活动的技术性不良。

2）经济评定

经济评定可根据需要计算方案实施考核劳动生产率、材料消耗、能源消耗、资金利用、设备利用、产量品种发展、利润等指标。一般计算以下几项：

① 全年净节约额

$$\text{全年净节约额}=(\text{改进前单位成本}-\text{改进后单位成本})\times\text{年产量}-\text{价值工程活动费用} \tag{5-9}$$

② 节约百分数

$$\text{节约百分数}=\frac{\text{改进前单位成本}-\text{改进后单位成本}}{\text{改进前的成本}}\times 100\% \tag{5-10}$$

③ VE 投资节约倍数

$$VE投资节约倍数 = \frac{年净节约额}{VE活动费用} \tag{5-11}$$

其中，VE 活动费用包括 VE 人员的工资、实验费、调研费、资料费等。

④ 原材料利用率

$$原材料利用率 = \frac{产品产量}{产品原材料消耗数量} \times 100\% \tag{5-12}$$

（3）社会效益评定

社会效益评定主要包含以下几个方面：是否填补国内外科学技术或品种发展的空白；是否满足国民经济或国防建设重点需要；是否节约贵重稀缺资源；是否降低用户购买成本；是否防止或减少公害污染等。

4. 活动总结

整个 VE 活动结束后，要进行总结。总结主要针对：预定目标是否如期实现；分析过程中目标有否变化；与国内外同类产品相比较还有什么差距；VE 活动的计划和安排、人员组织方面的优缺点、经验和教训情况等，以便今后工作的改进。

思考题及作业

1. 价值工程中的价值、成本、功能的含义是什么？
2. 为什么说功能分析是价值工程活动的核心？
3. 简述价值工程和工程经济之间的关系？
4. 最合适区域法的指导思想是什么？
5. 举例说明功能系统图的绘制。
6. 某产品有 5 个零件组成，目前成本为 15 元，企业准备用价值工程技术把成本降低到 10 元，零件成本和打分资料如表 5-6 所示。试计算零件的功能评价系数、成本系数和价值系数，并分析确定 VE 的重点。

表 5-6

零件名称	A	B	C	D	E	合计
目前成本/元	3	2	4	1	5	15
得分	2	2	1	2	3	10

7. 某产品由 5 个零件 A，B，C，D，E 组成，其成本分别为 300 元、75 元、125 元、100 元和 100 元，A 零件有 F_1，F_2，F_3，F_4 4 种功能，其功能的重要程度比例为分别为 1∶1/2∶1∶1/2；B 零件有 F_2，F_4 2 种功能，其功能的重要程度比例为 1∶1/2；C 零件有 F_1，F_2，F_4 3 种功能，其功能的重要程度比例为 1∶1∶1/2；D 零件有 F_1，F_3 2 种功能，其重要程度一样；E 零件只有 F_3

功能。试求 F_1，F_2，F_3，F_4 功能的成本。

8. 某产品由 12 种零部件组成，各种零件的个数和每个零件的成本如表 5-7 所示，用 ABC 分类法选择价值工程的研究对象，并画出 ABC 分类图。

表 5-7

零件名称	*A*	*B*	*C*	*D*	*E*	*F*	*G*	*H*	*I*	*J*	*K*	*L*
零件个数	1	1	2	2	18	1	1	3	5	3	4	8
单个零件成本/元	5.65	4.74	2.05	1.85	0.15	0.84	0.75	0.33	0.35	0.18	0.15	0.10

第 6 章　设备工程的经济分析

设备是为了组织生产，对投入的劳动力和原材料所提供的必需的各种相关劳动手段的总称。它是人们在生产或生活上所必需的机械、装置和设施等可供长期使用，并且使用中基本保持原有实物形态的物质资料，是固定资产的主要组成部分。生产设备是决定产品生产的产量、质量和成本的重要因素，它包含了这几个方面的含义：（1）设备是保证生产能力的必要条件；（2）设备反映了企业现代化程度和技术水平；（3）设备购置费、使用和维护等费用是固定资产投资、生产成本核算的重要内容。因此，如何充分发挥设备能力和维持设备性能、研究设备费用随设备使用时间的变化规律，对设备磨损的经济研究，确定设备最佳更新时机已成为工程经济分析的重要课题。

6.1　设备磨损及其经济后果

设备在使用或闲置的过程中，随着时间的推移会逐渐发生磨损（也称为老化）。这种磨损分为有形磨损和无形磨损。

6.1.1　设备的有形磨损及其经济后果

1. 设备的有形磨损

设备在使用过程中受力的作用，零部件发生摩擦、振动和疲劳等现象致使设备的实体发生磨损，这种磨损叫做第一种有形磨损。

它表现为：

（1）零部件原有尺寸的改变，甚至形状也发生改变；

（2）公差配合性质的改变，以及精度的降低；

（3）零件损坏。

第一种有形磨损可使其加工精度、光洁度降低，生产率下降，耗能增加。当设备磨损到一定程度时，零部件和机械就会发生故障，功率下降，设备使用费提高。磨损达到严重的程度，设备不能继续正常工作，甚至会发生故障。这样，就要付出较大的修理费用，造成经济上的损失。

设备在闲置过程中，由于自然因素的作用而生锈，管理不善和缺乏必要的维护而自然丧失精度和工作能力，也会使设备遭到有形磨损，这种磨损叫做第二种有形磨损。

第一种有形磨损与使用时间和使用强度有关，而第二种有形磨损，在一定程度上与闲置时间的长短、保养条件有关。在设备的有形磨损中，有一部分是通过修理可以消除的，属于能消除的有形磨损；另一部分是不能通过修理消除的，属于不能消除的有形磨损。

设备磨损达到不能作为劳动工具而继续使用时，就被视为到了完全磨损的程度。这时，就要用同样用途的新设备来取代。

设备的有形磨损反映设备使用价值的降低。为了消除这种磨损，可以通过修理的方法加以修复，但相应要求一定的费用支出。所以，有形磨损表示设备原始价值的部分损失。技术的发展，如更加耐用材料的出现、零部件加工精度和表面粗糙度的提高以及结构可靠性的增加等，都可使设备的耐久性增强；同时，采用正确的预防维护、计划预修理制度和新的先进维修技术，都可推迟设备的有形磨损发生时间。另一方面，由于技术的发展又加快了有形磨损的速度，如连续性生产、重载条件工作等，必然会加快有形磨损。而且技术的发展必然经常与提高速度、压力、载荷和高温相联系，因此会使设备的有形磨损加剧。

一般来说，推迟有形磨损在经济上总是有利的。从这点出发，提高设备耐用度对国民经济具有重要意义，但是必须注意到，增加耐用度是有经济界限的。

2. 设备有形磨损的度量

正确地度量有形磨损的程度，是合理评价设备使用经济价值的标准之一。如果设备的有形磨损程度直接取决于设备零件的磨损量，如果设备的磨损是因为零件摩擦而产生的，则有形磨损程度为

$$\alpha_i = \frac{\delta_{Dri}}{\delta_{mi}} \tag{6-1}$$

式中 α_i —— 设备 i 零件的磨损度；

δ_{Dri} —— 零件的实际磨损量；

δ_{mi} —— 零件的最大允许磨损量。

若设备的磨损是因为零件疲劳而造成的，则有形磨损程度为

$$\alpha_i = \frac{T_{Dri}}{T_{mi}} \tag{6-2}$$

式中　T_{Dri} —— 零件的实际服务期；

T_{mi} —— 零件的疲劳损坏期。

设备（或整机）的有形磨损程度的度量，必须反映其价值损失，所以用经济指标的度量方法。其表达式（不计利息）为

$$\alpha_p = \frac{C}{K_s} \tag{6-3}$$

式中　α_p —— 设备有形磨损程度；

C —— 修复全部零件所用的修理费用；

K_s —— 在确定设备磨损程度时，该种设备再生产价值。

在这个公式中，分母中用设备再生产价值，而不用其原始价值（以下称为原值），是因为修理费用与设备自身价值必须用同一时期的价值才能进行比较。

6.1.2　设备的无形磨损及其经济后果

1. 设备的无形磨损

设备在使用过程中，除遭受有形磨损之外，还遭受无形磨损（也称为经济磨损）。

所谓无形磨损，就是由于科学技术进步而不断出现性能更加完善、生产效率更高的设备时，使原有的设备价值降低；或是生产同样结构设备的价值已不取决于其最初的生产耗费，而是取决于再生产时的耗费，而且这种耗费也是不断下降的。无形磨损分为两种形式：

（1）由于相同结构设备再生产价值的降低而产生的原有设备价值的贬低，叫做第一种无形磨损。

（2）由于不断出现性能更完善、效率更高的设备而使其原有设备显得陈旧和落后，因而产生的经济磨损，叫做第二种无形磨损。

在第一种无形磨损情况下，设备的技术结构和经济性能并未改变，但由于技术进步的影响，生产工艺不断改进，成本不断降低，从而使原有设备发生贬值。

这种无形磨损虽然使生产领域中的现有设备部分贬值，但其设备本身的技术特性和功能不受影响，设备的使用价值并未降低。因此，不产生提前更换现有设备的问题。如果说对设备使用周期多少有些影响的话，是由于技术进步既影响设备生产部门，也影响设备修理部门，而且对制造部门的影响往往大于修理部门，使设备本身价值降低的速度比其修理费用降低的速度更快，从而有可能出现修理费用高于设备本身价值的情况，所以从修理角度分析，有可能影响设备的使用期限。

在第二种无形磨损情况下，由于出现较前结构更新，技术性能更完善，具有更高生产效率和更强经济性的设备，不仅原始设备的价值相对贬低，而且如果继续使用旧设备还会相对地降低生产的经济效果（即原始设备所生产的产品，质量不及新

设备，以及生产中耗用的原材料、燃料动力和工资等比新设备多）。这种经济效果的降低，实际上反映了原设备使用价值的局部或全部丧失，这就可能产生用新设备代替现有陈旧设备的必要性；但是，这种更换的经济合理性不取决于出现相同技术用途的新设备这一事实，而决定于现有设备贬值的程度及在生产中继续使用旧设备的经济效果下降的幅度。

设备使用价值的降低和设备的更换，与技术进步的具体形式有关。一般有下述三种情况：

（1）出现了性能更高、结构更合理、效率更高而加工方法没有原则变化的新设备时，这种无形磨损则使原有设备的使用价值降低。如果这种磨损速度很快，继续使用旧设备，则是不经济的。

（2）广泛采用新的劳动对象，特别是利用综合的人造材料时，则加工旧材料的设备必然要被淘汰。

（3）改变原有生产的加工方法，则原有设备将失去使用价值。

2. 设备无形磨损的度量

衡量设备的无形磨损常常采用价值指标。下面介绍在技术发展的影响下，如何利用在两种无形磨损的综合影响下，设备经济价值贬低的程度的度量。设备（或整机）无形磨损的表达式（不计利息）为

$$\alpha_q = \frac{K_0 - K_s}{K_0} = 1 - \frac{K_s}{K_0} \tag{6-4}$$

式中 α_q —— 设备无形磨损程度；

K_0 —— 设备原值；

K_s ——（考虑两种无形磨损时）设备再生产价值。

K_s 可用下式计算：

$$K_s = K_x \left(\frac{q_0}{q_x}\right)^{\alpha} \left(\frac{C_x}{C_0}\right)^{\beta} \tag{6-5}$$

式中 K_x —— 新设备的价值；

q_0 —— 旧设备的年生产率；

q_x —— 新设备的年生产率；

C_0 —— 旧设备的单位产品的耗费；

C_x —— 新设备的单位产品的耗费；

α —— 生产率提高指数（$0<\alpha<1$）；

β —— 成本降低指数（$0<\beta<1$）。

α，β 两个指数的大小，可以通过研究相似设备的实际资料获得。

当 $q_0 = q_x$，$C_0 = C_x$，即新旧机器的劳动生产率、使用成本均相同时，$K_s = K_x$ 表示发生第一种无形磨损。

若出现下列三种情况之一，即表示发生第二种无形磨损：

（1）当 $q_x > q_0$，$C_x = C_0$ 时

$$K_s = K_x \left(\frac{q_0}{q_x} \right)^{\alpha}$$

（2）当 $q_x = q_0$，$C_x < C_0$ 时

$$K_s = K_x \left(\frac{C_x}{C_0} \right)^{\beta}$$

（3）当 $q_x > q_0$，$C_x < C_0$ 时

$$K_s = K_x \left(\frac{q_0}{q_x} \right)^{\alpha} \left(\frac{C_x}{C_0} \right)^{\beta}$$

在比较时，采用的是单位产品耗费，也就是设备的单位产品使用成本。因为一种结构完美、效率更高的新设备，其价值不一定比旧结构设备再生产的价值更低。所以直接比较两者的价值不一定能得出正确的结论，只有通过比较单位产品的使用成本才能反映新设备的优越性。

6.1.3　设备综合磨损的度量

将设备有形磨损和无形磨损对设备的影响综合到一起，用价值形态表现出来，称之为设备综合磨损（或设备综合老化）。

设备有形磨损后的残余价值为：$1-\alpha_p$。

设备无形磨损后的残余价值为：$1-\alpha_q$。

设备综合磨损程度（两种磨损同时发生后的设备残余价值）为

$$\alpha_{pq} = 1-(1-\alpha_p)(1-\alpha_q) \qquad (6\text{-}6)$$

式中　α_{pq} —— 设备综合磨损程度（用设备原始价值比率表示）；

α_p 和 α_q —— 含义与前面相同。

设备在两种磨损作用下（任何时候）的残余价值 L，可用下式计算：

$$\begin{aligned} L &= (1-\alpha_{pq})K_0 \\ &= [1-1+(1-\alpha_p)(1-\alpha_q)]K_0 \end{aligned}$$

$$=\left(1-\frac{C}{K_s}\right)\left(1-\frac{K_0-K_s}{K_0}\right)K_0 \tag{6-7}$$

化简后

$$L=K_s-C \tag{6-8}$$

从上式可以看出，L 值等于设备再生产价值减去修理费用。

例 6-1 设备的原值 $K_0=10\ 000$ 元，当前需要修理，其费用为 $C=3\ 000$ 元，若该设备再生产的价值 $K_s=7\ 000$ 元，则

$$\alpha_p=\frac{C}{K_s}=\frac{3\ 000}{7\ 000}=0.43$$

$$\alpha_q=\frac{K_0-K_s}{K_0}=\frac{10\ 000-7\ 000}{10\ 000}\approx 0.3$$

$$\alpha_{pq}=1-(1-\alpha_p)(1-\alpha_q)=1-(1-0.43)(1-0.3)=0.6$$

$$L=K_s-C=7\ 000-3\ 000=4\ 000(\text{元})$$

6.1.4 设备磨损的经济后果及其补偿

通过上述分析可以看出：两种磨损都同时引起设备原值的降低，这一点两者是相同的。不同之处是有形磨损的设备，特别是有形磨损严重的设备，在进行大修之前常常是不能进行生产的，但是无形磨损的设备却不影响它的继续使用。

倘若能使设备的有形磨损期与无形磨损期互相接近，这将具有重要意义。假如设备已遭到完全有形磨损，而它的无形磨损期还没有到来，这时就无需设计新设备，只需对遭到有形磨损的设备进行大修理或更换一台相似的设备就可以了。假如无形磨损期早于有形磨损期，这时企业面临的选择是：继续使用原有的设备，还是用先进的新设备更换尚未折旧完的旧设备。显然最好的方案是有形磨损期与无形磨损期相互接近，这是一种理想的“无维修设计”，即设备需要大修理时，恰好到了更换的时刻；但是，大多数的设备在一般情况下，它们是无形磨损期短于有形磨损期，通常通过修理可使有形磨损期延长到较长的时间，而无形磨损期却比较短。在这种情况下，就有个如何对待已经无形磨损但物理上还可用的设备问题。此外还应看到，第二种无形磨损虽然使设备贬值，但它是社会生产力发展的反映，这种磨损越大，则表明社会技术进步越快，因此应该充分重视对设备磨损规律性的研究，促进技术加快发展。

设备磨损的形式不同，补偿磨损的方式也不一样。补偿分为局部补偿和完全补

偿。设备有形磨损的局部补偿是修理，设备无形磨损的局部补偿是技术改造，有形磨损和无形磨损的完全补偿是更换。

设备各种磨损形式及其补偿方式间的相互关系，参见图 6-1。

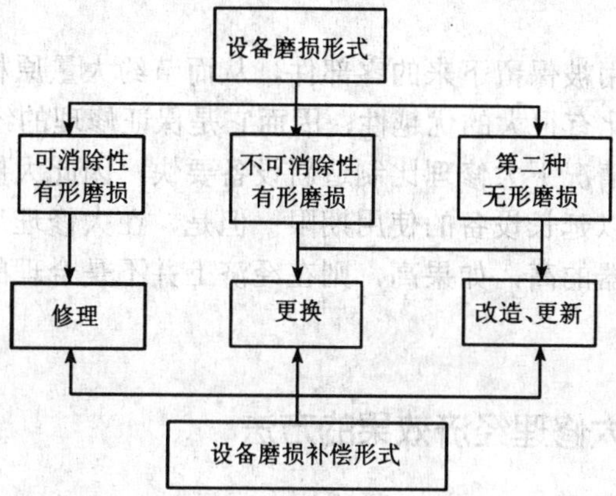

图 6-1　磨损形式及其补偿方式间的关系图

6.2　设备大修理及经济界限

大修理的技术经济实质：

设备在使用过程中，不断地受到有形磨损。设备的零件、部件是由各种不同的材料制成的，它们的使用条件也各不相同，因此设备的零部件有着不同的耐久性和不同的服务期。

同一台设备，由于各组成部分的耐久性不同，使用条件不同，在使用一定时间之后，有的零件已经磨到需要修复或更换；另一些零件还可以在一定时间内正常工作，直到必须修理时为止；此外还有些零部件在整个设备使用期间内，实际上并不需要修理或更换。总之，对整个设备的零部件来说，这种有形磨损是不均衡的。

如果设备的全部零件在相同的时间内要求更换，那就不存在修理的问题了。这是等强度设备的理想极限。这种理想的“无维修保养设计”实际上是做不到的，所以在今后相当长的时间内仍需要保持必要的修理工作；但是修理工作的必要性与经济性相结合，才能取得最佳的效果。

综上所述，修理就是恢复设备在使用过程中局部丧失的工作能力的过程。

设备的大修理是通过调整、恢复或更换零部件（包括基础件在内）的办法恢复设备的精度，恢复零部件及整机的全部或接近全部的功能。

对起重运输机械来说，大修理是恢复其技术参数和使用性能，其中包括动力性能的恢复、安全装置的可靠性、生产率等，使之达到或接近相同结构新设备的水平。而日常修理是通过调整、修复或更换易损件的办法，保持设备在使用过程中的工作能力。

大修理能够利用被保留下来的零部件，从而节约大量原材料及加工工时。这一点与购置新设备相比有很大的优越性，因而它是保证修理的经济性的先决条件。

此外，在一般情况下大修理比制造新设备要快，因此大修理也是保持生产能力的措施，大修理可以延长设备的使用期限；但是，在大修理后的设备上所产生的劳动消耗是否比新机器的高，如果高，则在经济上并不是合理的。因此，需要核算修理的经济效果。

6.2.1 确定大修理经济效果的方法

1. 设备大修理经济界限的分析

大修理的经济界限是一次大修理费用C必须小于在同一年份该种新设备的再生产价值K_x，即$C < K_x$。

采用这个标准，在比较时还应把设备的残值L计算在内。如果设备在该时期的残值加上大修理费用等于或大于新设备的价值，很显然，这样的大修理是不合理的，此时宁可买新设备也不进行大修理。故大修理的条件为

$$C < K_x - L$$

在实际工作中，由于修理工作组织不当，致使修理成本很高，有时甚至超过新设备的价值，这种情况常有发生。从经济观点来分析，这样的修理当然是不合理的，但由于新设备供应不足，用户不能及时买到所需要的设备，往往被迫进行高价修理的现象也是存在的。

但是符合上述条件的大修理，在经济上是不是最佳?还应对大修理的经济性作深入分析，还应考虑修理后的工作质量。

如果在大修理之后，生产技术特性与同种新设备没有区别，则上述公式对衡量修理的经济性便是充分的，但是实际情况并非如此。设备在大修理之后，常常缩短了下一次大修理的间隔期。同时修理后的设备与新设备相比，技术上的故障多，设备停歇时间长，日常维护和小修理的费用多，与设备使用有关的费用增加。因此，修理的质量对于单位产品成本的高低有很大影响。

只有大修理后使用该设备生产的单位产品的成本，在任何情况下，都不超过相同新设备生产的单位产品的成本时，这样的大修理在经济上才是合理的。

2. 设备大修理经济效果的确定方法

设备大修理的经济效果取决于大修理后设备与新设备单位产量成本上的比例关系或两者成本之差。即

$$I_r = \frac{C_r}{C_x} \leqslant 1$$

或

$$\Delta C_z = C_x - C_r \geqslant 0$$

式中　I_r—— 大修理后设备与新设备单位产量成本的比值；

C_r—— 大修理后设备的单位产量成本；

C_x—— 新设备的单位产量成本；

ΔC_z—— 新设备与大修后设备单位产量成本差额。

新设备大修理后设备的单位产量成本按下述方法来确定：

（1）在设备第一次大修理前的整修使用期内，单位产量的成本为 C_{z1}，其表达式为

$$C_{z1} = \frac{K_x + C_{e1} - L_1}{Q_1} \tag{6-9}$$

式中　C_{e1} —— 设备在第一使用期内的经营费用总额（不包括折旧费）；

K_x —— 新设备的价值；

L_1 —— 设备第一次大修时的残值；

Q_1 ——设备第一次大修理前整个使用期内的产量。

（2）大修理过的设备的单位产量成本，同样可根据两次大修之间的总费用与该期间生产产量之比来确定。

若在第二个使用期内单位产量成本为 C_{z2}，则其表达式为

$$C_{z2} = \frac{L_1 + C_{e2} + C_1 - L_2}{Q_2} \tag{6-10}$$

式中　C_1—— 第一次大修理费用；

C_{e2}—— 第一次与第二次大修理之间的经营费总额；

L_2—— 设备第二次大修时的残值；

Q_2—— 第二次使用期内设备的产量。

（3）经过多次大修理，则任何一个使用期内的单位产量成本为

$$C_{zi} = \frac{L_{i-1} + C_{ei} + C_{i-1} - L_i}{Q_i} \tag{6-11}$$

（4）单位产品成本的高低与设备在一个修理周期内使用期（或修理间隔期）的

长短有关。因此，确定大修理经济效果的正确方法，是比较在不同修理周期内实际达到的最小单位产品成本，即

$$C_{\min}=\min\{C_{z1},C_{z2},\cdots,C_{zi}\} \tag{6-12}$$

要确定最低的单位产品成本，必须找出设备在每一个不同的使用期中单位产品成本，随着修理间隔期变换的规律性，这就需要分析单位产品成本中各种因素与修理间隔期长度的关系。因此，可以把以上确定单位产品成本的公式改写为

$$C_{z1}=\frac{K_x-L_1}{Q_1}+\frac{C_{e1}}{Q_1} \tag{6-13}$$

$$C_{zi}=\frac{L_{i-1}+C_{i-1}-L_i}{Q_i}+\frac{C_{ei}}{Q_i}\qquad (i=2,3,\cdots,n) \tag{6-14}$$

因为不同使用期内分摊的设备价值为

$$K_{m1}=K_x-L_1$$
$$K_{m2}=L_1+C_1-L_2$$
$$\cdots$$
$$K_{mi}=L_{i-1}+C_{i-1}-L_i$$

所以，设备在任何使用周期内的单位产品成本可表达为

$$C_{zi}=\frac{K_{mi}}{Q_i}+\frac{C_{ei}}{Q_i} \tag{6-15}$$

由上式可知，单位产品的成本是由分摊到单位产品上的设备价值和经营费用两个部分组成的。第一部分是分摊到单位产品上的设备价值，它的分子 K_{mi} 对每个使用周期来说都可视为常数，它的分母 Q_i 是一个变量。因此，随着修理间隔期的增长（即产量的增大），分摊到单位产品上的设备价值是按双曲线关系降低的，如图 6-2 所示。

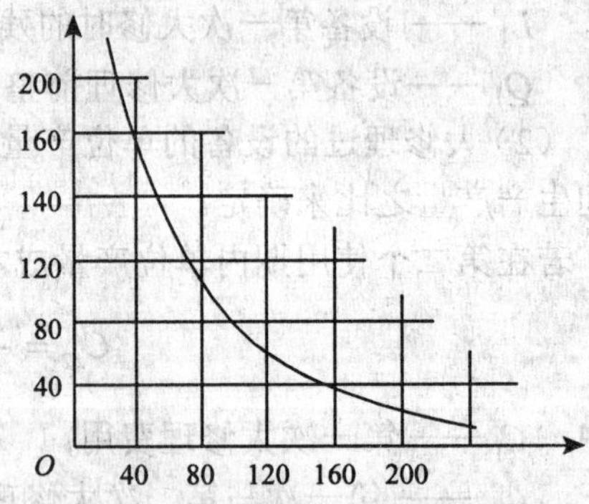

图 6-2 用百分数表示的修理间隔期

例如，新设备到第一次大修理期间：

$$\frac{K_{m1}}{Q_1}=\frac{K_x-L_1}{Q_1} \tag{6-16}$$

式中 K_{m1} —— 这段期间设备的费用；

K_x —— 新设备的价值；

L_1 —— 第一次大修前设备的残值；

Q_1—— 这段期间的产品产量。

第一次修理到第二次大修理期间：

$$\frac{K_{m2}}{Q_2}=\frac{L_1+C_1-L_2}{Q_2} \tag{6-17}$$

式中　K_{m2}—— 第一次大修理到第二次大修理间的设备的价值；

L_2—— 第二次大修理前设备的残值；

C_1—— 第一次大修理费用；

Q_2—— 第一次大修理到第二次大修理期间的产量。

第二次大修理到第三次大修理期间：

$$\frac{K_{m3}}{Q_3}=\frac{L_2+C_2-L_3}{Q_3} \tag{6-18}$$

其余照此类推。

从式（6-16）～（6-18）中可以看出：Q_i（$i=1, 2, \cdots, n$）越大，则单位产量分摊的设备费用越低。就这一点来看，设备生产的产量越多，也就是设备使用的年限越长越好，这是问题的一个方面。

第二部分是分摊到单位产量上的经营费用为$\frac{C_{ei}}{Q_i}$这部分费用与修理间隔期的变化有关系，它有以下两个部分：

1）用 C 表示不随设备修理间隔期或使用期变化而变化的经营费用。修理间隔期变化时，单位产量 C 值不变，为一常数。

2）随设备修理间隔期或使用期变化而变化的经营费用，它主要包括：因设备生产率变化而引起运行费用的增加。如设备日常维护、维修费用、停工损失、材料及能源的耗费等等，用C'表示。修理间隔期变化时，单位产量的C'值将发生变化，其值为

$$\frac{C_i'}{Q_i}=C' \tag{6-19}$$

新设备到第一次大修理期间，单位产量分摊的这部分经营费用为$\frac{C_i'}{Q_i}$，C'为这段时间内与设备开动有关的经营费用。

第一次大修理到第二次大修理期间，单位产量分摊的这部分经营费用为$\frac{C_2'}{Q_2}$，其中C_2'为同期内与设备开动有关的经营费用。

照此类推，其他修理周期的经营费用也是一样的，这部分费用的变化用图 6-3 表示。

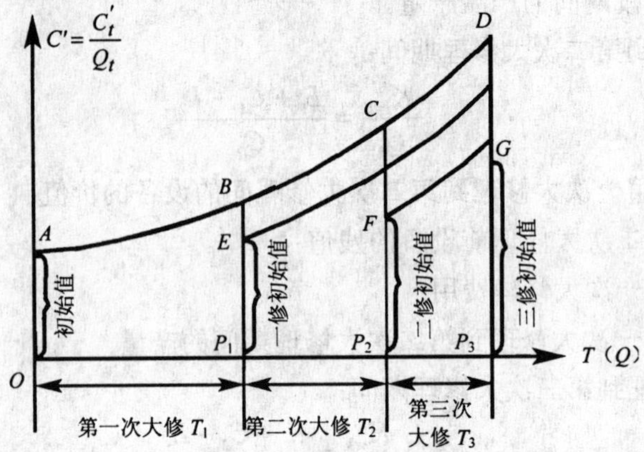

图 6-3　设备修理间隔与经营费用关系图

它是随修理间隔期长度和修理次数的增加而增加的费用。即设备使用期越长，这部分经营费用越高，临近大修理时达到最大值。当进行大修时，设备的各项使用指标都有好转，这部分经营费用将直线下降。第一次大修，费用由 B 降到 E，第二次大修由 C 降到 F，第三次由 D 降到 G。

这部分费用在大修之后，又逐渐增加，不断恶化，一经处理，又开始好转。尽管每次修理之后，是直线下降的，但后次大修与前次大修相比其 C' 值总是逐渐升高的。即

$$P_3G > P_2F > P_1E > OA$$

并且

$$T_1 > T_2 > T_3 > \cdots > T_n$$

这是一条上升的曲线，也就是说，随着设备使用时间的加长，这部分费用是逐渐增加的。如果把同一修理周期内的这两部分费用 K_m 及 C' 加起来，可表示各个修理周期内与设备开支有关的成本部分的大小，不同的修理周期这部分费用是不同的。

第一个修理周期为 $\frac{K_{m1}}{Q_1}+\frac{C_1'}{Q_1}$，第二个修理周期为 $\frac{K_{m2}}{Q_2}+\frac{C_2'}{Q_2}$……

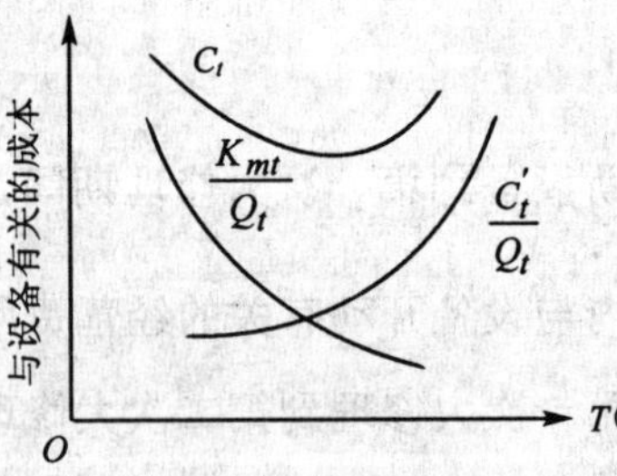

图 6-4　最小费用对应的大修理周期

在计算几个周期之后，就可以进行比较，看看哪一个修理周期内它们的这两项费用之和最小。这个最小费用对应的大修理周期，就是设备应该修理到期的周期，超过这个周期再进行修理经济上是不合算的，参阅图 6-4。

如若经过比较之后，第三个修理周期$\frac{K_{m3}}{Q_3}+\frac{C'_3}{Q_3}$为最小，则表示该设备就应该修到这个周期。如果超过这个周期，再进行大修理或延长设备使用期限，都是不经济的。

上面的分析表明：将设备长期无止境地进行大修理，在经济上是不合算的。要提高设备使用的经济性，必须找出设备大修理的这个经济界限，而超过这个经济界限就应该考虑用新设备去代替旧设备了。

6.2.2　设备余值的确定

在计算大修理的经济界限时，涉及设备余值的计算，下面介绍设备余值的计算方法。

机械大修理或核销前的余值，可按下列方法确定，大修前它的组成零件可分成三组：

（1）可用零件；

（2）需要修理的零件；

（3）不能继续使用的零件。

机器的余值是由上述三种零件的余值组成的。为了确定整个机器的余值，应该准确地找出各组零件的余值。因此，要分析每组零件并确定其余值的大小。第一组零件按其技术状况，在大修中还可继续使用，也可作为其他相似机器的备用零件。由于这些零件的耐久性或经济性将低于新的零件，所以应按其现行价格乘上一个修正系数（K_u）作为余值。修正系数K_u决定于i零件剩余使用期（T_i）与同种新零件使用期（K_{ni}）之比。

第一组零件总余值为

$$\sum_{i=1}^{n}L_{ui}=\sum_{i=1}^{n}P_{ni}K_{ui} \tag{6-20}$$

式中　L_{ui}—— 可用i零件的余值；

P_{ni}—— 同种新i零件的（现行）价格；

K_{ui}—— i种零件的修正系数；

n—— 可用零件的数目。

第二种零件的余值决定于新零件价格与旧零件修理费用之间的差额，并考虑修理后零件使用期的修正系数（K_{rj}）。修正系数决定于修复零件j的使用期（T_{rj}）对同种新零件使用期（T_{nj}）之比。第二组零件总余值为

$$\sum_{j=1}^{n} L_{nj} = \sum_{j=1}^{m} (P_{nj} - P_{Bj}) K_{rj} \tag{6-21}$$

式中 L_{nj} —— 修理 j 零件的余值；

P_{nj} —— 同种新 j 零件的（现行）价格；

P_{Bj} —— 同种 j 零件的恢复价值（修理费）；

m —— 修复零件数目。

第三种无用零件的余值为

$$\sum_{k=1}^{l} L_{wk} = \sum_{k=1}^{l} G_k g_v \tag{6-22}$$

式中 L_{wk} —— 第 k 个无用零件的价值；

G_k —— 第 k 个无用零件的重量；

g_v —— 1kg 废料的价值；

l —— 无用零件的数量。

在分析确定每组零件余值方法的基础上，可得计算整个机器余值（L）的公式为

$$L = \sum_{i=1}^{n} P_{ni} K_{ui} + \sum_{j=1}^{m} (P_{nj} - P_{Bj}) K_{rj} + \sum_{k=1}^{l} G_k g_v - A_0 \tag{6-23}$$

式中 A_0 —— 注销费用（机器拆除费用等）。

在确定第一次大修理前机器余值时，使用的折旧应等于第一个修理周期。在这种情况下，零件耐久性即使超过第一个周期时，也不存在重复利用的问题；但是在确定第二次大修理前机器的余值时，应将重复利用计算在内。

6.3 设备的经济寿命

6.3.1 设备的寿命

设备合理使用年限与设备的寿命有密切联系。设备的寿命有如下三种：

1. 自然寿命

指设备经使用后的有形磨损而丧失技术性能和使用性能，又无修复价值的时间。

其报废界限是最后一次大修是否进行的经济界限。

2. 技术寿命

指设备由于无形磨损而产生的性能和效益低劣，继续使用在经济上不合算而又无改造价值的时间。其报废界限是不能改造和与可能更新的新设备相比经济效益低劣时，此时可延续使用至该大修期末。

3. 经济寿命

指设备使用一定时间后，综合有形磨损和无形磨损造成的经济效益低劣，继续使用在经济上不合算，又无大修和改造价值的时间。其报废界限是综合效益低劣又有新设备可更新的时间。

三种设备的寿命都考虑了经济效益因素，但其内容范围有所差异。自然寿命只考虑了非经大修不可时的大修效益为更新界限。只强调了物理寿命而忽视了综合效益，这是非完全经济效益寿命。技术寿命片面地强调了无形磨损，难以适时地进行定量核定。经济寿命同时考虑了有形磨损和无形磨损对设备综合效益的影响。

追求技术进步和提高经济效益是研究设备更新决策问题的根本出发点，而讲求技术进步最终还是为了提高经济效益。因此，研究设备更新问题应该从经济效益出发，来寻求设备的合理使用年限，即设备的经济寿命，而经济寿命也称之为设备最佳更新期。

6.3.2　计算经济寿命的方法

1. 低劣化数值法

假设设备经过使用后的残值为零，并以 K_0 代表设备的原值，T 代表已使用的年数，则每一年的设备费用为 $\frac{K_0}{T}$（设备原值 K_0 的年度摊销额），显然与设备的使用年限有关，随着使用年数 T 的增加，$\frac{K_0}{T}$ 按反比例减少；但是设备使用的时间越长，设备的综合磨损损失越大，设备的维护费及燃料、动力消耗增加，而设备性能不断下降，这就叫做设备低劣化。若这种低劣化每年以 λ 数值增加到第 T 年的低劣化数值的 λT，它随着使用年数 T 的增加按正比例增加，而经过 T 年使用后，平均低劣化数值为 $\frac{\lambda T}{2}$。

据此，则平均每年的设备费用为

$$y=\frac{\lambda}{2}T+\frac{K_0}{T} \tag{6-24}$$

式中 K_0 —— 设备原值；

T —— 设备使用年数；

λ —— 年低劣化增加值。

求 y 的导数，并令其等于 0，则可求出所耗费用最小的经济寿命 $T_{\min}$，即令：$\frac{dy}{dT}=\frac{\lambda}{2}-\frac{K_0}{T^2}=0$，则

$$T_{\min}=\sqrt{\frac{2K_0}{\lambda}} \tag{6-25}$$

例 6-2 某种设备的原始价值为 8 000 元，每年低劣化增加值为 320 元，求其经济寿命。

解 利用公式可得

$$T_{\min}=\sqrt{\frac{2K_0}{\lambda}}=\sqrt{\frac{2\times 8\,000}{320}}=7(\text{年})$$

在 λ 和 K_0 为已知的条件下，逐项加以计算，也可得到同样的结果，如表 6-1 所示。

表 6-1

T	1	2	3	4	5	6	7	8	9
$\frac{K_0}{T}$	8 000	4 000	2 666	2 000	1 600	1 333	1 147	1 000	888
$\frac{\lambda T}{2}$	160	320	480	640	800	960	1 120	1 280	1 440
y	8 160	4 320	3 146	2 640	2 400	2 293	2 267	2 280	2 328

从表 6-1 中可以看出，7 年时平均年设备 y 为最小。同时发现 6～8 年的值相差无几，这一段时间可以视为经济寿命区域。

应该指出：

（1）用低劣化数值法在计算机械设备的经济寿命时，例中每年低劣化增加值 λ 是作为已知数给定的，这至少是在目前的实际应用中难以做到的。事实上，λ 往往需要处理方得其值。

（2）以上的计算，均未考虑费用的利息问题。实际上当计算上述的费用较大时，应将这些费用的利息计算在内。

2. 费用方程

对于一般机械设备来说，实际上要求计算设备的长远使用费用。为此，需建立设备的费用方程。

设某设备的购置费用为 K_0，第一年、第二年、第三年……的年度维持费用（主要是指设备的维修费用和日常使用费用）分别为 y_1，y_2，y_3，…，年利率为 r，第二年的费用换算成第一年的费用时，费用的换算系数为

$$V=\frac{1}{1+r}=(1+r)^{-1} \tag{6-26}$$

这就是说，第二年的维持费 y_2 换算成第一年的费用时，其值为 y_nV^{n-1}。

假如某设备每五年更新一次，长期使用这种设备时，将各年所需要的费用换成第一年使用的费用后，所需要的总费用 $f(5)$ 可由下式确定，即

$$\begin{aligned}f(5)=&K_0+y_1+y_2V+y_3V^2+y_4V^3+y_5V^5\\&+[(K_0+y_1)V^5+y_2V^6+y_3V^7+y_4V^8+y_5V^9]+\cdots\end{aligned}$$

一般地，如果每 n 年更新一次，那么总费用为

$$\begin{aligned}f(n)=&K_0+y_1+y_2V+y_3V^2+\cdots+y_nV^n\\&+[(K_0+y_1)V^n+y_2V^{n+1}+y_3V^{n+2}+\cdots+y_nV^{2n-1}+\cdots]\\=&(K_0+y_1+y_2V+y_3V^2+\cdots+y_nV^{n-1})(1+V^n+V^{2n}+\cdots)\end{aligned}$$

上式即为设备的费用方程。因为式中 $|V|<1$，所以根据数列求和公式知

$$1+V^n+V^{2n}+\cdots=\frac{1}{1-V^n}$$

因而可得

$$f(n)=\frac{K_0+\sum_{t=1}^{n}y_tV^{t-1}}{1-V^n} \tag{6-27}$$

当 $f(n)<f(n-1)$，$f(n)<f(n+1)$ 同时成立时，说明每隔 n 年更新一次所需要的总费用 $f(n)$ 比每隔（$n-1$）或（$n+1$）年更新一次所需要的总费用 $f(n-1)$ 或 $f(n+1)$ 都小，即总费用的最小值为 $f(n)$，记为 $\min f(n)$。我们称式（6-27）为设备的费用方程（简称为费用方程）。

例 6-3　已知购置一台设备的费用为 5 000 元，年利率 $r=10\%$，年度维持费在头五年内每年为 800 元，从第六年开始，每年要增加 200 元。试根据长期使用它时，所需要的总费用值来确定经济最佳更新期。

解　对不同的更新期分别算出它们的总费用值，并把有关数据列在表 6-2 中。

表　6-2

N	y_n	V^{n-1}	y_nV^{n-1}	$g(n)$	$1-V^n$	$f(n)$
1	800	1.000 0	800	5 800	0.090 9	63 809
2	800	0.909 1	727	6 527	0.173 6	37 597
3	800	0.826 4	661	7 188	0.248 7	28 902
4	800	0.751 3	601	7 789	0.317 0	24 571

（续　表）

N	y_n	V^{n-1}	y_nV^{n-1}	$g(n)$	$1-V^n$	$f(n)$
5	800	0.683 0	546	8 335	0.379 1	21 986
6	1 000	0.620 9	621	8 956	0.435 5	20 565
7	1 200	0.564 5	677	9 633	0.486 8	19 788
8	1 400	0.513 2	718	10 351	0.533 5	19 402
9	1 600	0.466 5	746	11 097	0.575 9	19 269
10	1 800	0.424 1	763	11 860	0.614 5	19 300

从表 6-2 中可看出：

$$f(9)=19\ 269 < f(8)=19\ 402$$

$$f(9)=19\ 269 < f(10)=19\ 300$$

所以该设备的经济最佳更新期为 9 年。长期使用它时，总费用的最小值为 $\min f(n)=19\ 269$ 元。

应该指出：对上例的计算，为了清楚，我们对公式采取了分步的计算方法。

实际上，在解决某些问题时，我们也可以把上述费用方程化为确定设备最佳更新期的不等式来进行计算，但问题的实质并没有改变。即希望：$f(n)$为最小，相当于要求下面两个不等式同时成立：

$$f(n+1)-f(n)>0$$

和

$$f(n)-f(n-1)<0$$

化简这两个不等式，由 $f(n+1)-f(n)>0$ 可得

$$\frac{K_0+\sum_{t=1}^{n+1}y_tV^{t-1}}{1-V^{n+1}}-\frac{K_0+\sum_{t=1}^{n}y_tV^{t-1}}{1-V^n}>0 \tag{6-28}$$

所以

$$(1-V^n)\left[K_0+\sum_{t=1}^{n+1}y_tV^{t-1}\right]-(1-V^{n+1})\left[K_0+\sum_{t=1}^{n}y_tV^{t-1}\right]>0$$

$$(1-V^n)\left[K_0+\sum y_tV^{t-1}+y_{n+1}V^n\right]-\left[K_0+\sum_{t=1}^{n}y_tV^{t-1}-K_0V^{n+1}\right]-V^{n+1}\sum_{t=1}^{n}y_tV^{t-1}>0$$

即

$$K_0+\sum y_tV^{t-1}+y_{n+1}V^n-K_0V^nV^n\sum_{t=1}^{n}y_tV^{t-1}-y_{n+1}V^{2n}-K_0-\sum_{t=1}^{n}y_tV^{t-1}+K_0V^{n+1}+V^{n+1}\sum_{t=1}^{n}y_tV^{t-1}>0$$

化简得

$$y_{n+1}(V^n-V^{2n})>(V^n-V^{n+1})K_0(V^n-V^{n+1})\sum_{t=1}^{n}y_tV^{t-1}$$

所以

$$(1-V^n)y_{n+1}>(1-V)\left[K_0+\sum y_t V^{t-1}\right]$$

即

$$\frac{1-V^n}{1-V}y_{n+1}>K_0+\sum_{t=1}^{n}y_t V^{t-1}$$

因为$\sum_{t=1}^{n}V^{t-1}=1+V+V^2+V^3+\cdots=\frac{1-V^n}{1-V}$，故

$$y_{n+1}>\frac{K_0+\sum_{t=1}^{n}y_t V^{t-1}}{\sum_{t=1}^{n}V^{t-1}} \tag{6-29}$$

同理，由 $f(n)-f(n-1)>0$，可得

$$y_n<\frac{K_0+\sum_{t=1}^{n}y_t V^{t-1}}{\sum_{t=1}^{n}V^{t-1}} \tag{6-30}$$

综上推导，希望 $f(n)$为最小，相当于要求 $f(n+1)-f(n)>0$ 和 $f(n)-f(n-1)<0$ 同时成立。即要求下面不等式组成立：

$$y_{n+1}>\frac{K_0+\sum_{t=1}^{n}y_t V^{t-1}}{\sum_{t=1}^{n}V^{t-1}}$$

和

$$y_n<\frac{K_0+\sum_{t=1}^{n}y_t V^{t-1}}{\sum_{t=1}^{n}V^{t-1}}$$

例 6-4 假设例 6-2 中的已知条件与所求问题均不变，试用更新不等式来求解。

解 因为

$$g(n)=K_0+\sum_{t=1}^{n}y_n V^{t-1}$$

当 $n=8$，$y_8=1\,400$ 时，则

$$\frac{g(8)}{\sum_{t=1}^{8}V^{t-1}}=\frac{10\,351}{5.868\,4}=1\,763.85$$

当 $n=9$，$y_9=1\,600$ 时，则

$$\frac{g(9)}{\sum_{t=1}^{9}V^{t-1}}=\frac{11\ 097}{6.334\ 9}=1\ 751.72$$

当 $n=10$，$y_{10}=1\ 800$ 时，则

$$\frac{g(10)}{\sum_{t=1}^{10}V^{t-1}}=\frac{11\ 806}{6.759\ 6}=1\ 754.69$$

得

$$y_{10}>\frac{g(9)}{\sum_{t=1}^{9}V^{t-1}}$$

$$y_9<\frac{g(8)}{\sum_{t=1}^{8}V^{t-1}}$$

$n=9$ 年为最佳更新期。

6.4 设 备 折 旧

6.4.1 设备折旧的概念

设备更新需要资金，这些资金是在设备使用过程中以折旧的形式逐步积累。通常把设备在使用过程中，由新变旧，价值逐年降低的损耗额称为折旧。设备的这部分损耗会逐步将其价值转移到产品成本中去，通过产品的销售而得到补偿。

设备的折旧一般采用“使用年限法”来进行计算，按设备的原始价值，考虑其使用年限，平均计算年折旧额与折旧率。设备的折旧率是按年分摊设备价值的比率。

正确制定设备的折旧率不仅是正确计算成本的依据，而且可以促进科学技术发展，有利于提高国民经济发展速度。正确的折旧率应该既能反映设备的有形磨损，又能反映设备的无形磨损，应该与设备的实际消耗相符合。如果折旧率规定得过低，则设备使用期满，还没有把设备的价值全部转移到产品中去，不足以抵偿设备的消耗，影响企业的正常发展，人为地扩大利润，夸大积累，结果不仅使设备得不到及时更新，而且会盲目地安排扩大再生产的投资。如折旧率规定得过高，使折旧抵偿设备实际损耗有余，就会人为地缩小利润，影响资金的正常积累，妨碍扩大再生产。

6.4.2　折旧方法与折旧率

折旧率是单位时间折旧额占计提折旧设备原值的比率。确定折旧率，是为了便于提取折旧。在设备折旧年限和设备残值比重既定的情况下，折旧方法不同，折旧率也就不同。下面介绍各种折旧方法下折旧率与折旧额的确定方法。

1. 直线折旧法

每年提取的设备折旧额、折旧率及各年的账面价值公式分别为

$$d=\frac{P-S_v}{n} \tag{6-31}$$

$$r=\frac{d}{P}\times 100\% \tag{6-32}$$

$$P_t=P-d_t=P-\left(\frac{P-S_v}{n}\right)t \tag{6-33}$$

式中　d —— 每年折旧额；

r —— 年折旧率；

P —— 设备原值；

S_v —— 预计回收残值；

n —— 折旧年限；

P_t —— 第 t 年折旧后的账面价值；

d_t —— 第 t 年的折旧额；

t —— 折旧年度。

在使用直线折旧法计提折旧时，不仅折旧率是确定的，一定时间的折旧额也是不变的。年折旧额等于设备原值减去残值后，再乘上年折旧率。因此，直线折旧法又称为“定额折旧法”。

例 6-5　某设备原值为 3 000 万元，折旧年限为 10 年，残值为 600 万元，则每年的折旧额为

$$d=\frac{P-S_v}{n}=\frac{3\ 000-600}{10}=240\text{（万元）}$$

折旧率为

$$r=\frac{d}{P}=\frac{240}{3\ 000}=0.08=8\%$$

2. 余额递减折旧法

采用余额递减折旧法，每年的折旧率并不变化，起变化的只是计提的折旧额。

在计算年折旧额时，不是以设备原值乘上折旧率，而是以年初账面价值乘上折旧率。具体计算见表 6-3。

表 6-3

年 度	年折旧额	折旧后年账面价值
第一年	rP	$P(1-r)$
第二年	$rP(1-r)$	$P(1-r)^2$
第三年	$rP(1-r)^2$	$P(1-r)^3$
…	…	…
第 n 年	$rP(1-r)^{n-1}$	$P(1-r)^n$

因为，到折旧年限终了，即第 n 年末，设备的账面价值应等于预先规定的残值 S_v，所以有

$$P(1-r)^n = S_v \tag{6-34}$$

$$r = 1-\left(\frac{S_v}{P}\right)^{\frac{1}{n}} \times 100\% \tag{6-35}$$

$$d_t = rP(1-r)^{t-1} \tag{6-36}$$

$$P_t = P(1-r)^t \tag{6-37}$$

式中 d_t —— 第 t 年的折旧额。

仍按前面直线折旧法所举的例子，采用余额递减折旧法，其折旧率应为

$$r = 1-\left(\frac{S_v}{P}\right)^{\frac{1}{n}} = 1-\left(\frac{600}{3\,000}\right)^{\frac{1}{10}} = 0.148\,66 = 14.87\%$$

折旧率比采用直线折旧法的折旧率提高了 0.068 66。

每年的折旧额计算结果见表 6-4。

表 6-4 （单位：万元）

年 度	年折旧额	折旧后年账面价值
第一年	445.98	2 554.02
第二年	379.68	2 174.33
第三年	323.24	1 851.10
第四年	275.18	1 575.92

（续　表）

年　度	年折旧额	折旧后年账面价值
第五年	234.28	1 341.64
第六年	199.45	1 142.19
第七年	169.80	972.39
第八年	144.56	827.84
第九年	123.07	704.77
第十年	104.77	600.00

采用余额递减折旧法提取折旧，每年的折旧额不再是等额的了，而是随着年初账面价值等比例递减而递减。

3. 双倍余额递减折旧法

双倍余额递减折旧法是由余额递减折旧法演变而来的，其差别在于双倍余额递减折旧法的折旧率不是根据设备的残值与原值之比来确定，而是按下式计算，即

$$r = 2 \times \frac{1}{n} \times 100\% \tag{6-38}$$

第 t 年的折旧额与账面价值仍按式（6-36）和式（6-37）计算。

由于在确定双倍余额递减折旧法的折旧率时没有考虑残值，当 r 折旧到第 n 年末时，可能会出现三种情况：

（1）其剩余账面价值低于预先规定的残值。实践中这是不允许的，遇到这种情况，一般在折旧年限过半时，考虑到设备投资大部分已经收回，可转用直线折旧法在剩余年里提取折旧费。

（2）其剩余账面价值高于预先规定的残值。这对企业来说是不利的，遇到这种情况，也可在适当年度转为直线折旧。

（3）其剩余账面价值正好等于预先规定的残值。这时，双倍余额递减折旧法与余额递减折旧法的效果是一致的。

仍按前面直线折旧法所举的例子，采用双倍余额递减折旧法，其折旧率应为

$$r = 2 \times \frac{1}{n} = 2 \times \frac{1}{10} = 0.2$$

此时折旧率比采用直线折旧法的折旧率提高了 0.12，比采用余额递减折旧法的折旧率提高了 0.051 34。

每年的折旧额及账面价值计算结果见表 6-5。

表 6-5 （单位：万元）

年 度	年折旧额	折旧后年账面价值
第一年	600.00（600.00）	2 400.00（2 400.00）
第二年	480.00（480.00）	1 920.00（1 920.00）
第三年	384.00（384.00）	1 536（1 536.00）
第四年	307.30（307.30）	1 228.80（1 228.80）
第五年	245.76（245.76）	983.04（983.04）
第六年	76.61（196.61）	906.43（786.43）
第七年	76.61（157.29）	829.82（629.15）
第八年	76.61（125.83）	752.22（503.32）
第九年	76.61（100.66）	676.61（402.65）
第十年	76.61（80.53）	600.00（322.12）

注：表中圆括号中的数字为全部按双倍余额递减折旧法计算的结果。

从表 6-5 中可见，按双倍余额递减折旧法折到第八年时，剩余账面价值开始低于预先规定的残值 600 万元。因此，在表 6-5 中，从第六年开始我们转用直线折旧法折旧。

4. 年限总和折旧法

年限总和折旧法是根据年限加总数来提取折旧，每年提取的折旧额不同，且逐年减小。第 t 年提取的折旧额为

$$d_t=\frac{2(n-t+1)}{n(n+1)}(P-S_v) \tag{6-39}$$

第 t 年账面价值为

$$P_t=P-\sum_{j=1}^{t}\frac{2(n-j+1)}{n(n+1)}(P-S_v) \tag{6-40}$$

仍按前面直线折旧法所举的例子，采用年限总和折旧法，每年的折旧额及账面计算结果见表 6-6。

表　6-6　（单位：万元）

年　度	年折旧额	折旧后年账面价值
第一年	436.36	2 563.64
第二年	392.73	2 170.91
第三年	349.09	1 821.82
第四年	305.45	1 516.36
第五年	261.82	1 254.55
第六年	218.18	1 036.36
第七年	174.55	861.82
第八年	130.91	730.91
第九年	87.27	643.64
第十年	43.64	600.00

思考题及作业

1．什么是设备的有形磨损和无形磨损？

2．设备的有形磨损、无形磨损和综合磨损如何度量？

3．为什么要对设备磨损进行补偿？

4．设备的磨损和磨损的补偿方式有哪些？

5．设备更新的含义是什么？

6．试述设备折旧率对企业的影响。

7．什么是设备的经济寿命、技术寿命和自然寿命？

8．某厂以 5 万元购进一台新设备，使用期为 10 年，残值为 0.15 万元。试用直线折旧法、年限总额法和双倍余额递减法计算设备使用到第二年和第八年的折旧额。

9．某设备的购置费为 8 000 元，其他有关数据如表 6-7 所示。求设备的经济寿命。

表　6-7

使用年限/年	1	2	3	4	5	6	7	8
年运行成本/元	1 000	1 200	1 400	1 800	2 300	2 800	3 400	4 100
年末残值/元	5 000	4 500	400	3 300	2 500	1 700	800	0

10．某设备的购置费用为 6 000 元，第一年设备的运行成本为 400 元，以后设备每年的低劣化增加值为 300 元，不考虑设备的残值，求其经济寿命。

第 7 章　工程项目可行性研究

7.1　可行性研究概述

1. 可行性研究概念

可行性研究（Feasibility Study）是对拟选的项目方案进行全面的技术、经济分析论证，预测评价其投资效果、可行性程度并予以优选，以便进行投资决策的一种科学方法。技术的先进性、经济的合理性和建设的可能性三者的和谐统一，是工程项目可行性研究始终坚持的目标。联合国工业发展组织编写的“工业可行性研究手册”中对可行性研究的概括则更为具体：“可行性研究提供工程项目投资决策的技术、经济与商业基础。它研究分析给定产品生产的关键要素及不同生产方案。这一研究应对在选定地点采用某一技术与投入材料有关项目作分析，明确投资与生产价格、销售收入与投资的效益。”一般来讲，可行性研究就是对工程项目方案在实施前对其是否可行、是否可能成功所进行的研究、分析和论证的工作。目前可行性研究已是广义的论证工作，它可以包括各行各业各个方面的可行性研究。

2. 工业项目可行性研究的任务和作用

（1）工业项目可行性研究的任务

概括地讲，可行性研究的任务就是研究项目是否可行，为正确进行投资决策提供科学的依据。具体讲，可行性研究的任务是根据国民经济和社会发展长期规划与地区和行业发展规划的要求，对工业建设项目或生产经营方案，研究其在技术上是否先进、适用与可靠；在经济上是否合理，有无资源保障和生产建设条件，项目或方案有无生命力；在财务上是否有盈利能力和清偿能力；在投资上需要多少资金投入，有哪些筹资渠道和来源；在施工建设上有无建造能力，建设期限长短等方面进行一系列的、全面的分析和论证，作多方案比较和评价，为该项目编制和审批设计任务书及投资决策提供科学的依据。

（2）工业项目可行性研究的作用

工业项目的可行性研究，是项目建设前期的极其重要的一项工作，是项目建设程序的重要组成部分，是开展投资建设时期各项工作的基本依据。对建设项目实现科学的投资决策和取得良好的投资经济效益具有极其重要的作用。具体讲，工业项目可行性研究的作用主要有以下几个方面：

1）可行性研究是投资决策的依据。

建设项目可行性研究和工程经济分析论证结果—— 即可行性研究报告的结论，可作为判定该项目是否投资与如何投资等决策的依据。

2）可行性研究是确定建设项目和编制设计任务书的依据。

在可行性研究中对建设项目的建设条件、厂址选择、建设规模、产品方案、生产工艺流程及设备选型、资源及原材料和燃料动力等供应条件、气象水文、工程地质、建设进度等都作了详细的技术经济分析论证和决定。这就为进一步开展设计任务书编制提供了可靠的依据。为了加强和完善建设前期研究工作，国家明确规定所有大中型和限额以上建设项目都必须作可行性研究，凡未进行可行性研究的项目，不能批准其设计任务书，不能进行勘察设计，不能列入基本建设年度计划。

3）可行性研究是建设项目筹措资金和向银行贷款的依据。

项目所需建设资金，经国家财政预算批准并由银行贷款或从其他渠道取得信用贷款等建设资金时，都必须附有该项目的可行性研究报告，并经银行或其他有关部门审查和评估后确认该建设项目具有较好的经济效益和足够的偿债能力时，银行或有关部门才予以贷款和提供建设资金。因此，可行性研究是筹集资金和贷款必不可少的重要依据。

4）可行性研究是同有关单位签订合同和协议的依据。

在可行性研究报告中，对项目建设和生产经营所需的原材料、燃料、动力等需要量以及产品销售量、货物运输量、生产技术和工艺流程的选择与主要设备选型等都作了分析和论证。因此，经批准的可行性研究报告就为项目建设单位同有关部门签订各项协议和合同提供了依据。

5）可行性研究是申请项目建设执照的依据。

项目建设需要当地政府批准购买的土地，必须符合当地市政建设规划与环境保护等方面的各项要求。在可行性研究报告中，对厂址选择、工厂布置、工艺方案作了论证，为申请和批准建设执照（建设许可证）提供了基本依据。

6）对涉外项目，可行性研究是引进国外技术、装备和资源以及与外商谈判和签订合同的依据。

7)可行性研究是建设项目进一步补充和完善基础性资料和开展各项实验与研究的依据。如进一步收集设计、施工资料和开展中间试验与工业性试验等。

7.2 可行性研究的阶段

建设项目的可行性研究，是项目建设前这一时期进行的一项极为重要的技术经济分析与论证工作，它的目的是为项目投资决策提供科学的依据。建设项目的可行性研究工作，通常分为四个阶段进行。

7.2.1 机会研究

机会研究，又称为机会鉴别或投资机会研究。它的任务是研究和确定合理的投资方向、投资规模和投资结构。也就是通过对社会经济因素和自然条件的初步调查，探寻和选择最有利的投资机会，这是投资项目的设想阶段。投资机会研究虽然是一种初步的和概略的研究，但它却是属于资金投向的战略性研究，是对投资宏观控制和管理的重要环节。

机会研究，又可分为一般机会研究与项目机会研究两类。

（1）一般机会研究是为了提出具体的投资建议，其主要内容包括三方面：1）地区研究，即研究和探寻最有利的投资地区和地点；2）部门研究，即研究和探寻最有利的投资部门或行业；3）资源研究，即研究和探寻以最优综合利用某种自然资源或工农业产品为目的的投资机会。

（2）项目机会研究。项目机会研究，是为了研究和确定最有利的投资项目，也就是说在地区、部门（行业）、资源等一般机会研究做出的初步投资鉴别的基础上，进一步研究和确定具体的最有利的项目投资机会，使项目设想转变为概略的投资建议。

显然，机会研究确定所投资方向和投资项目应符合产业政策与市场经济对社会资源配置基础性作用的要求。投资机会研究比较粗略，主要是依据情报资料做出的一种概略估计，不是详细的分析计算。因此，对项目所需投资总额及投产后产品成本费用的估算都很不精确。一般要求投资额、产品成本费用估算的误差不超过±30%，而所需研究费用约占投资总额的0.1%～1.0%。

7.2.2 初步可行性研究

初步可行性研究，又称为预可行性研究，是机会研究与详细可行性研究之间的中间研究阶段。它的任务就是对机会研究所提出的项目设想和投资建议进行初步分析，以判明该设想和建议有无生命力，是否值得进一步作详细可行性研究。因此，初步可行性研究的主要目的是：

（1）判定该项目投资机会有无生命力和发展前景，有无必要进一步开展分析和研究工作。

（2）分析和确定影响项目可行性的关键因素，并决定是否需要进行市场供求预测、生产工艺和技术装备等的实验室试验或工业性中间试验等专题研究。

（3）判定现有资料、数据等是否能足以证明项目设想和投资建议可行，并对投资者有较大的吸引力。

经初步可行性研究后认为该项目设想没有生命力和建设前途，不可行，没有立项的可能性和必要性，则该项目的可行性研究到此停止，不再进行详细可行性研究。

实践表明，初步可行性研究常常用于重大的和特殊项目的研究，而对那些机会研究所提供的资料、数据和研究结果就足以开展详细可行性研究的一般中小型建设项目，也可在机会研究后直接开展详细可行性研究而省去初步可行性研究阶段。

初步可行性研究阶段的投资额与产品成本费用的估算精确度误差一般要求不超过±20%，而所需研究经费一般占投资总额的 0.25%～1.5%。

7.2.3　详细可行性研究

详细可行性研究，又称为技术经济可行性研究或称为最终可行性研究。它的任务是在机会研究和初步可行性研究的基础上，对项目进行全面深入的技术经济分析和论证，并进行多方案比较，为项目最终做出投资决策提供科学的和可靠的依据。

详细可行性研究阶段，要着重分析和论证建设项目的厂址选择、建设规模、生产纲领、车间组成、工艺技术选择、工厂布置、设备选型、原材料和燃料动力供求分析、货物运输量估算、厂内外运输方式选择、辅助生产和生产服务系统设置、协作配合方式选择、投资和成本费用估算及资金筹措、组织机构设置及劳动定员、建设进度、项目盈利能力与偿债能力分析以及项目经济效益评价等重要问题。

详细可行性研究阶段，投资额和产品成本费用估算的精确度误差要求不超过±10%，而所需研究费用一般占投资总额的 1%～3%。

7.2.4　评价报告

评价报告，是根据前述各阶段的研究结果，对拟建项目的可行性进行的全面综合的分析和论证，提出项目建设可行性研究的结论性意见和建议，对多方案建设项目则提出经筛选后的推荐性建议方案。在评价报告阶段，要撰写“建设项目可行性研究报告”或称为“工程项目评价报告”，为建设项目投资决策提供正式文件。

7.3 可行性研究的内容

本节主要介绍可行性研究的范围和应包括的内容。

7.3.1 可行性研究的一般内容

（1）总论。主要说明项目提出的历史背景，投资的必要性和经济意义；可行性研究的依据、范围以及研究概况和结论；改扩建项目还应说明企业的现状。

（2）需求预测和建设规模。主要包括分析和预测国内外市场需求状况，国内现有生产能力的估计及产品供求平衡分析；产品价格、竞争能力以及进入国际市场前景的预测和分析；项目建设规模、产品方案、发展方向等方面的技术经济分析与论证。

（3）自然资源、原材料、燃料动力及公用设施状况。主要包括经国家正式批准的资源储量、品位、成分以及开采利用条件的分析和论证；原材料、燃料、电力等需求种类、数量、来源和供给分析；公用设施具备状况、需要量、供应方式和供给可能性的分析和论证。

（4）建厂条件和厂址选择。主要包括拟建项目对厂址的要求以及已选厂址具备的条件，如地理位置、气象水文及工程地质、地形地貌条件及当地社会经济状况的分析和论述；交通运输、水、电、气等社会公用设施的现状和发展变化趋势的调查分析和论述；厂址方案的比较、选择及其推荐方案等。

（5）项目设计。主要包括工程项目的组成，即各主要单项工程的名称、数量及其设计方案；生产技术、工艺方法及设备选型等方案的比较和分析，技术、设备的来源，主要技术经济指标的计算和确定；工厂总图布置方案及建筑工程量估算；公用设施和厂内外交通运输方案的分析、比较和选择。

（6）环境保护、劳动保护与安全防护。主要包括建厂地区、地点环境状况的调查分析；项目的“三废”治理、劳动保护与安全防护方案的分析和论证。

（7）工厂组织机构、劳动定员和职工培训。主要包括全厂的组织机构、生产与管理系统的设置、车间组成、劳动定员和职工培训等措施方案；从基建、设备安装、生产调试到正式投入生产的全过程的衔接配合、统筹安排、全面规划的工程项目施工建设进度计划的制订。

（8）建设进度计划。主要包括从勘察设计、设备订货和制造、建筑安装、生产调试到正式投入生产的全过程的衔接配合、统筹安排、全面规划的工程项目施工建设进度计划的制订。

(9) 投资和成本费用估算及资金筹措，主要包括主体工程、辅助工程和协作配套工程所需投资总额的估算；产品成本费用的估算以及资金的筹措来源、方式，贷款偿还能力与偿还方式以及投资回收时间等。

(10) 经济评价。主要包括建设项目的财务评价，以考察和分析论证项目的盈利能力、清偿能力以及外汇平衡等财务状况；建设项目的国民经济评价，以考察和分析论证项目对国民经济的净贡献；经济效益与政治、社会、技术、自然资源、生态及环境效益评价等。

7.3.2 可行性研究的主要内容及其分析

由上述可行性研究的一般内容可知，建设项目的可行性研究范围是十分广泛而全面的，但是其中市场预测是可行性研究的前提，生产建设条件与技术条件分析是可行性研究的基础，而经济评价是可行性研究的核心和目的。这里介绍可行性研究与可行性研究报告的主要内容，下面就这几个方面作进一步分析。

1. 市场预测

市场预测主要包括需求预测与供给预测。在市场经济条件下，市场需求是建设项目“立项”建设的前提，也是可行性研究的前提。可行性研究分析项目立项的必要性时，通常就是从市场需求预测和产品销售预测开始的。

市场需求量包括现时需求量和未来一定时期的潜在需求量。显然，现时需求量可通过用户调查或统计资料分析得到，而未来的潜在需求量则应通过科学的预测方法求得。因此，市场调查和市场预测是可行性研究不可缺少的重要工具。需求量既包括国内市场的需求量又包括国际市场的需求量，特别是涉外项目的建设，尤其是要重视国际市场需求预测。

市场预测的主要内容有：

(1) 产品需求量预测，包括国内外市场对该产品现时的与潜在需求量的预测，以及需求量发展变化趋势的预测。

(2) 市场占有率的预测，即本项目的产品占同类产品市场容量的比重及其发展变化趋势的预测。

(3) 产品寿命周期预测，即本项目产品的市场需求量处于该类产品市场寿命周期的哪个阶段及其发展变化趋势的预测。

(4) 新产品开发预测，即替代本项目产品的更新换代新产品开发现状及其发展变化趋势的预测。

（5）市场竞争预测，即国内外市场生产同类产品的竞争者的生产规模及发展动向的预测，包括竞争者产品性能、质量、价格、市场策略、销售方式、销售渠道、生产能力和盈利水平及竞争实力等。

（6）产品社会拥有量预测，即本项目产品，特别是所生产的耐用产品目前社会拥有量及市场需求达到饱和状态的数量和时间的预测。

可行性研究分析项目立项的必要性时，除了分析和预测市场需求量外，还应相应分析和预测产品的市场供给量，即该产品的社会生产能力。产品社会生产能力包括现有生产能力和在建项目生产能力以及规划中的未来建设项目的生产能力。

市场供给预测的主要内容有：

（1）现有企业生产规模预测，即对生产该产品的现有企业的社会生产能力的预测。现有企业的社会生产能力是目前和近期市场供给量的基础。市场供给预测，要预测现有企业的生产能力，分析现有企业的产品产量满足市场需求的程度，要通过定量分析判明该产品目前在市场上是供过于求、供不应求，还是供求基本平衡等状态。

（2）在建项目和规划建设项目的生产规模预测，这是行业的生产发展规划，对该产品中长期供给预测有重要影响。在进行市场供给预测时，必须了解在建项目的生产能力、投产时间、生产条件和产品销售区域和市场分布。同时还要掌握规划项目的建设规模、区域分布及市场未来的需求变化趋势等。

总之，通过市场需求预测和供给预测，分析和论证项目立项建设的必要性和确定项目建设规模、生产纲领及建设进度等。

2. 生产和建设条件分析

项目的生产和建设条件分析的内容很广泛，也很复杂。概括起来讲，主要包括资源、原材料、燃料及动力需要量与供应来源，建厂地点的气象、水文和工程地质等自然条件，水资源与供水条件，建筑材料的需求与供应状况，交通运输状况及协作配套条件，厂址选择及环境保护等方面的综合性分析论证和评价。

（1）资源分析。资源是项目建设和生产经营的极其重要的物质基础和保证条件。一般可分为矿产资源分析和农业资源分析。资源分析要着重研究以下几个问题：1）项目建设和生产经营所需资源的种类、特性和数量；2）可供资源的数量、质量和供应年限，开采条件及供应方式；3）资源的合理利用及综合利用，特别是稀有资源和有限资源的有效利用以及可替代资源的开发前景等。

（2）原材料供应条件分析。原材料包括原料、材料和辅助材料，是项目建设和生产正常进行的物质基础和保障。原材料供应条件分析，主要包括原材料供应品种、数量、质量、价格、供应来源和地点、运输距离、储备量以及仓储设施等方面的条件和状况分析。特别是要着重分析和研究原材料供应数量能否满足项目生产能力的需要；原材料供应质量能否能满足生产工艺要求和设计产品功能和质量的要求；大宗原材料能否就地或就近供应，以减少运输量和缩短运输距离，节省运输费用，降低产品成本费用；连续生产项目、原材料能否保证连续不断地供应或保证合理的储备量及仓储设施条件等。

(3) 燃料和动力供应条件分析。燃料和动力是项目建设和正常生产的极其重要的物质条件和保证。燃料，主要包括煤、石油和天然气等，动力主要包括电、水、压缩空气、蒸汽、氧气以及各种惰性气性（如氮、氦、氖、氩等）。燃料供应条件分析，要着重研究合理选择燃料供应来源和供应品种、数量、质量以及运输、储备和仓储等条件；电力供应条件分析，要着重研究最大耗电量、高峰负荷、冲击负荷、稳定性、供应量和备用量以及电力网、变电站、高压输电线路和自备电厂等设施和条件；工业用水供应条件分析，水资源和工业供水是项目建设和生产的重要条件之一，要着重研究原料用水、工艺用水、锅炉用水、冷却用水、冲洗用水等的用水量、水质的要求以及水源地及其供应设施和条件的分析；压缩空气、蒸汽、氧气、惰性气体供应条件分析，要着重研究供求数量、质量、生产方法、供应方式或协作配合要求等。

(4) 交通运输条件的分析。交通运输是项目建设和生产正常进行的关键环节，大量的物资供应和产品销售都是靠交通运输来完成的，它是项目建设和生产经营活动的“先行官”、大动脉。项目的交通运输，分为厂内运输和厂外运输两类，这是工厂总图布置的重要组成部分。厂内运输方式及其设备选择主要取决于生产工艺流程特点、车间组成、厂区地形地貌以及总图布置的要求等条件。吞吐量大，并靠近铁路干线，应修建工厂专用线、编组站等，采用铁路运输方式；沿海或有航运河流，可修建港口、码头等，采用水路运输方式；运输批量小，运输距离短，地形复杂的可采用汽车、畜力车等公路运输方式。此外，必要时还可采用管道运输方式。交通运输条件的分析，要着重研究各种不同运输方式和运输设施选择的经济合理性和运输效益，实现运输灵活、及时，运距短，运输成本低，装、运、卸、储各环节密切联系和协调配合的目标。

(5) 工程地质和水文地质的分析。工程地质和水文地质是厂址选择、大型工程项目施工以及建成后长期生产的重要影响条件。工程地质和水文地质的分析，要着重研究项目建设地址的自然地理、地形地貌、地质构造、土质和土壤耐压力等是否满足建筑物、构筑物建造的要求，要严防厂址选择在地震、断层、熔岩、流沙等不良地质构造上或选择在有用矿床、矿坑及易塌陷地带。要研究项目建设地址的地下水位，尽量避免或减少地下水渗漏等防水设施的建造。

(6) 厂址选择的分析。厂址选择也称为厂址布局，是在地区布局与地点布局已确定的基础上具体选择和确定的建设项目厂址的坐落位置。厂址选择的分析，要着重研究厂址的选定是否符合城市或工矿区建设规划及功能分区的原则；厂区工程地质、水文地质和气象条件等是否符合建厂和工程项目施工的要求；是否符合工厂建设规模和总图布置对厂区形状、占地面积、发展余地以及地形地貌的要求；是否符合水源、电力、动力以及生活福利、文化教育、商业网点、公共交通等公用设施衔接和配合的要求；是否符合环境保护、生态平衡、“三废”治理、防止污染等的要求。选择厂址必须在多方案比较的基础上做出最佳厂址方案选择。

3. 技术条件分析

建设项目的技术条件分析，主要是对项目设计方案的工厂布置、建设规模、生产流程、工艺技术、设备选型、设备数量和容量（功率、生产率）、技术参数以及生产过程和操作的机械化与自动化水平等方面的技术选择进行研究、分析和评价。建设项目技术选择的一般原则是：技术的先进性与适用性，经济性与合理性，可靠性与安全性。

（1）工厂布置的分析。工厂布置就是合理布置厂区内的车间、建筑物、构筑物、堆场、栈桥、管线、仓库、动力及运输设施等，妥善处理地上与地下、厂内与厂外设施配置，寻求相互协调、有机结合的建筑群体的规划工作。工厂布置通常分为总平面布置、竖向布置和运输布置三部分，其中总平面布置是核心，竖向布置和运输布置是在总平面布置的基础上进行的。工厂布置的分析，要着重研究工厂总体布置是否符合城市发展和工矿区建设规划的要求；是否体现了合理利用地形地貌与地质条件，因地制宜布置的要求；车间、设备及其他设施的布置，是否符合生产工艺特点，使物料运输距离为最短，并避免交叉与往返运输，以缩短生产周期，节约生产费用的要求；是否将有密切联系和协作关系的基本生产车间靠近布置，辅助生产车间、生产服务部门布置在主要服务对象附近，以保证生产联系方便和运输距离最短的要求；是否充分利用城市现有运输条件，如铁路、公路、航运、港口、码头等设施，生产工艺流程与运输系统的配置满足货物运输路线，以保证物料输入和产品输出方便的要求；是否按功能分区的原则，把同类性质的车间、建筑物、构筑物等设施布置在同一个区域里，以实现有利生产，方便生活，符合卫生、劳保、消防、防汛等方面的要求；工厂总体布置是否既紧凑，减小占地面积，又留有工厂改扩建和长远发展余地的要求等等。

（2）项目建设规模的分析。项目规模一般可分为建设规模（又称为企业规模）和生产规模（又称为经济规模），两者既有联系，又有区别。可行性研究中的项目规模是指项目的建设规模，即企业规模。企业规模通常是指劳动力、劳动资料、劳动对象等生产要素和产品在企业里集中的程度。科学地确定项目建设规模，对于正确地选定厂址，合理地组织生产和建设都有十分重要的意义。划分企业规模的主要标志，是以产品年产量表示的反映企业综合生产能力的产量规模。目前企业规模一般划分为特大型、大型、中型和小型四种。项目的建设规模受多种因素的制约和影响，所以项目建设规模的分析，应着重分析和研究各项制约因素。主要的制约因素有以下几个方面：

1）社会需求量。社会需求量是确定项目建设规模的根本依据和出发点。社会需求量包括计划需要量和市场预测需求量。特别是在市场经济条件下，社会需求量主要应决定于市场预测需求量，包括市场现时需求量和未来潜在需求量。确定项目建设规模时，对社会需求量要作科学分析和正确预测，不仅考虑当前的需求量，还要考虑发展趋势和前景，预测未来潜在需求量，作动态分析和综合平衡。

2）技术经济可能条件。技术经济可能条件，是确定项目建设规模的基本前提和基础。它包括技术装备条件、资源条件、工程建设条件、资金条件、协作条件和交通运输条件等方面。对技术装备条件，要着重分析和研究生产工艺、技术设备的先进性、适用性和提供的可能性；对资源条件，要着重分析和研究主要原材料、能源及其他资源的来源，可能供给的数量、品种、质量和供应时间长短；对协作条件，要着重分析和研究当地或附近地区各类生产企业的分布情况及可能的分工协作与配合程度；对交通运输条件，要着重分析和研究现有交通运输条件及未来可能发展的状况等。

3）企业技术经济特点。建设项目所属部门或行业的技术经济特点，是影响项目建设规模的重要制约因素。如采掘企业的建设规模，主要取决于矿物的工业储量与矿山的地质构造和开采条件；农牧业原料加工企业的规模，主要取决于原料产量和集中程度，在产量大和生产集中的地区，可以建立大型加工企业；使用联动机等设备进行流水生产的现代化企业的规模，则主要取决于联动机的功率，如发电厂、钢铁联合企业和化工厂等；采用复杂的机器和机器体系的加工企业，如机器制造企业和轻工企业的规模，则主要取决于机器和机器体系的综合生产能力及综合生产效率；制造大型的、复杂的和多零部件的产品的企业，如汽车制造厂、机电设备制造厂等企业的规模，由于生产工艺复杂，工序和车间组成多，企业规模都比较大，即使发展专业化和协作生产，其整机的规模也较大，一般都要建成大型企业；产品花色品种多，市场需求变化快或产品运输不便的企业的规模，则主要取决于当地市场容量和市场需求量，企业规模一般不宜过大。

4）专业化协作与生产联合化水平。生产的专业化和协作程度以及生产联合化水平，也是制约企业规模的重要因素之一。专业化和协作生产是社会化大生产的客观要求，发展专业化协作和组织配套生产，就可适当缩小整机厂的建设规模。联合化生产一般都是大型企业，因为只有大型企业才具有把同一产品的不同制造阶段或不同产品的生产联合在一个企业内生产的经济合理性。不论横向联合、纵向联合或者组成企业集团（群体），生产规模都是很大的，将形成大型企业。

5）综合经济效益。建设项目的综合经济效益，是确定项目建设规模的核心问题。合理确定企业规模，应在综合分析建设项目满足社会需求与技术经济可能条件的基础上，着重分析和研究项目建设和生产经营时的综合经济效益与各项经济效益指标。如考察项目的投资收益率、企业劳动生产率、单位生产能力投资额、单位产品成本费用、运输费用、资源合理配置与综合利用效率、投资回收期以及资产负债率等经济效益指标，并经过多方案比较、分析和评价后，选定最优企业规模，这是确定项目建设规模的最核心最根本的依据。

总之，确定项目建设规模时，必须对上述制约因素和影响条件进行综合分析和研究，按照既满足社会需求又具备必要的技术经济可能条件，以及符合企业技术经济特点的客观要求和提高综合经济效益的原则，选择和确定合理的项目建设规模。

（3）生产工艺的分析。生产工艺是项目技术设计的重要组成部分。生产工艺流程是指从原材料投入生产到产出成品的全部生产加工过程。先进的生产工艺，就是采用先进的生产技术流程、加工设备和制造方法，生产出性能好、质量优、消耗少、成本低的产品或零部件。生产工艺的选择，除了遵循技术的先进性、适应性、经济性、合理性、可靠性、安全性等基本原则外，还要符合以下几个方面的要求：要符合原材料特别是主要原材料的特性，原材料的特点和性质不同，工艺技术就有所不同；要符合工序间的协调与配合，满足前后工序相衔接的要求；要符合加工对象的特性和生产批量的大小，一般地讲，加工对象的特性不同，生产批量不同，所选择的工艺技术方法应有所不同；要符合节约资源、节约能源、节约劳动力和提高综合利用效率的要求，特别要注意选择和采用节约能源消耗或稀缺资源消耗的工艺技术；要符合环境保护、生态平衡、消除公害和防治污染的要求。

（4）设备选型的分析。设备是项目生产产品实现生产目的的基本手段和工具。设备选型和生产工艺、加工方法有密切的联系，也与产品种类、生产规模等相关。因此，项目的设备选型要依据产品方案、加工方法、工艺流程和生产规模等因素确定，特别是设备型号、容量（功率、效率）和数量等，要依据工艺流程、生产规模的要求确定。设备选择要综合考虑技术先进性、适用性、经济合理性、可靠性和安全性等原则，力求统筹兼顾。设备的先进性常常与大型、精密、高速和自动化相联系，一般地讲，大型自动化设备都具有高效率、质量优、低消耗及成本低的特点；但是先进的大型、精密、高速及自动化设备，也存在着价格昂贵、投资多、技术复杂、制造困难、操作不易掌握等问题。因此，设备选型时要与国情和国力相适应，先进性与适用性和可靠性相结合，做到先进技术、中间技术和一般技术相结合与协调发展。

4. 经济评价

建设项目的经济评价，是项目可行性研究的重要组成部分和核心内容，是建设项目决策科学化的重要手段和有效工具。经济评价的目的是根据国民经济和社会发展战略以及行业和地区发展规划的要求，在完成市场预测、生产与建设条件分析、建设项目规模与产品纲要确定、厂址选择、工艺技术方案选择、工厂布置等工程技术研究的基础上，计算项目的效益和费用，通过多方案的比较，对拟建项目的财务可行性和经济合理性进行分析论证，做出全面的经济评价，并比选和推荐最佳方案，为建设项目的决策提供科学的、可靠的依据。

建设项目的经济评价，从评价的角度和范围不同可分为财务评价和国民经济评价。财务评价，又称为企业经济评价，是在国家现行财税制度和价格体系的条件下，从项目财务角度分析、计算项目的财务盈利能力和清偿能力，以判别项目财务可行性。国民经济评价，是在合理配置国家资源的前提下，从国家整体的角度分析、计算项目对国民经济的净贡献，以判别项目的经济合理性。一般地讲，财务评价与国民经济评价的结论均可行的项目，应予通过，反之，应予否定；财务评价结论可行，而国民经济评价结论不可行的项目，一般应予否定。某些国计民生急需的项目，如果国民经济评价可行，而财务评价不可行，应重新设计方案，必要时也可向主管部门提出采取相应经济优惠措施的建议，使项目得以具有财务上的生存能力。

在建设项目决策的实际工作中，为了投资决策的科学性和可靠性，建设项目的评价，根据评价的目的和要求不同，可分为四种不同类型的评价：

（1）基础性评价。

这是由设计单位、工程咨询公司在项目建议书和设计任务书（或可行性研究报告）中对建设项目从技术上和经济上论证其可行性的一种评价。这是在建设前期为项目的成立，即“立项”或作项目投资决策准备而开展的一种基础性评价工作，故称为基础性评价。

（2）效益审计或称为项目审计。

由审计、投资部门，对设计单位所作的建设项目可行性研究的基础性评价进行的再评价和审查分析的工作，就叫做效益审计或项目审计。

效益审计或项目审计的任务，就是对基础性评价的可行性研究的程序、内容、方法、参数、结论等进行系统的审查，从而对基础性评价内容的真实性、完整性和可靠性做出评价，以保证项目评价和投资决策的正确性和科学性。

（3）项目评估。

由银行、投资对建设项目的可行性研究所作的再次评价，也叫做项目评估。例如项目是属于乡镇企业的建设项目，其所需建设投资由农业银行贷款时，则由农业银行作项目评估。

银行或投资部门对建设项目进行再评价或评估，是有其专门的评估目的和评价的角度。银行或投资部门进行的项目评估，不仅要考察和评估拟建项目的财务盈利能力，而且还要考察和评估项目的国民经济效益，特别是要着重审查和评估项目的清偿能力，即指在规定时期内对贷款本金和利息的偿还能力，即指在规定时间内对贷款本金和利息的偿还能力。如果银行经过再次评估后，认为建设项目有足够清偿贷款本金和利息的能力，才予以贷款，否则将拒绝贷款。

（4）项目决策。

这是由计划部门或主管部门所作的关于建设项目投资的最终决策。这种对项目投资的最终决策是在可行性研究的基础性评价和效益审计（或称为项目审计）、项目评估的基础上，对建设项目所做出的最后评价和投资决策的审批。

7.4 可行性研究报告的撰写方法和内容

可行性研究报告，是对项目进行充分的、准确的论证之后正式向主管部门申报批示，向银行申请贷款及作为与外商谈判依据的书面报告。该报告全面、简要地（尤其主要部分）将论证的情况（依据、分析方法、结论与建议等）一一列出，使依靠报告作决策的部门能借此下决心支持或否定该项目。只要报告据实而论，其结果应该也必须作为取舍项目的主要依据。可行性研究报告在项目建议书正式批准后即可开始实施，项目建议书则是概括的但却认真分析过的项目论证报告，它很像国际上的机会研究报告。项目建议书的呈报，实际上是向政府申请投资项目论证的机会，项目建议书的批准，则表明同意，可以对所申请的项目进行论证。目前政府主管部门已将项目建议书和可行性研究报告格式化、标准化了，具体应用时可查找参阅。其主要内容如下：

1. 项目建议书的内容要求

（1）项目名称、项目的主办单位及负责人。

（2）项目的内容与申请理由，说明拟采用的技术名称、内容及国内外技术差距和概要情况；进口设备要说明拟进口的理由，概要生产工艺流程和生产条件、主要设备名称，简要规格、数量以及国内外技术差距和概要情况。

（3）进口国别与厂商。要把拟探询的国别厂商名称写全，包括外文全称。

（4）承办企业的基本情况。说明工厂是新建、改建或扩建、工厂地点及其他基本情况。

（5）产品名称、简要规格与生产能力及其销售方向（国内销售、出口外销）。

（6）主要原材料、电力、燃料、交通运输及协作配套等方面的近期和今后要求具备的条件。

（7）项目资金的估算与来源。项目的外汇总用汇额，其中准备工作阶段的用汇额及用途（均折算为美元，以万元计算；使用非美元外汇的要注明折算率）。

外汇资金的来源与偿还方式。

国内费用的估计与来源。其中包含基本建设投资。

（8）项目的进度安排。

（9）初步的技术、经济分析。

（10）附件。

2. 可行性研究报告的内容要求

（1）总说明。

项目名称：

项目的主办单位及负责人；

可行性研究工作的主要技术负责人和经济负责人的名单；

项目建议书的审批文件；

可行性研究的总概况、结论与建议。

（2）承办企业的基本情况与条件。

（3）生产规划。

产品的名称、规格、技术性能与用途。

国内需要情况的调查、研究与预测：如历年有大量进口的，应附最近 10 年来进口统计。

国外市场情况的调查、研究与预测；进入国际市场的设想与措施（无外销出口可能的产品，本项可省略）。

国内（外）产品销售价格的调查、研究与分析。

分年的国内（外）需求估算。

产量生产能力的选定，说明几个可供选择方案的比较与论证，选定的理由。

分年的产品产量与国内（外）销售量规划。

（4）物料供应规划。

包括原材料、半成品、配套件、辅助材料、维修材料、电力、燃料以及其他公用设施等的使用、来源、价格。

物料选用的几个可供选择方案的比较与论证，选定的理由。

分年的物料供应量规划；其中进口部分要单独注出。

（5）厂址选择。

包括厂址的自然、经济、社会、交通运输等条件的概述，几个可供选择方案的比较与论证，选定的理由。

总平面布置的几个可供选择方案的比较与论证，选定的理由。

（6）技术与设备。

技术选定的几个可供选择方案的比较与论证，选定的理由。

技术来源的国别与厂商（写明外文全称）。

技术转让费用的估算。

设备的选定：主要生产设备与辅助设备的名称、型号、规模、数量；几个可供选择方案的比较与论证，选定的理由。

设备的国内外分交方案和与外国厂商合作制造方案。

进口设备来源的国别厂商（写明外文全称）。

设备费用的估算。

（7）生产组织、劳动定员和人员培训计划。

（8）环境污染的防治。

（9）项目实施的综合计划。

包括询价、谈判、签订合同、工程设计、技术与设备的交付、工程施工、调试与试生产进度以及正式投产年月；建筑安装工程内容和工作量；施工力量的安排与施工组织规划。

（10）资金的概算和来源。

项目的总用汇额，包括准备工作阶段的实际发生的费用（均折算为美元计算，使用非美元外汇的要注明折算率）。

外汇资金的来源与偿还方式。

国内资金的概算。

项目的全部资金需用额及来源。其中包含基本建设投资。

（11）经济分析。

生产成本与销售收入的估算。

分年的现金流量。

分年的损益计算表和资金平衡表。

根据分年的现金流量，计算投资回收年限（包括外汇回收年限）与投资回收率。

根据分年的现金流量，按"现值"法计算的"净现值"与内部回收率；折现率的依据。

项目的敏感度分析和盈亏分析。

其他技术经济指标的分析。

（12）附件。

3. 结论与建议的写法

可行性研究报告中均有结论与建议一项，这是具体进行可行性研究的小组，根据论证的情况，并参照项目目标（不同行业、不同地区、不同工业发展时期目标也不同）和评价标准而提出的结论性表述，如该项目在特定条件下的优缺点，可实施性等；但这个结论还不是决策者最后的决策，只是为决策者提供参考的结论。为使项目研究中的不尽完善之处或无法完善的部位能使决策者做出下步怎么办的决心，常由可行性研究小组提出参考性、建议性意见或建议。当然，建议也包括使项目锦上添花或舍弃该项目，但大多情况下则是为使项目成功，必须紧紧抓住的关键因素，采取的具体措施等。不管是建议书，还是可行性研究报告，均应以科学的态度，实事求是地、中肯地进行表述。特别是技术引进项目，不确定因素和风险均较大，更应该考虑周密，更应该准确而求实。

思考题及作业

1．对工程项目为什么要进行可行性研究？

2．可行性研究的工作程序有哪些？

3．什么是财务评价？

4．什么是国民经济评价？

第 8 章　Excel 2000 中文版简述

8.1　Excel 2000 中文版概述

8.1.1　Excel 简介

Excel 作为 Office 家族中重要成员，是一个功能强大、使用方便的表格式数据综合管理和分析系统。它主要有以下特点：

1. 强大的表格处理能力

Excel 的一张表格有 65 536 行、256 列，共 16 777 216 个单元格，能够满足绝大部分用户的需求。表格中的每个单元格不但可以存放文字、数值、图形、图表等各种形式的数据，还可以嵌入语音等其他各种格式的内容。

2. 卓越的图形功能

Excel 中提供了 14 种图表类型。有柱形图、条形图、折线图、*XY* 散点图、面积图、饼图、圆环图、雷达图、曲面图、气泡图、股价图、圆柱图、圆锥图、棱锥图。而每一种图表又有若干种子类型，用户可以根据自己的要求作选择。此外，用户还可以自定义图表类型。用户根据 Excel 图表向导就可以将数据图表化。Excel 还有数据地图的功能，可以将相关数据显示在图表上，大大增强了数据的可读性。

3. 有效的函数功能

Excel 中提供了适用于各种场合的各式函数几百个。包括财务、日期和时间、数学与三角、统计、查找与引用、数据库、文本、逻辑、信息共 9 类。此外用户还可以自定义函数。丰富的函数功能可以满足各个领域的用户对数据处理与分析的要求。

4. 辅助决策功能

Excel 除了强大了数据处理功能以外，还提供了许多数据分析与辅助决策工具，如数据透视表、模拟运算表、单变量求解、规划求解、方案管理器等。利用这些功能，可以辅助用户方便地进行管理中间的数据分析和辅助决策。

5. 宏和 VBA 功能

Excel 提供了多达 200 多个工具宏，这些宏以工具按钮的形式提供给用户。用户也可以根据需要创建自己的宏。Excel 还有记录宏的功能，可以将用户的操作记录下来转换成 Visual Basic 语句。用户也可以用 Excel 中提供的开发工具自己开发 VB 应用程序。

6. 方便的数据共享

Excel 将数据和 Internet 紧密结合。它可以向 Internet 上输出数据，也可以通过 Web 功能使用 Internet 上的数据。强大的共享功能使得大规模的协同作业更加方便。

8.1.2　Excel 的启动和退出

1. Excel 的启动

启动 Excel 的方法有很多种。最常用的就是用“开始菜单”和使用快捷方式。

方法 1：使用开始菜单启动 Excel。单击桌面左下角的“开始”按钮。在弹出的级联菜单中单击“程序”，然后在级联菜单中单击“Microsoft Excel”。这样就启动了 Excel。如图 8-1 所示。

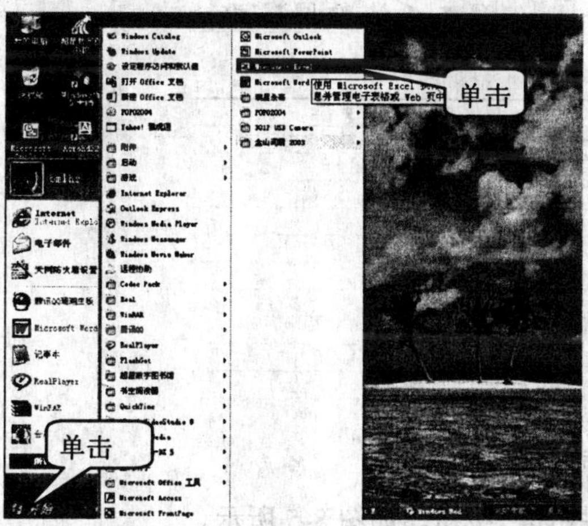

图 8-1　从“开始”按钮启动 Excel

图 8-2　从快捷方式启动 Excel

方法 2：使用快捷方式。如果桌面上有 Excel 的快捷方式。则直接双击快捷方式来启动。如图 8-2 所示。

2. Excel 的退出

退出 Excel 的方法也有很多种。

方法 1：在 Excel 窗口中单击“文件”菜单，在下拉菜单中单击“退出”命令。如图 8-3 所示。

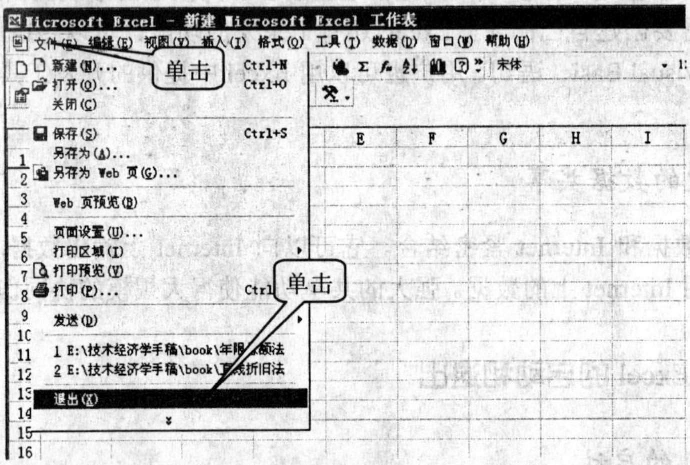

图 8-3　从“文件”菜单项退出 Excel

方法 2：单击 Excel 窗口左上角的控制菜单框，在下拉控制菜单中选择“关闭”命令。如图 8-4 所示。

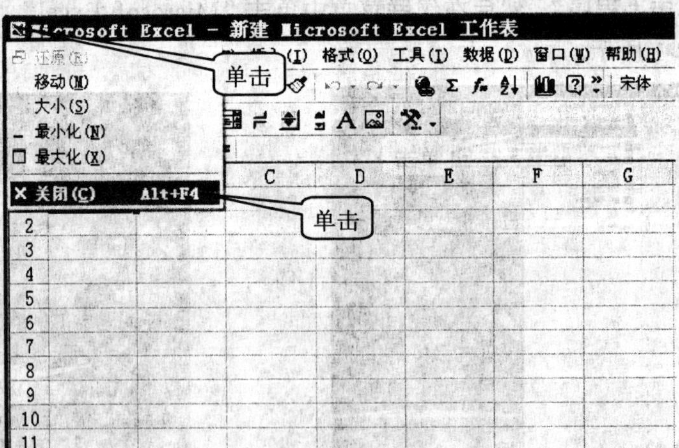

图 8-4　从控制菜单退出 Excel

方法 3：单击 Excel 窗口右上角的“关闭”按钮。如图 8-5 所示。

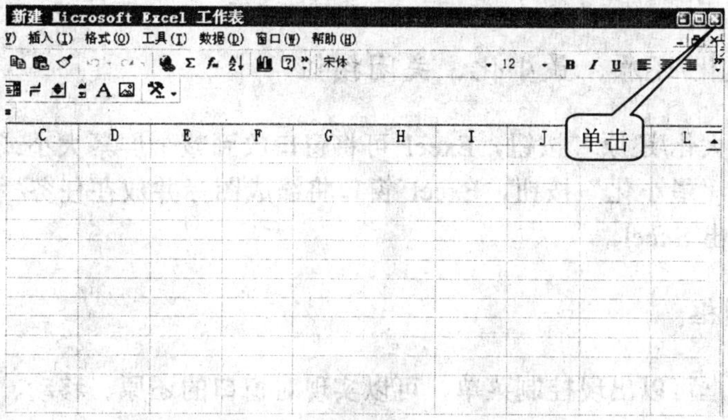

图 8-5　单击关闭按钮退出 Excel

8.1.3　Excel 窗口的介绍

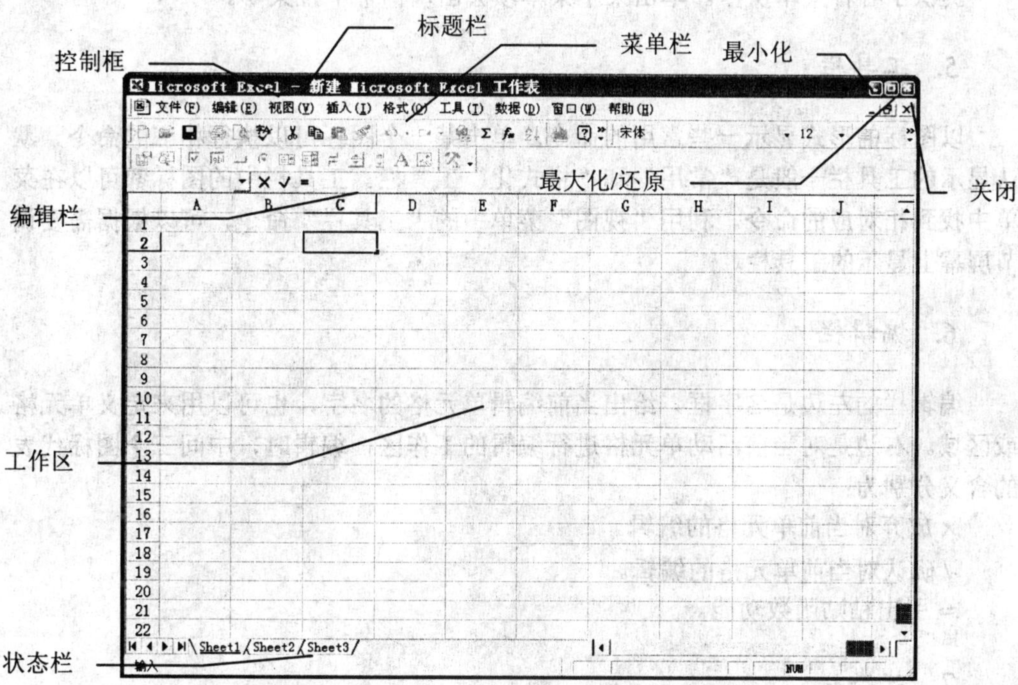

图 8-6　Excel 窗口

1. 标题栏

标题栏中给出窗口所属程序的名称“Microsoft Excel”。当工作簿最大化时，工作簿窗口的标题栏将并入 Excel 的标题栏中。

2. 最大化/还原、最小化、关闭按钮

单击“最大化/还原”按钮，Excel 可将窗口放到整个屏幕大小或者还原为原来的大小。单击“最小化”按钮，Excel 窗口将缩成图标并放在任务栏上。单击“关闭”按钮，退出 Excel。

3. 控制框

单击控制框可以出现控制菜单，可以实现对窗口的还原、移动、改变大小、最大最小化等操作。

4. 菜单栏

提供了各种菜单操作。单击某个菜单项会出现一个下拉菜单。

5. 工具栏

以图标的形式显示一些常用的命令。单击某一个图标可以执行相应的命令。默认显示的工具栏一般是“常用”和“格式化”工具栏。工具栏中的图标都可以在菜单中找到相对应的命令。利用“视图”菜单中的“工具栏”命令，可以根据需要调节屏幕上显示的工具栏。

6. 编辑栏

编辑栏的左边是名字框，给出当前编辑单元格的名字，也可以用来定义单元格或区域。右边是对当前活动单元格进行编辑的工作区，编辑时，中间三个图标代表的含义分别为：

× 放弃对当前单元格的编辑。

√ 确认对当前单元格的编辑。

= 引出粘贴函数功能。

7. 状态栏

状态栏的左边是当前工作表的工作状态信息。右边是键盘状态信息，给出几个特殊键按下与否的状态信息。

8. 工作区

进行数据编辑的区域。它由单元格构成。

8.1.4 Excel 工作簿文件的使用

工作簿是以文件的方式存放的，因此对工作簿的操作与管理实际上就是对文件的操作与管理。

1. 工作簿的创建

启动 Excel 后，系统就自动打开了一个新的工作簿。要新建一个工作簿有两种方法：一是单击“文件”菜单项，在下拉菜单中单击选取“新建”，如图 8-7 所示，就会出现如图 8-8 所示的画面。双击“工作簿”即可。另一种方法是单击工具栏上的图标。

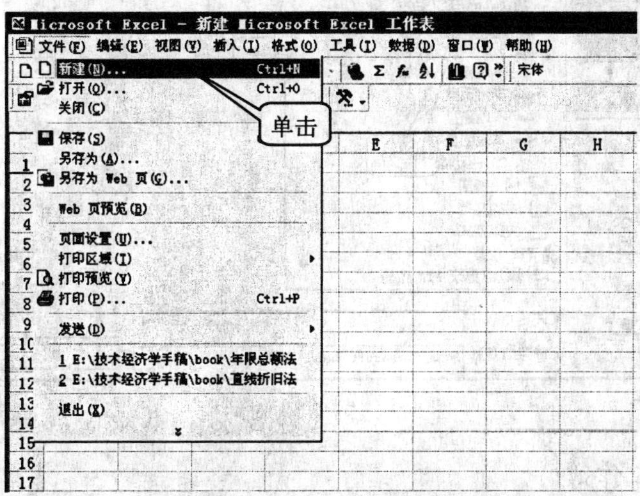

图 8-7 新建工作簿

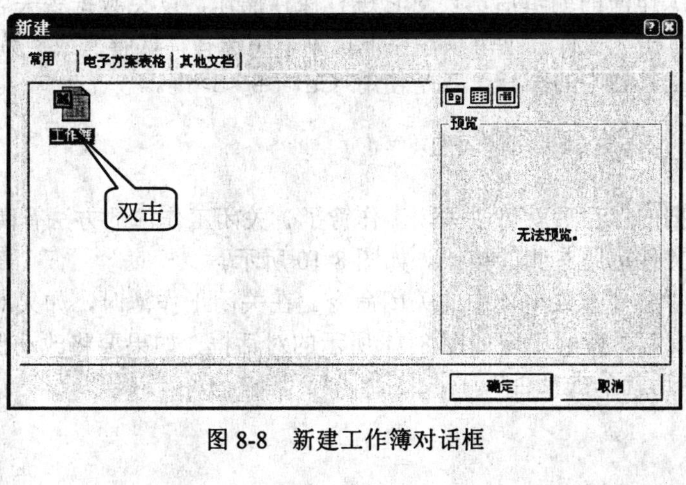

图 8-8 新建工作簿对话框

2. 打开工作簿

打开一个工作簿也有两种方法：一是单击“文件”菜单项，在下拉菜单中单击选择打开，二是单击工具栏上的图标。

完成上述步骤后，屏幕上出现一个对话框如图 8-9 所示，在“文件名”中输入要打开文件的名称或者在列表框中选择需要打开的文档，然后单击“打开”按钮，就打开了所需要的工作簿文件。

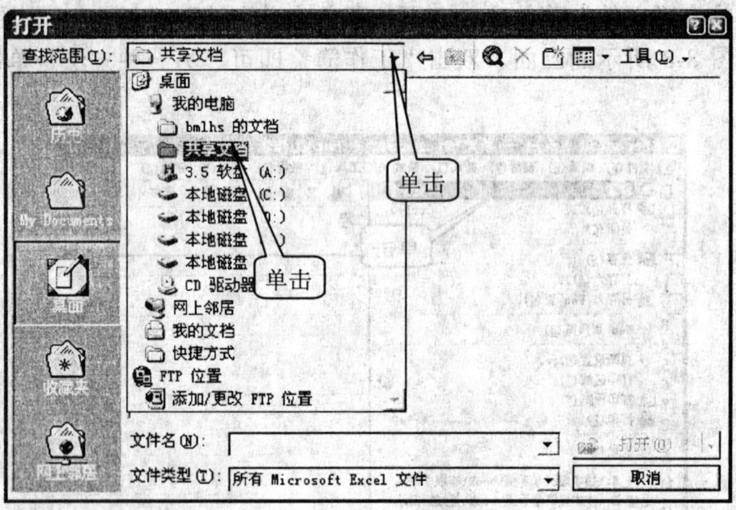

图 8-9 “打开”对话框

3. 保存工作簿

当完成对工作簿的编辑后，要对它进行保存操作，以免数据丢失。保存的方法有三种：一是单击“文件”菜单项，在下拉菜单中选择“保存”或“另存为”命令。二是单击标准工具栏中的图标。三是使用<Ctrl> + <S>键。

4. 关闭工作簿

完成对数据的保存后就可以关闭工作簿了。关闭工作簿的方法有两种：

一是单击文件标题右侧的按钮。如图 8-10 所示。

二是单击“文件”菜单项中的关闭命令。在关闭工作簿时，如果对工作表进行了改动但没有保存，就会出现如图 8-11 所示的对话框，如果要将改动保存，则单击“是”，否则的话就单击“否”。

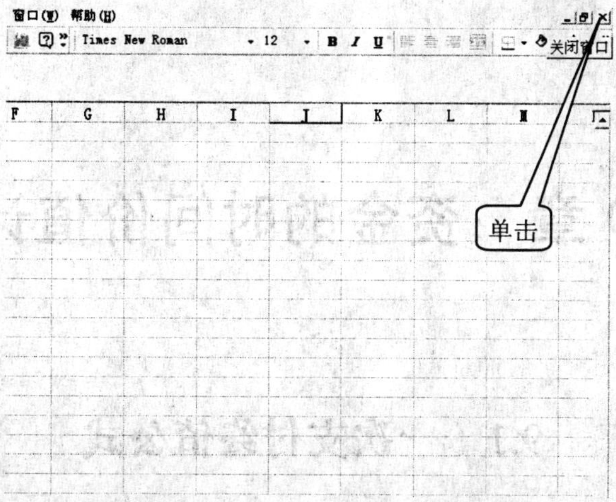

图 8-10 关闭工作簿

图 8-11 保存对话框

第 9 章　资金的时间价值计算

9.1　一次支付终值公式

9.1.1　基本概念

一次支付终值公式，也称一次支付本利和公式。这是在已知 i、n、P 的情况下求 F，用公式表示为

$$F = P(1+i)^n \tag{9-1}$$

9.1.2　案例分析

某企业向银行贷款 10 万元进行技术改造，年利率为 8%，按年计息，2 年后一次还清。届时其偿还的本利和共多少元？

1. 列写计算公式

根据题意，可以利用式（9-1）进行计算，即

$$F = P(1+i)^n = 100\ 000 \times (1+8\%)^2$$

2. 利用 Excel 求解

利用 Excel 求解的步骤如下：

步骤 1：启动 Excel 2000，首先将其保存为“资金的时间价值.xls”，当前工作簿中制作要求解的表头，注意调整各列的宽度及其对齐方式，本例中均采用居中对齐，如图 9-1 所示。

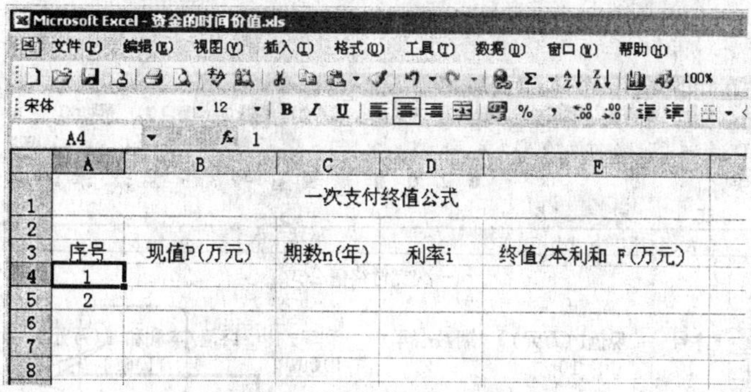

图 9-1　一次支付终值公式表头

步骤 2：按题意输入原始数据，如图 9-2 所示。

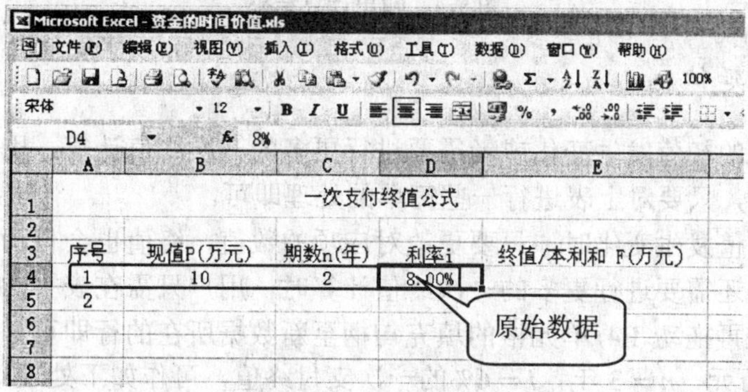

图 9-2　输入原始数据

步骤 3：用鼠标左键单击 E4 单元格，输入计算公式“ = B4*power（(1 + D4)，C4)”，注意公式中参数不要用具体数值，否则当原始数据发生变化后，结果就不正确了，如图 9-3 所示。

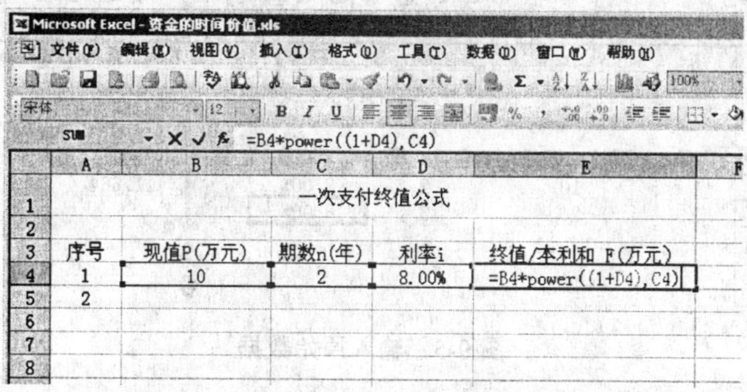

图 9-3　输入公式

步骤 4：完成公式输入后，单击“回车”，则得到所需的计算结果，如图 9-4 所示。

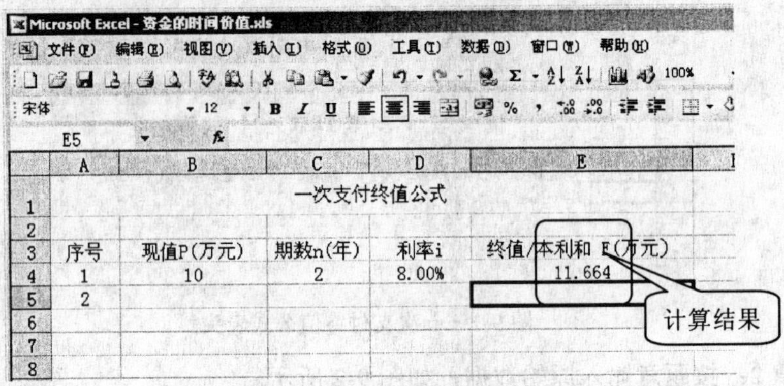

图 9-4　输出计算结果

3. 案例延伸

如果已知的初值发生变化或者需要进行更多的一次终值计算，用户不必每次都输入计算公式，只要对上表进行一些简单的处理即可。

当已知初值发生变化时，只要更改对应项的数值，终值也会自动调整为正确的输出结果；当还需要进行更多的一次终值计算时，用户只需在表格的对应位置处输入原始数据，再拖动 E4 单元格的填充句柄至新数据所在的行即可，比如要计算初值为 $P=20$ 万元，$n=3$ 年，$i=6\%$的一次支付终值，可作如下处理：

步骤 1：在以上表格中输入对应的原始数据，如图 9-5 所示。

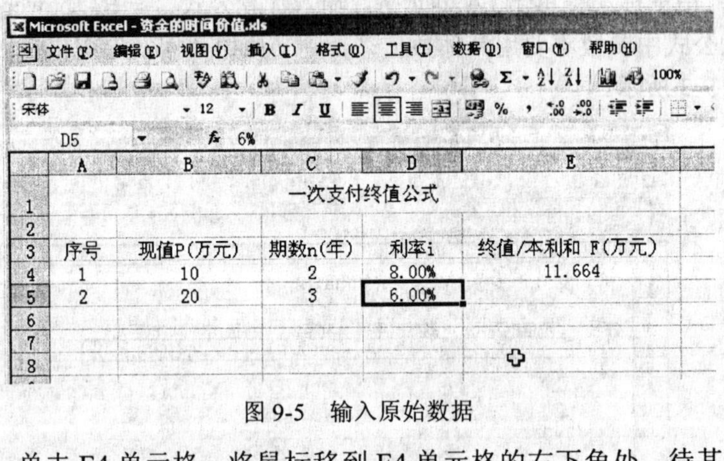

图 9-5　输入原始数据

步骤 2：单击 E4 单元格，将鼠标移到 E4 单元格的右下角处，待其变成“ + ”形状，按住左键将其拖到 E5 处，松开鼠标左键，这样就得到计算结果，如图 9-6 所示。

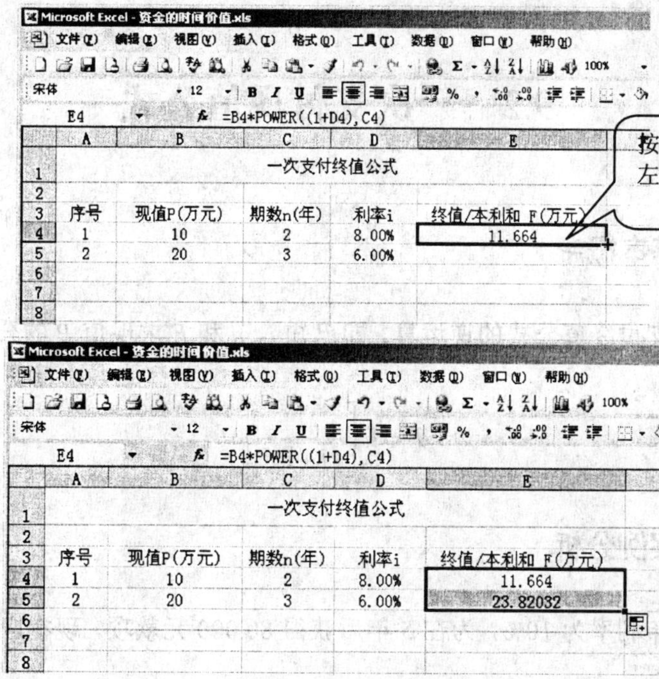

图 9-6　得到计算结果

提示：

显然应用这种方法，可以很方便地利用 Excel 进行一次终值计算，当然对于不同的问题，用户需要注意单位。

步骤 3：当完成所有计算后，将该页工作表更名为“一次支付终值公式”，如图 9-7 所示，然后单击按钮保存文档。

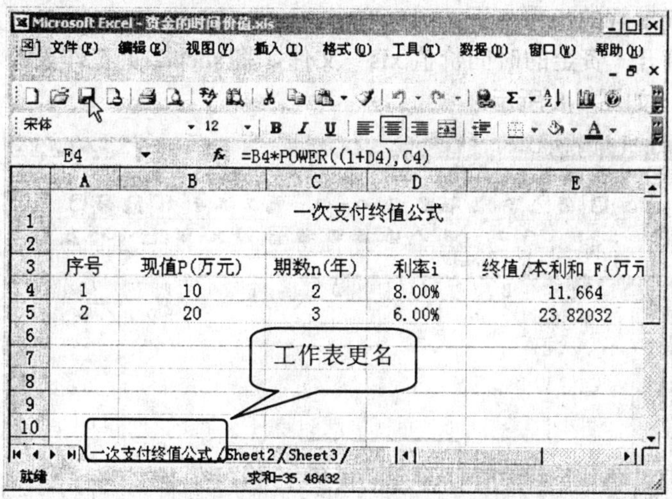

图 9-7　工作表更名

9.2 一次支付现值公式

9.2.1 基本概念

这是一次支付终值公式的逆运算。即已知 i、n 和 F 求现值 P 的公式，用公式表示为

$$P=F\left[\frac{1}{(1+i)^{n}}\right] \tag{9-2}$$

9.2.2 案例分析

如果银行年利率为 10%，为在 5 年后获得 80 000 元款项，现在应存入银行多少元？

1. 列写计算公式

根据题意，可以直接利用式（9-2）进行计算，即

$$P=F(1+i)^{-n}=80\,000\times(1+10\%)^{-5}$$

2. 利用 Excel 求解

利用 Excel 求解的步骤如下：

步骤 1：打开“资金的时间价值.xls”文件，将 sheet2 页工作表改名为“一次支付现值公式”，如图 9-8 所示。

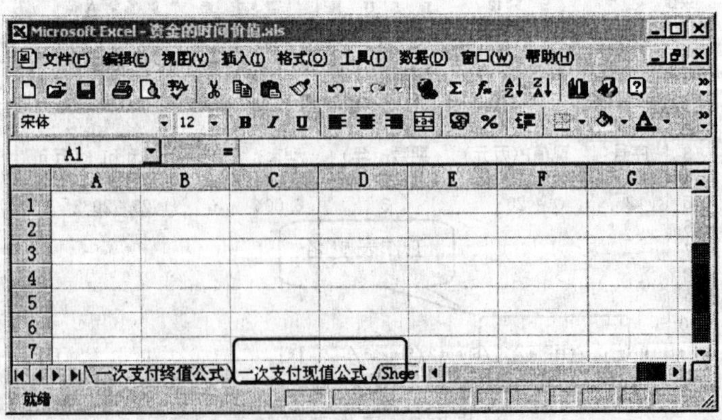

图 9-8 建立一次支付现值公式工作表

步骤 2：在“一次支付现值公式”工作表页面上制作要求解问题的表头，如图 9-9 所示。

图 9-9　求解表头

步骤 3：根据题意将对应的原始数据输入到 Excel 表格中，如图 9-10 所示。

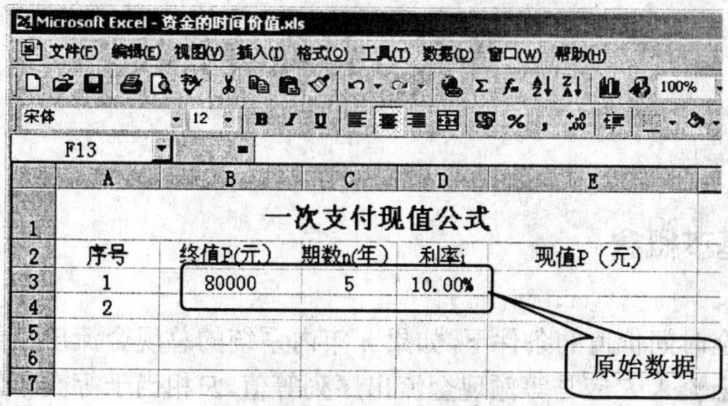

图 9-10　输入原始数据

步骤 4：用鼠标单击 E3 单元格，输入计算公式“ = B3*power((1 + D3)，– C3)”，如图 9-11 所示。

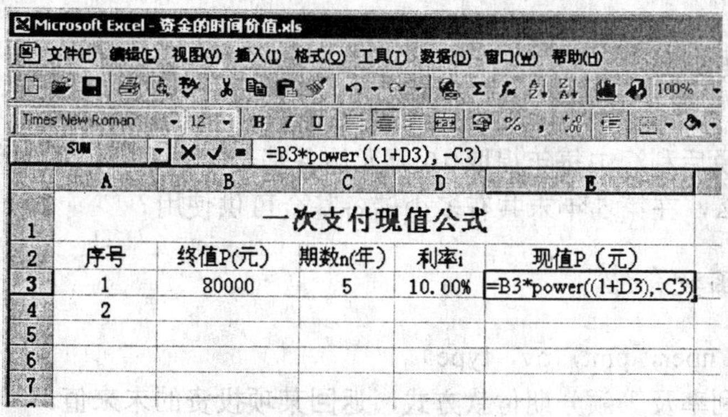

图 9-11　输入计算公式

步骤 5：完成公式输入后，单击“回车”，则得到所需的计算结果，如图 9-12 所示。

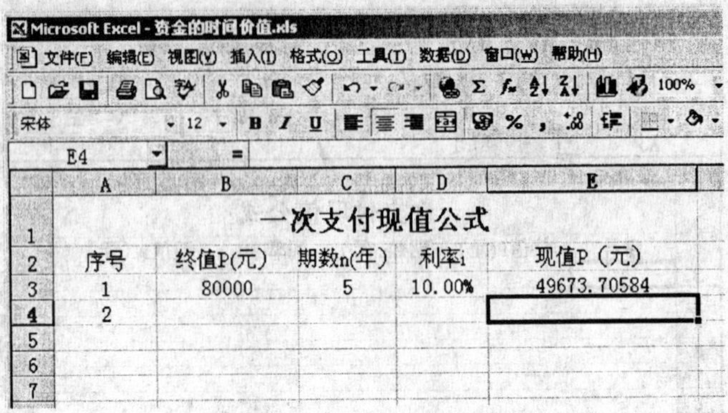

图 9-12　输出计算结果

9.3　等额分付终值公式

9.3.1　基本概念

在考虑资金时间价值的条件下，如果 n 年内系统的总现金流出等于总现金流入，则第 n 年的现金流入 F 应与等额现金流出序列等值。F 相当于等额年值系统的终值。用公式表示为

$$F = A\left[\frac{(1+i)^n - 1}{i}\right] \tag{9-3}$$

9.3.2　案例分析

某企业从税后利润中每年提取 10 万元储备基金存入银行，假如年利率为 8%，按年计息，那么，在第 5 年末共有多少储备基金可供使用？

1. 所用函数介绍

FV（rate，nper，pmt，pv，type）
基于固定利率及等额分期付款方式，返回某项投资的未来值。
其中：

rate：为各期利率，是一固定值。

nper：为投资或贷款的期数。

pmt：为各期所应付给（或得到）的金额，其数值在整个年金期间（或投资期内）保持不变。通常 pmt 包括本金和利息，但不包括其他费用及税款。如果忽略 pmt，则必须包括 pv 参数。

pv：为现值，即从该项投资（或贷款）开始计算时已经入账的款项，或一系列未来付款当前值的累积和，也称为本金。如果省略 pv，则假设其值为零，并且必须包括 pmt 参数。

type：数字 0 或 1，用以指定各期的付款时间是在期初还是期末。如果省略 type，则假设其值为零，即表示付款时间在期末。

2. 列写计算公式

$$F = A\left[\frac{(1+i)^n - 1}{i}\right] = \text{FV}\,(0.08, 5, -10)$$

3. 利用 Excel 求解

步骤 1：打开“资金的时间价值.xls”文件，将 sheet3 页工作表改名为“等额分付终值公式”，如图 9-13 所示。

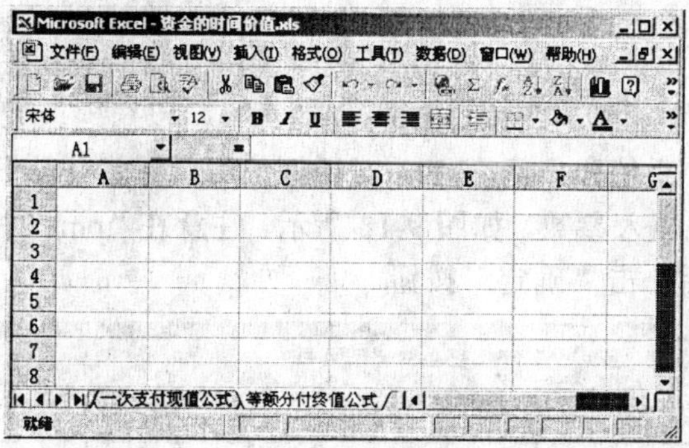

图 9-13　建立等额分付终值公式工作表

步骤 2：在“等额支付终值公式”工作表页面上制作要求解问题的表头，如图 9-14 所示。

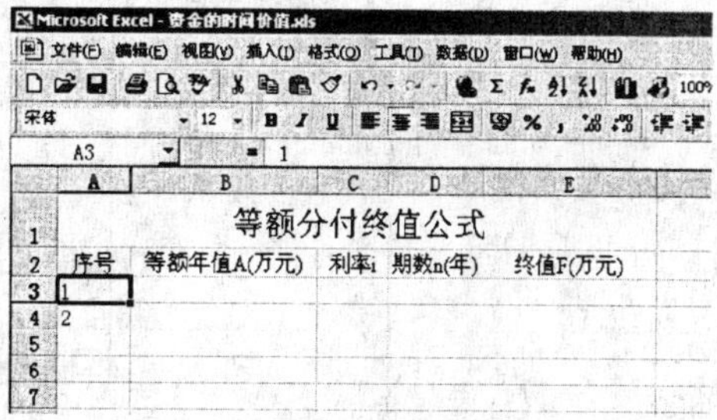

图 9-14　制作表头

步骤 3：根据题意，将对应的原始数据输入到 Excel 表格中，如图 9-15 所示。

步骤 4：用鼠标单击 E3 单元格，在“常用”工具栏上单击“粘贴函数”按钮 f_x，如

图 9-16 所示。

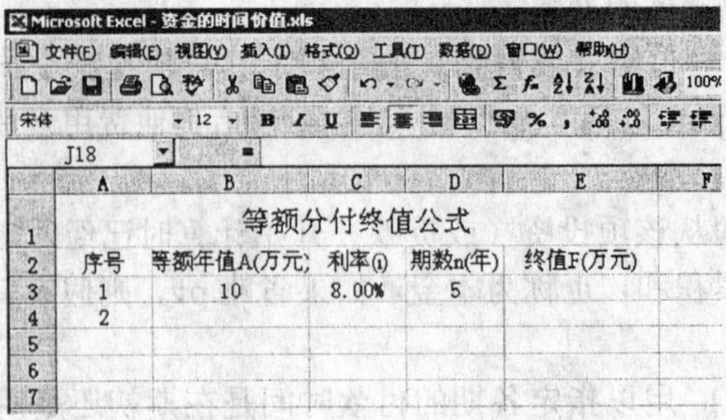

图 9-15　输入原始数据

步骤 5：如图 9-17 所示，在出现的“粘贴函数”对话框中“函数分类”和“函数名”栏目中分别选取“财务”和“FV”，然后单击“确定”按钮。

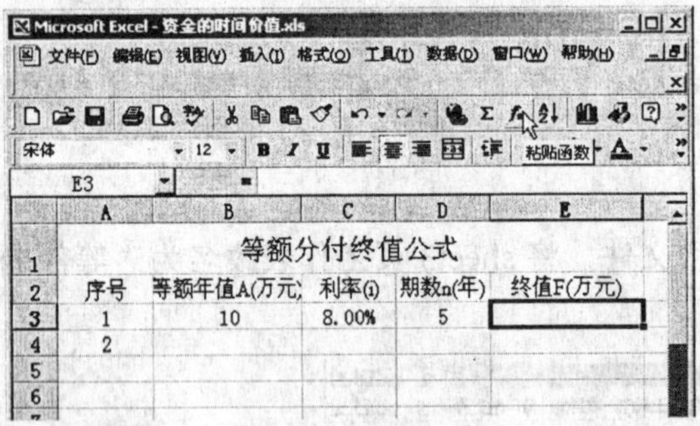

图 9-16　粘贴函数

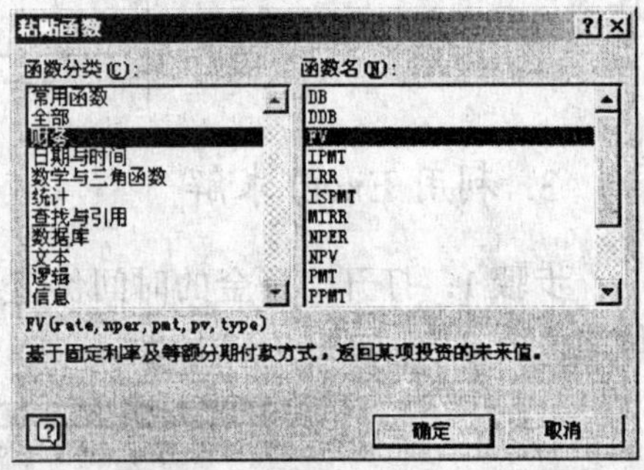

图 9-17　“粘贴函数”对话框

步骤 6：此时，系统弹出函数 FV 对话框，用鼠标将其移开，根据表格中的对应项目在函数 FV 中填入参数，如图 9-18 所示，注意在“pmt”栏中应填入“－B3”，表示现金流出，然后单击“确定”按钮。

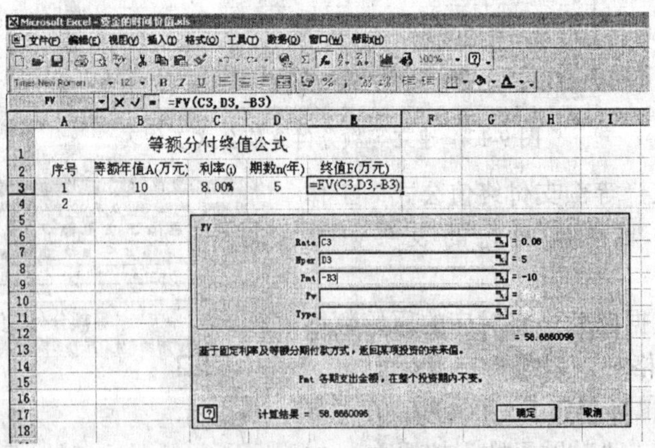

图 9-18　录入参数

步骤 7：回到 Excel 窗口，在 E3 单元格中即得到正确的计算结果，如图 9-19 所示。

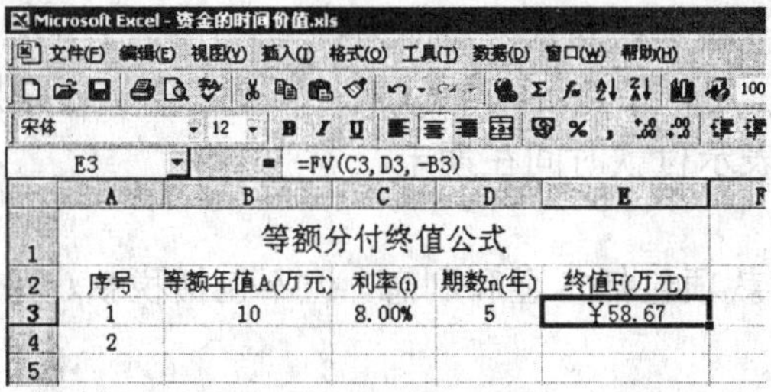

	A	B	C	D	E
1	等额分付终值公式				
2	序号	等额年值A(万元)	利率(i)	期数n(年)	终值F(万元)
3	1	10	8.00%	5	￥58.67
4	2				
5					

图 9-19　得到计算结果

9.4　等额分付偿债基金公式

9.4.1　基本概念

该公式是等额分付终值公式的逆公式，即要已知未来需提供的基金 F，在给定利率 i 和计息期数 n 的条件下，欲求与 F 等值的等额系列年值 A，可由式（9-3）直接推导出

$$A=F\left[\frac{i}{(1+i)^n-1}\right] \tag{9-4}$$

9.4.2　案例分析

某工厂计划自筹资金于 5 年后新建一个基本生产车间，预计需要投资 5 000 万元。若年利率为 5%，在复利条件下，从现在起每年年末应等额存入银行多少钱？

1. 所用函数介绍

PMT（rate，nper，pv，fv，type）

基于固定利率及等额分期付款方式，返回投资或贷款的每期付款额。

其中：

rate：为各期利率，是一固定值。

nper：为总投资（或贷款）期，即该项投资（或贷款）的付款期总数。

pv：为现值，即从该项投资（或贷款）开始计算时已经入账的款项，或一系列未来付款当前值的累积和，也称为本金。

fv：为未来值，或在最后一次付款后希望得到的现金余额，如果省略 fv，则假设其值为零（例如，一笔贷款的未来值即为零）。

type：数字 0 或 1，用以指定各期的付款时间是在期初还是期末。如果省略 type，则假设其值为零，即表示付款时间在期末。

说明：

PMT 返回的支付款项包括本金和利息，但不包括税款、保留支付或某些与贷款有关的费用。

应确认所指定的 rate 和 nper 单位的一致性。例如，同样是四年期年利率为 12% 的贷款，如果按月支付，rate 应为 12%/12，nper 应为 4*12；如果按年支付，rate 应为 12%，nper 为 4。

提示：

如果要计算一笔款项的总支付额，请用 PMT 返回值乘以 nper。

2. 列写计算公式

根据题意，可以直接利用等额分付偿债基金公式，即

$$A = F\left[\frac{i}{(1+i)^n - 1}\right] = 5\ 000 \times \left[\frac{5\%}{(1+5\%)^5 - 1}\right]$$

3. 利用 Excel 求解

利用 PMT 函数求解等额分付终值问题的步骤如下：

步骤 1：打开“资金的时间价值.xls”文件，将鼠标移到“等额分付终值公式”标签处，单击右键，在出现的快捷菜单中选择“插入”命令，如图 9-20 所示。

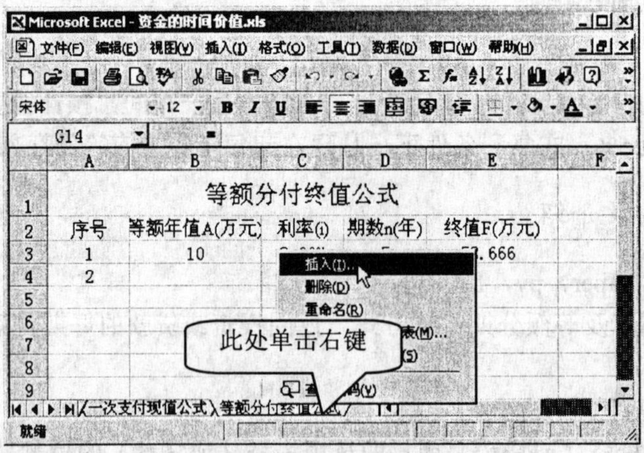

图 9-20　插入工作表

步骤 2：此时，系统弹出如图 9-21 所示的“插入”对话框，单击选择“工作表”，然后单击“确定”按钮。

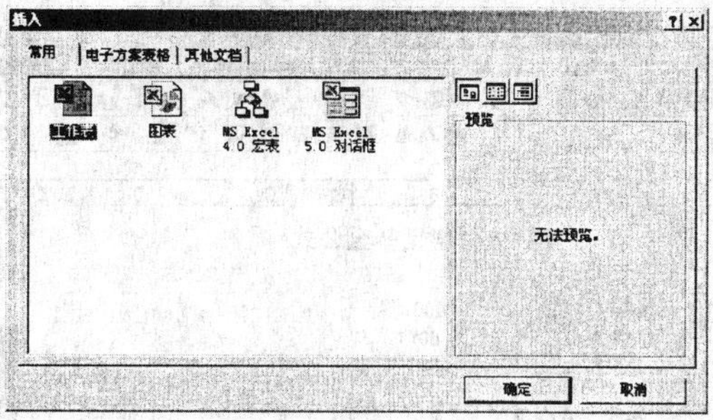

图 9-21　“插入”对话框

步骤 3：回到 Excel 窗口，可以看到新增加的工作表，默认的名字为“Sheet1”，如图 9-22 所示。

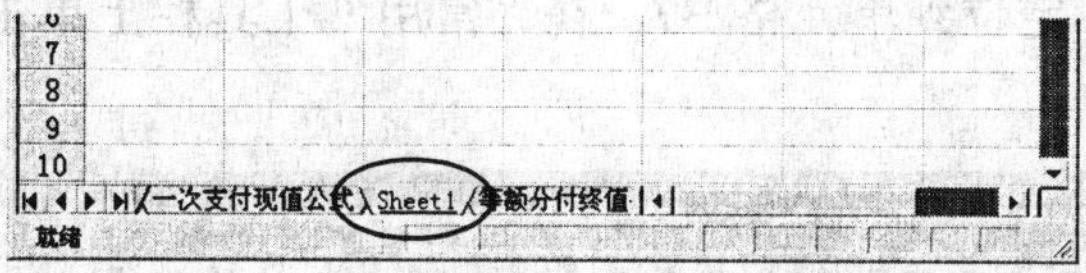

图 9-22　插入新工作表

步骤 4：用鼠标将“Sheet1”标签拖到最后，并将其更名为“等额分付偿债基金公式”，如图 9-23 所示。

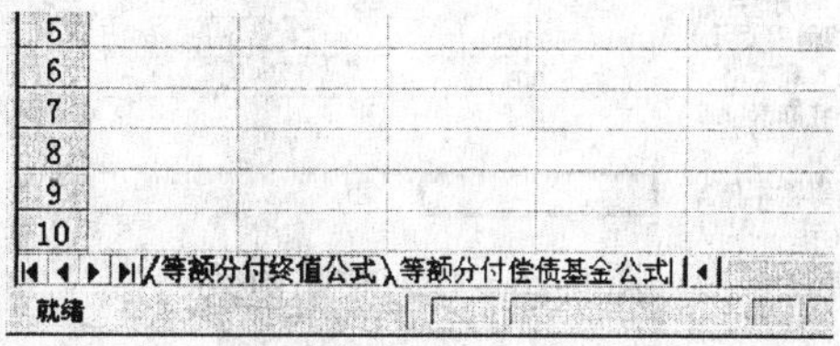

图 9-23　新建“等额分付偿债基金公式”工作表

步骤 5：在“等额分付偿债基金公式”工作表中创建求解问题的表头，如图 9-24 所示。

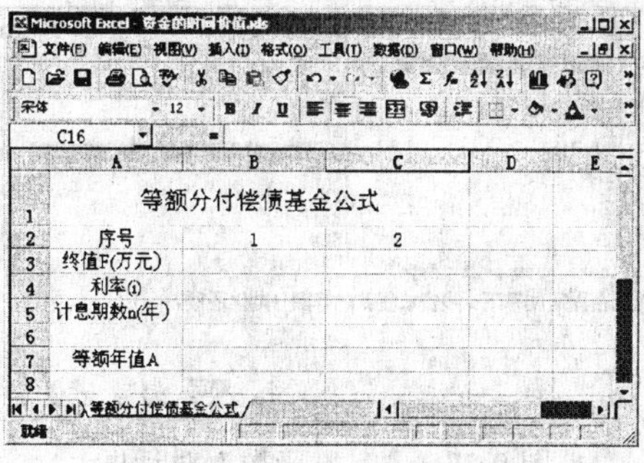

图 9-24　求解表头

步骤 6：根据题意，将题目中给出的原始数据输入到表格的对应单元格中，如图 9-25 所示。

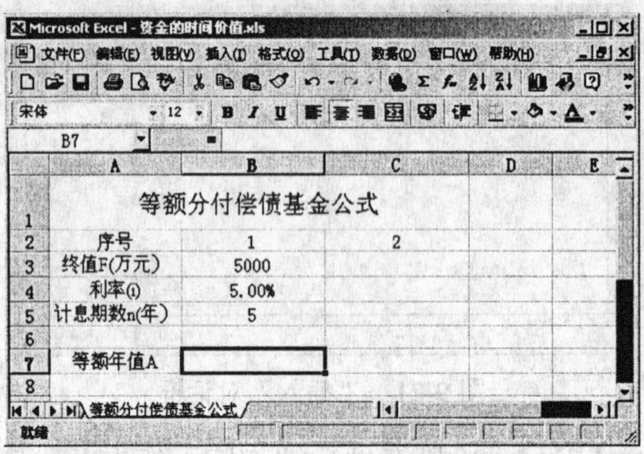

图 9-25　输入原始数据

步骤 7：将鼠标定位到单元格 B7，在“常用”工具栏上单击“粘贴函数”按钮 f_x，如图 9-26 所示。

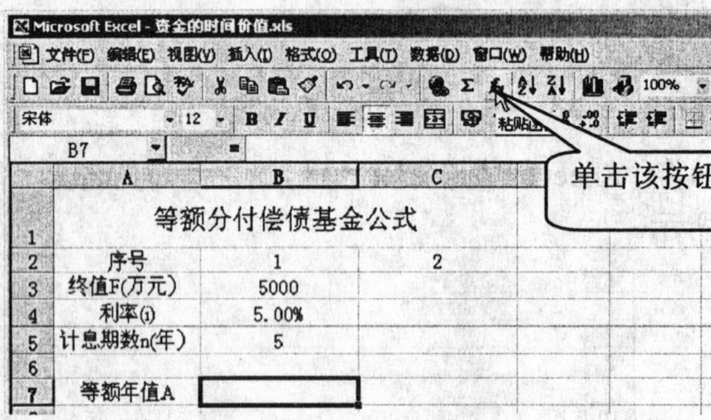

图 9-26　插入粘贴函数

步骤 8：如图 9-27 所示，在出现的“粘贴函数”对话框中选择“PMT”函数，然后单击“确定”按钮。

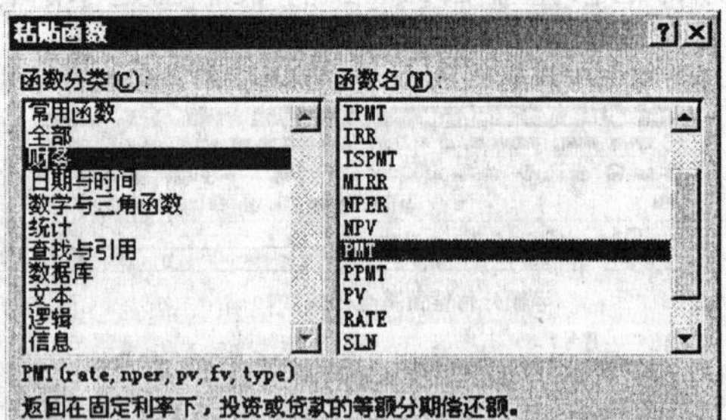

图 9-27　“粘贴函数”对话框

步骤 9：此时，系统弹出函数 PMT 对话框，用鼠标将其移开，用鼠标单击参数 Rate 处的按钮，如图 9-28 所示。

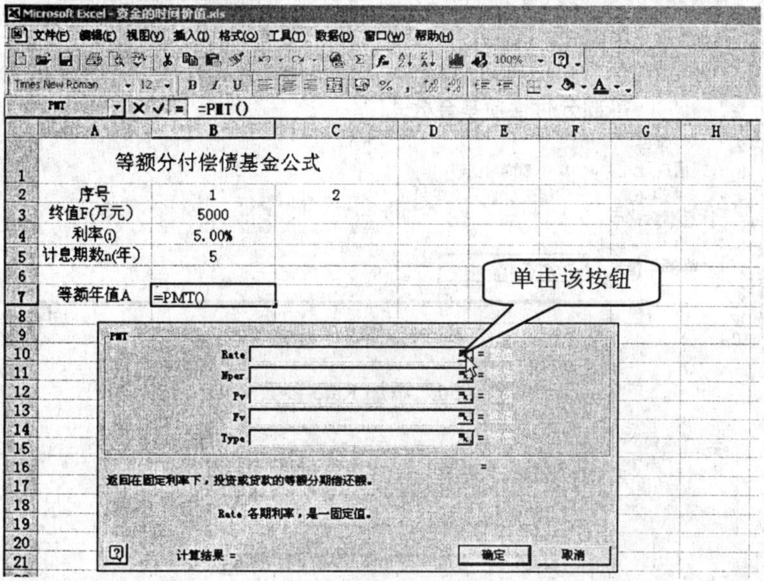

图 9-28　准备录入参数

步骤 10：此时，用鼠标单击利率对应的单元格 B4，B4 将自动加到 Rate 参数文本框中，如图 9-29 所示。

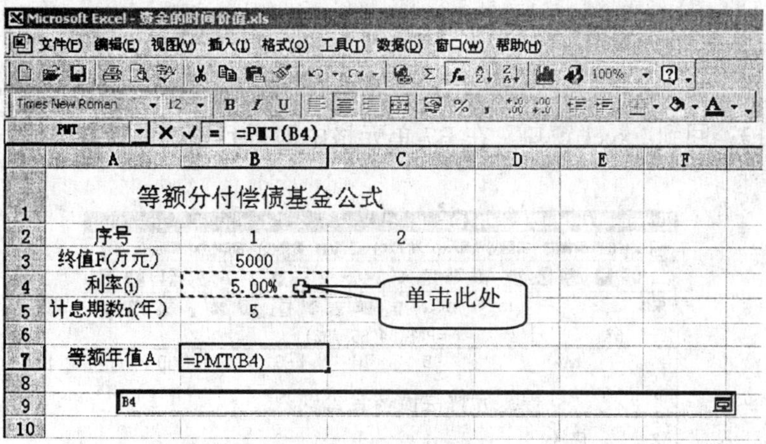

图 9-29　添加 Rate 参数

步骤 11：这时，利率所对应的单元格就自动加入 Rate 参数文本框中，如图 9-30 所示，然后再单击按钮。

步骤 12：回到函数对话框，此时利率所对应的单元格就添加到 Rate 文本框中，以同样的方法添加其他参数，如图 9-31 所示，完成后单击“确定”按钮。

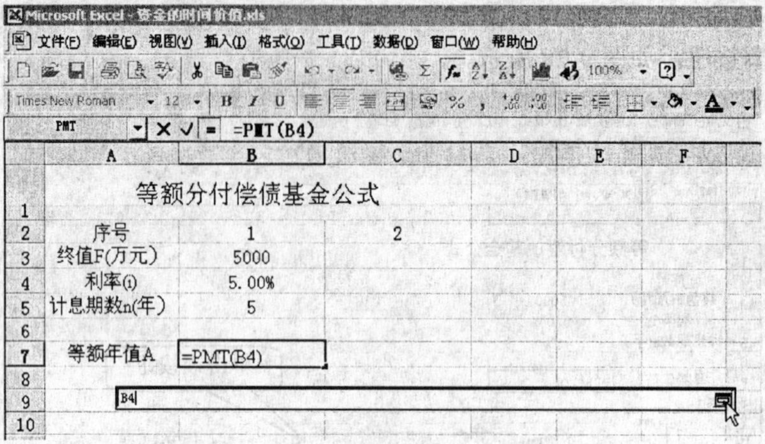

图 9-30　添加 Rate 参数

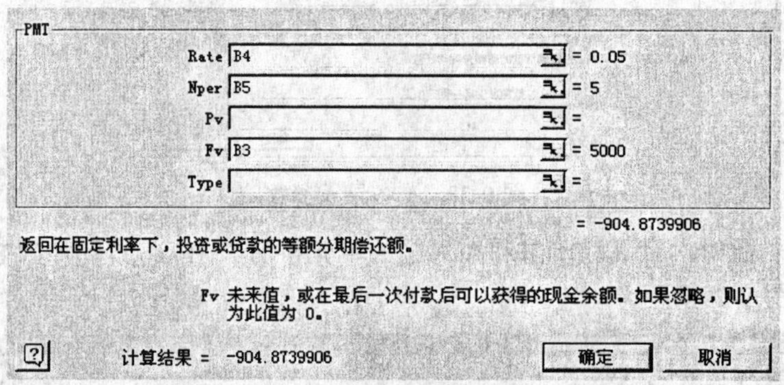

图 9-31　添加其他参数

步骤 13：回到 Excel 窗口，在 B7 单元格中即得到正确的计算结果，如图 9-32 所示。

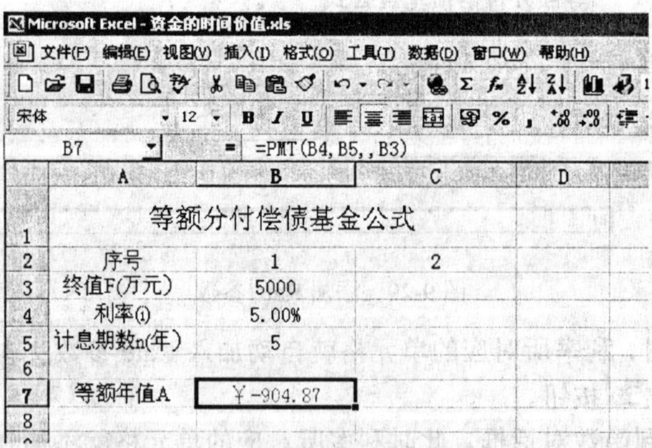

图 9-32　得到计算结果

9.5　等额分付现值公式

9.5.1　基本概念

这个公式的经济含义是，在复利计息的条件下，当利率为 i 时，求 n 期内每期末发生的等额支付序列值 A 的现值 P，即已知 A、i、n，求 P。用公式表示为

$$P = A\left[\frac{(1+i)^n - 1}{i(1+i)^n}\right] \tag{9-5}$$

9.5.2　案例分析

成都创科科技公司，要求连续 10 年内连本带利全部收回，且每年年末等额收回本利和为 2 万元，当年利率为 10%，问在复利计息的条件下，期初投资应是多少？

1. 所用函数介绍

PV（rate，nper，pmt，fv，type）

返回投资的现值。现值为一系列未来付款当前值的累积和。例如，借入方的借入款即为贷出方贷款的现值。

其中：

rate：为各期利率。例如，如果按 10%的年利率借入一笔贷款来购买汽车，并按月偿还贷款，则月利率为 10%/12（即 0.83%）。可以在公式中输入 10%/12 或 0.83%或 0.0083 作为 rate 的值。

nper：为总投资（或贷款）期，即该项投资（或贷款）的付款期总数。例如，对于一笔 4 年期按月偿还的汽车贷款，共有 4*12（即 48）个偿款期次。可以在公式中输入 48 作为 nper 的值。

pmt：为各期所应付给（或得到）的金额，其数值在整个年金期间（或投资期内）保持不变。通常 pmt 包括本金和利息，但不包括其他费用及税款。例如，$10 000 的年利率为 12%的四年期汽车贷款的月偿还额为$263.33。可以在公式中输入 263.33 作为 pmt 的值。如果忽略 pmt，则必须包含 fv 参数。

fv：为未来值，或在最后一次支付后希望得到的现金余额，如果省略 fv，则假设其值为零（一笔贷款的未来值即为零）。例如，如果需要在 18 年后支付$50 000，

则$50 000 就是未来值。可以根据保守估计的利率来决定每月的存款额。如果忽略 fv，则必须包含 pmt 参数。

type：数字 0 或 1，用以指定各期的付款时间是在期初还是期末。如果省略 type，则假设其值为零，即表示指定的付款时间在期末。

2. 列写计算公式

根据题意，可以直接利用式（9-5）求解，即

$$P = A\left[\frac{(1+i)^n - 1}{i(1+i)^n}\right] = 2\times\left[\frac{(1+0.1)^{10}-1}{0.1\times(1+0.1)^{10}}\right]$$

3. 利用 Excel 求解

利用 PV 函数求解等额分付现值的具体步骤如下：

步骤 1：打开“资金的时间价值.xls”文件，如同上一节中介绍的同样的方法，增加一页工作表，并命名为“等额分付现值公式”，如图 9-33 所示。

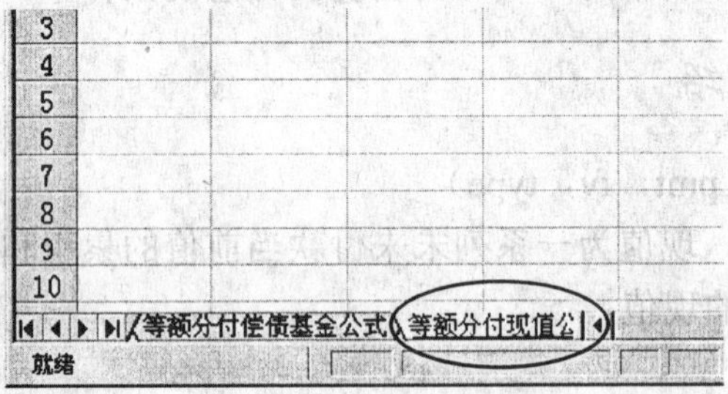

图 9-33　增加“等额分付现值公式”工作表

步骤 2：在当前工作表中，为需要求解的问题创建表头，如图 9-34 所示。

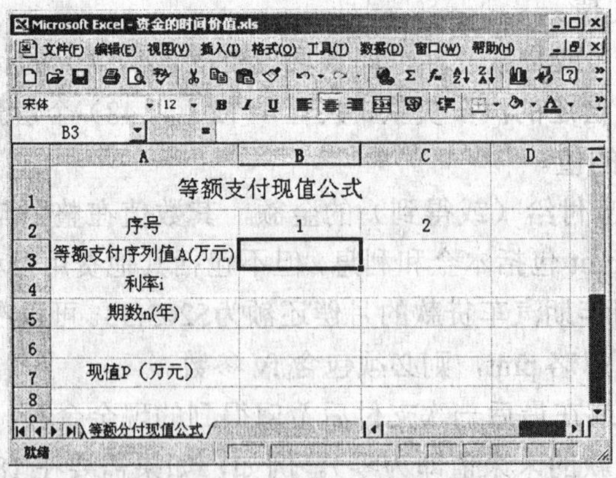

图 9-34　创建求解问题表头

步骤 3：根据题意，将题目中给出的原始数据输入到表格的对应单元格中，如图 9-35 所示。

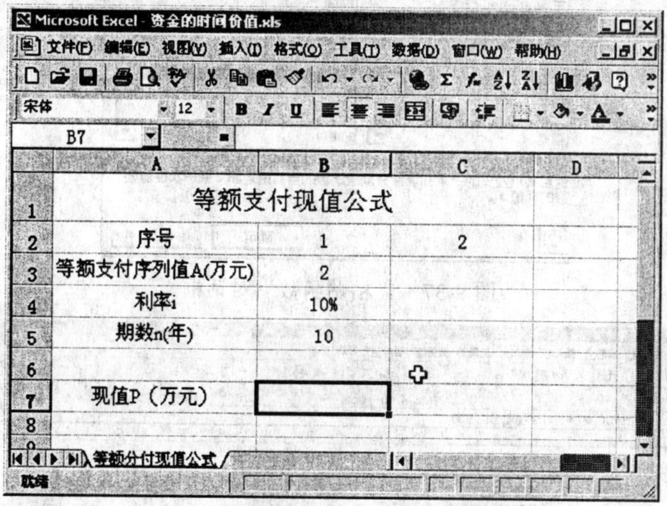

图 9-35　输入原始数据

步骤 4：用鼠标单击 B7 单元格，在“常用”工具栏上单击“粘贴函数”按钮 f_x，如图 9-36 所示。

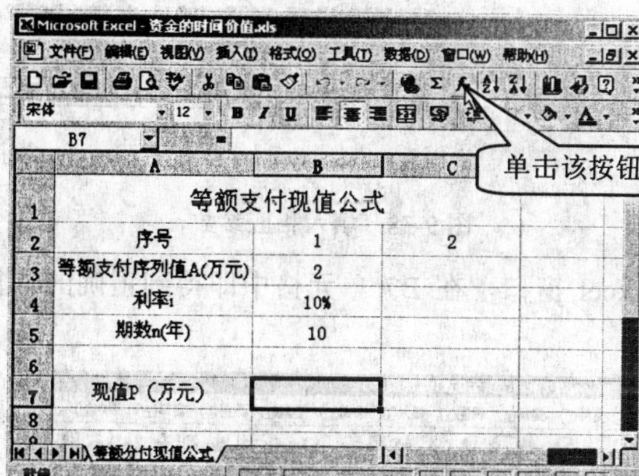

图 9-36　插入函数

步骤 5：此时，系统弹出“粘贴函数”对话框，从中选择“PV”函数，然后单击“确定”按钮，如图 9-37 所示。

步骤 6：用鼠标将 PV 函数对话框移开，在函数对话框的对应参数文本框中输入对应的单元格名称，如图 9-38 所示，然后单击“确定”按钮。

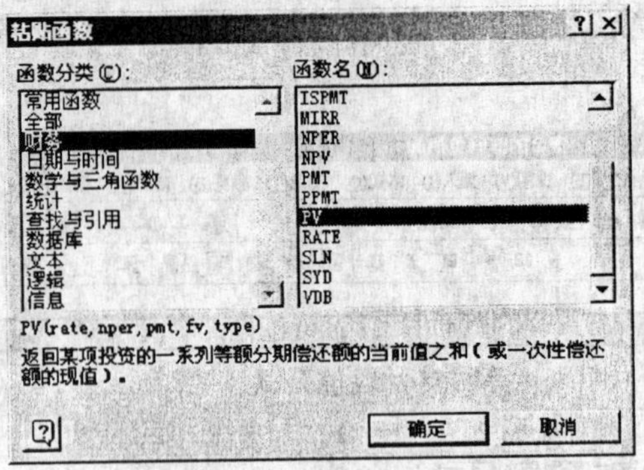

图 9-37 “粘贴函数”对话框

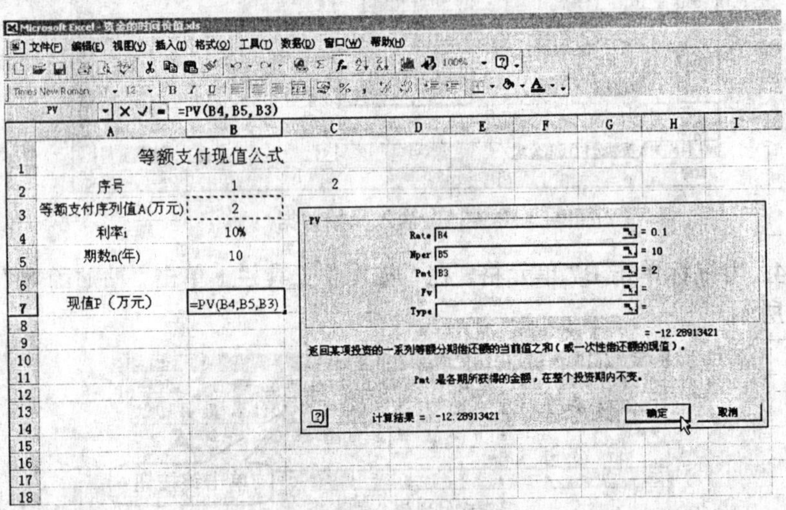

图 9-38 填入相应参数

步骤 7：回到 Excel 窗口，在 B7 单元格中即得到正确的计算结果，如图 9-39 所示。

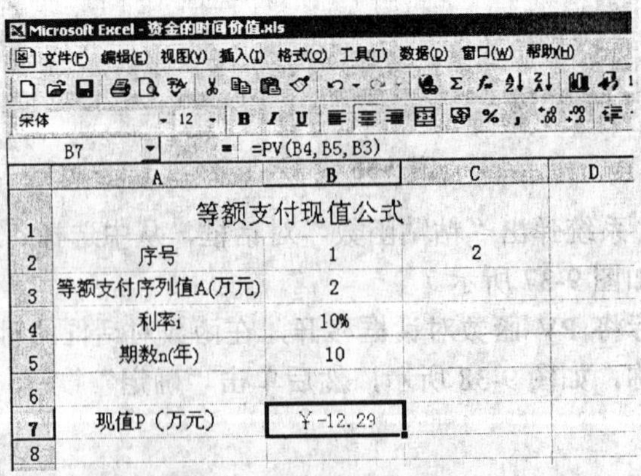

图 9-39 得到计算结果

9.6　等额分付资本回收公式

9.6.1　基本概念

等额分付资本回收公式是等额分付现值公式的逆运算，由式（9-5）可以直接导出

$$A=P\left[\frac{i(1+i)^n}{(1+i)^n-1}\right] \tag{9-6}$$

9.6.2　案例分析

某建设工程投资金额为 1 000 万元，希望在 5 年内等额收回全部投资，若折现率为 8%，问每年至少应回收多少？

1. 所用函数介绍

本例所用到的函数与等额分付偿债基金公式 PMT 函数相同，只是在参数设定时有所不同，详见后面操作步骤的介绍。

2. 列出计算公式

根据题意，可以直接利用式（9-11）求解，即

$$A=P\left[\frac{i(1+i)^n}{(1+i)^n-1}\right]=1\,000\times\left[\frac{8\%\times(1+8\%)^5}{(1+8\%)^5-1}\right]$$

3. 利用 Excel 求解

利用 PMT 函数求解等额分付资本回收问题的具体步骤如下：

步骤 1：打开“资金的时间价值.xls”文件，如同上一节中介绍的同样的方法，增加一页工作表，并命名为“等额分付资本回收公式”，如图 9-40 所示。

步骤 2：在当前工作表中，为需要求解的问题创建表头，如图 9-41 所示。

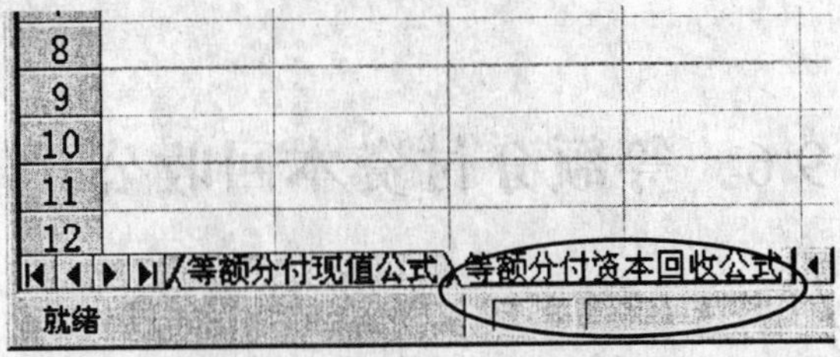

图 9-40　增加“等额分付资本回收公式”工作表

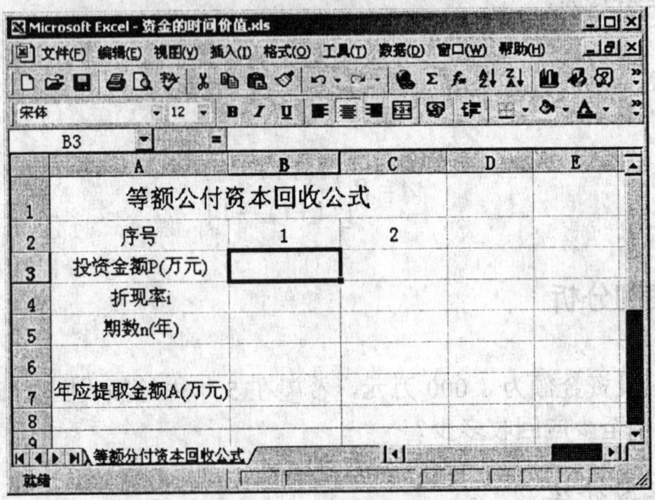

图 9-41　创建求解表头

步骤 3：根据题意，将题目中给出的原始数据输入到表格的对应单元格中，如图 9-42 所示。

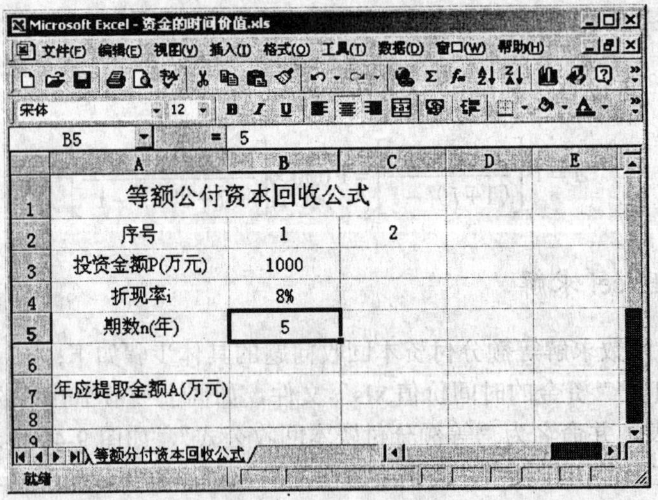

图 9-42　输入原始数据

步骤 4：用鼠标单击 B7 单元格，在“常用”工具栏上单击“粘贴函数”按钮 f_x，如图 9-43 所示。

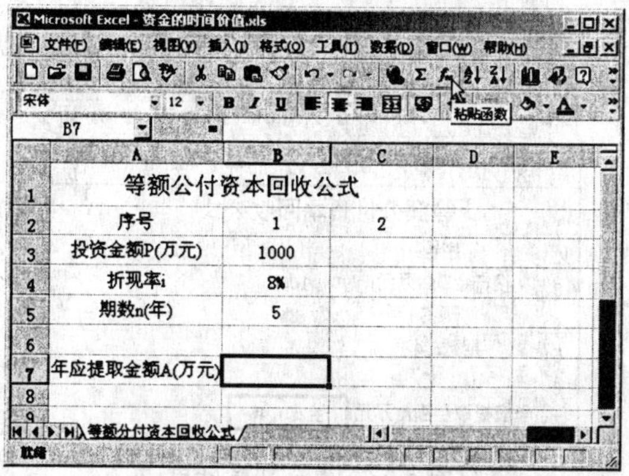

图 9-43　插入函数

步骤 5：此时，系统弹出“粘贴函数”对话框，从中选择“PMT”函数，然后单击“确定”按钮，如图 9-44 所示。

步骤 6：用鼠标将 PMT 函数对话框移开，在函数对话框的对应参数文本框中输入对应的单元格名称，注意在 Pv 文本框处输入“－B3”，表示支出，如图 9-45 所示，然后单击“确定”按钮。

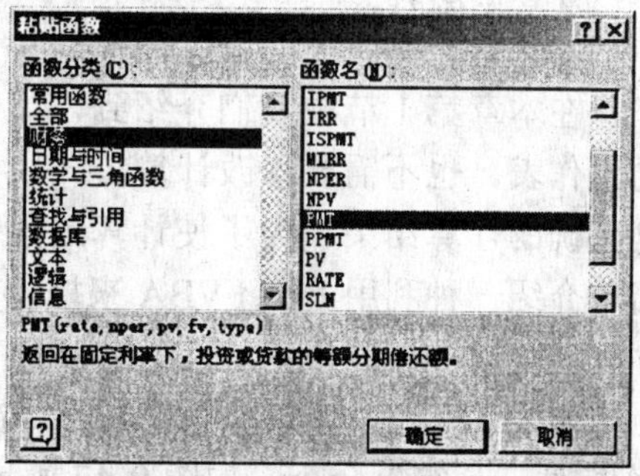

图 9-44　“粘贴函数”对话框

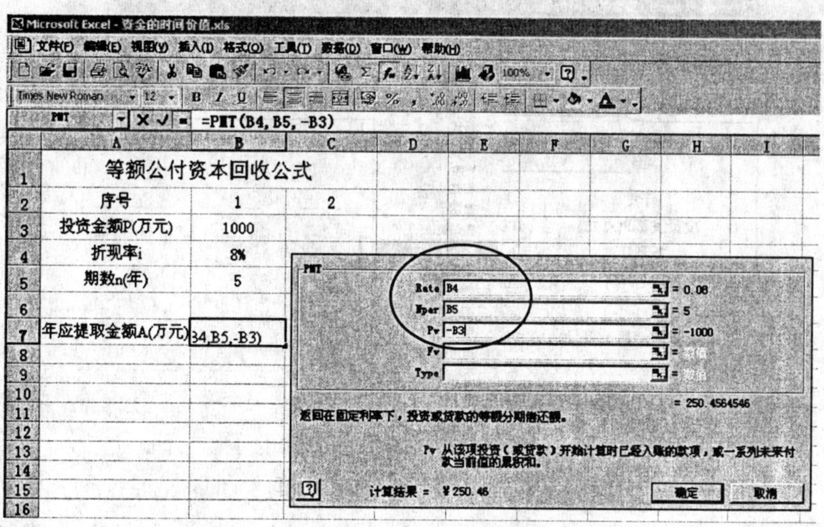

图 9-45　为公式填入参数

步骤 7：回到 Excel 窗口，在 B7 单元格中即得到正确的计算结果，如图 9-46 所示。

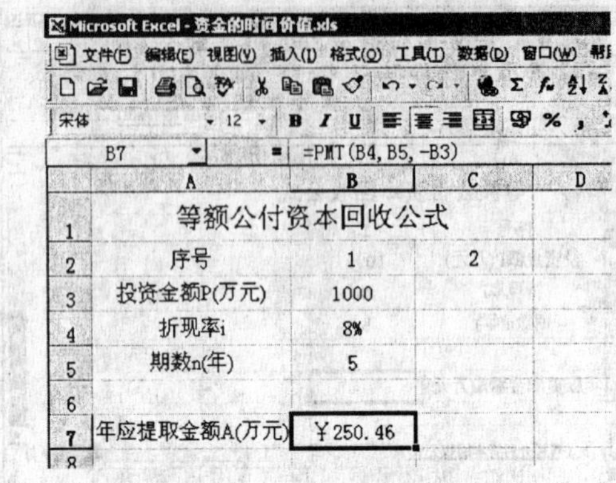

图 9-46　得到计算结果

4. 案例延伸

在本章第 1 节中我们介绍到，如果计算过程中参数发生改变，不必重新建立新的工作表，也不需要修改计算公式，而只需修改原有表格中对应项的参数，即可得到正确的计算结果。为了使计算过程中更加灵活，可以随时反映参数的变化，这里简单介绍一种利用 Excel VBA 来控制参数变化的方法。

此处以控制折现率 *i* 的变化为例，具体操作步骤如下：

步骤 1：首先打开控件工具箱。在当前工作表中，从菜单栏上选择“视图/工具栏/控件工具箱”命令，如图 9-47 所示。

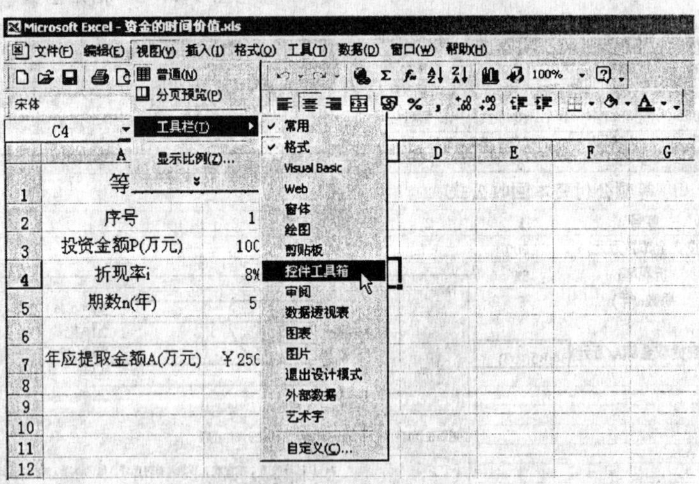

图 9-47　打开控件工具箱

步骤 2：此时，系统打开“控件工具箱”工具栏，如图 9-48 所示，单击“滚动条”按钮。

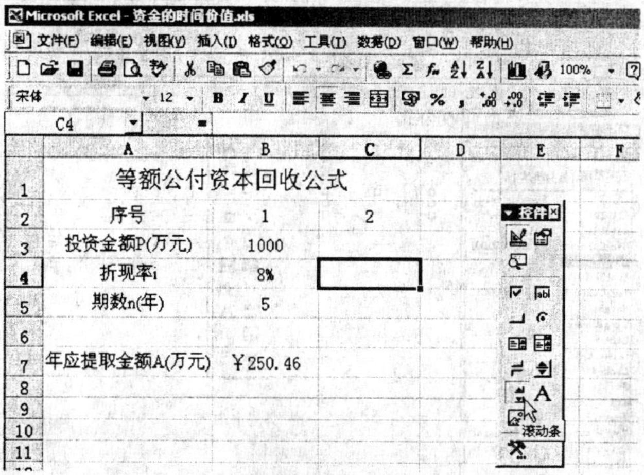

图 9-48　“控件工具箱”工具栏

步骤 3：按住鼠标左键，用鼠标拖动的方法拖曳，将滚动工具条释放在 C4 单元格内，如图 9-49 所示。

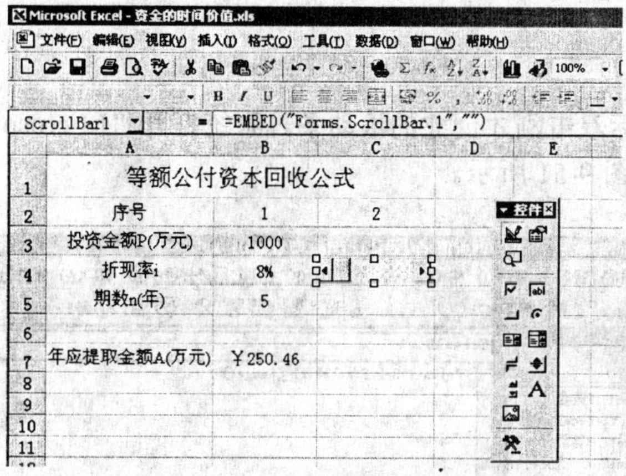

图 9-49　放置滚动条图标

步骤 4：调整滚动条的属性。首先单击“控件工具箱”上的按钮，在出现的“属性”对话框中，设置滚动条的属性为：Delay = 1，LargeChange = 1，Max = 20，Min = 1，SmallChange = 1，其余保持默认值，如图 9-50 所示，设置完成以后关闭“属性”对话框。

提示：

以上属性设置后，当每单击一下滚动条两端的箭头时，滚动条的值变化 1，当用鼠标移动游标时，滚动条的最小变化也是 1。

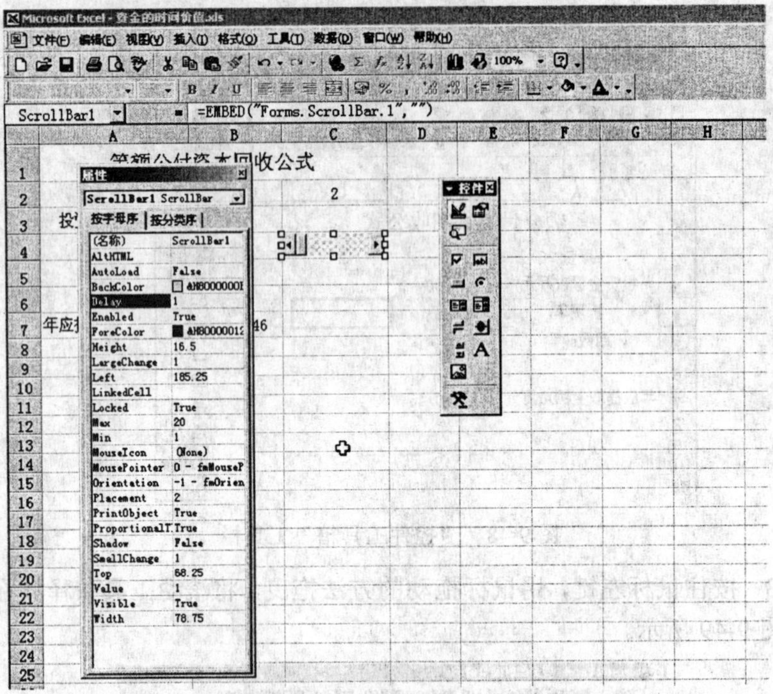

图 9-50　设置滚动条属性

步骤 5：用鼠标双击刚才创建的滚动条，系统打开“Microsoft Visual Basic”的代码编辑窗口，如图 9-51 所示。

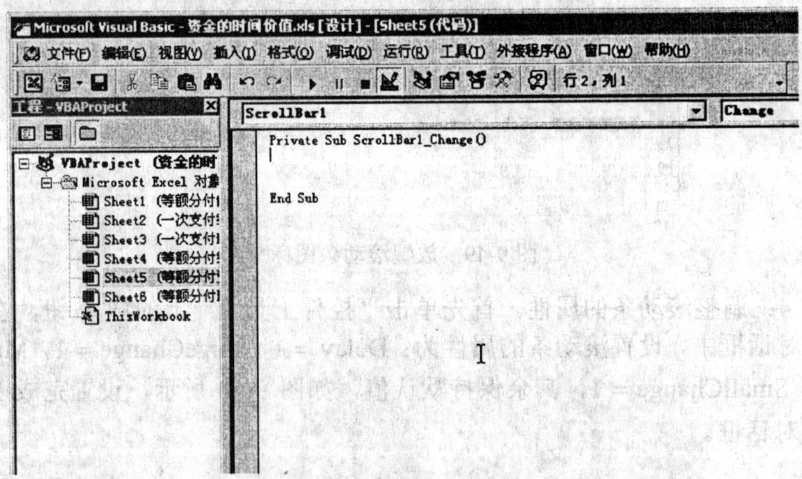

图 9-51　“Microsoft Visual Basic”代码编辑窗口

步骤 6：为了使滚动条的变化值能反映到当前工作表的相应单元格，要在代码窗口中输入如图 9-52 所示的代码。

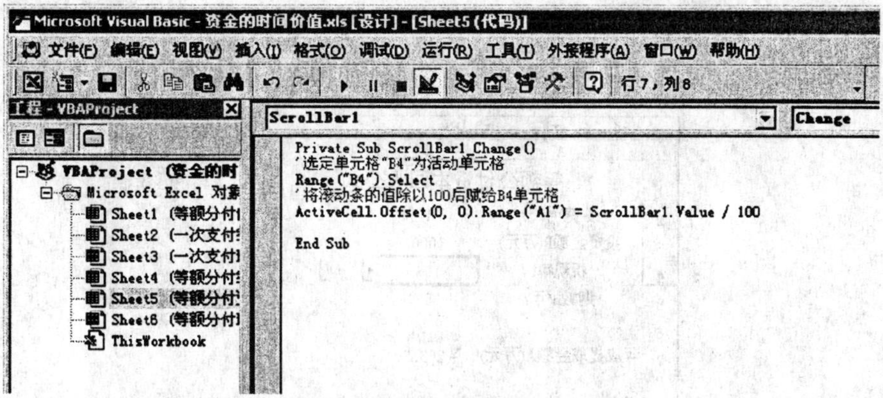

图 9-52　输入代码

步骤 7：编译代码。在“Microsoft Visual Basic”代码编辑窗口的“常用”工具栏上单击▶按钮，如图 9-53 所示，注意，如果代码没有错误，则不会给出任何提示，如果代码有误，则系统会给出相应的提示，修改以后再进行编译，直到代码完全正确为止。

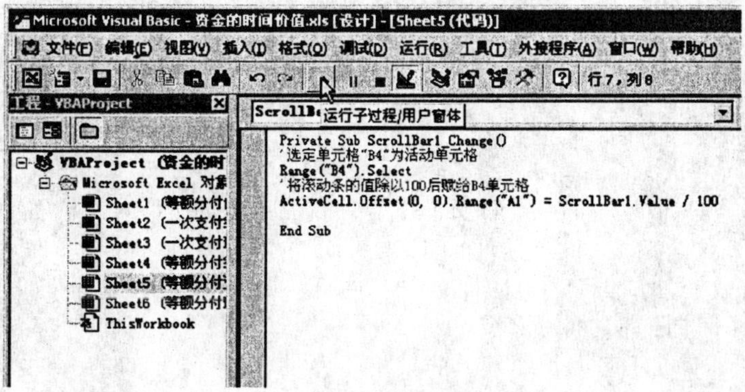

图 9-53　编译代码

步骤 8：编译通过后，将“Microsoft Visual Basic”代码编辑窗口关闭，回到 Excel 的当前工作表，可以看到折现率和年提取金额均发生变化，这正好说明滚动条的值已正确反映到计算过程中，如图 9-54 所示。

步骤 9：保存文件，此时用户可以通过调节单元格 C3 处的滚动条来改变折现率 i，从而控制计算结果的变化，如图 9-55 所示。

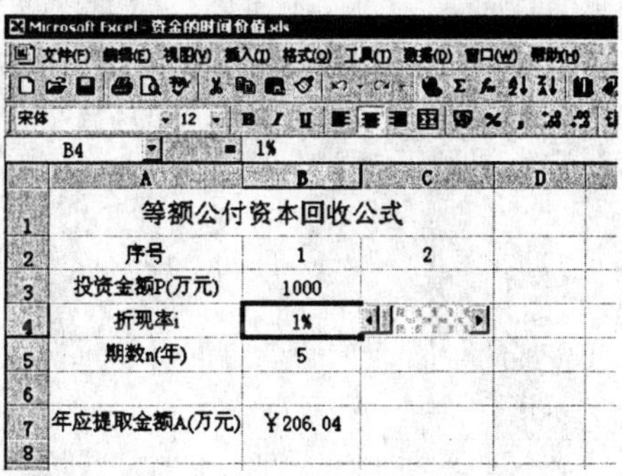

图 9-54　滚动条控制的计算结果

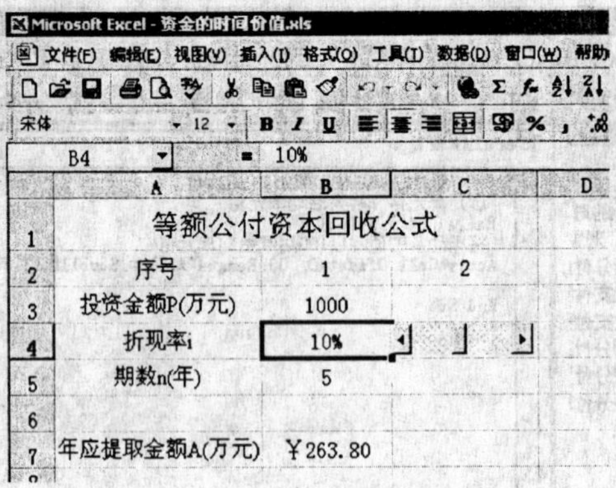

图 9-55　滚动条控制的计算结果

第 10 章　工程经济静态评价法

10.1　投资回收期法

10.1.1　基本概念

投资回收期是指以项目的净收益将项目全部投资收回所需的时间。通常以“年”为单位，从投资开始年算起。

其计算公式为

$$\sum_{t=0}^{P_t}(CI-CO)_t=0 \tag{10-1}$$

式中　CI —— 现金流入量；

CO —— 现金流出量；

$(CI-CO)_t$ —— 第 t 年的净现金流量；

P_t —— 投资回收期。

静态投资回收期法的判断规则是：

$P_t \leqslant P_c$（基准投资回收期），表明项目投资在规定的时间内收回，故方案可行；

$P_t > P_c$，表明该项目未满足行业项目投资盈利性和风险性的要求，方案不可行。

投资回收期可根据现金流量表中累计净现金流量计算求得。其计算公式为

$$P_t=T-1+\frac{|\text{第}(T-1)\text{年累计净现金流量}|}{\text{第}T\text{年净现金流量}} \tag{10-2}$$

式中　T —— 累计净现金流量开始出现正值的年份。

当投资为期初一次性投资，每年净收益相同或基本相同时，投资回收期公式为

$$P_t=\frac{K}{R} \tag{10-3}$$

式中　K —— 总投资；

R —— 年净收益。

10.1.2 案例分析

某投资项目的净现金流量如表 10-1 所示。

表 10-1　　（单位：万元）

年	0	1	2	3	4	5	6
净现金流量	−50	−80	40	60	60	60	60

基准投资回收期 $P_c = 5$ 年，试用投资回收期法评价其经济性是否可行。

根据题意，利用 Excel 进行求解的具体步骤如下：

步骤 1：新建一个 Excel 文档，将其保存为“工程经济静态评价法.xls”，如图 10-1 所示。

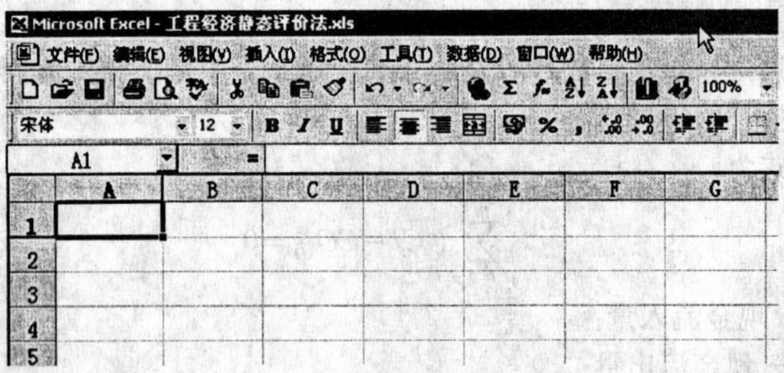

图 10-1　新建 Excel 文档

步骤 2：根据题目所给的现金流量表，在当前工作表中创建现金流量表，如图 10-2 所示。

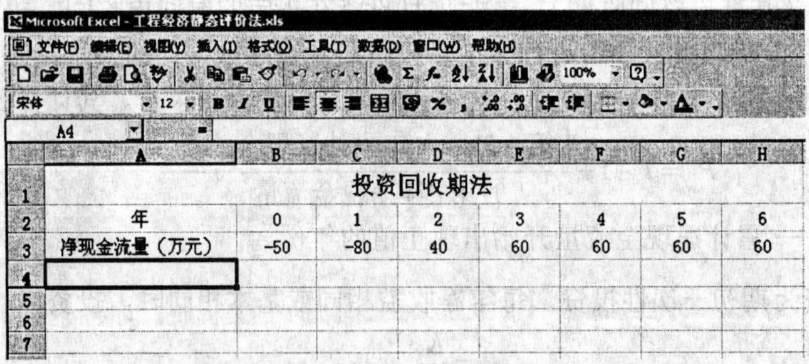

图 10-2　现金流量表

步骤 3：在当前的现金流量表中增加一栏以求出累计的现金流量，增加的一栏为“累计现金流量”，如图 10-3 所示。

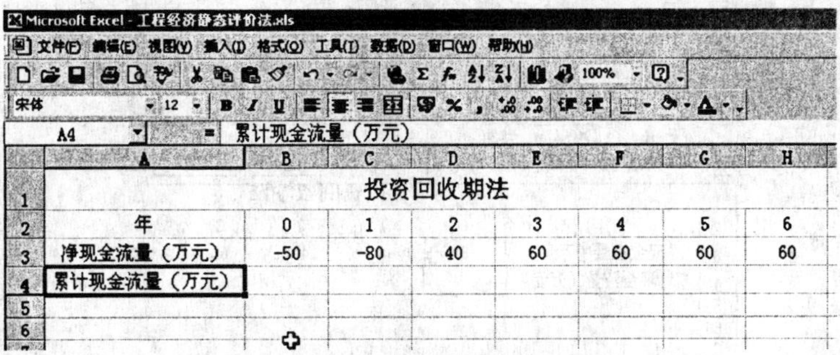

图 10-3　增加累计现金流量栏

步骤 4：计算累计现金流量，将前 T 年的净现金流量相加得到第 T 年的累计现金流量，如图 10-4 所示。将鼠标定位到 B4 单元格，单击“编辑公式”按钮=。

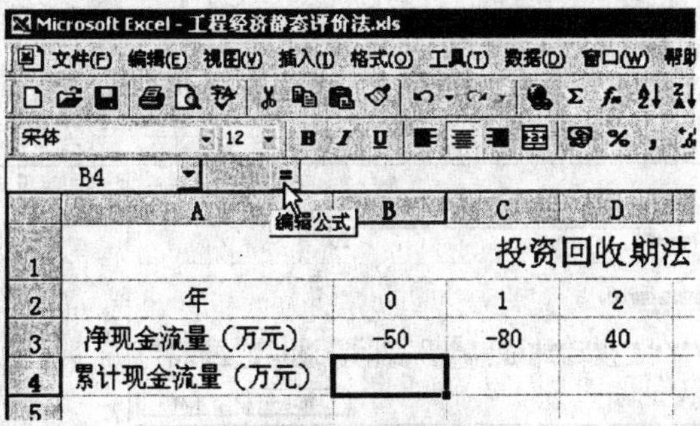

图 10-4　编辑公式

步骤 5：此时出现如图 10-5 所示的粘贴公式，注意此时必须选用“SUM”函数，如果不是该函数，则需要通过单击函数旁边的下拉按钮进行选择。

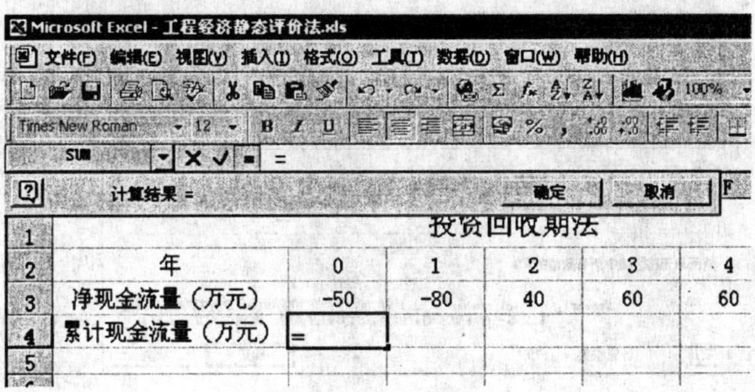

图 10-5　粘贴公式

步骤 6：用鼠标选择要进行累加的项（单元格），此处只有第 0 年的净现金流量，即 B3 单元格，如图 10-6 所示，然后单击“确定”按钮即可得到该年的累计现金流量。

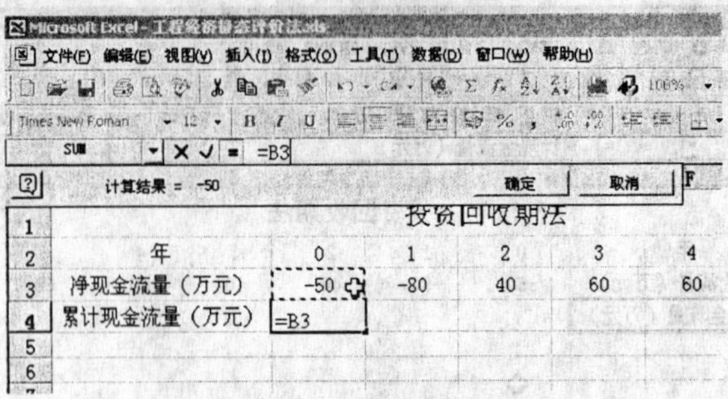

图 10-6 选择累加的项目

步骤 7：计算第 1 年的累计现金流量。将鼠标定位到 C4 单元格，同样单击“编辑公式”按钮=，再选择“SUM”函数，如图 10-7 所示。

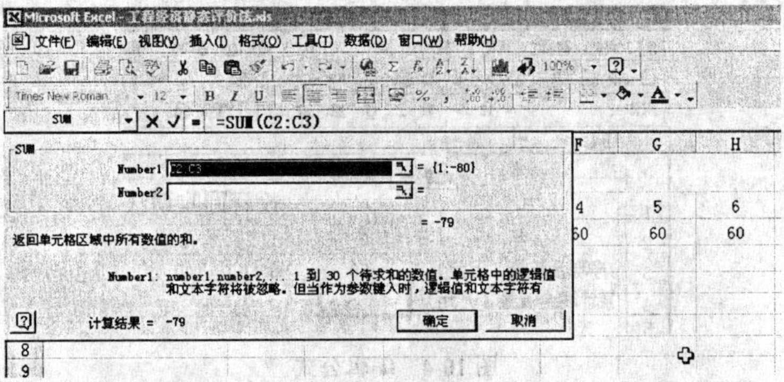

图 10-7 粘贴函数

步骤 8：单击“Number1”文本框旁边的按钮，如图 10-8 所示。

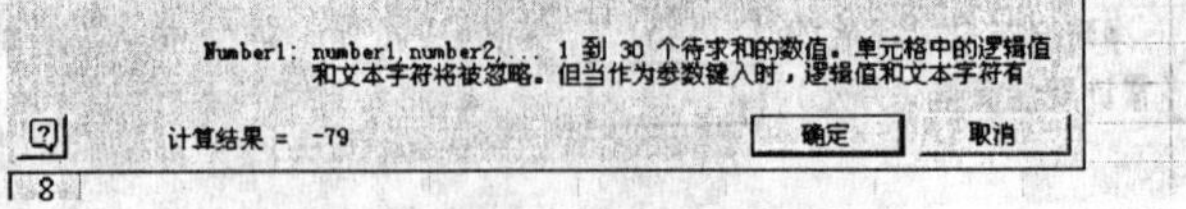

图 10-8 选择加数

步骤 9：选择要进行累加的项目（单元格），如图 10-9 所示，然后再单击按钮。

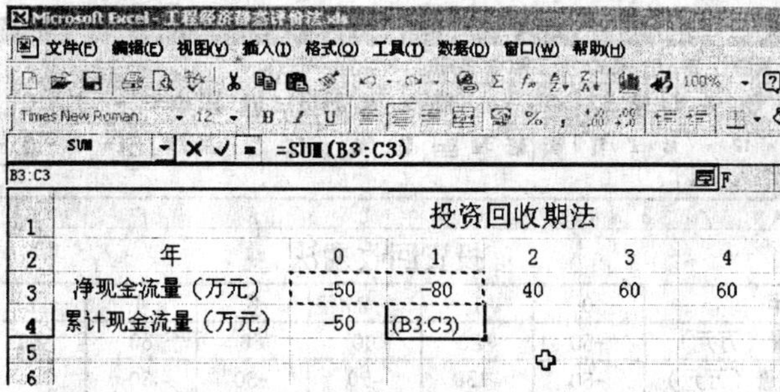

图 10-9 选择要进行累加的项目

步骤 10：回到“SUM”函数对话框中，单击“确定”按钮，即可得到第 1 年的累计净现金流量，如图 10-10 所示。

图 10-10 完成累加

步骤 11：以同样的方法计算以后各年的累计净现金流量，直到出现第一个正值为止，如图 10-11 所示。

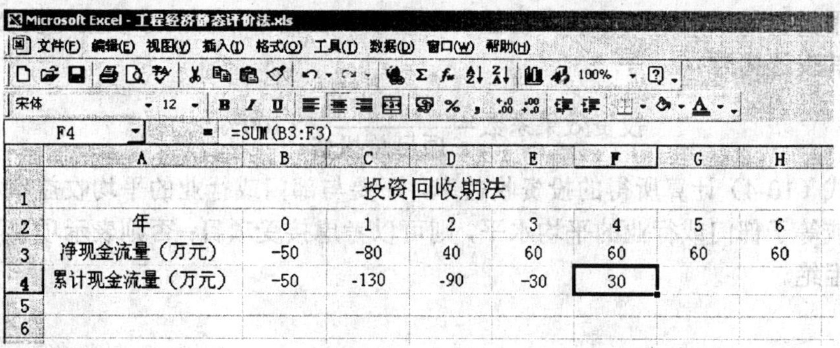

图 10-11 得到各年的累计现金流量

提示：

为了使改进的现金流量表更加直观，不妨为该表增加格线，并且将第一个出现正的累计现金流量的年份用颜色加以标记，如图 10-12 所示。

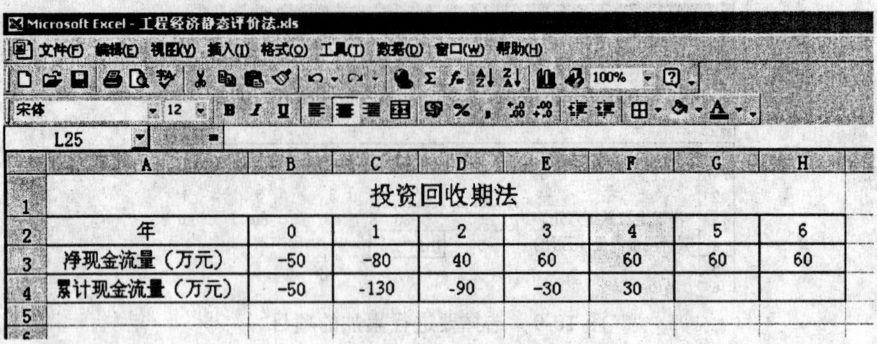

	A	B	C	D	E	F	G	H
1	投资回收期法							
2	年	0	1	2	3	4	5	6
3	净现金流量（万元）	-50	-80	40	60	60	60	60
4	累计现金流量（万元）	-50	-130	-90	-30	30		

图 10-12　标记现金流量表

步骤 12：根据以上计算结果，利用投资回收期的计算公式计算投资回收期。

$$P_t = T-1+\frac{\left|\text{第}(T-1)\text{年累计净现金流量}\right|}{\text{第}T\text{年净现金流量}}=4-1+\frac{\left|-30\right|}{60}=3.5\text{（年）}$$

步骤 13：投资效果评价。由于 $P_t<P_c$，故可以认为该方案可行。

10.2　投资效果系数法

10.2.1　基本概念

所谓投资效果系数又称投资收益率，指项目在正常年份的净收益与投资总额的比值。其表达式为

$$\text{投资效果系数}=\frac{\text{年净收益}}{\text{项目总投资}}\times 100\% \tag{10-4}$$

用式（10-4）计算所得的投资收益率，还要与部门或行业的平均收益率相比较。若高于或等于部门或行业的平均水平，则可以考虑接受项目；否则表示项目不可取，应予以拒绝。

10.2.2　案例分析

某大型钢铁联合企业的一期工程总投资为 270 亿元，投产后正常生产年份的平均净收益额为 50 亿元。设基准投资收益率为 11%，试求该工程项目的静态总投资效果系数，并判别该方案是否可行。

这里我们利用 Excel VBA 创建一个求解该问题的窗体，具体操作步骤如下：

步骤 1：新建一个 Excel 文档，将其保存为“投资效果系数法.xls”，如图 10-13 所示。

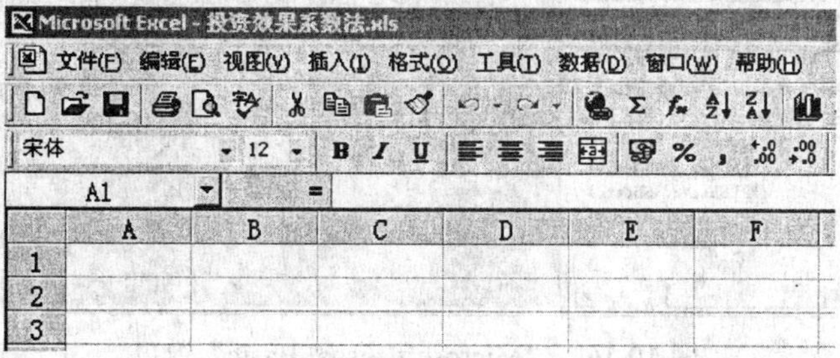

图 10-13　创建新文件

步骤 2：为了利用 VB 创建窗体，首先打开“Visual Basic”工具栏。在“常用”工具栏上单击鼠标右键，在出现的快捷菜单中选择“Visual Basic”命令，如图 10-14 所示。

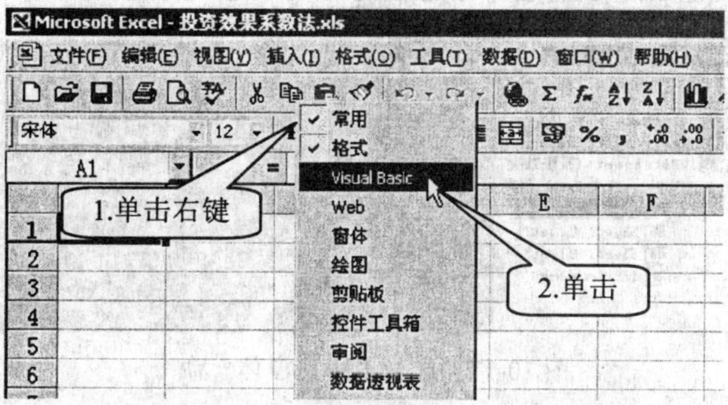

图 10-14　打开 VB 工具栏

步骤 3：如图 10-15 所示，在“Visual Basic”工具栏上单击按钮，进入“Microsoft Visual Basic”窗口，如图 10-16 所示。

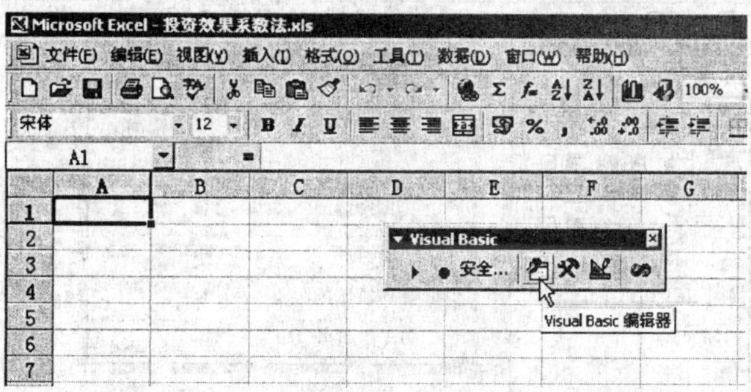

图 10-15　单击“Visual Basic 编辑器”按钮

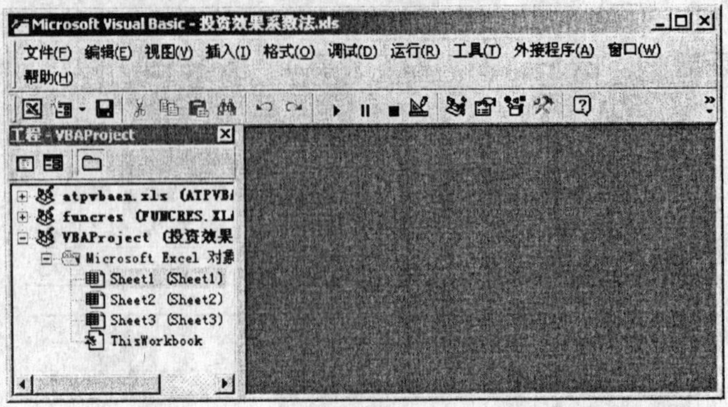

图 10-16 “Microsoft Visual Basic”窗口

步骤 4：创建一个用户窗体。在菜单栏选择“插入/用户窗体”命令，如图 10-17 所示。

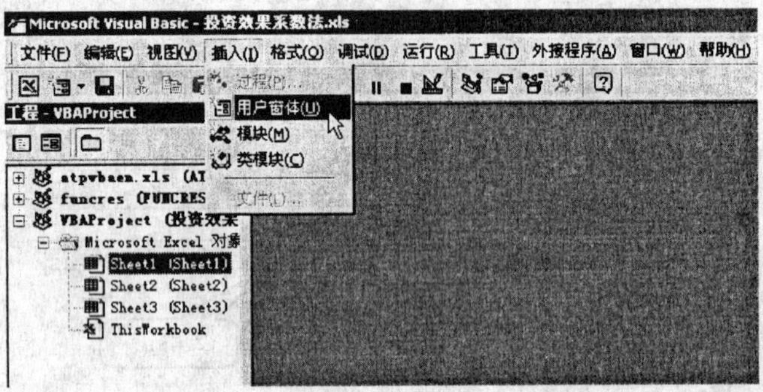

图 10-17 选择“用户窗体”命令

步骤 5：此时，系统自动创建一个窗体，默认的名称为“UserForm1”，如图 10-18 所示。

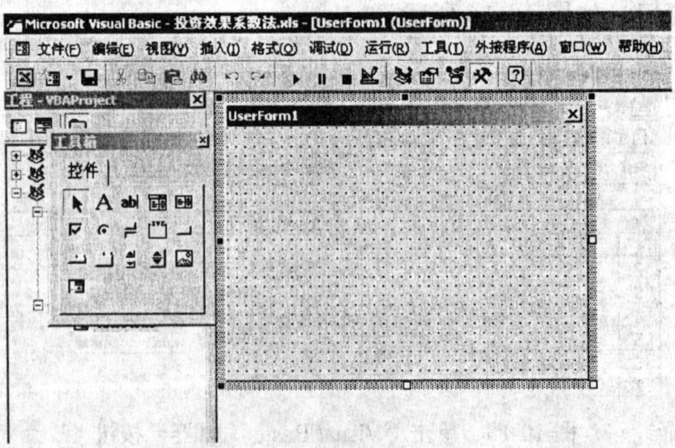

图 10-18 新建窗体

步骤 6：打开“属性”窗口，将窗体的“Caption”属性改为“投资效果系数法”，如图 10-19 所示。

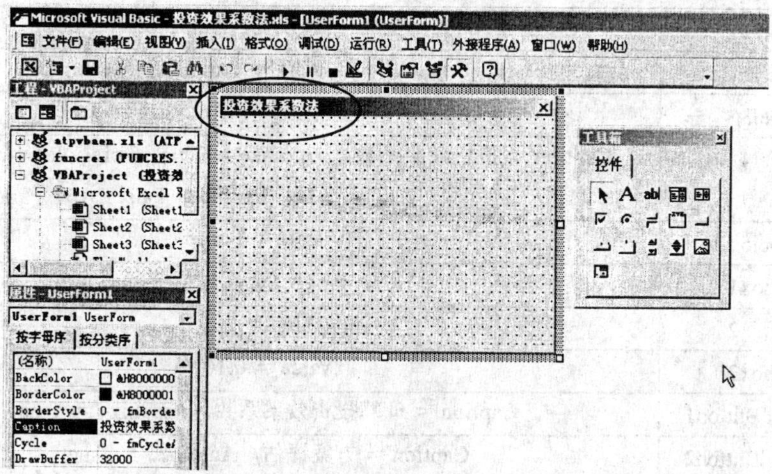

图 10-19　设计窗体标题

步骤 7：在窗体中创建如图 10-20 所示的 5 个“标签”控件、3 个“文字框”控件和 3 个“按钮”控件，注意各控件的位置如图 10-20 所示。

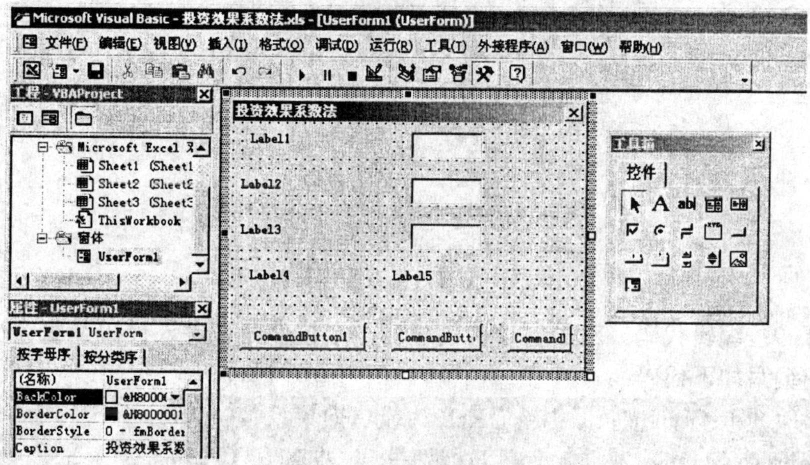

图 10-20　为窗体添加控件

步骤 8：设置各控件的属性，主要设置如表 10-2 所示，完成控件属性设计以后调整各控件的对齐方式，得到如图 10-21 所示的效果，同时要注意整齐摆放各控件的位置。

提示：

可以利用“格式”菜单下的一些命令，如对齐、统一尺寸、水平间距、垂直间距等来摆放窗体中的各控件，使其整齐划一。

表 10-2

名 称	属性设置
Label1	Caption = 项目总投资，AutoSize = True
Label2	Caption = 年净收益，AutoSize = True
Label3	Caption = 基准收益率，AutoSize = True
Label4	Caption = 投资效果系数，AutoSize = True，ForeColor = 红色，字体 = 楷体，Visible = False
Label5	Visible = False
Textbox1	Value = 100（表示默认值）
Textbox2	Value = 20
Textbox3	Value = 0.10
CommondButton1	Caption = 计算投资效果系数，AutoSize = True
CommondButton2	Caption = 方案评估，AutoSize = True
CommondButton3	Caption = 关闭，AutoSize = True

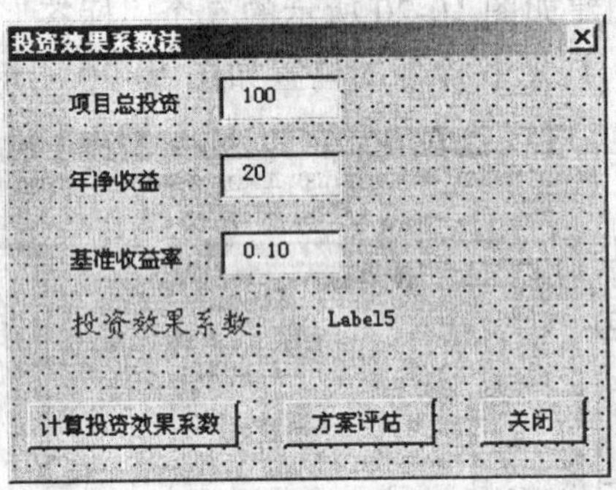

图 10-21 投资效果系数窗体效果图

步骤 9：编辑代码。双击窗体中的任何一个控件即可进入代码编辑窗口，在代码窗口中编写如下代码：

```
Dim ROI As Double          '定义 ROI 为投资效果系数
Dim E0 As Double           '定义 E0 为基准收益率

Private Sub CommandButton1_Click（）
ROI = TextBox2.Value / TextBox1.Value     '计算投资效果系数
Label5 = Format（ROI，"percent"） '将计算出来的投资效果系数用%形式显示
在标签 5 中

'以下两行用于显示投资效果系数
```

```
Label4.Visible = True
Label5.Visible = True
End Sub
'-----------------------------------------
'方案评估原则
'ROI>=E0，方案可行
'ROI<E，方案不可行
'-----------------------------------------
Private Sub CommandButton2_Click（）
If TextBox3.Text = "" Then
    E0 = InputBox（"请输入基准收益率："）
Else
    E0 = TextBox3.Value
End If

If （ROI < E0）Then
    MsgBox （"很报歉，该方案不可行，请重新规划，谢谢！！"）
Else
    MsgBox （"恭喜你，该方案可以考虑实施！！"）
End If
End Sub

Private Sub CommandButton3_Click（）
    End
End Sub
```

步骤 10：完成代码后，在代码编辑窗口中单击▶按钮（如图 10-22 所示），对所编写的代码进行编译并运行用户窗体。

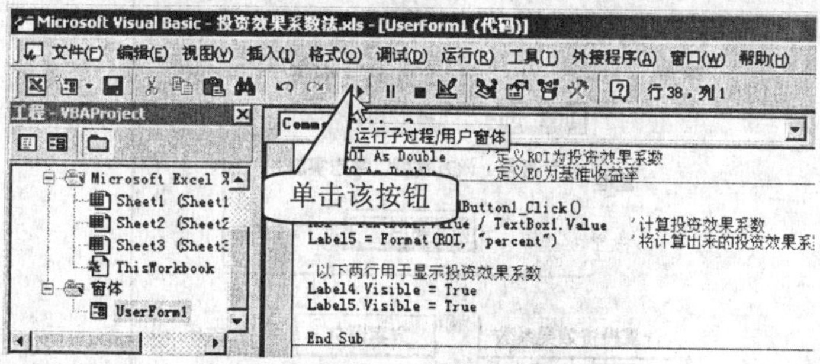

图 10-22　运行窗体

步骤 11：如果所编写的代码没有错误，则系统会弹出“投资效果系数法”对话框，如图 10-23 所示。

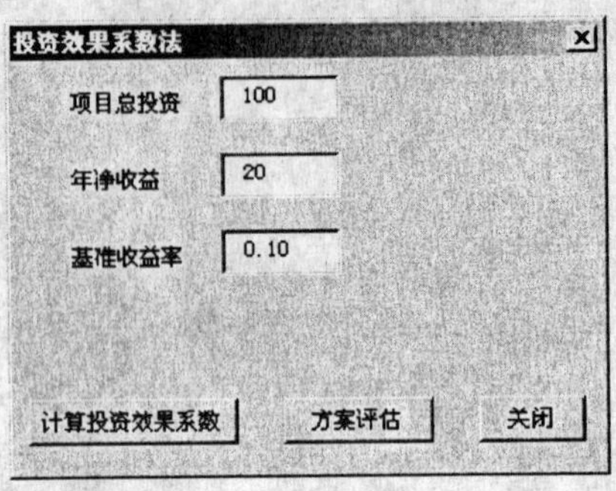

图 10-23　“投资效果系数法”对话框

步骤 12：在这里就可以将题目中对应的数据输入到该对话框中，然后单击“计算投资效果系数”按钮，则得到该项目的投资效果系数，如图 10-24 所示。

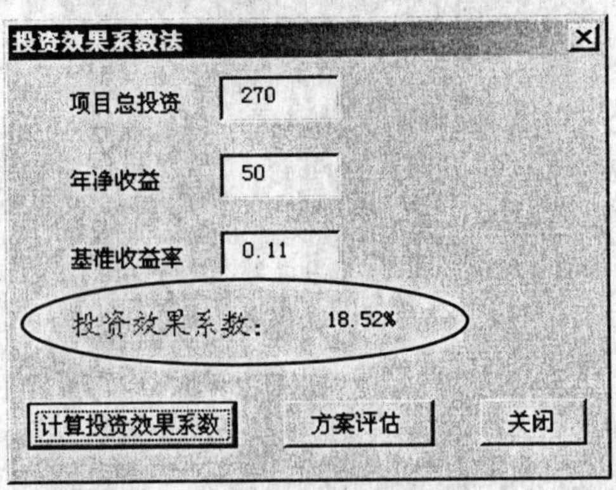

图 10-24　计算投资效果系数

步骤 13：评估该方案是否可行。这时我们只需单击“方案评估”按钮即可得到如图 10-25 所示评估结果。

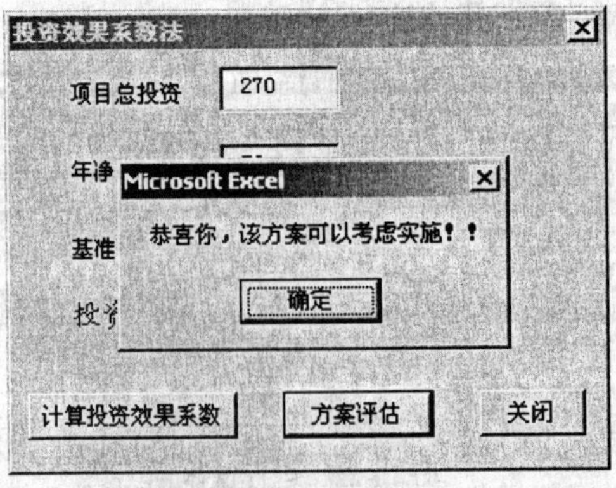

图 10-25　得到评估结果

步骤 14：如果某项投资的项目投资为 270 万元，年净收益为 20 万元，基准收益率仍为 11%，则可用同样的方法进行计算，最后得到如图 10-26 所示的评估结果。

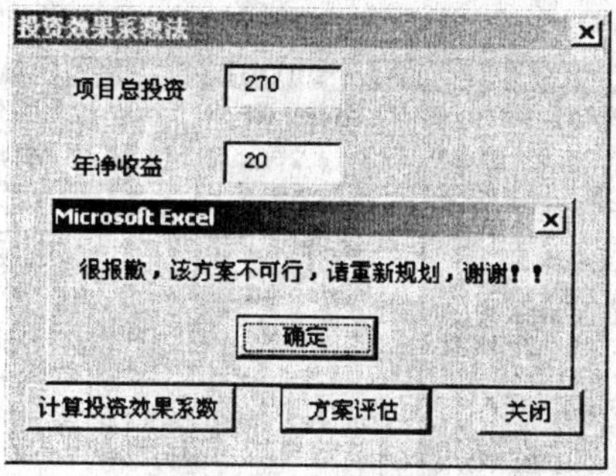

图 10-26　评估结果

步骤 15：单击“关闭”按钮即可关闭“投资效果系数法”对话框。

步骤 16：为了使用户在打开 Excel 时，就可以利用刚才创建的窗体来计算投资系数并对项目进行评估，我们在 Excel 当前工作表中创建一个按钮，使得能够通过该按钮就可叫出“投资效果系数法”对话框。切换到 Excel 工作表，添加一个按钮，如图 10-27 所示。

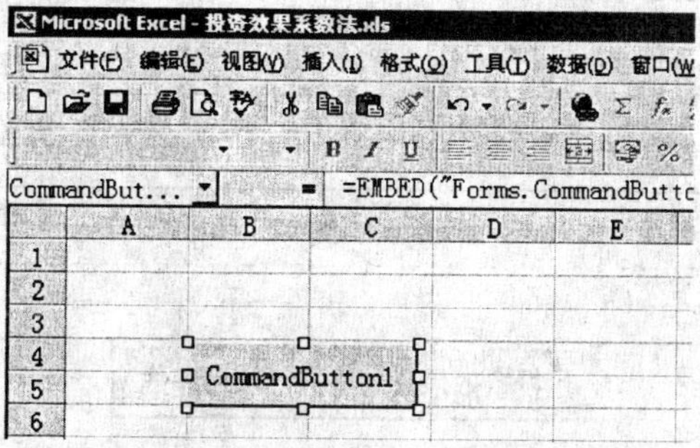

图 10-27　添加按钮

步骤 17：将该按钮的 Caption 属性改为“用投资效果系数法进行项目评估”，同时注意调整按钮的大小，如图 10-28 所示。

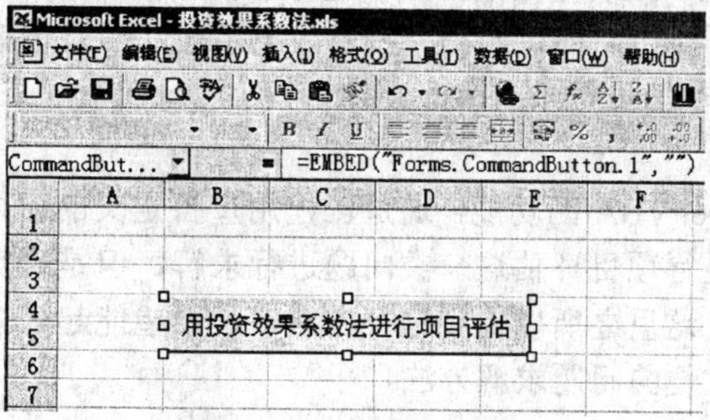

图 10-28　设置按钮属性

步骤 18：双击“用投资效果系数法进行项目评估”按钮，进入代码编辑窗口，添加“UserForm1.show”代码，如图 10-29 所示。

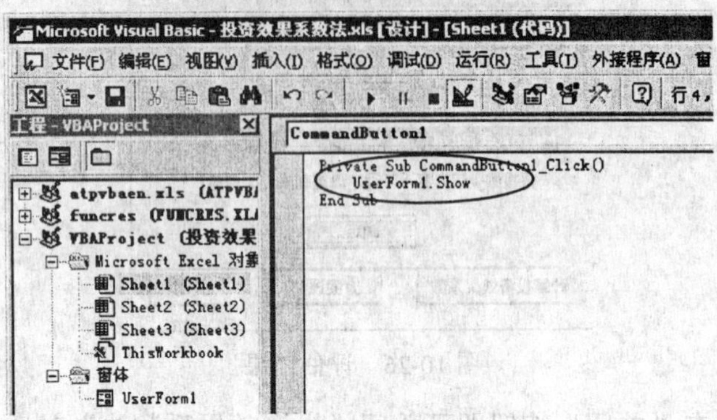

图 10-29　添加程序代码

步骤 19：保存所有编辑的代码，并保存 Excel 文档，然后退出 Excel。重新打开“投资效果系数法.xls”文档，如图 10-30 所示。

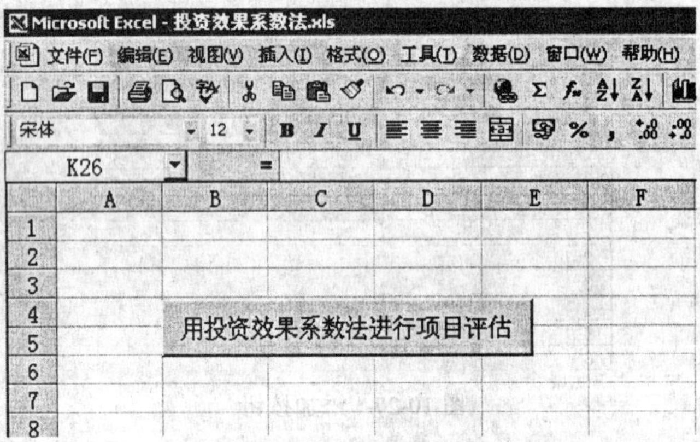

图 10-30　打开文件

步骤 20：若要用“投资效果系数法”进行项目评估，直接单击“用投资效果系数法进行项目评估”按钮，即可叫出“投资效果系数法”对话框，利用该对话框就可以很方便地进行计算了，如图 10-31 所示。

提示：

本例借助于 Excel VBA 的功能，通过创建用户自定义的窗体，可以很方便地对用投资效果系数法进行项目评估这一类问题进行求解，但是事实上这种问题即使用手算也是很简单的，这里之所以提到这种方法，是希望能起一个抛砖引玉的作用，为读者提供更多更方便的问题求解方法。

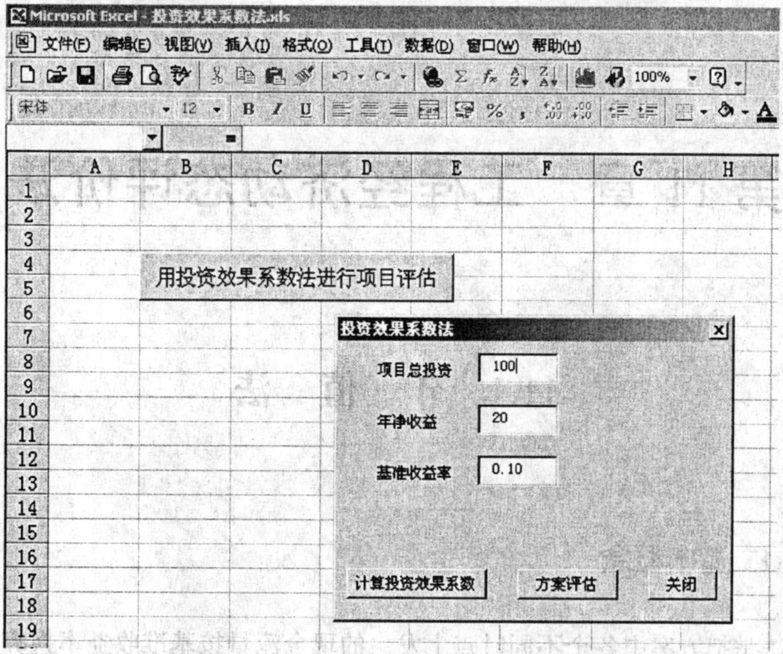

图 10-31　用投资效果系数法进行项目评估

第 11 章　工程经济动态评价法

11.1　年　值　法

11.1.1　基本概念

年值法是把方案中各个不同时点上发生的现金流量按基准收益率换算为在其整个寿命期内等值支付序列年值后再进行评价的方法。年值法又可分为净年值法和费用年值法。本节将以费用年值法为例介绍在 Excel 中求解年值的方法。

费用年值法的计算公式为

$$AC=\left[\sum_{t=1}^{n}CO_t\,(P/F,i,t)\right](A/P,i,n)=PC\,(A/P,i,n) \tag{11-1}$$

式中　AC —— 费用年值，或年费用；

$t=1$ —— 表示年序从建设期开始年年末算起；

$t=0$ —— 表示年序从投产期初算起。

11.1.2　案例分析

例 11-1　设有两种可供选择的空气压缩机方案，方案 1 和方案 2，它们是互斥方案，均能满足同样的工作要求，其有关资料如表 11-1 所列，设定收益率为 15%。试用年费用比较法评价和选择最优可行方案。

表 11-1　两种空压机（互斥）方案有关资料表　　（单位：元）

方案 \ 科目	投资 K	寿命 n/年	年经营费用 C	残值 L
方案 1	3 000	3	2 000	500
方案 2	4 000	5	1 600	0

1. 列写计算公式

根据题意，可以直接利用式（11-1）计算每一种方案的年费用值，即

$$\mathrm{AC}(I)=\left[\sum_{t=0}^{n}CO_t\,(P/F,i,t)\right](A/P,i,n)$$
$$=[3\,000+2\,000\,(P/A,0.15,3)-500\,(P/F,0.15,3)]\times(A/P,0.15,3)$$
$$=3\,000\,(A/P,0.15,3)+2\,000-500\,(P/F,0.15,3)\times(A/P,0.15,3)$$

对于一些比较简单的计算，利用查表法及以上公式，并不难计算出年费用值，但是当所需的计算方案比较多时，这种计算就显得比较繁琐了，下面介绍如何用 Excel 来解决此类问题。

2. 利用 Excel 求解

步骤 1：新建一个 Excel 文档，根据要求解的问题，制作一个求解问题的表头，如图 11-1 所示。

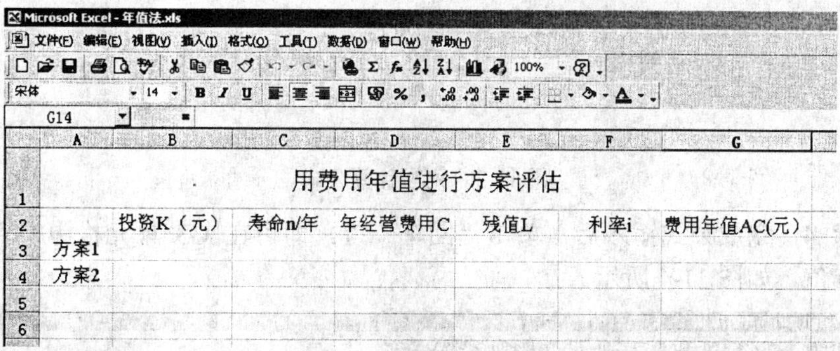

11-1　制作求解问题表头

步骤 2：将要计算问题对应的数据填到 Excel 表格中，如图 11-2 所示。

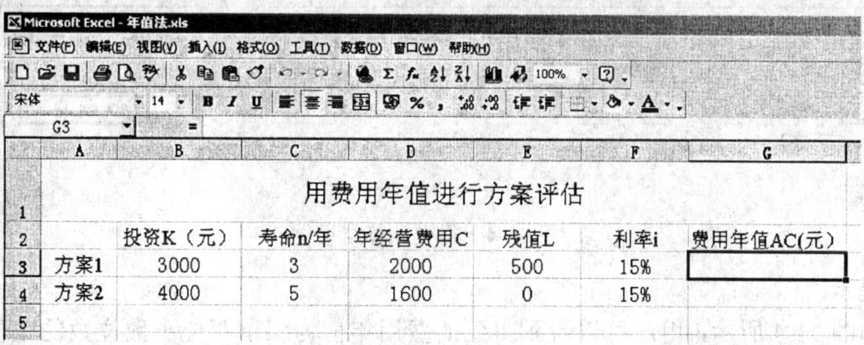

图 11-2　填写原始数据

步骤 3：根据式（11-1），在 Excel 中列写如下计算公式。

$$AC(I)=\left[\sum_{t=0}^{n}CO_t\,(P/F,i,t)\right](A/P,i,n)$$

$$=[3\,000+2\,000\,(P/A,0.15,3)-500\,(P/F,0.15,3)]\times(A/P,0.15,3)$$

$$=3\,000\,(A/P,0.15,3)+2\,000-500\,(P/F,0.15,3)\times(A/P,0.15,3)$$

在 Excel 中列写计算公式时，注意要将（P/A，0.15，3），（P/F，0.15，3）用具体的函数表示出来，而对应的变量要用变量名称表示，不要直接使用数值，如图 11-3 所示，即在 G3 单元格中输入“ = B3*PMT（F3，C3，－1）＋D3－E3*PMT（F3，C3，－1）*POWER（(1＋F3)，－C3）”。

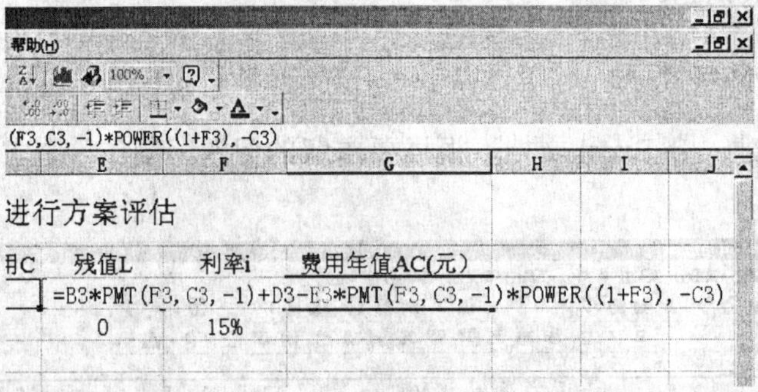

图 11-3　列写计算公式

步骤 4：完成公式输入后，单击“回车”键，即可在 G3 单元格中得到方案 1 的费用年值，如图 11-4 所示。

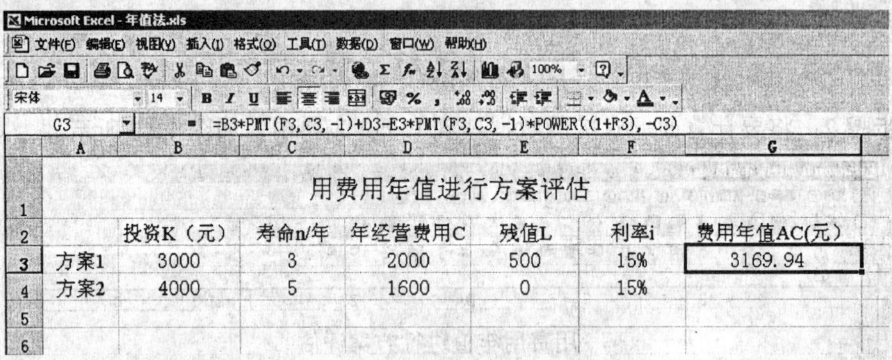

图 11-4　得到计算结果

提示：

如图 11-4 所示，用户可以看到得到的费用年值为保留两位小数位数的数值，但是用户可能得到的计算结果并不是这样的，而是小数点后有很多位，这样也是正确的，用户可以通过设置单元格的属性进行设置。

选中 G 栏，单击鼠标右键，从弹出的快捷菜单中选择“设置单元格格式”命令，然后在“单元格格式”对话框中按图 11-5 所示进行设置，完成后单击“确定”按钮。

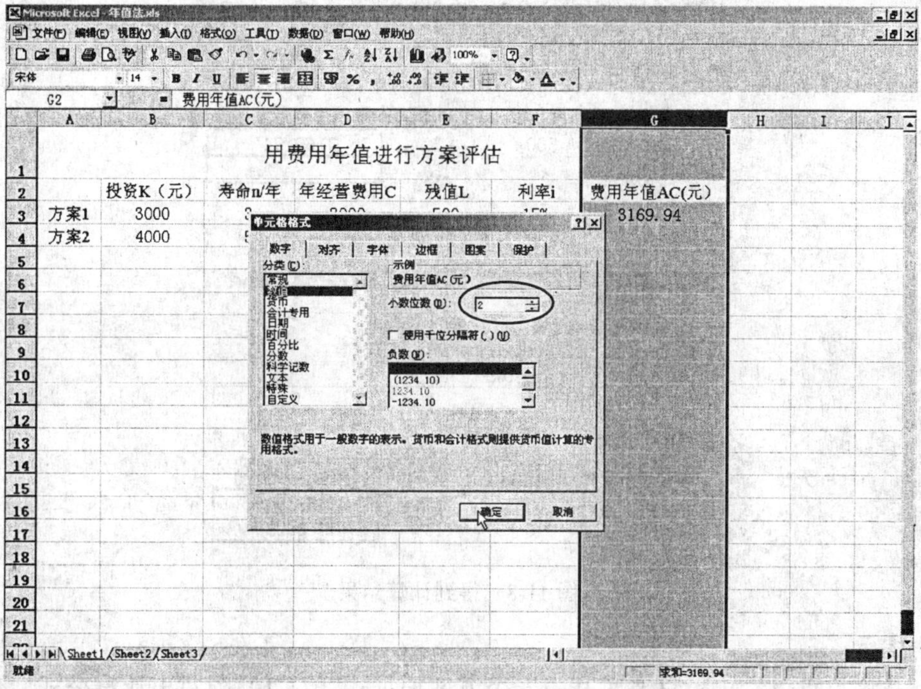

图 11-5　设置单元格格式

步骤 5：接下来计算方案 2 的费用年值，当然不必再用列写上述公式了，否则就失去了用 Excel 解题的意义。首先将鼠标定位到 G3 单元格，待鼠标指针变成“ + ”形状（如图 11-6 所示），按住左键不放，将其往下拖动到 G4 单元格（如图 11-7 所示），然后释放左键即可得到方案 2 的费用年值，如图 11-8 所示。

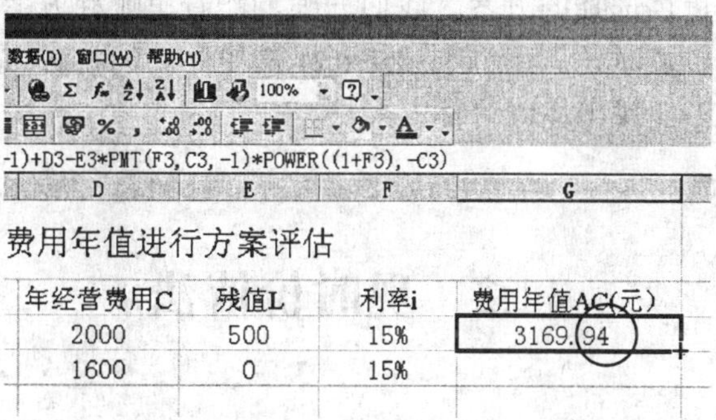

图 11-6　选定单元格

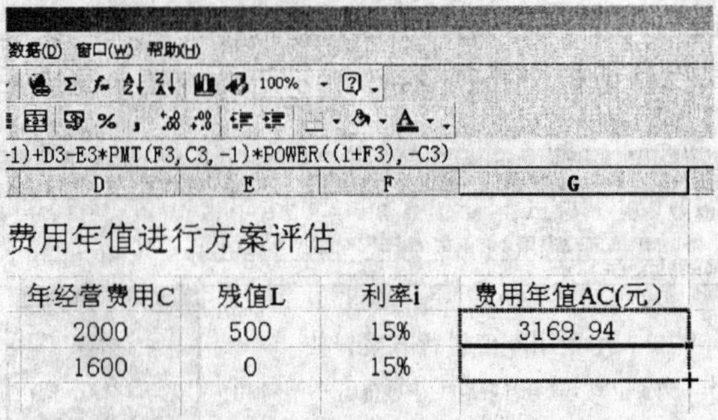

图 11-7 拖动鼠标

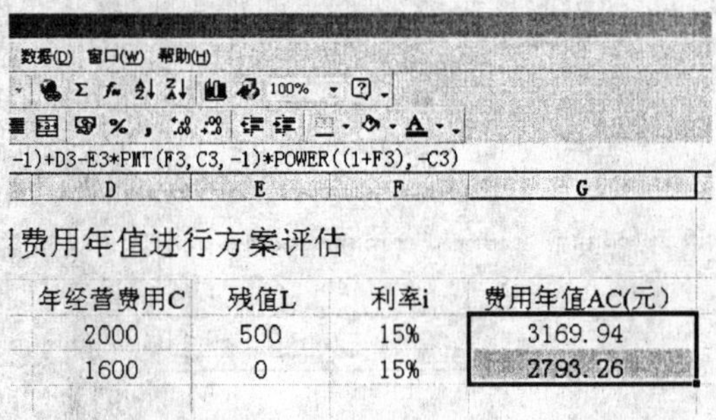

图 11-8 得到计算结果

提示：

从这里可以看出，只要对其中一个方案根据式（11-1）列写出计算公式，然后再用鼠标拖动的方法就可以很方便地计算出其他方案的费用年值，显然这种方法对于可供选择的方案较多时，其优点更为明显。

步骤 6：根据费用年值最小的原则，比较两种方案的费用年值，显然方案 2 的费用年值比方案 1 的费用年值更小，因此选择方案 2 为最优可行方案。

提示：

这里只有两种可供选择的方案，我们一眼就能看出哪种方案的费用最小，但是当可供选择的方案较多时，就可以利用 Excel 的排序功能将各方案按费用年值进行排序，这样也能很方便找出最优可行方案。

11.2 现时价值法

现时价值法分为净现值法（NPV）、现值成本法（PC）和净现值率法（NPVR）三种方法。

11.2.1　净现值法

1. 基本概念

净现值是指利用项目方案所期望的基准收益率，把项目寿命期内各年的净现金流量折算到建设期初之和。其公式为

$$NPV=\sum_{t=0}^{n}F_t(1+i_c)^{-t}=\sum_{t=0}^{n}(CI-CO)_t(1+i_c)^{-t} \tag{11-2}$$

式中　NPV —— 净现值；

F_t —— 第 t 年的净现金流量；

CI —— 现金流入量；

CO —— 现金流出量；

$(CI-CO)_t$ —— 第 t 年的净现金流量；

n —— 方案的寿命；

i_c —— 基准收益率。

净现值的计算结果有以下三种：

（1）NPV > 0，表明方案不仅能达到标准的投资收益率以外，还能获得一定超额的投资收益，方案可行；

（2）NPV = 0，表明方案刚刚能达到标准的投资收益率，方案可行；

（3）NPV < 0，表示达不到预期的投资收益率，方案不可行。

2. 案例分析

例 11-2　某项目各年的现金流量如表 11-2 所示，试用净现值法判断项目的经济性（i_c = 15%）。

表 11-2　某项目的现金流量表　　（单位：万元）

	0	1	2	3	4～9	20
投资支出	40	10				
经营成本			17	17	17	17
收　入			25	25	30	50
净现金流量	－40	－10	8	8	13	33

（1）所用函数介绍

在 Excel 中，可以用 NPV 函数来计算项目投资的净现值，即

NPV（rate，value1，value2，…）

基于一系列现金收（正值）支（负值）现金流和固定的各期贴现率，返回一项投资的净现值。一般情况下，当某项投资的净现值大于零的任何投资都可以认为是有利可图的。

函数中最多允许 29 个 value 值作为参数（这些值可以放在一个数组中，作为一个参数加入到公式中）。

（2）利用 Excel 求解

步骤 1：新建一个 Excel 文档，根据要求解的问题，在当前工作表中制作一个净现金流量表并填入相应的数据，如图 11-9 所示。

	A	B
1	净现值法	
2	年份	净现金流量（万元）
3	0	-40
4	1	-10
5	2	8
6	3	8
7	4	13
8	5	13
9	6	13
10	7	13
11	8	13
12	9	13
13	10	13
14	11	13
15	12	13
16	13	13
17	14	13
18	15	13
19	16	13
20	17	13
21	18	13
22	19	13
23	20	33

图 11-9　制作净现金流量表

步骤 2：增加一个“净现值”栏目，并将用于存放净现值的单元格格式设置为带两个小数位数的数值类型，如图 11-10 所示。

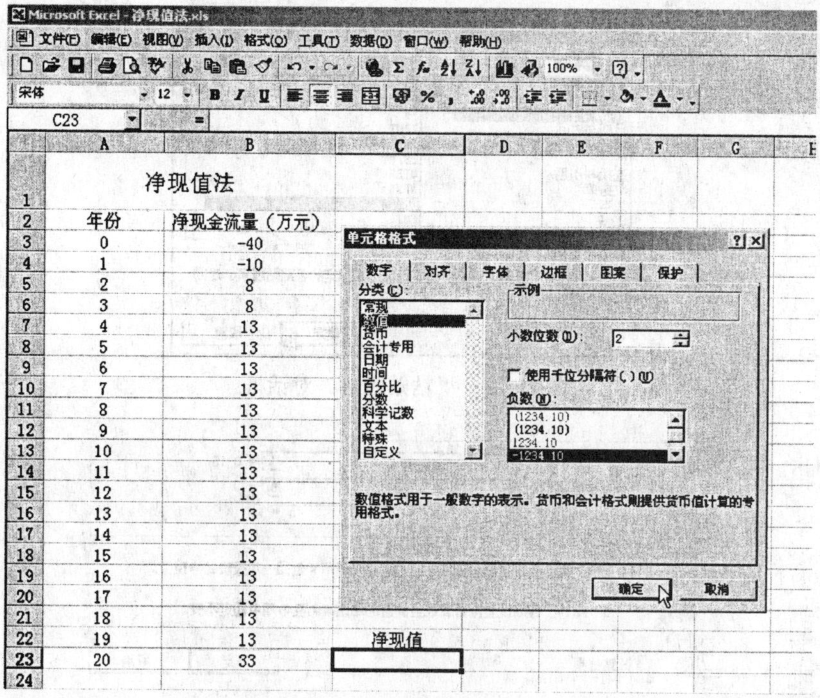

图 11-10　增加“净现值”栏目

步骤 3：将鼠标定位于计算净现值的 C23 单元格，在“常用”工具栏上单击“粘贴函数”按钮 *fx*，如图 11-11 所示。

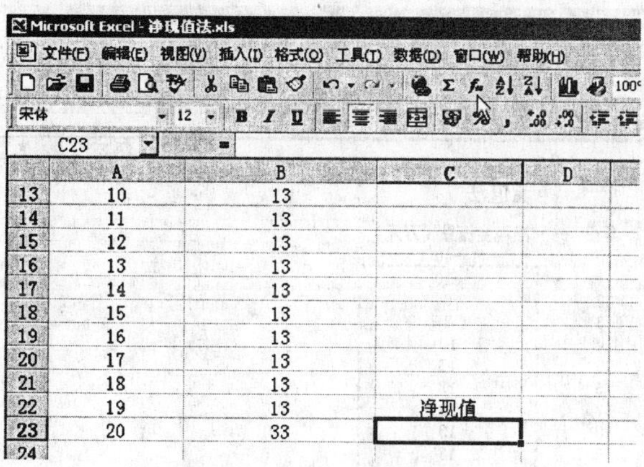

图 11-11　插入粘贴函数

步骤 4：如图 11-12 所示，在出现的“粘贴函数”对话框中选择“NPV”函数，然后单击“确定”按钮。

步骤 5：首先在 NPV 函数对话框中“Rate”文本框处输入利率 0.15，然后单击“Value1”文本框处的按钮，如图 11-13 所示。

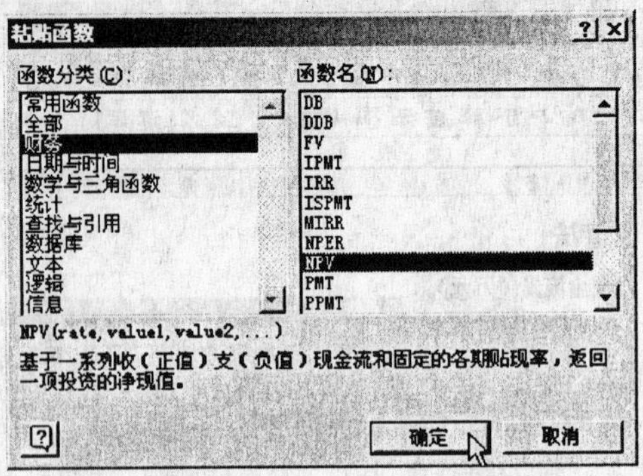

图 11-12 “粘贴函数”对话框

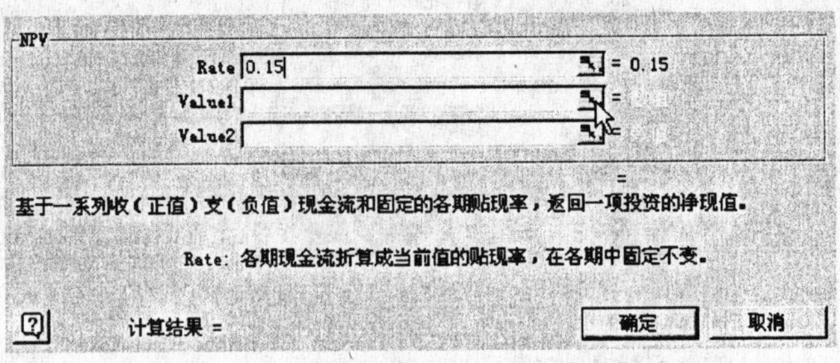

图 11-13 NPV 函数对话框

步骤 6：在当前工作表中用鼠标拖动的方法选择函数所需的参数，如图 11-14 所示，然后单击按钮。

图 11-14 选择函数参数

步骤 7：回到 NPV 函数对话框，可以看到刚才选择的单元格作为一个数组一起作为“Value1”的参数值，然后单击“确定”按钮，如图 11-15 所示。

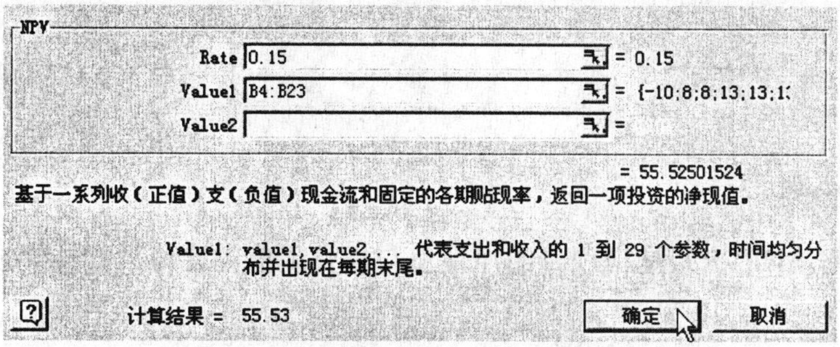

图 11-15　NPV 函数对话框

步骤 8：由于期初有投资，因此必须将其减去，在“公式编辑栏”上作如图 11-16 所示的处理，“回车”即可得到正确的 NPV 值。

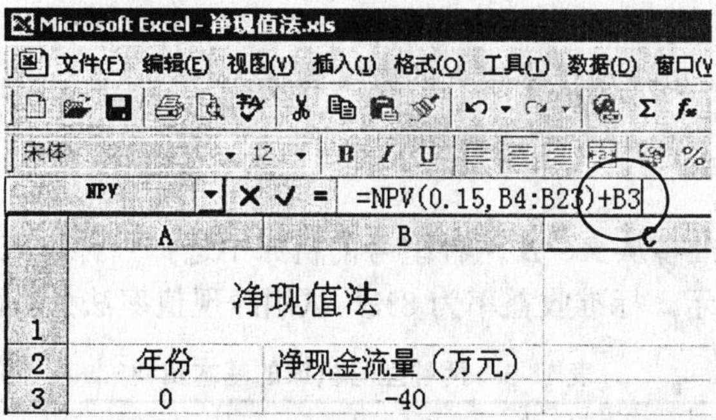

图 11-16　处理净现值公式

提示：

本来是要减去期初投资，但是由于在净现金流量表中期初投资表示为负值，为此在 NPV 函数后添加的是“ + B3”，如图 11-16 所示。

步骤 9：这样，就得到了该项目的净现值，如图 11-17 所示。

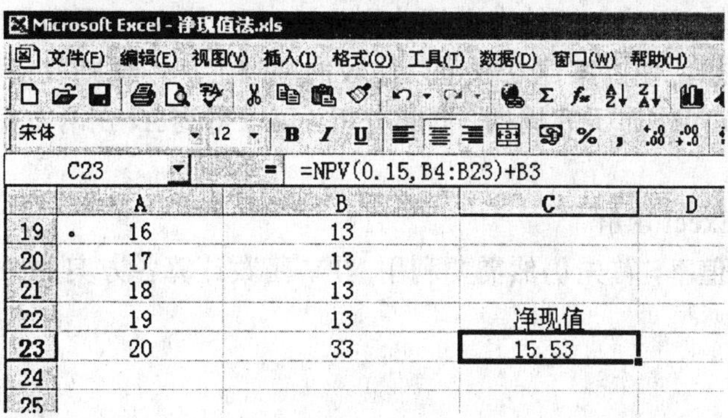

图 11-17　得到计算结果

从计算结果看，该项目的净现值为 NPV = 15.53（万元）>0，为此，可以认为该方案是可行。

11.2.2 净现值率

1. 基本概念

净现值率（NPVR）是指项目的净现值与投资现值的比值。其计算公式为

$$NPVR=\frac{NPV}{K_p}=\frac{\sum_{t=0}^{n}(CI-CO)_t(1+i_c)^{-t}}{\sum_{t=0}^{n}K_t(1+i_c)^{-t}} \quad (11\text{-}3)$$

式中 K_p——项目全部投资的现值。

净现值率的经济涵义是该项目方案单位投资现值所能获得的净现值。用净现值率进行方案比较时，以净现值率较大的方案为优。

2. 案例分析

例 11-3 某厂准备从 *A*、*B* 两种型号的机床中选择一种机床来生产某产品，有关数据如表 11-3 所示。标准收益率为 8%，试用净现值率法分析两种方案的优劣。

表 11-3 两种型号机床的基本资料

方案	投资（元）	年产量（件）	价格（元/件）	年收入（元）	年经营成本（元）	残值（元）	寿命（元）
机床 *A*	10 000	500	10	5 000	2 200	2 000	5
机床 *B*	15 000	700	10	7 000	4 300	0	10

（1）问题分析

本例中，*A*、*B* 两种方案的寿命期分别为 5 年和 10 年，不满足时间的可比性，必须采用重复设想，使方案建立在可以比较的基础上，本例则取 *A*、*B* 两方案寿命的最小公倍数 10 年作为研究周期。据此分析，可以得到 *A*、*B* 两方案的现金流量图，如图 11-18 所示。

（2）利用 Excel 求解

要计算净现值率，首先仍然需要利用 NPV 函数计算各方案的净现值，然后再计算净现值率。

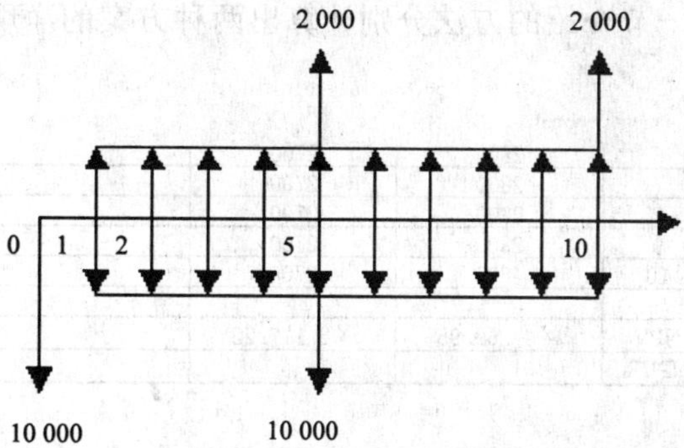

（a）*A* 方案的现金流量图

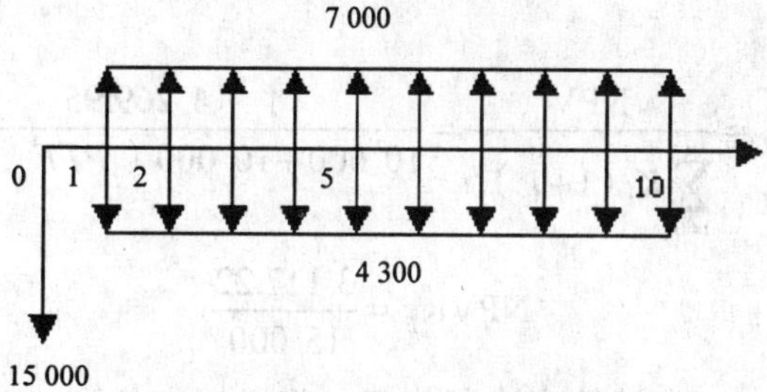

（b）*B* 方案的现金流量图

图 11-18　两种方案的净现金流量图

步骤 1：新建一个 Excel 文档（净现值率.xls），根据要求解的问题，在当前工作表中制作两种方案的净现金流量表并填入相应的数据，如图 11-19 所示。

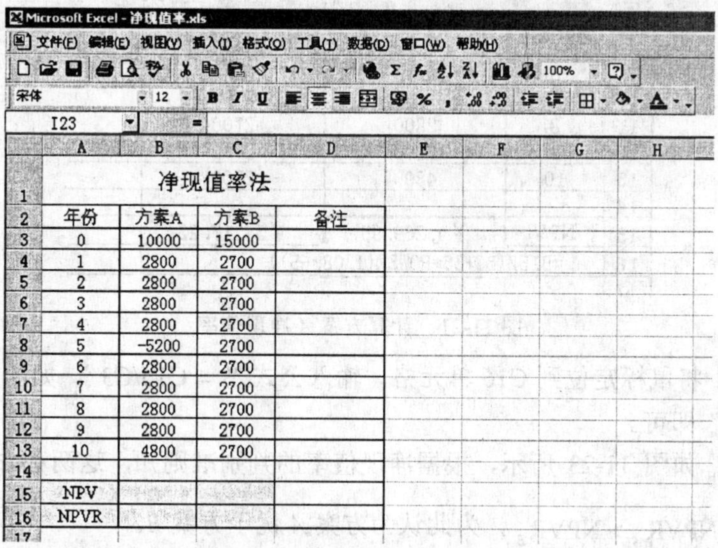

	A	B	C	D
1		净现值率法		
2	年份	方案A	方案B	备注
3	0	10000	15000	
4	1	2800	2700	
5	2	2800	2700	
6	3	2800	2700	
7	4	2800	2700	
8	5	-5200	2700	
9	6	2800	2700	
10	7	2800	2700	
11	8	2800	2700	
12	9	2800	2700	
13	10	4800	2700	
14				
15	NPV			
16	NPVR			

图 11-19　制作现金流量表

步骤 2：利用上一节介绍的方法分别计算出两种方案的净现值，得到如图 11-20 所示的结果。

9	6	2800	2700	
10	7	2800	2700	
11	8	2800	2700	
12	9	2800	2700	
13	10	4800	2700	
14				
15	NPV	￥4, 269. 95	￥3, 117. 22	
16	NPVR			
17				

图 11-20　计算净现值

步骤 3：接下来计算方案 *A* 的净现值率。首先根据式（11-3）列写出计算净现值率的公式如下：

$$\mathrm{NPVR}_A=\frac{\mathrm{NPV}}{\sum_{t=0}^{n}K_t\,(1+i_c)^{-t}}=\frac{4\ 269.95}{10\ 000+10\ 000\,(P/F,8\%,5)}$$

$$\mathrm{NPVR}_B=\frac{3\ 117.22}{15\ 000}$$

步骤 4：在 Excel 中计算出净现值率。将鼠标定位到 B16 单元格，输入公式“ = B15/（B3 + B3*power（1.08，－5））”，如图 11-21 所示，然后“回车”即可。

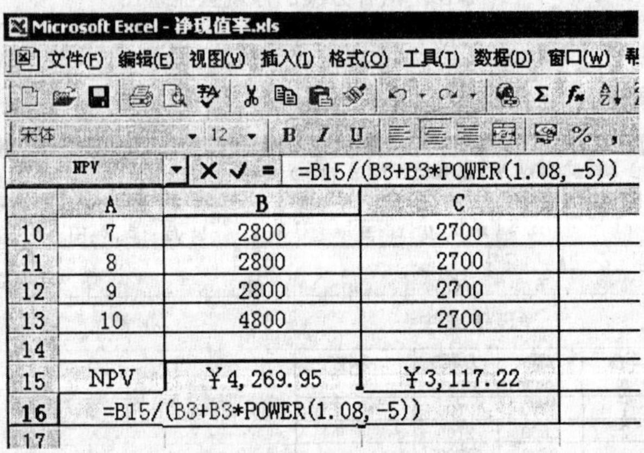

图 11-21　计算方案 *A* 净现值率

步骤 5：将鼠标定位到 C16 单元格，输入公式“ = C15/C3”，如图 11-22 所示，然后“回车”即可。

步骤 6：如图 11-23 所示，根据净现值率的判别准则知，这两种方案均是可行的，但是由 $\mathrm{NPVR}_A > \mathrm{NPVR}_B$，为此认为方案 *A* 优于方案 *B*。

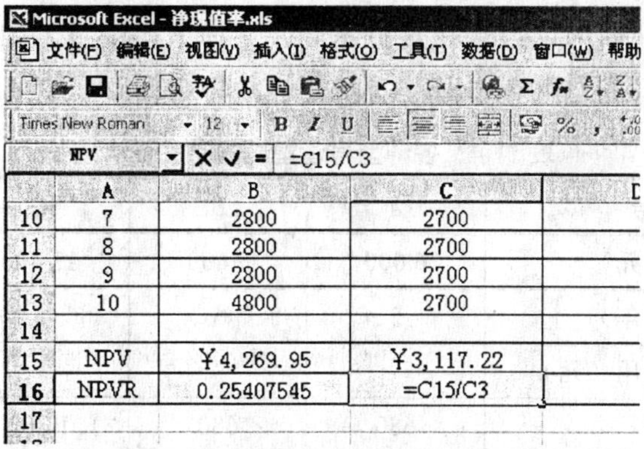

图 11-22　计算方案 A 净现值率

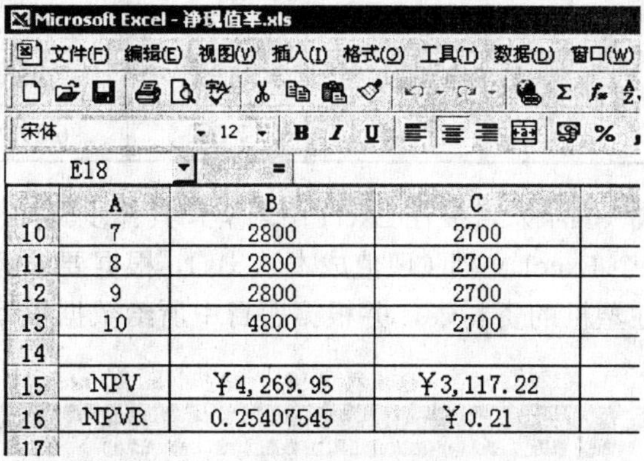

图 11-23　两种方案的净现值率

11.2.3　现值成本法

1. 基本概念

现值成本（PC）是净现值的特例，指将方案寿命周期内的成本费用折现并对方案间的优劣进行分析的方法。计算公式为

$$PC=\sum_{t=0}^{n}CO_t\,(1+i_c)^{-t} \tag{11-4}$$

该方法一般不能直接判断方案是否可行，主要适用于满足相同需求的多方案间的对比分析。

2. 案例分析

例 11-4　某公司打算订购一批新的注塑机，现在有四种不同的注塑机可供选用，其投资（包括购置费、运输费、安装调试费等）和使用费用如表 11-4 所示。每种注塑机的年产量相同，而由于机械化程度不同，其使用费用也不同。假定该公司的标准收益率 10%，试问应选购哪一种注塑机比较经济合理？

表 11-4　各种型号注塑机的有关资料

设备型号	*A*	*B*	*C*	*D*
设备投资（元）	6 000	7 600	12 400	13 000
使用寿命（年）	5	5	5	5
设备年度使用费用（元）				
动力费	680	680	1 200	1 260
操作工人工资	6 600	6 000	4 200	3 700
维修保养费	400	450	650	500
其他	120	152	248	260
小计	7 800	7 282	6 298	5 720

本例可以利用式（11-4）直接在 Excel 中求解，具体步骤如下：

步骤 1：新建一个 Excel 文档（现值成本法.xls），根据要求解的问题，在当前工作表中制作各型号注塑机的资料表，并根据题目中所给数据填写表格，如图 11-24 所示。

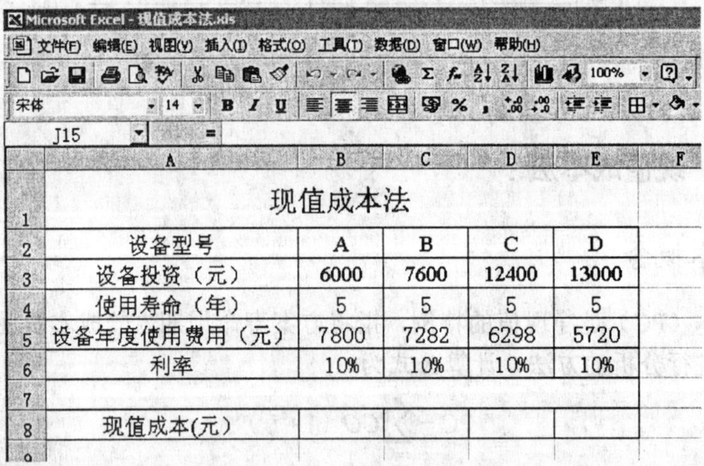

现值成本法

设备型号	A	B	C	D
设备投资（元）	6000	7600	12400	13000
使用寿命（年）	5	5	5	5
设备年度使用费用（元）	7800	7282	6298	5720
利率	10%	10%	10%	10%
现值成本(元)				

图 11-24　制作资料表

步骤 2：接下来计算 *A* 设备的现值成本。将鼠标定位到 B8 单元格，根据式(11-4)在 Excel 中输入公式“ = B3 + B5*PV（B6，B4，－1）”，然后“回车”，得到如图 11-25 所示的结果。

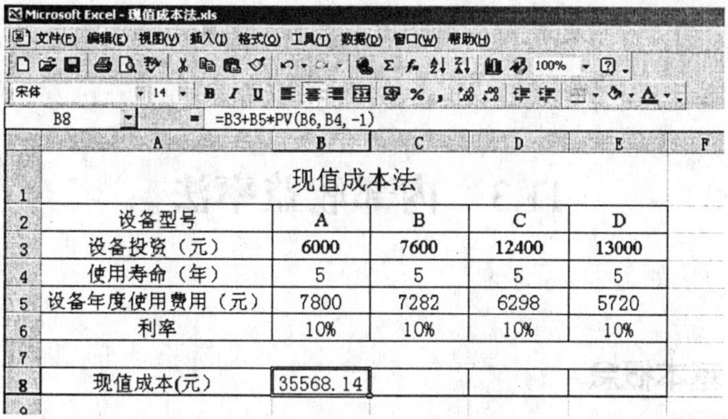

Microsoft Excel - 现值成本法.xls

B8　=B3+B5*PV(B6, B4, -1)

现值成本法				
设备型号	A	B	C	D
设备投资（元）	6000	7600	12400	13000
使用寿命（年）	5	5	5	5
设备年度使用费用（元）	7800	7282	6298	5720
利率	10%	10%	10%	10%
现值成本(元)	35568.14			

图 11-25　计算 *A* 设备的现值成本

步骤 3：将鼠标移到 B8 单元格右下角，当光标变成“＋”形状时按住鼠标左键拖动到 E8 单元格，如图 11-26 所示。

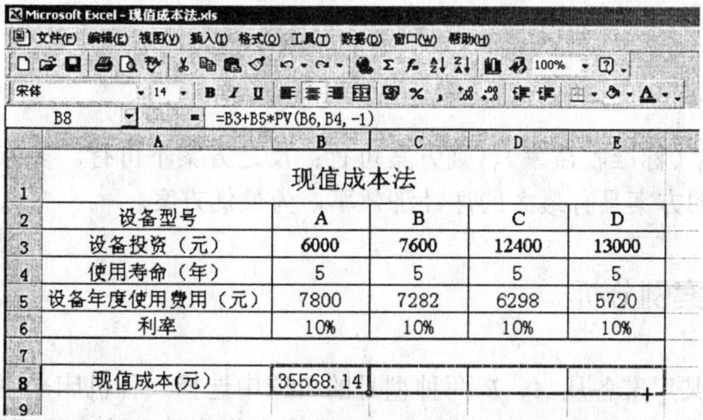

Microsoft Excel - 现值成本法.xls

B8　=B3+B5*PV(B6, B4, -1)

现值成本法				
设备型号	A	B	C	D
设备投资（元）	6000	7600	12400	13000
使用寿命（年）	5	5	5	5
设备年度使用费用（元）	7800	7282	6298	5720
利率	10%	10%	10%	10%
现值成本(元)	35568.14			

图 11-26　鼠标拖动复制函数

步骤 4：这样就可以得到四种设备的现值成本，如图 11-27 所示。

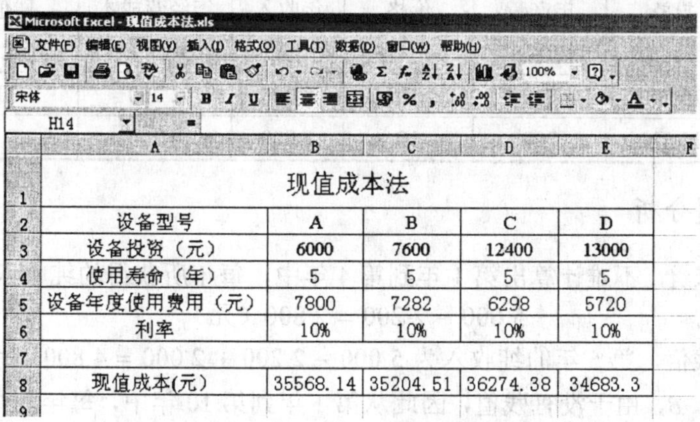

Microsoft Excel - 现值成本法.xls

H14

现值成本法				
设备型号	A	B	C	D
设备投资（元）	6000	7600	12400	13000
使用寿命（年）	5	5	5	5
设备年度使用费用（元）	7800	7282	6298	5720
利率	10%	10%	10%	10%
现值成本(元)	35568.14	35204.51	36274.38	34683.3

图 11-27　得到现值成本结果

通过计算表明，D 型注塑机的现值成本最小，因此应该选购 D 型。

11.3 内部收益率法

11.3.1 基本概念

内部收益率（IRR）是指方案在寿命周期内收入现值总额（或等额年值）等于支出现值（或等额年值），即净现值为零时的收益率。它反映方案在整个寿命周期内所投入资金的平均盈利能力，即动态投资收益率。其计算公式为（以现值计算为例）

令
$$\text{NPV}=\sum_{t=0}^{n}F_t(1+\text{IRR})^{-t}=0$$

求 IRR = ?

若 $\text{IRR}\geqslant i_0$（标准收益率），则方案可行；反之方案不可行。多方案比较时，内部收益率最大的方案具有最大的净经济效率，为最优方案。

11.3.2 案例分析

例 11-5 某厂准备从 A、B 两种型号的机床中选择一种机床来生产某产品，有关数据如表 11-5 所示。标准收益率为 8%，试用内部收益率法分析两种方案的优劣。

表 11-5

方案	投资（元）	年产量（件）	价格（元/件）	年收入（元）	年经营成本（元）	残值（元）	寿命（元）
机床 A	10 000	500	10	5 000	2 200	2 000	5
机床 B	15 000	700	10	7 000	4 300	0	10

1. 问题分析

对于机床 A，不难计算出第 1 年到第 4 年中，每年所获得的纯收入为

$$5\,000-2\,200=2\,800\text{（元）}$$

考虑到残值，第 5 年的纯收入为 5 000 − 2 200 + 2 000 = 4 800（元）。

对于机床 B，由于没有残值，因此从第 1 年到第 10 年中，每年的纯收入都是相同的，均为 7 000 − 4 300 = 2 300（元）。

2. 所用函数介绍

IRR（values，guess）

返回一组现金流的内部报酬率，是引起投资的净现值等于零的比率。换句话说，内部收益率是使得投资回收的当前价值正好等于投资成本的比率。

其中：

values：该参数是一个数组或者是含有数值的单元格区域的引用。只允许有一个 values 参数，而且它必须至少含有一个正数和一个负数。

guess：该参数是可选的，它为 Excel 指定计算的起始点。若输入 IRR 函数时接收到“＃NUM”出错值，那就应在函数中加入 guess 参数以帮助 Excel 求得计算结果。

3. 利用 Excel 求解

步骤 1：新建一个 Excel 文档（内部收益率法.xls），根据问题分析，在当前工作表中制作两种机床使用情况的净现金流量表，并根据题目中所给数据填写表格，如图 11-28 所示。

内部收益率法

年份	机床A	机床B
0	-10000	-15000
1	2800	2700
2	2800	2700
3	2800	2700
4	2800	2700
5	4800	2700
6		2700
7		2700
8		2700
9		2700
10		2700
IRR		

图 11-28　制作净现金流量表

步骤 2：将鼠标定位到 B14 单元格，在“常用”工具栏上单击“粘贴函数”按钮 f_x，如图 11-29 所示。

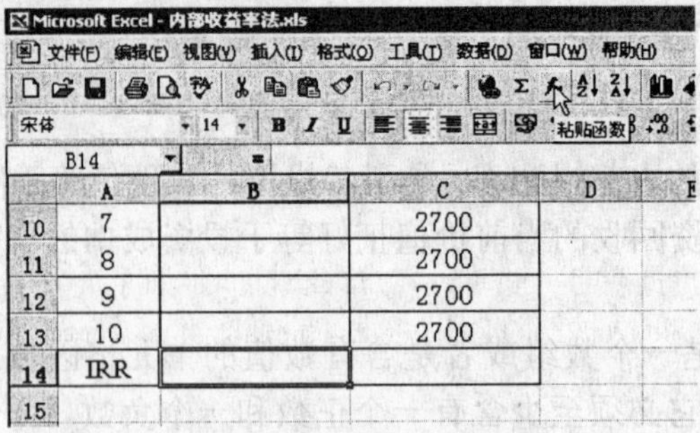

图 11-29　插入粘贴函数

步骤 3：这时，在系统弹出的“粘贴函数”对话框中选择“IRR”函数，然后单击“确定”按钮，如图 11-30 所示。

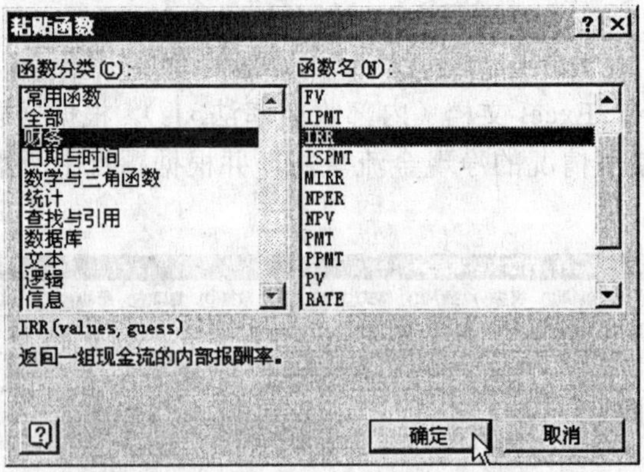

图 11-30　“粘贴函数”对话框

步骤 4：此时，系统出现 IRR 函数对话框，用鼠标单击“Values”文本框旁边的按钮，如图 11-31 所示。

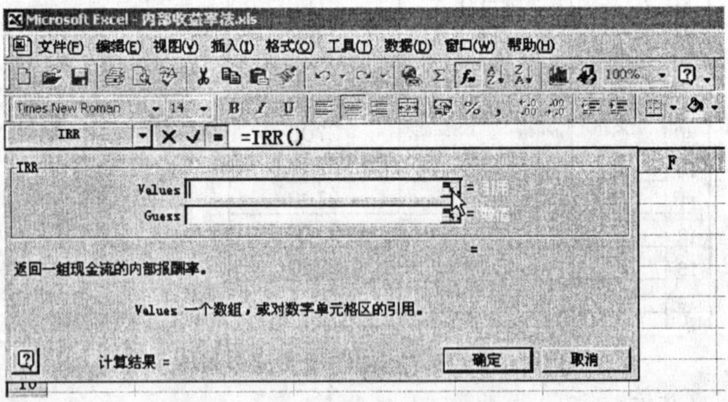

图 11-31　IRR 函数

步骤 5：在当前工作表中，用鼠标拖动的方法选择 B3 至 B8 单元格，将其作为一个数组一起作为 Values 的参数，然后再次单击按钮，如图 11-32 所示。

Microsoft Excel - 内部收益率法.xls

=IRR(B3:B8)

	A	B	C
1	内部收益率法		
2	年份	机床A	机床B
3	0	-10000	-15000
4	1	2800	2700
5	2	2800	2700
6	3	2800	2700
7	4	2800	2700
8	5	4800	2700
9	6		2700
10	7		2700
11	8		2700
12	9		2700
13	10		2700
14	IRR	=IRR(B3:B8)	

图 11-32　选择参数

步骤 6：回到 IRR 函数对话框，单击“确定”按钮，得到机床 *A* 的内部收益率，如图 11-33 所示。

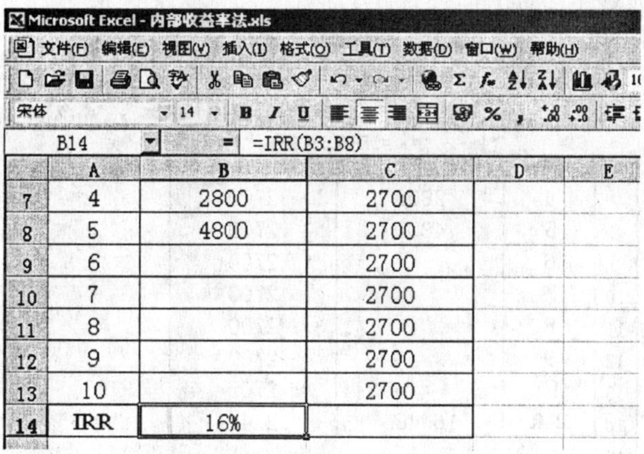
Microsoft Excel - 内部收益率法.xls

B14　=IRR(B3:B8)

	A	B	C	D	E
7	4	2800	2700		
8	5	4800	2700		
9	6		2700		
10	7		2700		
11	8		2700		
12	9		2700		
13	10		2700		
14	IRR	16%			

图 11-33　得到机床 *A* 的内部收益率

提示：

为了提高计算结果的精确度，可以用前面介绍的方法设置第 14 行单元格的精确度如图 11-34 所示。

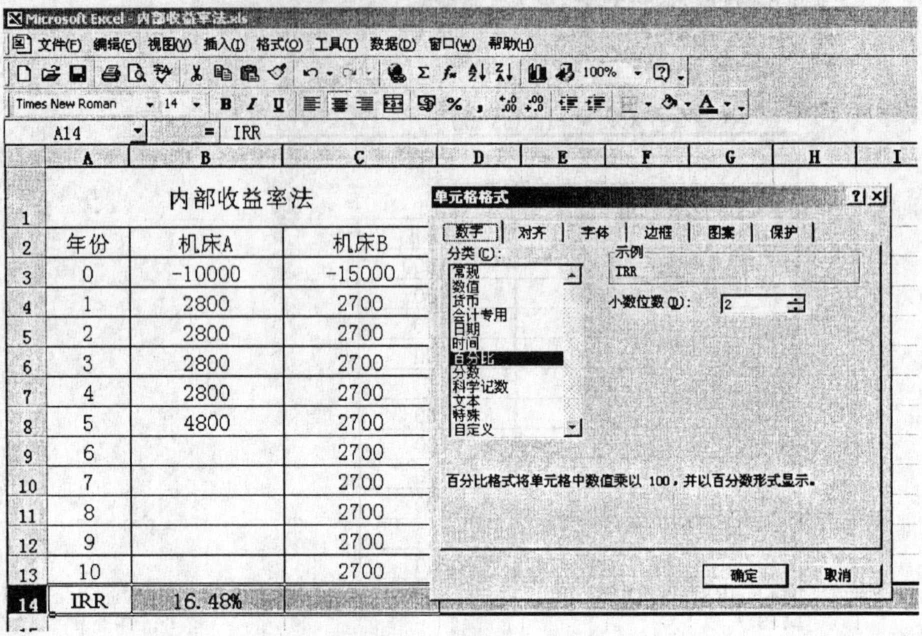

图 11-34　设置精度

步骤 7：以同样的方法计算机床 *B* 的内部收益率，注意此时 Values 参数为 10 年的净现金流量，得到计算结果如图 11-35 所示。

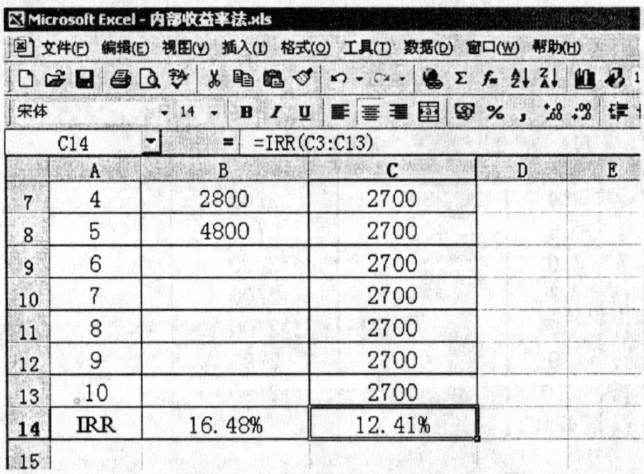

图 11-35　计算机床 *B* 的内部收益率

由计算结果知：*A*、*B* 两种方案的内部收益率均大于标准收益率 8%，说明 *A*、*B* 两种方案均为可行方案。但是由于 *A* 方案的内部收益率大于 *B* 方案的内部收益率，说明 *A* 方案的纯经济效率优于 *B* 方案。

11.4　差额投资内部收益率法

11.4.1　基本概念

内部收益率是一个重要而且常用的动态评价指标。但是在方案比较中，用内部收益率指标进行方案比较，有时会出现与用净现值指标比较不同的结论。根据基准收益率的经济意义，基准折现率（即最低期望收益率）应该等于被拒绝的投资机会中最佳投资机会的盈利率。因此，在对互斥方案进行比较时，净现值最大准则（以及最小费用准则）是正确的判别标准。故在方案比较时，一般不直接采用内部收益率指标，而是采用差额投资内部收益率指标。因为差额投资内部收益率指标的比选结论在任何情况下都与采用净现值法所得出的结论是一致的。

差额投资内部收益率是两个方案各年净现金流量差额的现值之和等于零时的折现率，其计算公式为

令
$$\sum_{t=0}^{n}[(CI-CO)_2-(CI-CO)_1]_t(1+\Delta IRR)^{-t}=0$$

求 $\Delta IRR=?$

式中　$(CI-CO)_1$ —— 投资小的方案的年净现金流量；

$(CI-CO)_2$ —— 投资大的方案的年净现金流量；

ΔIRR —— 差额内部收益率。

用 ΔIRR 作为评价标准时的判别准则是：

若 $\Delta IRR>i_c$，投资大的方案为优；

若 $\Delta IRR<i_c$，投资小的方案为优。

如果在 Excel 中求差额内部收益率，仍然使用 IRR 函数，当然需要对数据作一些简单的处理。

11.4.2　案例分析

例 11-6　设方案Ⅰ和方案Ⅱ为两个互斥方案，其现金流量如表 11-6 所示。在 $i_c=10\%$的情况下，试对两方案进行评价选优。

1. 问题分析

若要对两种方案进行评价选优，首先要检验两方案自身的经济性，接下来再进行相对效果检验。本例中可以先计算两种方案的内部收益率，判断其自身的经济性，然后再计算差额内部收益率，即可判断出那一种方案更好。

表 11-6　两种方案的现金流量表　　（单位：万元）

	0（年）	1～10 年
方案Ⅰ	－200	39
方案Ⅱ	－100	20

2. 利用 Excel 求解

步骤 1：新建一个 Excel 文档（差额内部收益率法.xls），根据问题分析，在当前工作表中制作两种方案的净现金流量表，并根据题目中所给数据填写表格，如图 11-36 所示。

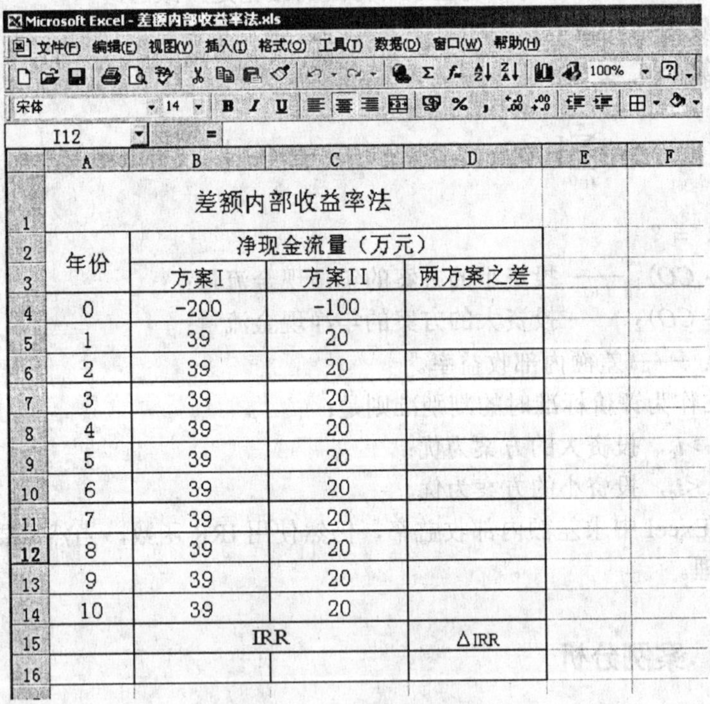

差额内部收益率法

年份	净现金流量（万元）		
	方案I	方案II	两方案之差
0	-200	-100	
1	39	20	
2	39	20	
3	39	20	
4	39	20	
5	39	20	
6	39	20	
7	39	20	
8	39	20	
9	39	20	
10	39	20	
IRR			ΔIRR

图 11-36　制作净现金流量表

步骤 2：根据上一节所述的方法分别计算出方案Ⅰ和方案Ⅱ的内部收益率 IRR，如图 11-37 所示。

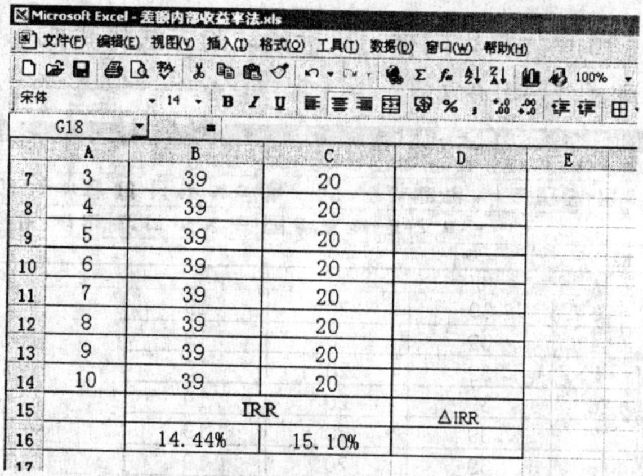

图 11-37 计算内部收益率

步骤 3：计算出两种方案净现金流量之差。将鼠标定位到 D4 单元格，输入公式“ = B4 – C4”，回车即可以得到两种方案的投资之差，如图 11-38 所示。

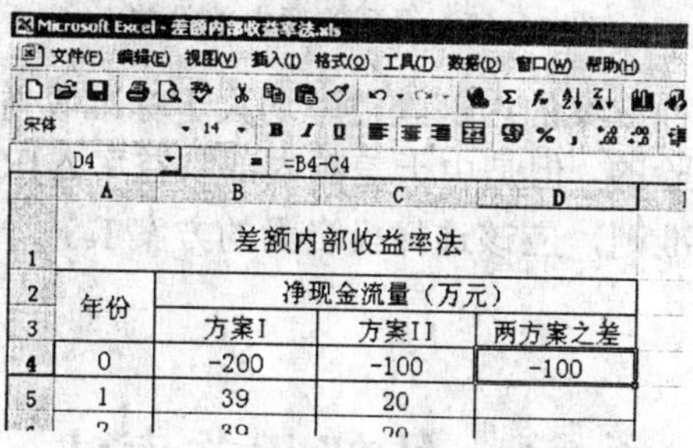

图 11-38 得到两方案投资之差

步骤 4：选择单元格 D4，用鼠标拖动的方法计算出其余各年的收入差额，如图 11-39 所示。

图 11-39 得到各年的收入差额

步骤 5：选择 C16 单元格，同样用鼠标拖动的方法将其拖至 D16 单元格，得到差额内部收入率，如图 11-40 所示。

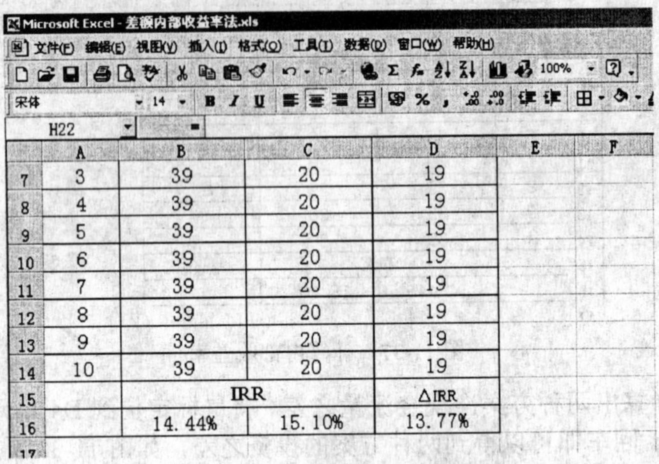

	A	B	C	D	E	F
7	3	39	20	19		
8	4	39	20	19		
9	5	39	20	19		
10	6	39	20	19		
11	7	39	20	19		
12	8	39	20	19		
13	9	39	20	19		
14	10	39	20	19		
15		IRR		ΔIRR		
16		14.44%	15.10%	13.77%		

图 11-40　得到差额内部收益率

从计算结果知，两种方案的内部收益率均大于标准收益率 10%，故两方案自身的经济性是可以通过检验的，但是由于差额内部收益率 ΔIRR = 13.77%>10%，根据差额内部收益率的判断准则，应该选择投资大的方案 I。

11.5　外部收益率法

11.5.1　基本概念

外部收益率实际上是对内部收益率的一种修正，计算外部收益率时也假定项目寿命期内所获得的净收益全部可用于再投资，所不同的是假定再投资的收益率等于基准收益率。

求解外部收益率的方程式为

令
$$\sum_{t=0}^{n}(CI-CO)_t(1+i_0)^{n-t}=\sum_{t=0}^{n}NK_t(1+\mathrm{ERR})^{n-t}$$

求 ERR = ?

式中　ERR —— 外部收益率；

$(CI-CO)_t$ —— 第 t 年的净收益；

NK_t —— 第 t 年的净投资；

i_0 —— 基准收益率。

式中不会出现多个正实数解的情况，而且通常可以用代数方法直接求解。ERR 指标用于评价投资方案经济效果时，需要与基准折现率 i_0 相比较，判别标准是：

若 ERR≥ i_0，则项目可以被接受；

若 ERR< i_0，则项目不可以被接受。

11.5.2　案例分析

例 11-7　某重型机械公司为一项工程提供一套大型设备，合同签订后，买方要分两年先预付一部分款项，待设备交货后再分两年支付设备价款的其余部分。重型机械公司承接该项目预计各年的净现金流量如表 11-7 所示。基准折现率为 $i_0 = 10\%$，试用收益率指标评价该项目是否可行。

表 11-7　某项目的净现金流量表

年　　份	0	1	2	3	4	5
净现金流量（元）	1 900	1 000	−5 000	−5 000	2 000	6 000

1. 所用函数介绍

MIRR（values，finance_rate，reinvest_rate）

values　为一个数组，或对数字单元格区的引用。这些数值代表着各期支出（负值）及收入（正值）。

参数 values 中必须至少包含一个正值和一个负值，才能计算修正后的内部收益率，否则函数 MIRR 会返回错误值#DIV/0!。

如果数组或引用中包括文字串、逻辑值或空白单元格，这些值将被忽略；但包括数值零的单元格计算在内。

finance_rate　为投入资金的融资利率。

reinvest_rate　为各期收入净额再投资的收益率。

说明：

函数 MIRR 根据输入值的次序来注释现金流的次序。所以，务必按照实际的顺序输入支出和收入数额，并使用正确的正、负号（现金流入用正值，现金流出用负值）。

2. 问题分析

该项目为非常规项目，首先根据内部收益率公式计算出该项目的内部收益率 IRR，计算结果有两个解，即 $i_1 = 10.2\%$，$i_2 = 47.3\%$，不能用 IRR 指标评价，可计算其 ERR。在本例中用 MIRR 函数计算外部收益率时，只要将 finance_rate 和

reinvest_rate 均设定为基准利率即可。

3. 利用 Excel 求解

步骤 1：新建一个 Excel 文档（外部收益率法.xls），根据问题分析，在当前工作表中制作该项目的净现金流量表，并根据题目中所给数据填写表格，如图 11-41 所示。

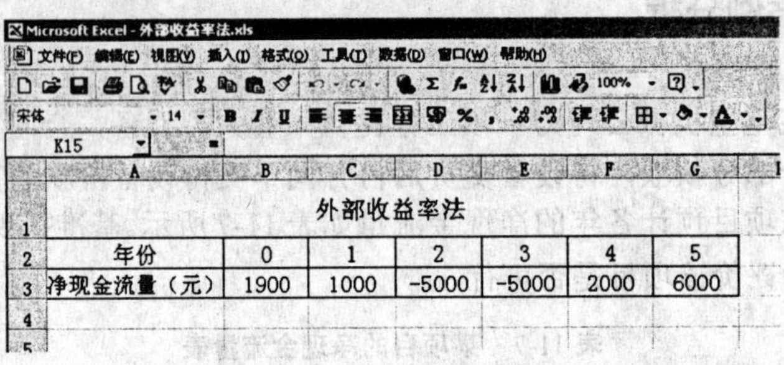

图 11-41　制作现金流量表

步骤 2：增加一个“外部收益率”栏目，并将用于存放外部收益率的单元格格式设置为带两个小数位数的百分比类型，如图 11-42 所示。

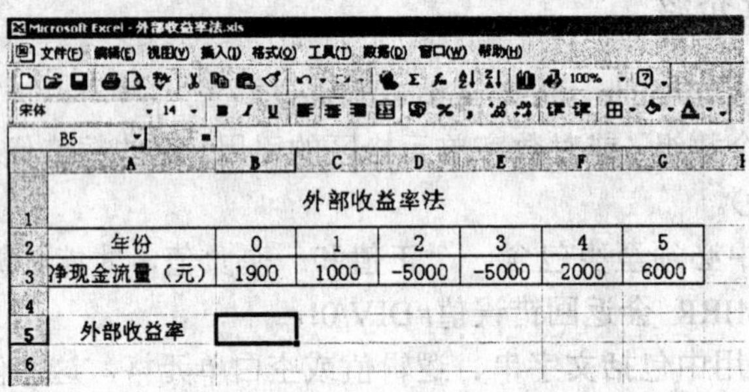

图 11-42　增加外部收益率栏目

步骤 3：将鼠标定位到 B5 单元格，然后在“常用”工具栏上单击“粘贴函数”按钮 f_x，如图 11-43 所示。

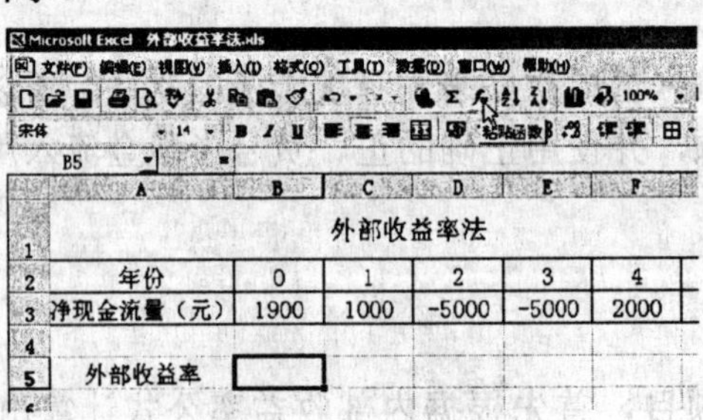

图 11-43　插入粘贴函数

步骤 4：此时，在出现的“粘贴函数”对话框中选择 MIRR 函数，然后单击“确定”按钮，如图 11-44 所示。

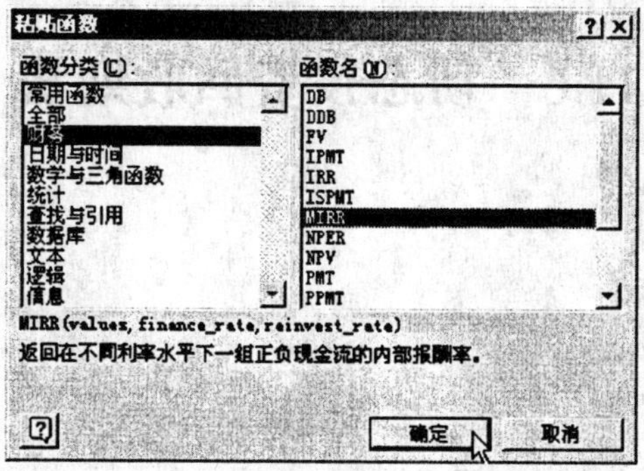

图 11-44 “粘贴函数”对话框

步骤 5：这时，系统弹出 MIRR 函数对话框，在参数列表中输入如图 11-45 所示的参数，然后单击“确定”按钮。

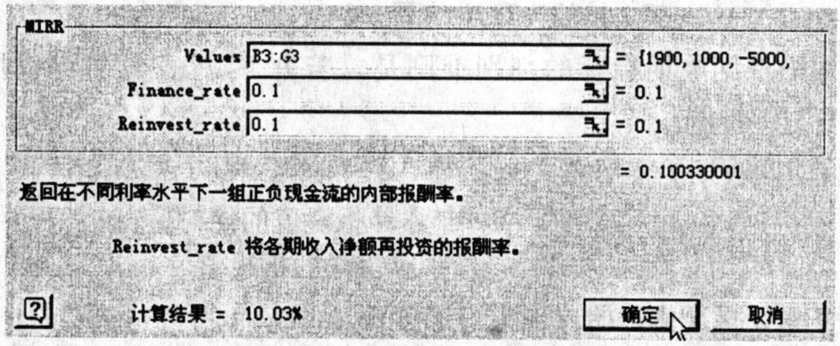

图 11-45 MIRR 函数对话框

步骤 6：回到 Excel 当前工作表中，即可得到该项目的外部收益率，如图 11-46 所示。

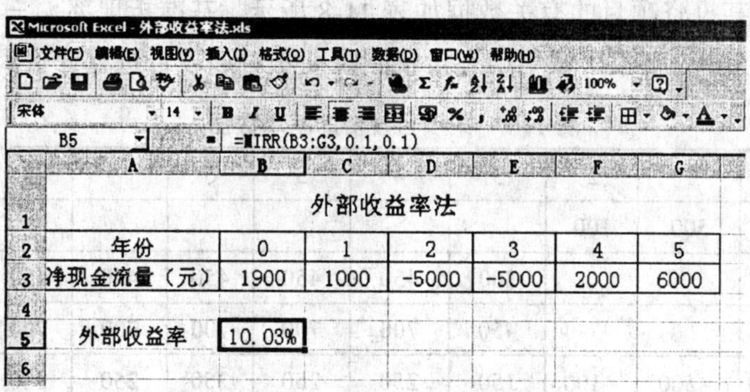

图 11-46 得到计算结果

由计算结果及外部收益率的判别准则知，由于计算结果 ERR = 10.03%>10%（基准收益率），故可以认为该项目是可行的。

11.6 动态投资回收期法

11.6.1 基本概念

动态投资回收期的表达式为

$$\sum_{t=0}^{P_t^*} (CI-CO)_t(1+i_c)^{-t}=0 \tag{11-4}$$

式中 P_t^*—— 动态投资回收期；

$(CI-CO)_t$—— 第 t 年的净现金流量。

利用动态投资回收期指标的判别准则是，若 $P_t^* \leqslant P_c^*$，项目可以接受；而若 $P_t^* > P_c^*$，项目应予拒绝。

求动态投资回收期的实用公式是

$$P_t^*=(T^*-1)+\frac{\text{第}(T^*-1)\text{年累计折现值的绝对值}}{\text{第}T^*\text{年净现金流量的折现值}} \tag{11-5}$$

式中 T^*——累计折现值开始出现正值的年份。

11.6.2 案例分析

例 11-8 某投资项目的有关数据如表 11-8 所示，基准折现率 $i_c=10\%$，基准动态投资回收期为 $P_c^*=8$ 年，试用动态投资回收期法对该项目进行评价。

表 11-8 某项目投资的基本数据 （单位：万元）

	0	1	2	3	4	5	6	7	8	9	10
投资支出	20	500	100								
其他支出				300	450	450	450	450	450	450	450
收入				450	700	700	700	700	700	700	700
净现金流量	−20	−500	−100	150	250	250	250	250	250	250	250
折现值	−20	−454.6	−82.6	112.7	170.8	155.2	141.1	128.3	116.6	106.0	96.4
累计折现值	−20	−474.6	−557.2	−444.5	−273.7	−118.5	22.6	150.9	267.5	373.5	469.9

动态投资回收期的计算与静态投资回收期的计算类似，用 Excel 计算的步骤如

下：

步骤 1：新建一个 Excel 文档（动态投资回收期法 . xls），根据题目中所给的数据在当前工作表中制作项目的累计折现值表，如图 11-47 所示。

	动态投资回收期法										
年份	0	1	2	3	4	5	6	7	8	9	10
折现值（万元）	-20	-454.6	-82.6	112.7	170.8	155.2	141.1	128.3	116.6	106	96.4
累计折现值（万元）	-20	-474.6	-557.2	-444.5	-273.7	-118.5	22.6	150.9	267.5	373.5	469.9

图 11-47　制作累计折现值表

步骤 2：增加一栏“动态投资回收期”，将鼠标定位到 B6 单元格，如图 11-48 所示。

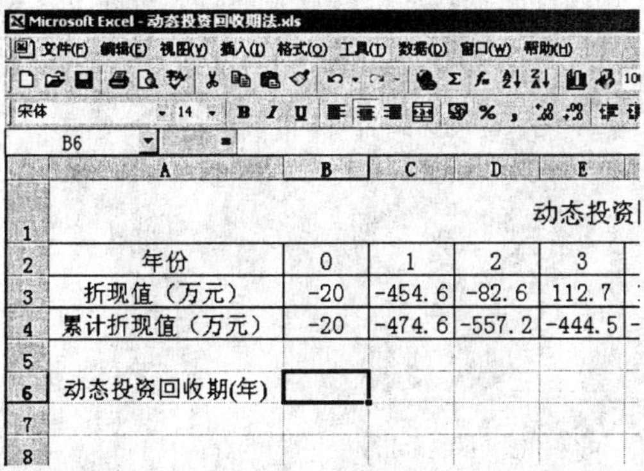

年份	0	1	2	3
折现值（万元）	-20	-454.6	-82.6	112.7
累计折现值（万元）	-20	-474.6	-557.2	-444.5
动态投资回收期(年)				

图 11-48　定位鼠标

步骤 3：从累计折现值表中可以看出第 6 年时累计折现值开始出现正值，为此计算动态投资回收期时在 B6 单元格中输入公式“ = H2 - 1 + abs（G4）/H3”，如图 11-49 所示，然后“回车”即可得到动态回收期，如图 11-50 所示。

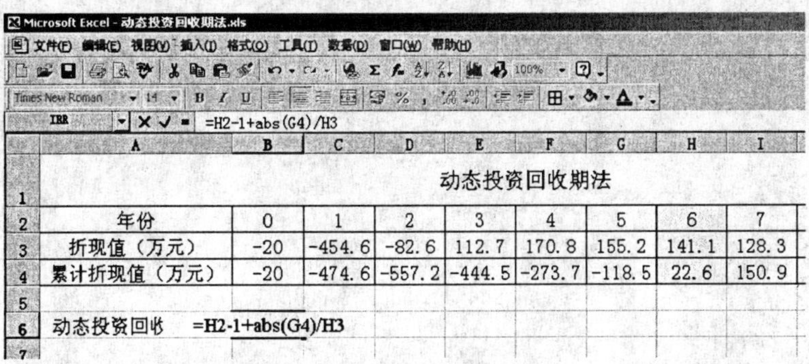

	动态投资回收期法							
年份	0	1	2	3	4	5	6	7
折现值（万元）	-20	-454.6	-82.6	112.7	170.8	155.2	141.1	128.3
累计折现值（万元）	-20	-474.6	-557.2	-444.5	-273.7	-118.5	22.6	150.9
动态投资回收	=H2-1+abs(G4)/H3							

图 11-49　输入计算公式

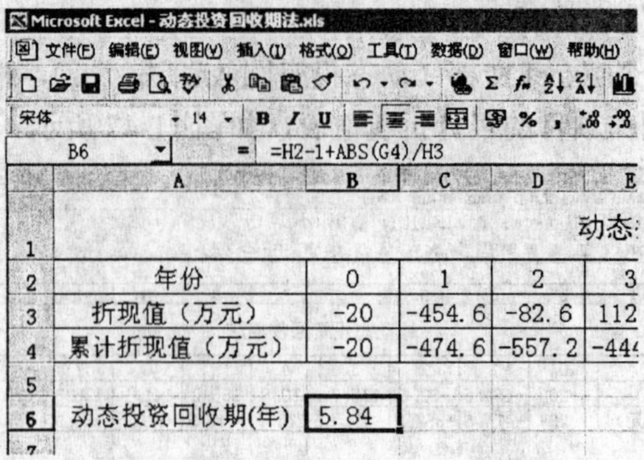
Microsoft Excel - 动态投资回收期法.xls

B6 = =H2-1+ABS(G4)/H3

	A	B	C	D	E
1					动态
2	年份	0	1	2	3
3	折现值（万元）	-20	-454.6	-82.6	112
4	累计折现值（万元）	-20	-474.6	-557.2	-444
5					
6	动态投资回收期(年)	5.84			

图 11-50　得到动态投资回收期

从以上计算结果知，因为 $P_t^* < P_c^*$，所以根据动态投资回收期的判别准则可以认为该项目是可以接受的。

第 12 章　风险与不确定性的经济分析

12.1　风险决策要素

由于主观预测能力、客观条件的制约和变化，技术方案的实施可能会达不到预期的效果，这种现象称为技术项目的风险和不确定性。其主要来源于：

估计和预测：评价方案时信息不全面，做出的假设与实际不符；统计的数据存在误差，统计的方法存在局限性。

市场影响：供求关系的变化导致价格波动，直接影响产品的最终售价；产品原材料的价格上升，生产成本增加，也会在产品的售价上体现出来，间接影响产品价格。

技术因素：新技术的出现使设备更新换代加快，折旧速度加快，导致产品成本增加。

经济宏观调控和国家政策：为抑制经济过热而进行的宏观调控，增减利率，带来投资额的变化；国家扶持高新技术产业的发展，出台相关政策，提供减免税和资金扶持，提高其产品在市场上的竞争力。

投资决策过程中的不确定性因素主要来源于以上四个方面，影响着技术方案的最终实施的效果。在实际中则具体体现为成本、价格、产量等风险决策的要素：

1. 成本

工业生产中的投资和经营费用，如固定资产投资、购买原材料的费用、支付工作人员的工资等，最终体现在产品的成本上。根据产品产量与成本之间的关系，可将成本分为固定成本和可变成本两部分。

固定成本是产品成本中不随产量发生变化的部分。

可变成本与产量呈一定的函数关系，随着产量的变化而发生变化。

设总成本为 C，固定成本为 C_f，可变成本为 C_v，则

$$C = C_f + C_v \tag{12-1}$$

2. 价格

产品投放市场后，其价格不是一个确定的量，会受到供求关系的影响而变化。价格用 P 表示。

3. 产量

在实际分析中通常假设产品的产量等于产品的销售量，即产品无积压。产量用 Q 表示。

进行不确定性分析有助于工程人员和投资者对各种不确定因素的影响趋势和影响程度有定量的估计，比较各方案在正常情况下和外界因素波动下的收益情况，对方案进行优选。在实施过程中对关键因素进行着重考虑，确保投资项目取得预期的收益。对常用的不确定分析方法主要有盈亏平衡分析和敏感性分析。

12.2 盈亏平衡分析

工程经济学中，产品的销售收入 R、成本 C 和收益 P_f之间存在以下关系：

$$P_f = R - C = R - C_f - C_v \tag{12-2}$$

盈亏平衡分析是从产品的价格、产量、成本和收益之间的关系角度，分析各因素对收益的影响，找出价格、产量、成本对项目影响中的盈亏临界点，即盈亏平衡点 BEP。在盈亏平衡点以下，项目处于亏损状态；在盈亏平衡点以上，项目盈利；项目的盈亏平衡点越低，项目的抗风险能力就越强。借助盈亏平衡点可进一步分析方案的可行性和风险承受能力，对工程决策提供支持。

在实际的分析中，根据各因素变化的线性与否，盈亏平衡分析可以分为线性盈亏平衡分析和非线性盈亏平衡分析。根据产品结构的不同，盈亏平衡分析可以分为单一产品的盈亏平衡分析和多产品的盈亏平衡分析。另外还有盈亏优劣分析，适用于不同方案的比较优选。

12.2.1 单方案线性盈亏分析

1. 基本概念

在单方案线性盈亏分析中，主要是研究产品产量、成本和盈利之间的关系，分析产量因素对盈亏平衡点的影响。在进行分析前通常进行如下假设：

（1）在一定时期内，产品的售价保持不变，则产品的销售收入取决于产品的销售量。

$$R = P \times Q \tag{12-3}$$

（2）产品的可变成本与产量是线性关系，随产量的增大而增大。

在产量的线性盈亏分析中，以产量 Q 为自变量，收益 R 和成本 C 为因变量，将式（12-1）和（12-3）中的函数关系在一张图中表示出来，即为产量因素的盈亏平衡图（图 12-1）。

产量因素的盈亏平衡图中，横轴为产量 Q，纵轴表示销售收入或成本量。直线 C_f 表示产品的固定成本，与横轴平行，不随产量的变化波动。直线 R 为产品销售收入，从原点出发，随着 Q 的增长线性增加。直线 C 为总成本线，其与销售收入线的交点即为盈亏平衡点 BEP，在横轴上对应临界产量 Q_{BEP}，此时销售收入与总成本持平。Q_{BEP} 称为临界平衡产量。在临界产量点以前，销售收入少于总成本，方案处于亏损状态；在临界产量点以后，销售收入高于总成本，方案开始盈利。Q_{BEP} 是项目保本产量的下限，其值越低，项目的抗风险能力越强。

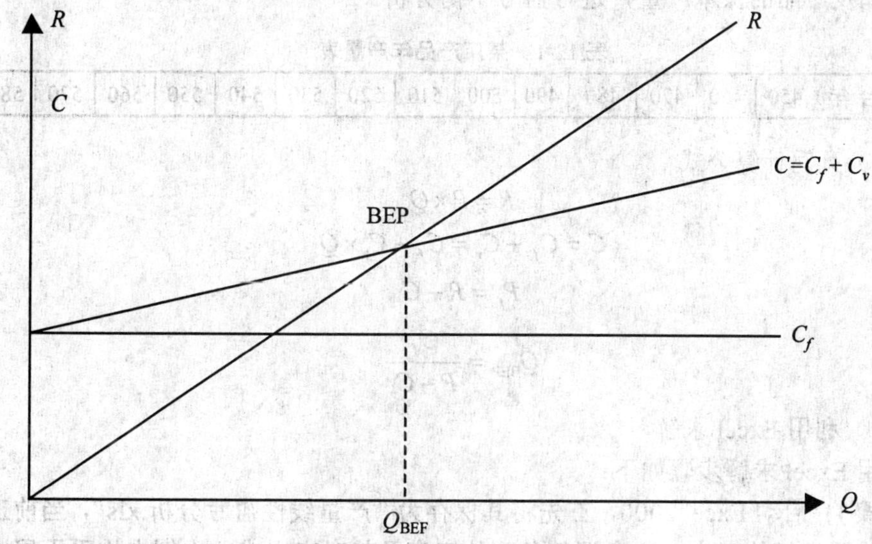

图 12-1　产量因素的线性盈亏平衡图

盈亏平衡点除了可以用产量表示外，还可以用销售收入、生产能力利用率、销售价格、单位产品变动成本来表示。

盈亏平衡点的销售收入为

$$R_{BEP} = P \times Q_{BEP} \tag{12-4}$$

若设计生产能力为 Q_D，则盈亏平衡点的生产能力利用率为

$$E_{\text{BEP}}=\frac{Q_{\text{BEP}}}{Q_D} \tag{12-5}$$

若按设计生产能力进行生产和销售，且产品的固定成本和可变成本保持不变，盈亏平衡点的产品价格为

$$P_{\text{BEP}}=\frac{R}{Q_D}=\frac{C}{Q_D}=C_v+\frac{C_f}{Q_D} \tag{12-6}$$

若按设计生产能力进行生产和销售，且产品的价格和固定成本保持不变，盈亏平衡点的产品可变成本为

$$C_{v\text{BEP}}=\frac{C-C_f}{Q_D}=\frac{R-C_f}{Q_D}=P-\frac{C_f}{Q_D} \tag{12-7}$$

2. 案例分析

某厂开发一种新产品，预计售价为 180 元/台。已知生产该产品的单位可变成本为 55 元，年固定成本为 65 000 元，根据下表中产量计算该产品的销售收益、总成本、利润及产品的保本产量，进行盈亏平衡分析。

表 12-1　某厂产品年产量表

产量（台/年）	450	460	470	480	490	500	510	520	530	540	550	560	570	580

（1）列写计算公式

$$R=P\times Q$$
$$C=C_f+C_v=C_f+C_1\times Q$$
$$P_f=R-C$$
$$Q_{\text{BEP}}=\frac{C_f}{P-C_v}$$

（2）利用 Excel 求解

利用 Excel 求解步骤如下：

步骤 1：启动 Excel 2000，首先将其保存为“产量线性盈亏分析.xls”，当前工作簿中制作要求解的表头，注意调整各列的宽度及其对齐方式，本例中均采用居中对齐，如图 12-2 所示。

步骤 2：根据题目，输入售价、产量、成本等数据。如图 12-3 所示。

提示：

在输入一组按一定规律变化的数字时，例如本例中的序号，利用“序列填充”可以快速完成。选择要填充的第一个单元格，如本例中的 A3，输入 1 后，再次选择 A3。选择“编辑”菜单中“填充” 选项，在二级菜单中选择“序列填充”。如图 12-4 所示。

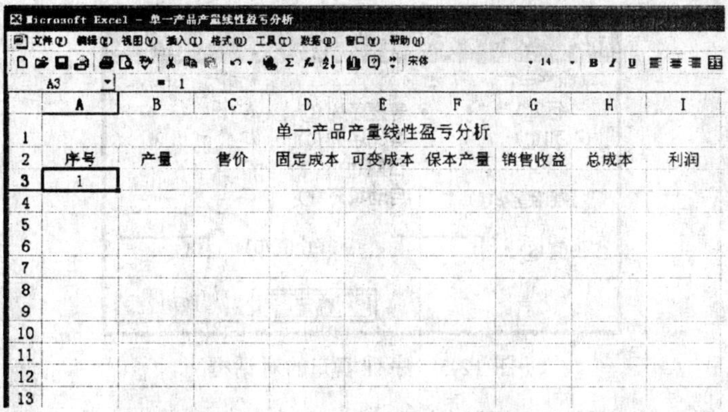

Microsoft Excel - 单一产品产量线性盈亏分析

	A	B	C	D	E	F	G	H	I
1				单一产品产量线性盈亏分析					
2	序号	产量	售价	固定成本	可变成本	保本产量	销售收益	总成本	利润
3	1								

图 12-2　建立产量线性盈亏分析表

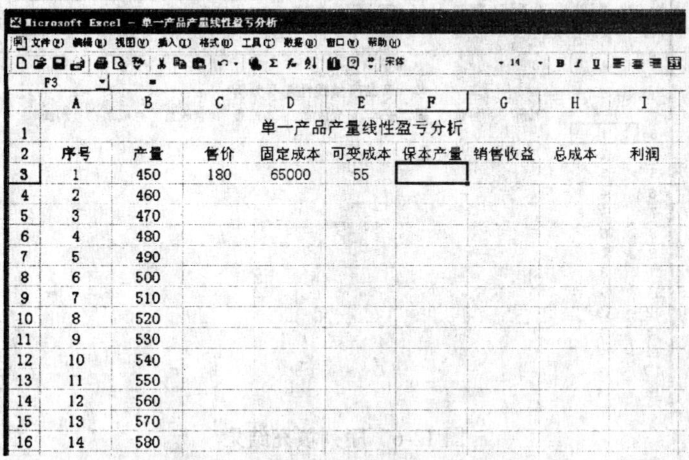

Microsoft Excel - 单一产品产量线性盈亏分析

	A	B	C	D	E	F	G	H	I
1				单一产品产量线性盈亏分析					
2	序号	产量	售价	固定成本	可变成本	保本产量	销售收益	总成本	利润
3	1	450	180	65000	55				
4	2	460							
5	3	470							
6	4	480							
7	5	490							
8	6	500							
9	7	510							
10	8	520							
11	9	530							
12	10	540							
13	11	550							
14	12	560							
15	13	570							
16	14	580							

图 12-3　输入原始数据

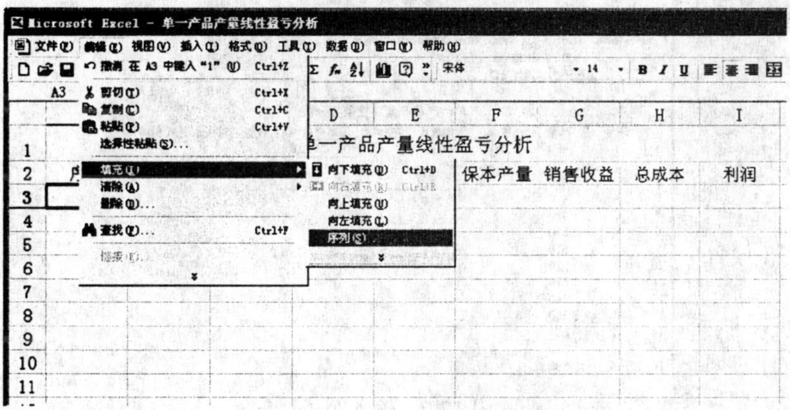

图 12-4　在菜单中选择序列填充

在弹出的对话框中按图 12-5 所示设置选项，单击“确定”按钮完成设置。

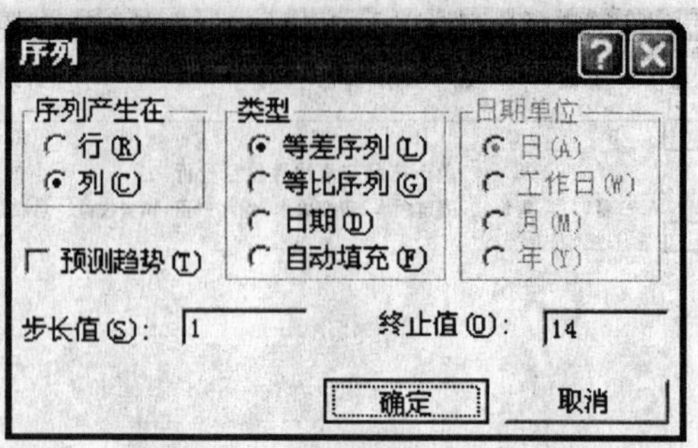

图 12-5　序列填充的对话框

序列填充的结果如图 12-6 所示。

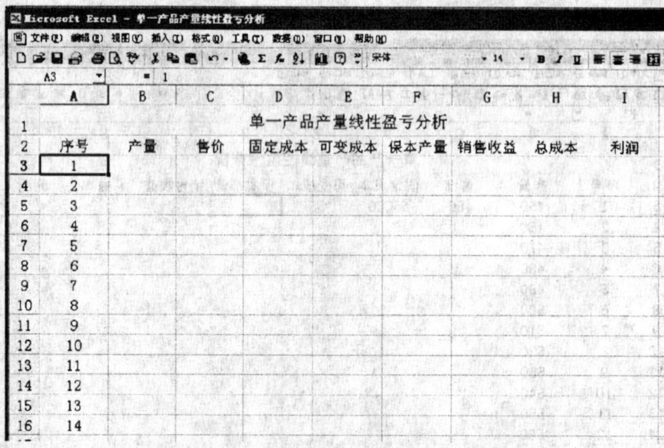

图 12-6　序列填充结果

步骤 3：在单元格 F3 中输入公式“ = D3/（C3 – E3）”。

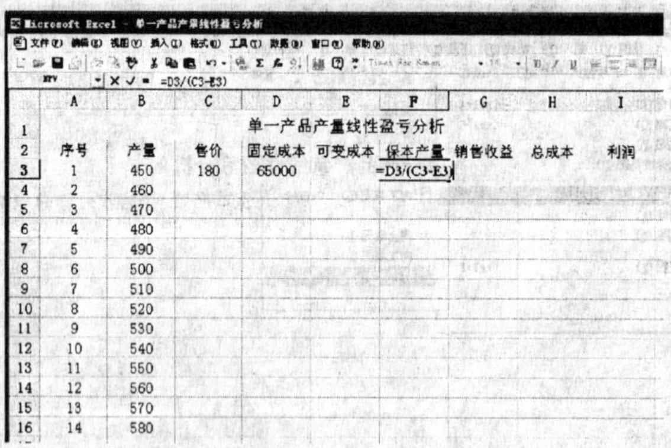

图 12-7　输入公式

步骤 4：按“回车”确定，得到计算结果。按照以上操作，在对应单元格中计算出销售收益、总成本和利润，完成后如图 12-8 所示。

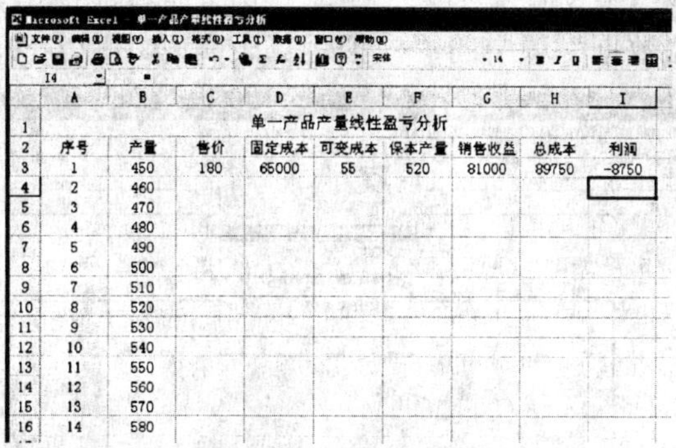

	A	B	C	D	E	F	G	H	I
1	单一产品产量线性盈亏分析								
2	序号	产量	售价	固定成本	可变成本	保本产量	销售收益	总成本	利润
3	1	450	180	65000	55	520	81000	89750	-8750
4	2	460							
5	3	470							
6	4	480							
7	5	490							
8	6	500							
9	7	510							
10	8	520							
11	9	530							
12	10	540							
13	11	550							
14	12	560							
15	13	570							
16	14	580							

图 12-8　计算销售收益、总成本和利润

步骤 5：在此步骤中，我们对整张表进行操作，完成在各种产量下的成本和收益的计算。为了使售价在发生改变的情况下，售价列的其他单元格会自动更新，我们在 C4 单元格中键入“ = C3”并回车，如图 12-9 所示。

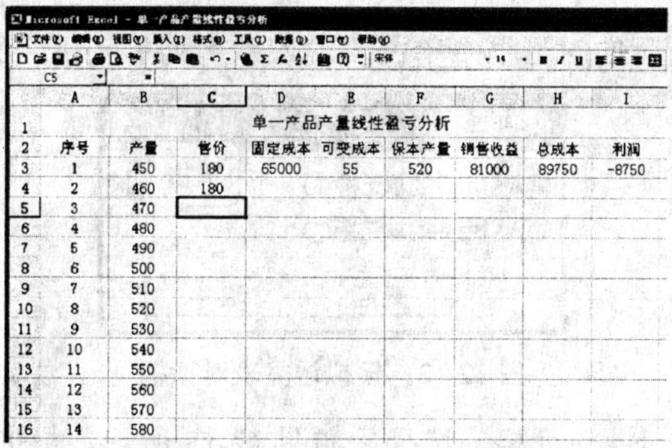

	A	B	C	D	E	F	G	H	I
1	单一产品产量线性盈亏分析								
2	序号	产量	售价	固定成本	可变成本	保本产量	销售收益	总成本	利润
3	1	450	180	65000	55	520	81000	89750	-8750
4	2	460	180						
5	3	470							
6	4	480							
7	5	490							
8	6	500							
9	7	510							
10	8	520							
11	9	530							
12	10	540							
13	11	550							
14	12	560							
15	13	570							
16	14	580							

图 12-9　C4 单元格中键入“ = C3”后回车

对固定成本、可变成本、保本产量等单元格进行相同的操作。对单元格 G4 键入“ = B4*C4”，单元格 H4 键入“ = D4 + B4*E4”，单元格 I4 键入“ = G4 − H4”。完成操作后选择 B4 到 I16 单元格区域。如图 12-10 所示。

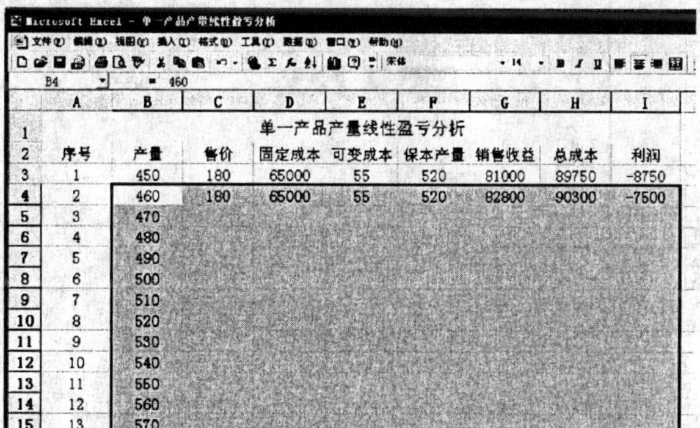

	A	B	C	D	E	F	G	H	I
1	单一产品产量线性盈亏分析								
2	序号	产量	售价	固定成本	可变成本	保本产量	销售收益	总成本	利润
3	1	450	180	65000	55	520	81000	89750	-8750
4	2	460	180	65000	55	520	82800	90300	-7500
5	3	470							
6	4	480							
7	5	490							
8	6	500							
9	7	510							
10	8	520							
11	9	530							
12	10	540							
13	11	550							
14	12	560							
15	13	570							
16	14	580							

图 12-10　选择区域单元格 B4 到 I16

在菜单中选择“数据”项中的“模拟运算表”。如图 12-11 所示。

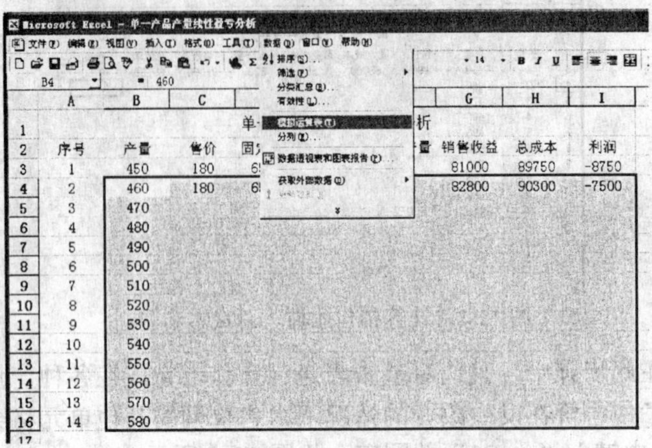

图 12-11 选择模拟运算表

在如图 12-12 所示的对话框中单击“输入引用列单元格”的选项中的按钮。

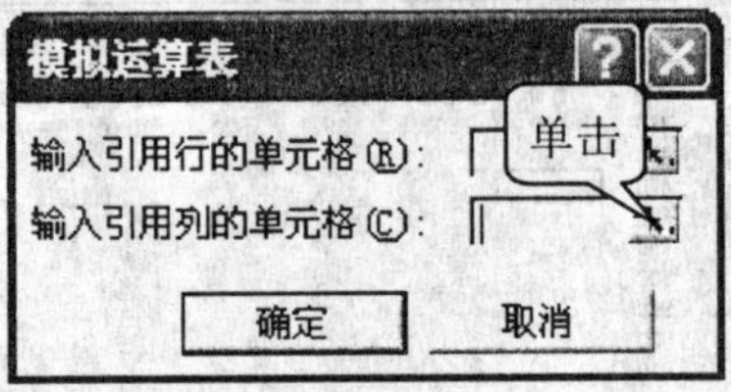

图 12-12 模拟运算表对话框

在工作表中选择 B4 单元格。选择后如图 12-13 所示。

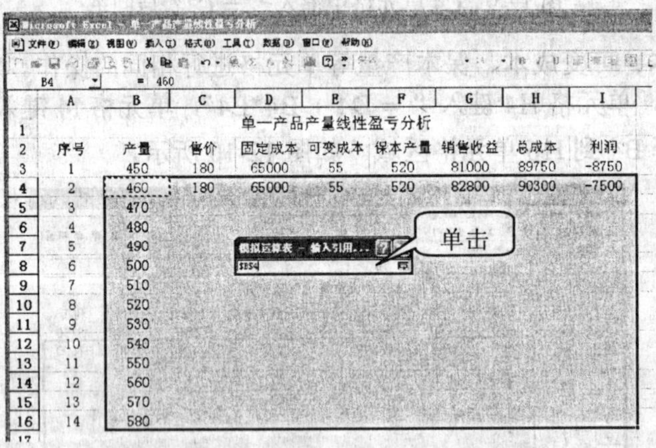

图 12-13 模拟运算表中单元格的选择

点击按钮，回到“模拟运算表”对话框，点击“确定”退出。Excel 自动对整个选定区域进行运算，结果如图 12-14 所示。

	A	B	C	D	E	F	G	H	I
1				单一产品产量线性盈亏分析					
2	序号	产量	售价	固定成本	可变成本	保本产量	销售收益	总成本	利润
3	1	450	180	65000	55	520	81000	89750	-8750
4	2	460	180	65000	55	520	82800	90300	-7500
5	3	470	180	65000	55	520	84600	90850	-6250
6	4	480	180	65000	55	520	86400	91400	-5000
7	5	490	180	65000	55	520	88200	91950	-3750
8	6	500	180	65000	55	520	90000	92500	-2500
9	7	510	180	65000	55	520	91800	93050	-1250
10	8	520	180	65000	55	520	93600	93600	0
11	9	530	180	65000	55	520	95400	94150	1250
12	10	540	180	65000	55	520	97200	94700	2500
13	11	550	180	65000	55	520	99000	95250	3750
14	12	560	180	65000	55	520	100800	95800	5000
15	13	570	180	65000	55	520	102600	96350	6250
16	14	580	180	65000	55	520	104400	96900	7500

图 12-14　模拟运算表对选定区域运算的结果

步骤 7：我们在这一步骤中建立产品的盈亏平衡图。首先选择整个数据区域 B3 到 I16，点击工具栏的按钮，进入图表向导。如图 12-15 所示。

选择“*XY* 散点图”中的“无数据点平滑线散点图”，点击“下一步”。进入如图 12-16 所示的对话框。在“系列”标签中单击“添加”，在“*XY* 散点图”中建立新的直线。

提示：

向导中添加的每一个系列对应 *XY* 散点图中的一条直线，单击名称、*X* 值、*Y* 值项的按钮，可以相应地选择直线的名称和 *X*、*Y* 坐标的值。

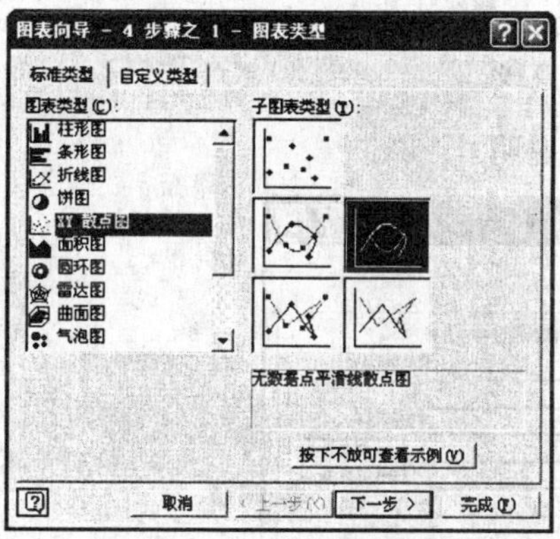

图 12-15　图表向导

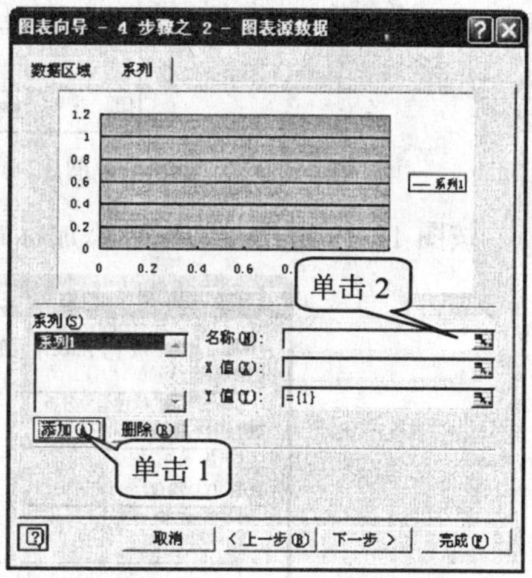

图 12-16　添加新的系列

首先建立销售收益与产品产量的关系直线。单击图 12-16 中名称项按钮，在图 12-17 中选择“销售收益”单元格，单击按钮返回向导。

在确定 *X*、*Y* 轴坐标时，选择 B3 到 B16，G3 到 G16 分别作为 *X*、*Y* 轴坐标值，建立总成本和销售收益两条直线，完成后如图 12-18 所示。单击“下一步”。

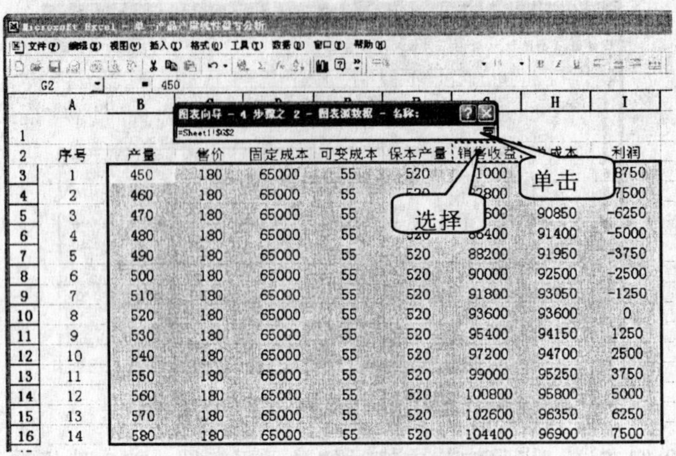

	A	B	C	D	E	F	G	H	I
2	序号	产量	售价	固定成本	可变成本	保本产量	销售收益	[illegible]成本	利润
3	1	450	180	65000	55	520	[illegible]1000	[illegible]	[illegible]8750
4	2	460	180	65000	55	[illegible]	[illegible]2800	[illegible]	[illegible]7500
5	3	470	180	65000	55	[illegible]	[illegible]600	90850	-6250
6	4	480	180	65000	55	[illegible]	86400	91400	-5000
7	5	490	180	65000	55	520	88200	91950	-3750
8	6	500	180	65000	55	520	90000	92500	-2500
9	7	510	180	65000	55	520	91800	93050	-1250
10	8	520	180	65000	55	520	93600	93600	0
11	9	530	180	65000	55	520	95400	94150	1250
12	10	540	180	65000	55	520	97200	94700	2500
13	11	550	180	65000	55	520	99000	95250	3750
14	12	560	180	65000	55	520	100800	95800	5000
15	13	570	180	65000	55	520	102600	96350	6250
16	14	580	180	65000	55	520	104400	96900	7500

图 12-17 选择直线名称

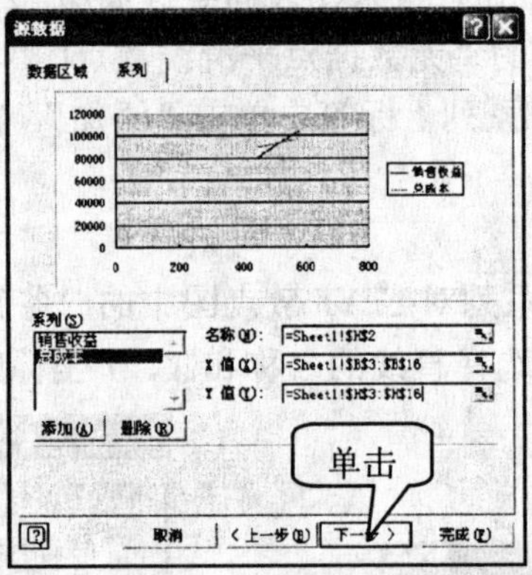

图 12-18 建立两条直线

按图 12-19 所示，为图表添加标题、坐标轴说明。

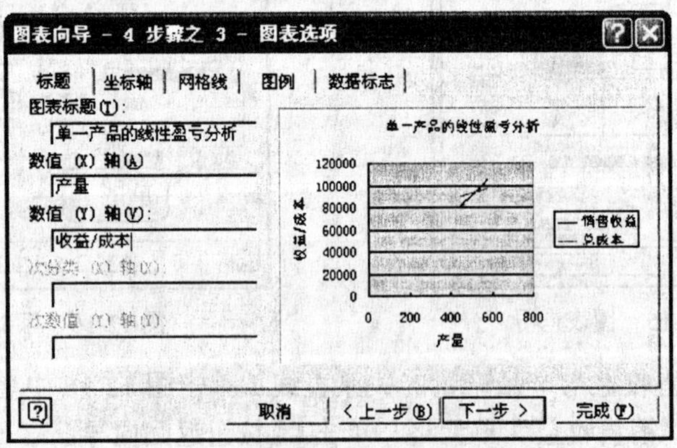

图 12-19 图表添加标题和坐标轴说明

使用默认设置，完成图表向导，生成盈亏平衡图。调整 *XY* 轴刻度后，如图 12-20

所示。

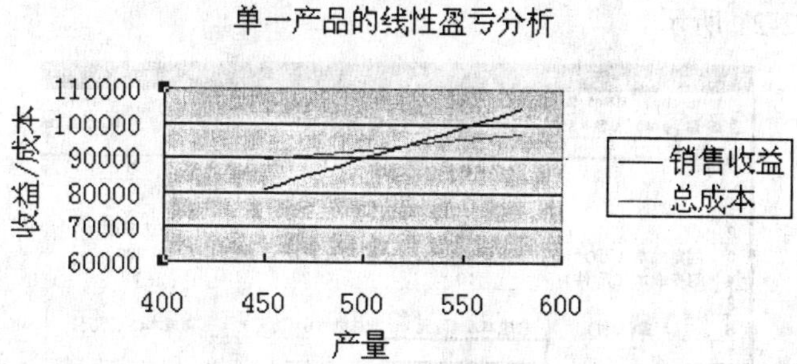

图 12-20 盈亏平衡图

结合计算结果和图表分析，产量低于 520 台/每年时销售收益低于总成本，产品方案处于亏损状态，只有当年产量超过保本产量 520 台/每年，产品方案才能盈利。

12.2.2 盈亏优劣分析

在技术方案的分析、比较、优选中，若影响方案的取舍的是同一不确定因素，我们可以采用盈亏平衡分析方法来辅助决策。

设两个技术方案都受同一个不确定因素 x 影响，可以把两个方案的经济指标 E 看成是关于 x 的函数，即：

$$E_1 = f(x_1) \tag{12-8}$$

$$E_2 = f(x_2) \tag{12-9}$$

当两个方案经济效果相同时有：

$$E_1 = E_2 \tag{12-10}$$

求解 x 的值，即为两个方案的优劣平衡点，结合不确定因素 x 的变化，比较两种方案的经济效果，就可以做出优选的决策。

1. 案例分析

某产品有三种生产方案，采用方案 A，年固定成本 800 万元，单位可变成本 10 元；方案 B 年固定成本 400 万元，单位可变成本 20 元；方案 C 年固定成本 200 万元，单位可变成本 30 元。比较在生产规模为 10 万到 50 万件/年区间时，三种生产方案的优劣。

分析：

在此案例中，方案的经济指标体现为总成本，可以通过比较不同方案在相同产量下的成本，确定方案试用的生产规模及方案在不同生产规模下的优劣。

利用 Excel 求解

步骤 1：新建一个 Excel 文档，将其保存为“盈亏优劣分析.xls”，输入 3 个方案的数据，如图 12-21 所示。

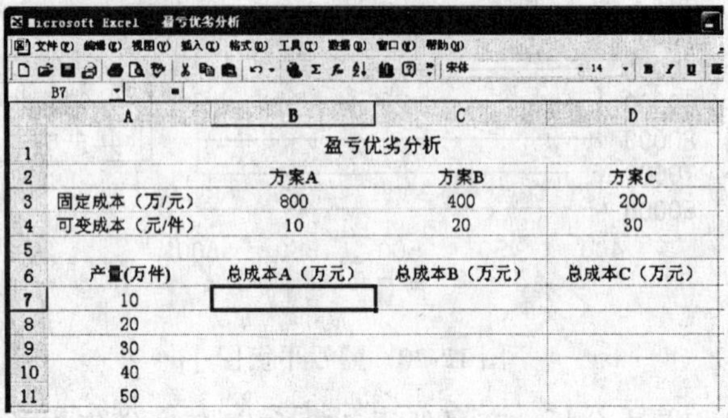

	A	B	C	D
1		盈亏优劣分析		
2		方案A	方案B	方案C
3	固定成本（万/元）	800	400	200
4	可变成本（元/件）	10	20	30
5				
6	产量(万件)	总成本A（万元）	总成本B（万元）	总成本C（万元）
7	10			
8	20			
9	30			
10	40			
11	50			

图 12-21　建立盈亏优劣分析表

步骤 2：利用固定成本、可变成本和产量计算总成本。选择单元格 B7，输入公式“＝B3＋B4*A7”。如图 12-22 所示。

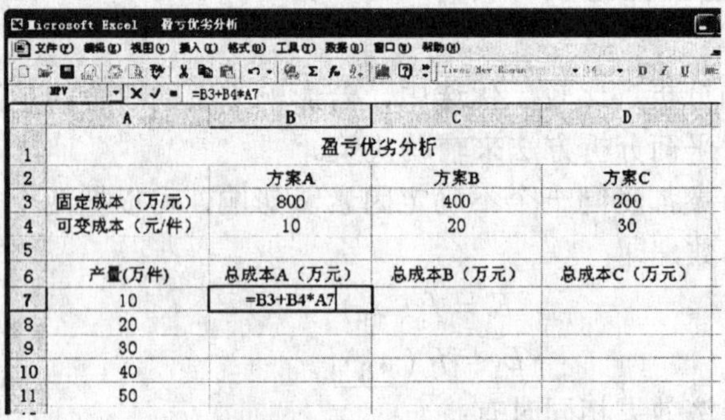

	A	B	C	D
1		盈亏优劣分析		
2		方案A	方案B	方案C
3	固定成本（万/元）	800	400	200
4	可变成本（元/件）	10	20	30
5				
6	产量(万件)	总成本A（万元）	总成本B（万元）	总成本C（万元）
7	10	=B3+B4*A7		
8	20			
9	30			
10	40			
11	50			

图 12-22　使用公式计算总成本

步骤 3：“回车”确定。在 C7 单元格输入公式“＝C3＋C4*A7”，D7 单元格输入公式“＝D3＋D4*A7”。在完成方案 *B* 和方案 *C* 总成本的计算后，选择 A7 到 D11 的单元格区域。如图 12-23 所示。

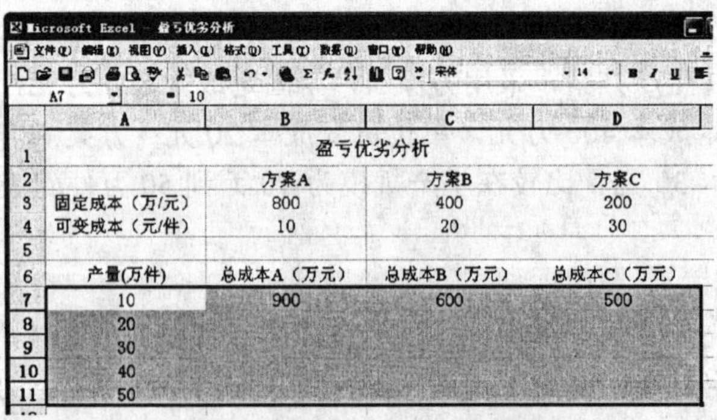

	A	B	C	D
1		盈亏优劣分析		
2		方案A	方案B	方案C
3	固定成本（万/元）	800	400	200
4	可变成本（元/件）	10	20	30
5				
6	产量(万件)	总成本A（万元）	总成本B（万元）	总成本C（万元）
7	10	900	600	500
8	20			
9	30			
10	40			
11	50			

图 12-23　选择 A7 到 D11 的单元格区域

步骤 4：使用模拟运算表对 A7 到 D11 的单元格区域进行运算。关于模拟运算表的具体使用请参照上节相关内容。运算结果如图 12-24 所示。

	A	B	C	D
1		盈亏优劣分析		
2		方案A	方案B	方案C
3	固定成本（万/元）	800	400	200
4	可变成本（元/件）	10	20	30
5				
6	产量(万件)	总成本A（万元）	总成本B（万元）	总成本C（万元）
7	10	900	600	500
8	20	1000	800	800
9	30	1100	1000	1100
10	40	1200	1200	1400
11	50	1300	1400	1700

图 12-24　模拟预算表结果

步骤 5：点击图表向导按钮，使用图表向导创建三种方案的总成本与产量的 *XY* 散点图。如图 12-25 所示。设置散点图标题为“盈亏优劣分析”，*X* 轴标题为“产量（万件/年）”，*Y* 轴标题为“总成本（万元）”。创建图表的最终格式如图 12-26 所示。

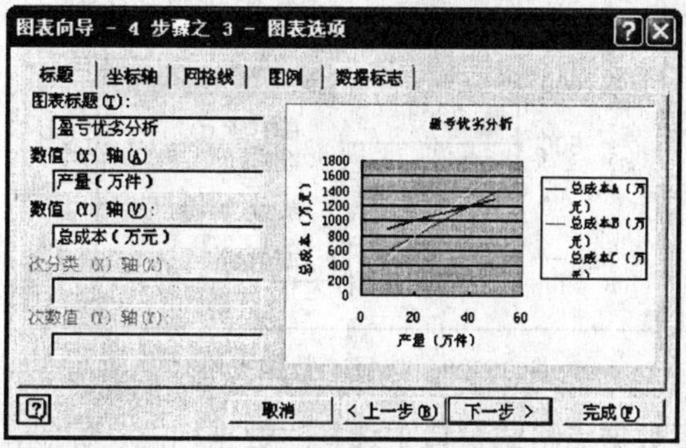

图 12-25　设置图表标题

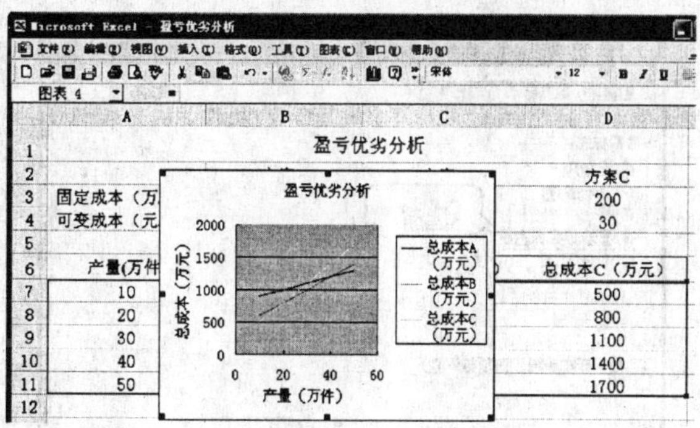

图 12-26　创建图表的格式

步骤 6：单击两条支线的交叉点两次，交点出现如图 12-27 所示的十字图标。

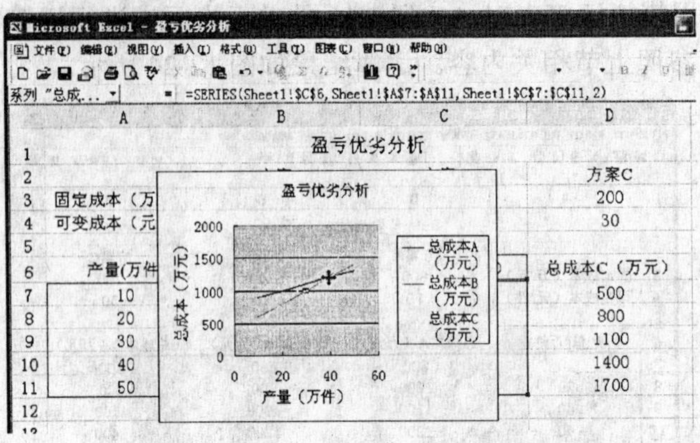

图 12-27　单击两次后出现十字图标

步骤 7：单击鼠标右键，弹出如图 12-28 的菜单，选择“数据点格式”。

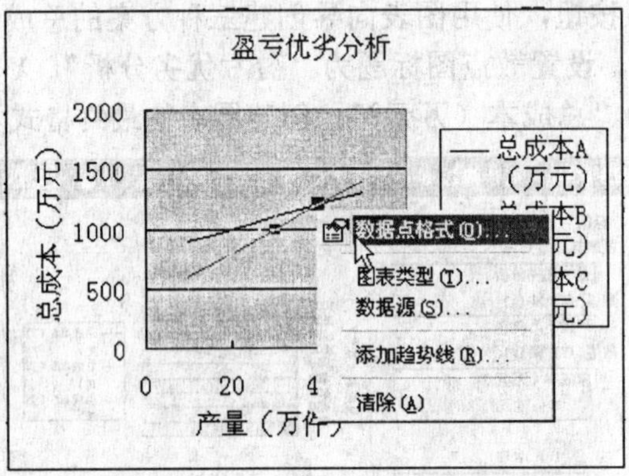

图 12-28　选择“数据点格式”

步骤 8：在设置数据点格式窗口中选择“数据标志”标签，按照图 12-29 设置后，点击“确定”后退出。

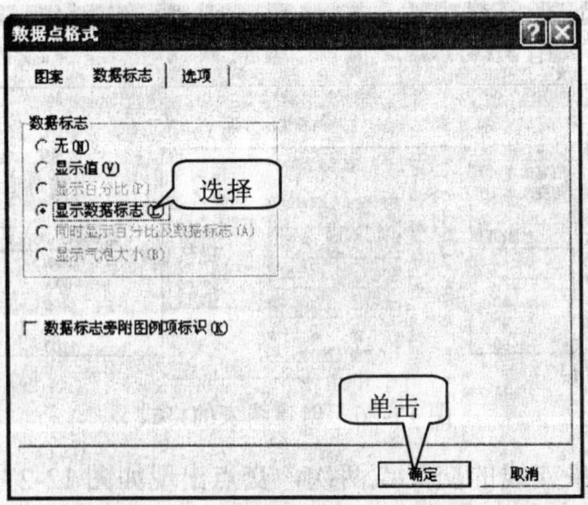

图 12-29　设置数据点格式

步骤 9：按照相同的操作设置余下的两个交点，完成后如图 12-30 所示。

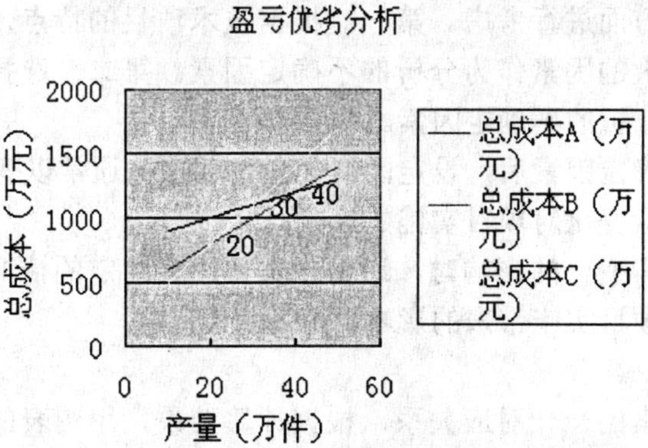

图 12-30　完成设置后的盈亏优劣分析图

分析图 12-30 的图表可知，当年产量小于 20 万件时，方案 *C* 总成本最小；年产量在 20 到 40 万件时，应选择方案 *B*；年产量在大于 40 万件时，方案 *A* 最优。

12.3　敏感性分析

敏感性分析是指研究某些不确定的因素，如销售收入、成本、投资、价格、寿命周期等因素在变化一定幅度时对技术方案实施效果的影响。通常把不确定因素中对技术方案实施效果影响较大的因素称为敏感性因素。敏感性因素变化范围越小，对技术方案实施效果的影响越强，因素的敏感性越强。敏感性分析的核心问题就是从诸多的不确定性因素中找出敏感性因素，分析其给技术方案的实施带来的影响，提高分析的可靠性；进而针对这些敏感性因素，提出控制对策，增强技术方案的抗风险能力。

12.3.1　敏感性分析的步骤

确定分析指标：

在敏感性分析所要确立的指标就是不确定性因素对技术方案实施影响带来的经济指标的变化，具体体现为资金收益率、现值、投资回收期等经济指标。

敏感性分析的指标应该与确定性分析即效益费用分析所用的评价指标一致。

选择不确定因素，设定其变化范围：

在项目的实施过程中，会受到多方面不确定性因素的影响，如价格、成本、投资、产量和建设周期等，我们不可能对诸多因素进行一一分析。在实际选取不确定性因素时，从两个方面进行考虑。第一：根据技术项目的特点，选择在项目的实施过程中变化幅度较大的因素作为分析的不确定因素。第二：选择对项目经济效果影响较大的因素作为分析的不确定因素。

确定分析的不确定因素后，设定因素的变化范围，通常以变化的百分比计算。

计算不确定因素变化对项目实施的影响：

计算不确定因素变化的影响时，通常在其他因素固定的情况下，逐个计算单一不确定因素变化给项目实施带来的影响。

找出敏感因素：

找出不确定因素的一一对应关系，根据计算结果，用图表的形式表示不确定性因素的变动与其造成的评价指标的变动的对应关系，通过对图表的分析，找出敏感因素。

12.3.2 单一参数的敏感性分析

敏感性分析分为单一参数和复合参数两类。在计算和分析时通常进行两个假设：第一，计算和分析一个不确定因素对分析指标造成的影响时，假设其他因素都是确定的。第二，假设每个不确定因素的变化几率是相等的。

单一参数的敏感性分析就是指分析一个参数的变化对分析指标造成的影响。

1. 案例分析

某项目用于确定性分析的资金流量表见表 12-2，所采用的数据是根据未来最可能的情况进行预测估计的。因对未来经济环境中某些不确定因素把握不大，此处设投资额、产品售价和经营成本在±20%内波动，基准收益率 10%，试对这三个因素进行敏感性分析。

表 12-2　某方案资金流量表　（单位：万元）

年份	0	1	2	3	4	5	6	7	8	9	10	11
投资	4 000											
收入		50	300	900	1 500	2 100	2 200	2 500	2 900	2 500	2 300	2 000
成本		750	680	610	600	600	600	550	480	450	400	400

分析：

设投资额为 K，年销售收入为 R，年成本为 C，投资额变化百分比为 x，产品售价变化百分比为 y，经营成本变化百分比为 z。采用净现值作为分析指标，对三种不同因素变化的净现值计算公式为：

投资额变化时

$$\text{NPV}=\sum_{i=1}^{11}\left[(R_i-C_i)(P/F,0.1,n)-K\times(1+x)\right]$$

产品售价变化时

$$\text{NPV}=\sum_{i=1}^{11}\left\{[R_i\times(1+y)-C_i](P/F,0.1,n)-K\right\}$$

经营成本变化时

$$\text{NPV}=\sum_{i=1}^{11}\left\{[R_i-C_i\times(1+z)](P/F,0.1,n)-K\right\}$$

利用 Excel 求解

步骤 1：新建一个 Excel 文档，将其保存为“单一参数敏感性分析.xls”，输入资金流量表数据（表 12-2 中的数据），如图 12-31 所示。

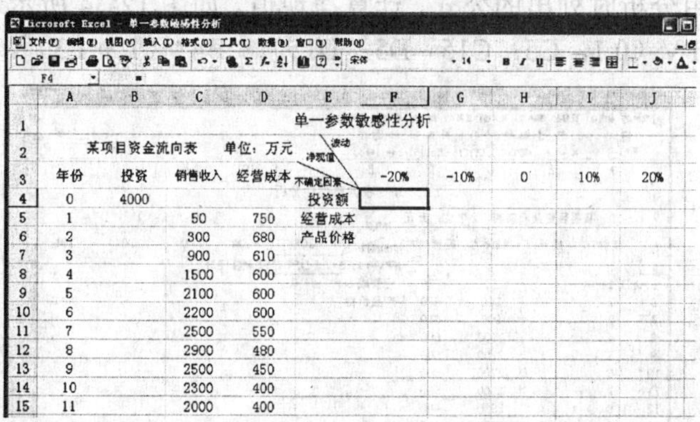

图 12-31　建立单一参数敏感性分析表

步骤 2：为了使计算结果的小数点位置统一，我们要首先设置结果单元格的格式。选择 F4 到 J6 的单元格区域，单击鼠标右键，弹出图 12-32 所示的菜单，选择“设置单元格格式”。

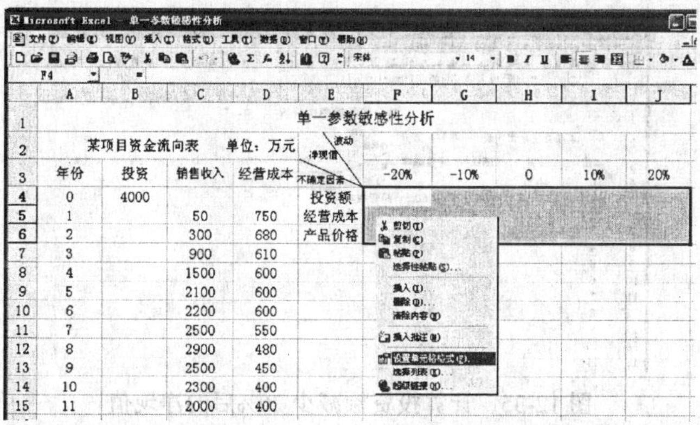

图 12-32　在选定的区域中单击鼠标右键

参照图 12-33 中的选项，设置单元格格式。完成后单击“确定”退出。

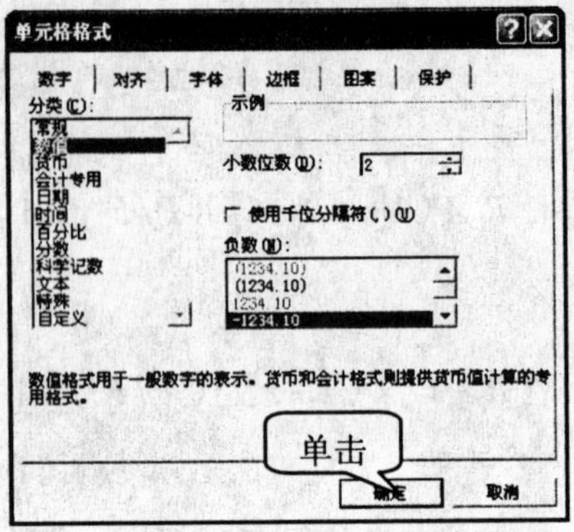

图 12-33　设置单元格格式

步骤 3：套用分析时列出的公式，计算净现值。如图 12-34 所示选择 F4 单元格，输入公式“ = NPV（0.1，C5：C15 – D5：D15） – B4*（1 + F3）”。

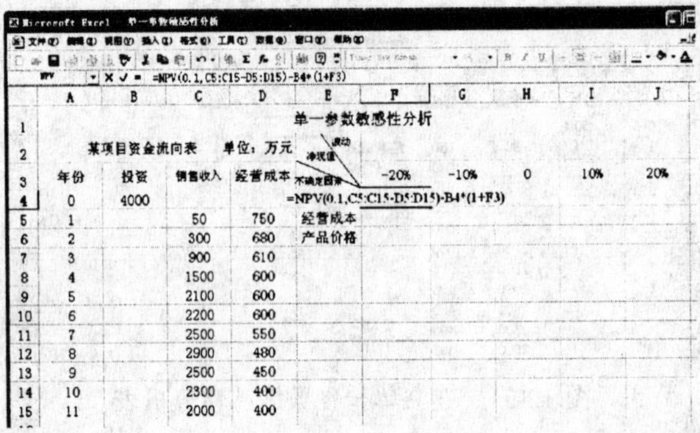

图 12-34　输入公式

步骤 4：完成输入后按<Ctrl> + <Shift> + <Enter>键，用输入的公式计算投资额减少 20%后的净现值。如图 12-35 所示。

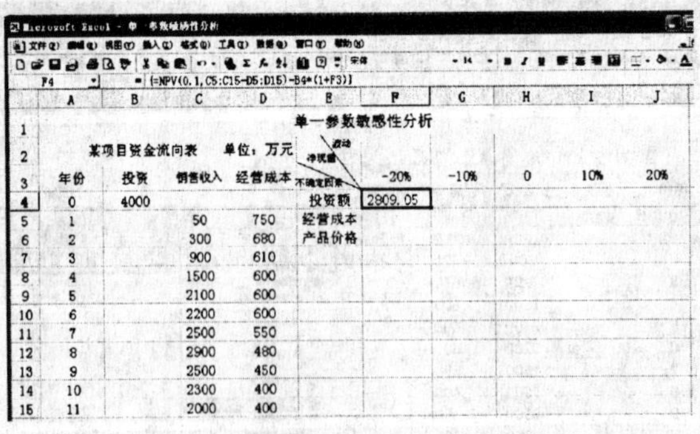

图 12-35　计算投资额减少 20%后的净现值

提示：

对比图 12-34 可以发现，按<Ctrl> + <Shift> + <Enter>键后，图 12-35 中公式栏中公式两端出现了大括号。<Ctrl> + <Shift> + <Enter>键为数组运算的确定命令，若只是用<Enter>键，虽然净现值的计算中引用了数组 C5：C15 和 D5：D15，但实际的运算过程中只引用每个数组的首元参加运算。

步骤 5：输入产品售价变化时公式“ = NPV（0.1，C5：C15*（1 + F3）– D5：D15）– B4”和经营成本变化时的公式“ = NPV（0.1，C5：C15 – D5：D15*（1 + F3））– B4”运算。完成后选择单元格区域，如图 12-36 所示。

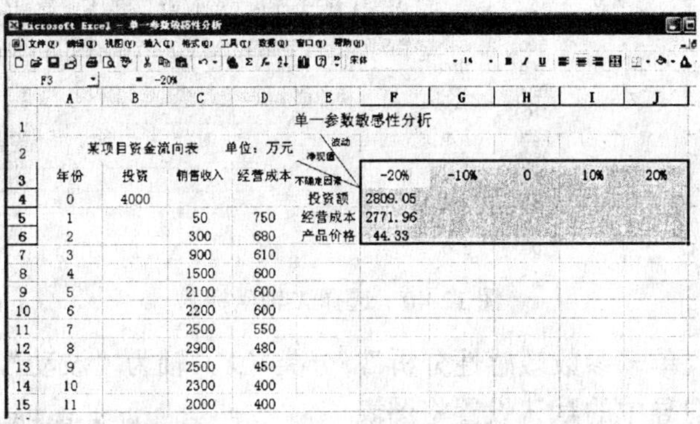

图 12-36　选定要运算的单元格区域

步骤 6：使用模拟运算表计算三个不确定因素在±20%范围内变化时的净现值。在本例中，表中的变量是以行的形式存在的，所以引用的单元格要选择为行单元格。按图 12-37 所示，选择 F3 单元格后，单击“确定”退出。

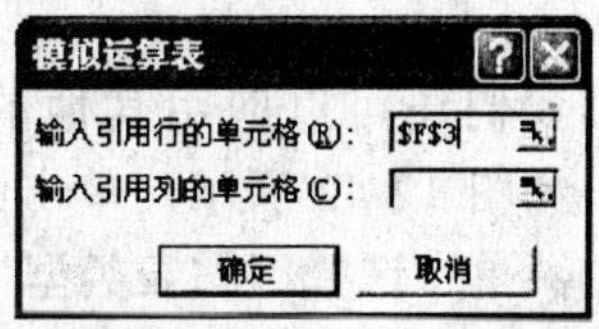

图 12-37　引用单元格的选择

步骤 7：使用图表向导建立单一参数敏感性分析图。选择柱形图中的簇状柱形图，如图 13-38 所示。

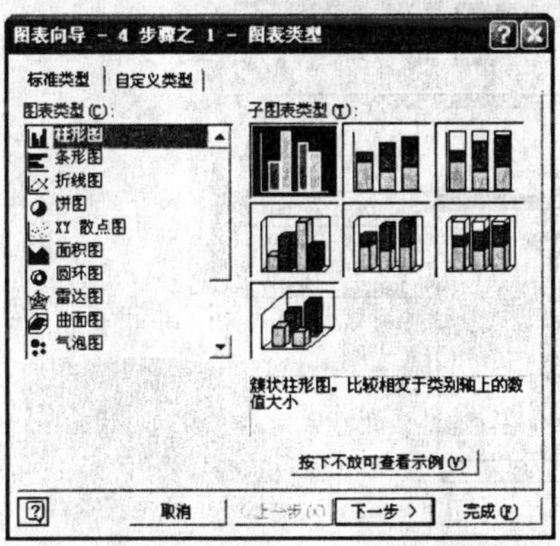

图 12-38　选择簇状柱形图

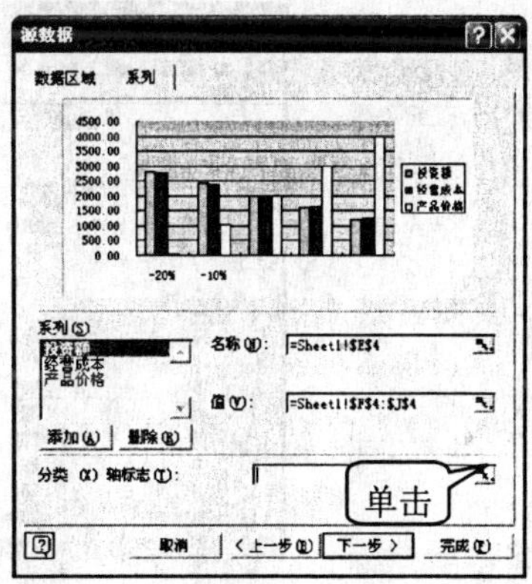

图 12-39　建立三条簇状图

如图 12-39 所示，建立投资额、经营成本、销售价格三条簇状图。单击分类（X）轴标志框中的按钮。

在图 12-40 所示的表中拖动鼠标选择波动值作为 X 轴的坐标，按“回车”确定。

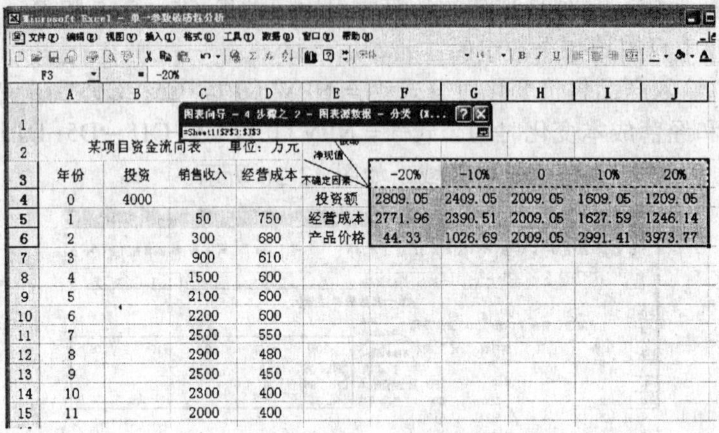

图 12-40　选择 X 轴坐标

设定标题为“单一参数敏感性分析”，分类（X）轴为“波动”，分类（Y）轴为“净现值”。使用向导中的默认设置将图表插入到工作表中。插入后图表如图 12-41 所示。

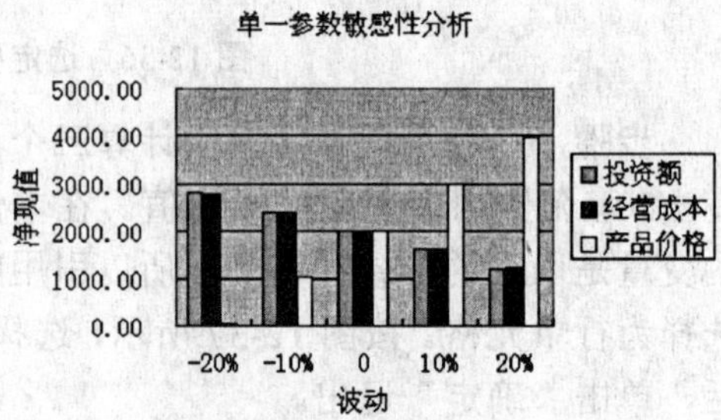

图 12-41　最终的簇状图

我们还可以应用其他的图表显示方式，如图 12-42 所示，单击图表区，在弹出的菜单中选择“图表类型”。

选择“XY 散点图”中的“无数据点平滑线散点图”，单击“确定”退出。更改后的图表如图 12-43 所示。

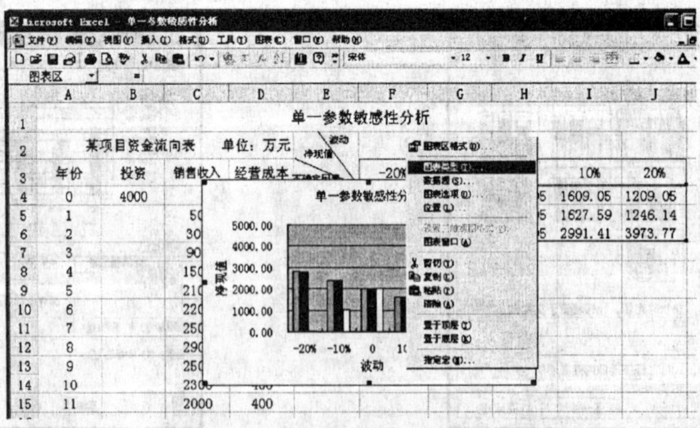

图 12-42　选择“图表类型”

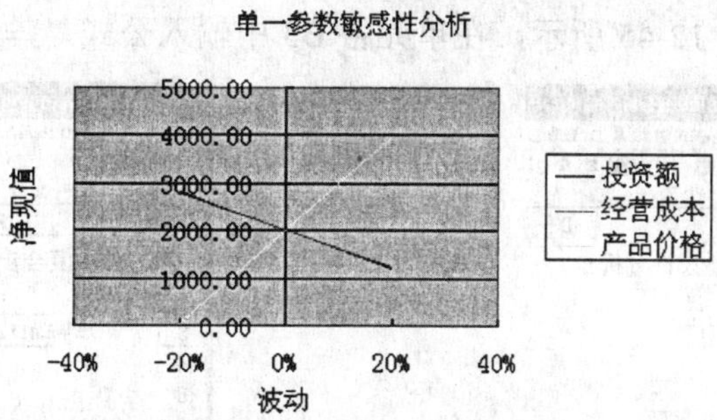

图 12-43　切换到散点图的显示结果

根据图表结果分析，随着不确定因素的波动，投资额和经营成本变化带来净现值的变化比较平缓，二者图形在两张图表中基本重合，对净现值的影响比较相近；随着投资额和经营成本的增加项目的净现值减少，在超出预计数值的 20%后，项目的净现值仍大于零，项目仍可以保持盈利。产品价格变化带来的净现值波动最为剧烈，为此项目中的敏感因素。在销售价格低于预期的 20%后，项目已不适合投资。

12.3.3　复合参数的敏感性分析

单一参数的敏感性分析可以帮助我们找出影响技术方案实施的最敏感因素，使投资者提前采取控制对策，提高分析的可靠性。但实际中，技术方案的实施效果是多种因素共同作用的结果。为了对项目的风险有更为准确和全面地认识，必须对多种不确定因素的综合作用进行分析，即复合参数的敏感性分析。

在敏感性因素不超过三个的时候，可以采用解析和作图相结合的方法进行分析。

1. 案例分析

使用上例中的数据，以投资额和产品价格为敏感性因素，分析投资额和产品价格的波动对净现值的影响。

（1）列写计算公式

设产品价格的波动为 x，投资额波动为 y，则净现值为

$$\mathrm{NPV}=\sum_{i=1}^{11}\{[R_i\times(1+x)-C_i](P/F,0.1,n)-K\times(1+y)\}$$

整理公式并取 NPV 的临界值，即 NPV = 0，则有：

$$y=2.41x+0.39$$

（2）在 Excel 中求解

步骤 1：新建一个 Excel 文档，将其保存为“复合参数敏感性分析.xls”，资金流量表数据。设置变量 x 的取值范围为 − 0.2 到 + 0.2，如图 12-44 所示。

步骤 2：按照图 12-45 所示，在单元格 B3 中输入公式“ = 2.41*A3 + 0.39”。

图 12-44　建立分析表并设定 *X* 坐标

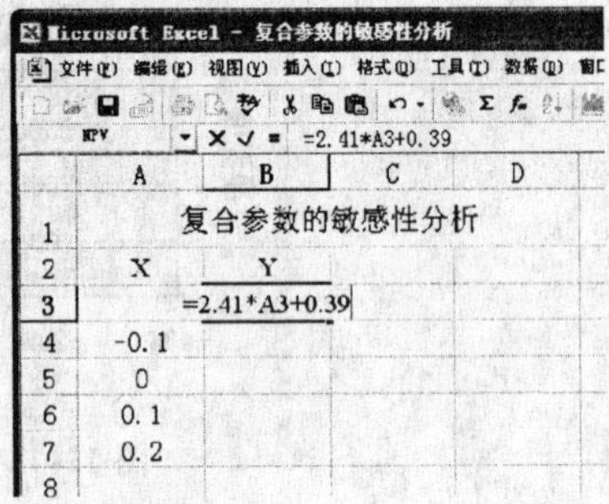

图 12-45　在单元格 B3 中输入公式

步骤 3：“回车”确定后选择单元格 B3，并移动光标到单元格右下角，使光标变成图 12-46 所示的十字形。

步骤 4：如图 12-47 所示，向下拖动光标到单元格 B7。

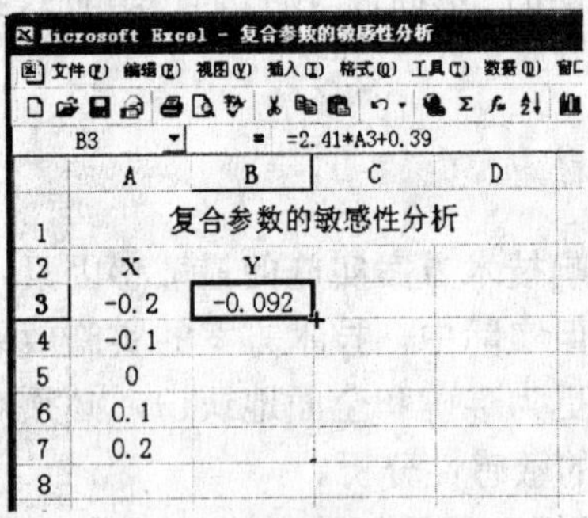

图 12-46　使光标变为十字形

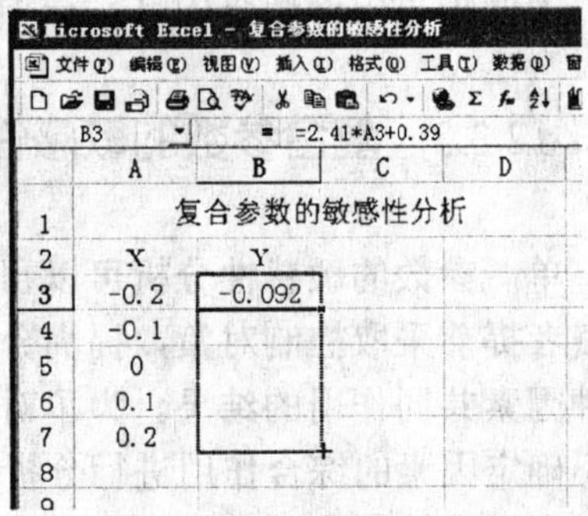

图 12-47　拖动光标到单元格 B7

步骤 5：计算结果如图 12-48 所示。

步骤 6：如图 12-49 所示，在图表向导中，使用“无数据点平滑 *XY* 散点图”，创建复合因素的敏感性分析图。

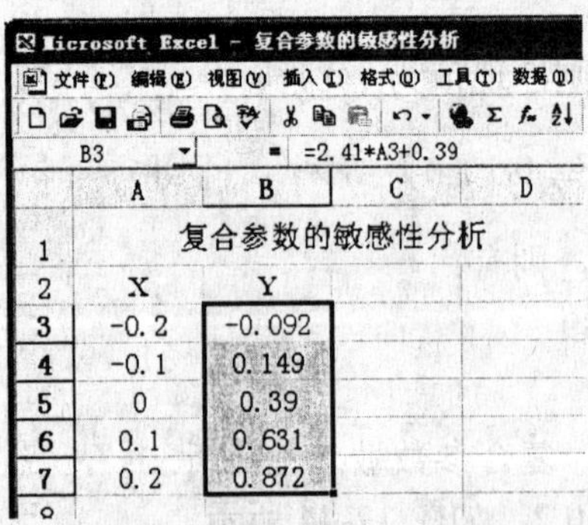

图 12-48　计算后生成 *Y* 轴坐标

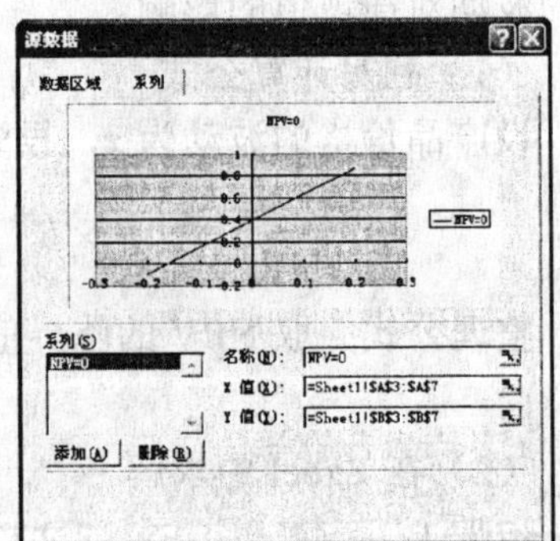

图 12-49　创建散点图

步骤 7：按图 12-50 所示，设置图表标题和 *X*、*Y* 轴标题。

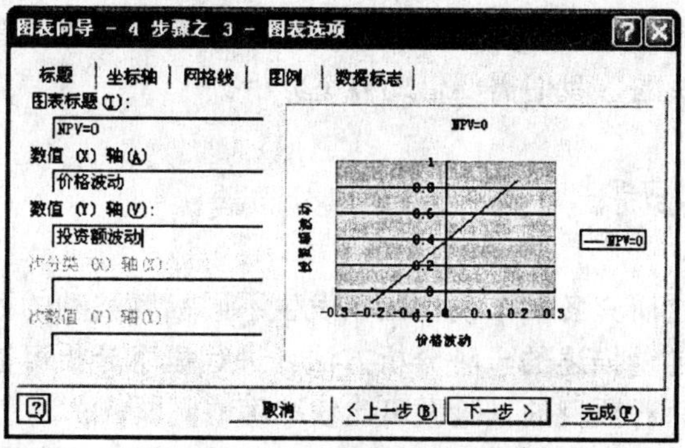

图 12-50　设置图表标题

步骤 8：在后面的操作中使用默认的设置，完成后图表如图 12-51 所示。

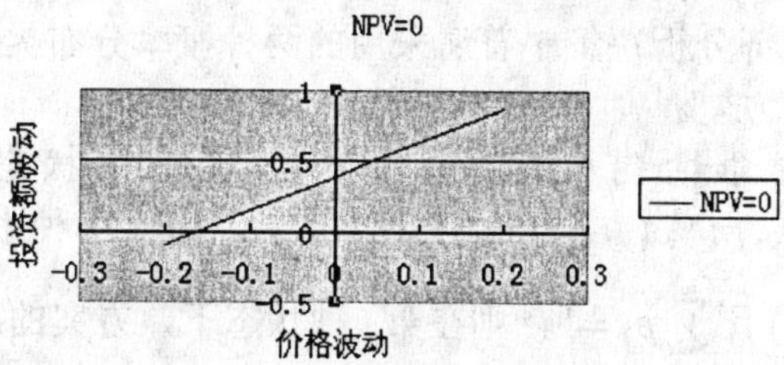

图 12-51　完成后的复合参数敏感性分析图

在图 12-51 中，NPV = 0 的直线将平面分为两个区域。在直线的左上方区域，净现值大于零；在直线的右下方区域，净现值小于零。在价格和投资额发生变化的时候，只要变化的范围保持在直线上或直线的左上方区域，项目的净现值非负，项目投资就不会出现亏损。

12.4　概 率 分 析

敏感性分析对不确定因素的变动对方案经济效果的影响作了定量分析，有助于投资者了解方案的风险，对提高技术方案评价的可靠性有很重要的实际意义。但是敏感性分析也有其自身的局限性，敏感性分析只考虑了不确定因素的变化程度，并没有考虑到不确定因素在发生变动几率及不确定因素在这种几率下对经济指标的影响。在技术方案的实施过程中，一些不确定因素的波动对经济效果的影响较大，但这些不确定因素发生变化的概率却很小；非敏感因素的波动对经济效果的影响不大，但有些非敏感因素发生变化的概率却很大，给经济效果带来的风险反而比敏感性因素更大。对于不确定因素以一定概率发生给技术方案经济效果造成的影响问题，敏感性分析是无法解决的，我们需要借助概率分析。

12.4.1 基本概念

概率分析是通过研究各种不确定因素发生不同幅度波动的概率分布，对技术方案的经济效果进行定量描述的一种分析方法。进行概率分析可以提高方案经济效果预测的精确性，进而对项目的风险做出比较准确地判断。

在技术方案的实施中，影响项目经济效果的诸多因素，如投资额、产品成本、价格和产量等，我们只能预测其可能的取值范围和各种取值发生的概率，它们都是随机变量。要描述一个随机变量，需要确定其概率分布类型和主要参数。均匀分布和正态分布是工程经济分析决策中普遍采用的两种概率分布类型。描述随机变量的主要参数有期望值和方差。

若某方案在寿命期内会有 m 种状态，每种状态的现金流序列为 $\{y_t \mid t=0,1,2,\cdots,n\}^j$（$j=1,2,\cdots,m$），对应各种状态发生的概率为 p_j（$j=1,2,\cdots,m$）且 $\sum_{j=1}^{m} p_j=1$，则在第 j 种状态下，方案的净现值为

$$\mathrm{NPV}^{(j)}=\sum_{t=0}^{n} y_t^{(j)}(1+i_c)^{-t} \qquad (12\text{-}11)$$

其中 $y_t^{(j)}$ 为在第 j 种状态下，第 t 年的现金流量。

方案净现值的期望值为

$$E(\mathrm{NPV})=\sum_{j=1}^{m} \mathrm{NPV}^{(j)} p_j \qquad (12\text{-}12)$$

期望值为所有可能取值的加权平均数，权重为各种可能取值出现的概率，反映了随机变量所有可能取值的平均结果。

净现值的方差为

$$D(\mathrm{NPV})=\sum_{j=1}^{m}[\mathrm{NPV}^{(j)}-E(\mathrm{NPV})]^2 p_j \qquad (12\text{-}13)$$

方差为每种状态下方案净现值与期望值之差的平方与状态概率积的和，反映了随机变量所有可能取值的离散程度。

净现值的标准差为

$$\sigma(\mathrm{NPV})=\sqrt{D(\mathrm{NPV})} \qquad (12\text{-}14)$$

对于净现值服从正态分布的技术方案，计算出了方案的期望值和标准差后，就

可以利用正态分布的特点，对方案的风险进行粗略的判断。在正态分布中，随机变量的取值在$\mu\pm\sigma$（μ为随机变量的期望值，σ为随机变量的标准差）内的概率为68.3%，在$\mu\pm2\sigma$ 内的概率为 95.4%，在$\mu\pm3\sigma$ 内的概率为 99.7%。

根据上文的理论，我们使用期望值分析法分析一定概率下发生的不确定因素对技术方案经济效果的影响。期望值分析法是计算方案的 NPV 期望值及 NPV≥0 的累计概率，进而分析方案的风险，为决策提供支持。

期望值分析法的一般步骤是：

确定要分析的不确定因素，如投资额、产品成本、产量、价格等。

根据统计资料确定每种不确定因素发生的概率。

计算方案的净现值的期望值。

计算方案的净现值的方差。

计算方案的净现值的标准差。

求出净现值大于或等于零的累积概率，判断项目的风险承受能力。

12.4.2　案例分析

某方案预期投资 25 万元，根据类似项目的统计结果估计投产后产品年销售收入为 5 万、10 万和 15 万元的概率分别为 0.1、0.6 和 0.3。在每种年销售收入下，产品寿命为 3、4 和 5 年的概率分别为 0.2、0.3 和 0.5。若基准折现率为 10%，试对此方案进行期望值分析。

1. 画出风险决策树

步骤 1：新建一个 Excel 文档，保存为“期望值分析.xls”。如图 12-52 所示，建立风险决策树。

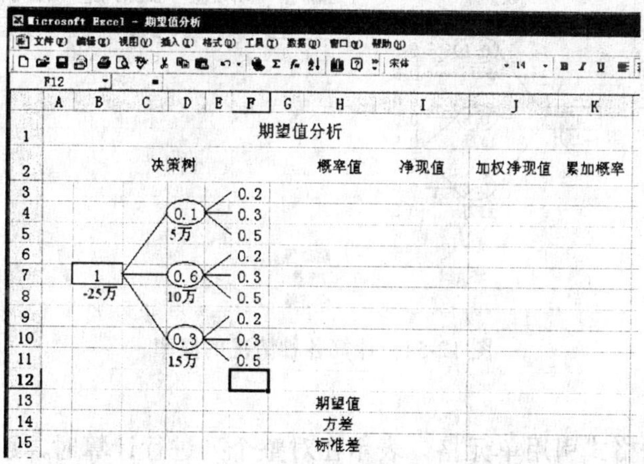

图 12-52　建立风险决策树

提示：

使用直线工具画出单元格间的直线；使用文本框标注每种概率值的意义。右击“文本框”，在弹出的菜单中选择“设置文本框格式”，按图 12-53 所示设置文本框选项，即可得到没有边框的文字说明。

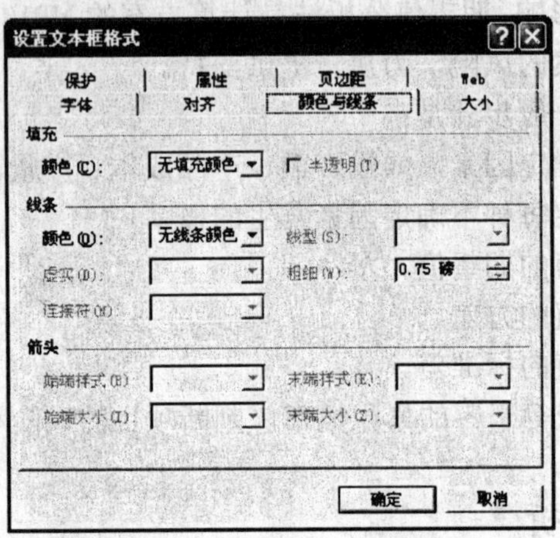

图 12-53 设置文本框格式选项

2. 在 Excel 中求解

步骤 1：按照风险决策树计算各种情况发生的概率。如图 12-54 所示，在单元格 H3 中输入公式“ = D$4*F3”。

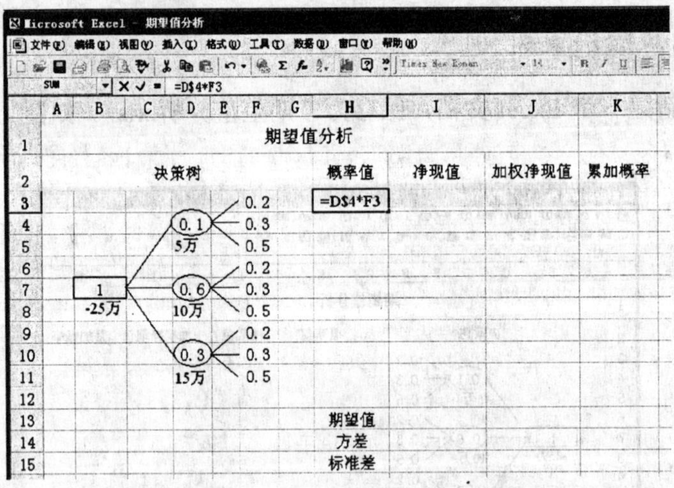

图 12-54 计算各种情况的概率

提示：

以 D$4 这种格式引用单元格，表示在对整个列进行计算时，引用单元格固定，即沿列方向拖动单元格的时候，以此种形式引用的单元格不随列的变化而变化。

“回车”确定后，按图 12-55 所示，拖动单元格到 H5，完成年销售额为 5 万元时概率值的计算。按照以上操作完成年销售额为 10 万元、15 万元时概率值的计算。

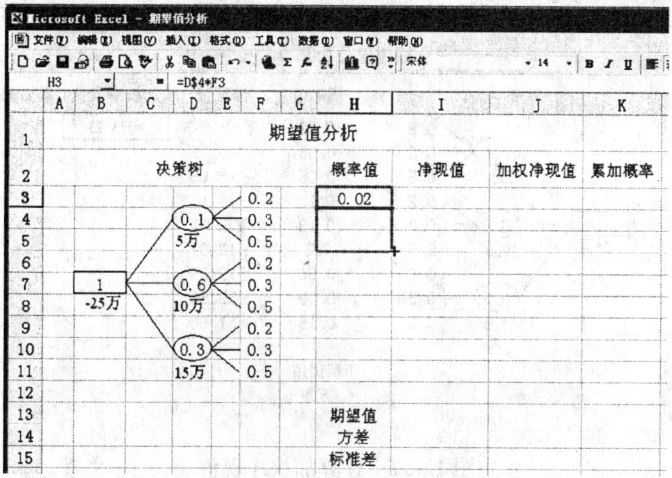

图 12-55　计算概率值

步骤 2：计算净现值。如图 12-56 所示，对 I3 单元格中使用 NPV 函数“＝NPV（0.1，5，5，5）－25”。使用 NPV 函数完成其他产品生命周期下净现值的计算。注意：I4 单元格的计算因为对应连续 4 年每年销售收入 5 万元时的净现值，I4 单元格中应该有 4 个 5。

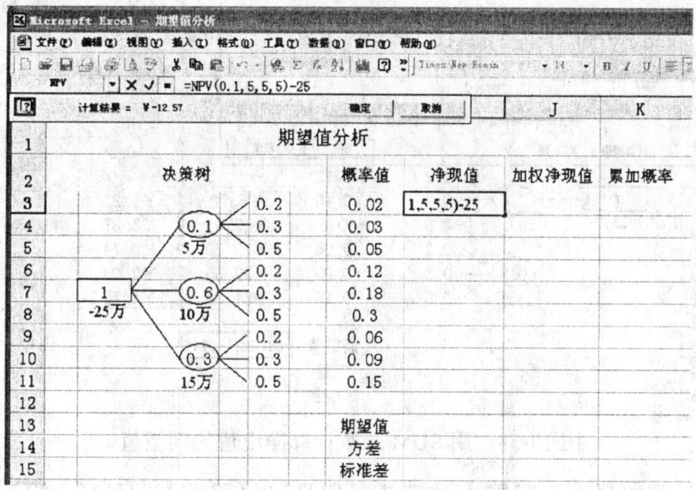

图 12-56　计算净现值

步骤 3：在单元格 J3 中输入公式“＝H3*I3”，计算加权净现值。如图 12-57 所示。完成后拖动单元格 J3 右下角角标到 J11，计算所有加权净现值。结果如图 12-58 所示。

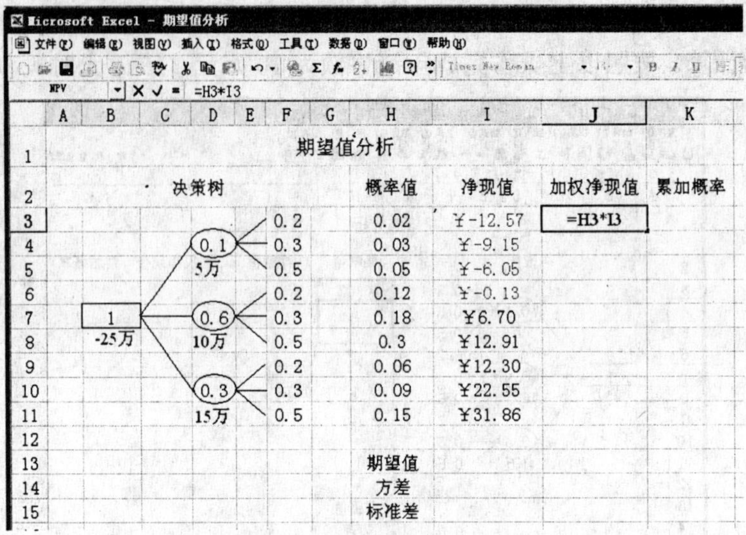

图 12-57　计算加权净现值

步骤 4：使用 SUM 函数，选择 J3 到 J11 单元格计算净现值的期望值。如图 12-58 所示。

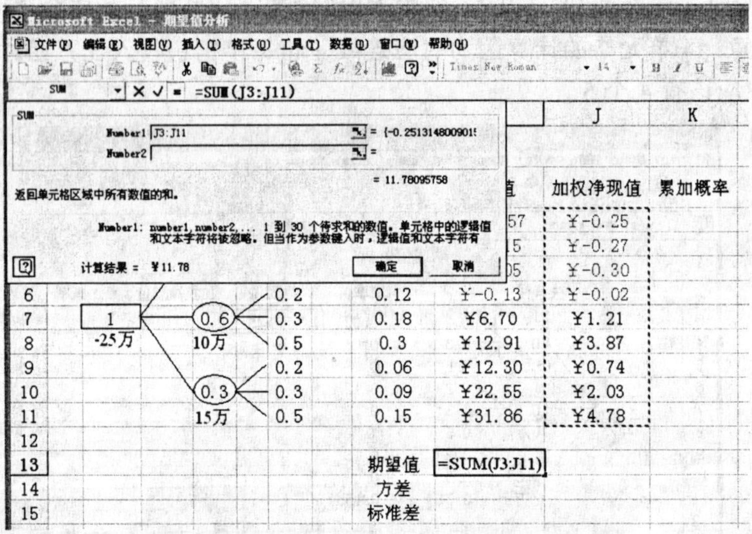

图 12-58　用 SUM 函数计算净现值的期望值

步骤 5：在单元格 I14 中输入公式“ = SUM（((I3：I11 – I$13）^2）*H3：H11）”，按<Ctrl> + <Shift> + <Enter>键计算方差。如图 12-59 所示。

步骤 6：在单元格 I15 中使用求平方根函数 SQRT，计算标准差。如图 12-60 所示。

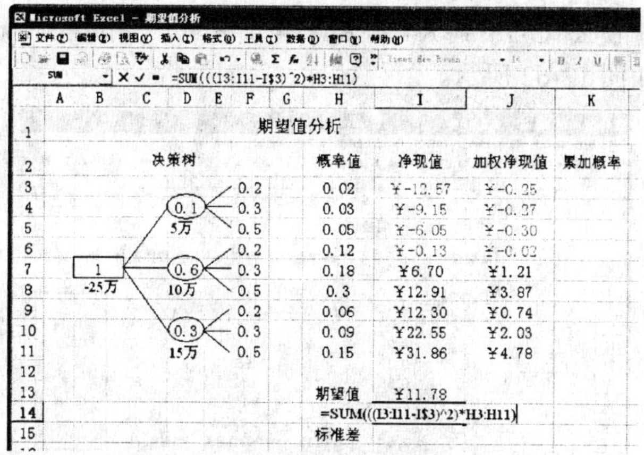

图 12-59　计算方差

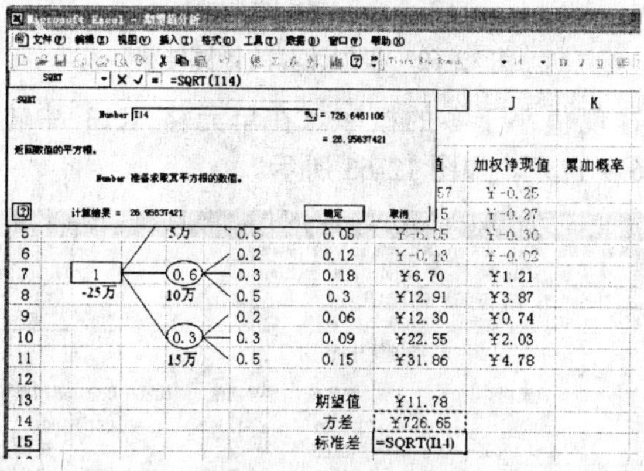

图 12-60　计算标准差

步骤 7：计算以上事件的累加概率。在单元格 K3 中输入公式“ = H3”，在单元格 K4 中输入公式“ = K3 + H4”。如图 12-61 所示。

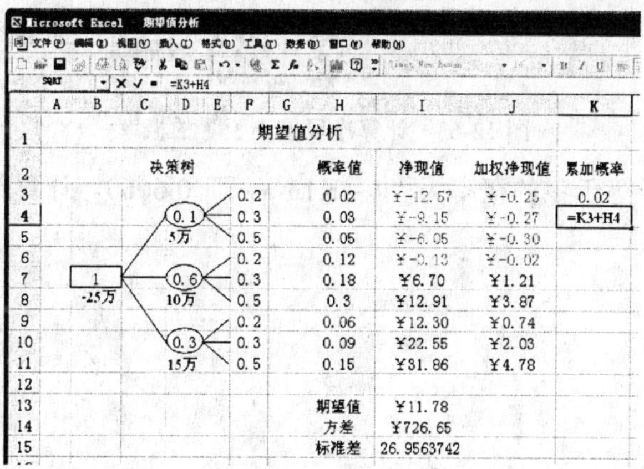

图 12-61　输入公式

拖动单元格，使公式应用到 K4 到 K11 整个区域，完成累加概率的计算。累加计算的计算结果如图 12-62 所示。

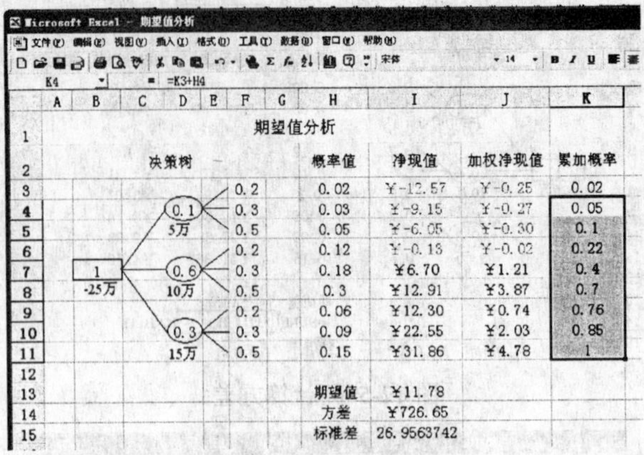

图 12-62　累加计算的计算结果

步骤 8：求解净现值小于零的概率。在单元格 K13 中输入公式“= K7 +（K8 – K7）*I6/（I6 + I7）”。如图 12-63 所示。

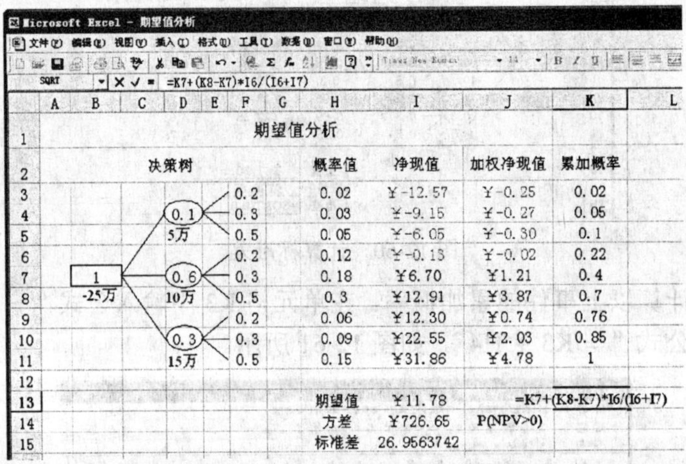

图 12-63　计算净现值小于零的概率

则净现值大于等于零的概率为“1 – K13”，即 0.6060。计算结果表明，此方案的风险较大。

附录　普通（按年计）复利表

附表 1　0.5%普通（按年计）复利表

n	一次支付		等额支付数列				等差数列
	复利终值	复利现值	年金终值	偿债基金	年金现值	资金回收	
	知 P 求 F	知 F 求 P	知 A 求 F	知 F 求 A	知 A 求 P	知 P 求 A	知 G 求 A
	$(1+i)^n$	$\frac{1}{(1+i)^n}$	$\frac{(1+i)^n-1}{i}$	$\frac{i}{(1+i)^n-1}$	$\frac{(1+i)^n-1}{i(1+i)^n}$	$\frac{i(1+i)^n}{(1+i)^n-1}$	
	F/P，i，n	P/F，i，n	F/A，i，n	A/F，i，n	P/A，i，n	A/P，i，n	A/G，i，n
1	1.005	0.9950	1.000	1.0000	0.9950	1.0050	0.0000
2	1.010	0.9901	2.005	0.4988	1.9851	0.5038	0.4988
3	1.015	0.9852	3.015	0.3317	2.9703	0.3367	0.9967
4	1.020	0.9803	4.030	0.2481	3.9505	0.2531	1.4938
5	1.025	0.9754	5.050	0.1980	4.9259	0.2030	1.9900
6	1.030	0.9705	6.076	0.1646	5.8964	0.1696	2.4855
7	1.036	0.9657	7.106	0.1407	6.8621	0.1457	2.9801
8	1.041	0.9609	8.141	0.1228	7.8230	0.1278	3.4738
9	1.046	0.9561	9.182	0.1089	8.7791	0.1139	3.9668
10	1.051	0.9514	10.228	0.0978	9.7304	0.1028	4.4589
11	1.056	0.9466	11.279	0.0887	10.6770	0.0937	4.9501
12	1.062	0.9419	12.336	0.0811	11.6189	0.0861	5.4406
13	1.067	0.9372	13.397	0.0747	12.5562	0.0797	5.9302
14	1.072	0.9326	14.464	0.0691	13.4887	0.0741	6.4190
15	1.078	0.9279	15.537	0.0644	14.4166	0.0694	6.9069
16	1.083	0.9233	16.614	0.0602	15.3399	0.0652	7.3940
17	1.088	0.9187	17.697	0.0565	16.2586	0.0615	7.8803
18	1.094	0.9141	18.786	0.0532	17.1728	0.0582	8.3658
19	1.099	0.9096	19.880	0.0503	18.0824	0.0553	8.8504
20	1.105	0.9051	20.979	0.0477	18.9874	0.0527	9.3342
21	1.110	0.9006	22.084	0.0453	19.8888	0.0503	9.8172
22	1.116	0.8961	23.194	0.0431	20.7841	0.0481	10.2993
23	1.122	0.8916	24.310	0.0411	21.6757	0.0461	10.7806
24	1.127	0.8872	25.432	0.0393	22.5629	0.0443	11.2611
25	1.133	0.8828	26.559	0.0377	23.4456	0.0427	11.7407
26	1.138	0.8784	27.692	0.0361	24.3240	0.0411	12.2195
27	1.144	0.8740	28.830	0.0347	25.1980	0.0397	12.6975
28	1.150	0.8697	29.975	0.0334	26.0617	0.0384	13.1747
29	1.156	0.8653	31.124	0.0321	26.9330	0.0371	13.6510
30	1.161	0.8610	32.280	0.0310	27.7941	0.0360	14.1265
31	1.167	0.8568	33.441	0.0299	28.6508	0.0349	14.6012
32	1.173	0.8525	34.609	0.0289	29.5033	0.0339	15.0750
33	1.179	0.8483	35.782	0.0280	30.3515	0.0330	15.5480
34	1.185	0.8440	36.961	0.0271	31.1956	0.0321	16.0202
35	1.191	0.8398	38.145	0.0262	32.0354	0.0312	16.4915
40	1.221	0.8191	44.159	0.0227	36.1722	0.0277	18.8358
45	1.252	0.7990	50.324	0.0199	40.2072	0.0249	21.1595
50	1.283	0.7793	56.645	0.0177	44.1428	0.0227	23.4624
55	1.316	0.7601	63.126	0.0159	47.9815	0.0209	25.7447
60	1.349	0.7414	69.770	0.0143	51.7256	0.0193	28.0064
65	1.383	0.7231	76.582	0.0131	55.3775	0.0181	30.2475
70	1.418	0.7053	83.566	0.0110	58.9394	0.0170	32.4680
75	1.454	0.6379	90.727	0.0110	62.4137	0.0160	34.6679
80	1.490	0.6710	98.068	0.0102	65.8023	0.0152	36.8474
85	1.528	0.6545	105.594	0.0095	69.1075	0.0145	39.0065
90	1.567	0.6384	113.311	0.0088	72.3313	0.0138	41.1451
95	1.606	0.6226	121.222	0.0083	75.4757	0.0133	43.2633
100	1.647	0.6072	129.334	0.0077	78.5427	0.0127	45.3613

附表 2 0.75%普通（按年计）复利表

n	一次支付		等额支付数列				等差数列
	复利终值	复利现值	年金终值	偿债基金	年金现值	资金回收	
	知 P 求 F	知 F 求 P	知 A 求 F	知 F 求 A	知 A 求 P	知 P 求 A	知 G 求 A
	$(1+i)^n$	$\frac{1}{(1+i)^n}$	$\frac{(1+i)^n-1}{i}$	$\frac{i}{(1+i)^n-1}$	$\frac{(1+i)^n-1}{i(1+i)^n}$	$\frac{i(1+i)^n}{(1+i)^n-1}$	
	$F/P，i，n$	$P/F，i，n$	$F/A，i，n$	$A/F，i，n$	$P/A，i，n$	$A/P，i，n$	$A/G，i，n$
1	1.008	0.9926	1.000	1.0000	0.9926	1.0075	0.0000
2	1.015	0.9852	2.008	0.4981	1.9777	0.5056	0.4981
3	1.023	0.9778	3.023	0.3309	2.9556	0.3384	0.9950
4	1.030	0.9706	4.045	0.2472	3.9261	0.2547	1.4907
5	1.038	0.9633	5.076	0.1970	4.8894	0.2045	1.9851
6	1.046	0.9562	6.114	0.1636	5.8456	0.1711	2.4782
7	1.054	0.9491	7.159	0.1397	6.7964	0.1472	2.9701
8	1.062	0.9420	8.213	0.1218	7.7366	0.1293	3.4608
9	1.070	0.9350	9.275	0.1078	8.6716	0.1153	3.9502
10	1.078	0.9280	10.344	0.0967	9.5996	0.1042	4.4384
11	1.086	0.9211	11.422	0.0876	10.5207	0.0951	4.9253
12	1.094	0.9142	12.508	0.0800	11.4349	0.0875	5.4110
13	1.102	0.9074	13.601	0.0735	12.3424	0.0810	5.8954
14	1.110	0.9007	14.703	0.0680	13.2430	0.0755	6.3786
15	1.119	0.8940	15.814	0.0632	14.1370	0.0707	6.8606
16	1.127	0.8873	16.932	0.0591	15.0243	0.0666	7.3413
17	1.135	0.8807	18.059	0.0554	15.9050	0.0629	7.8207
18	1.144	0.8742	19.195	0.0521	16.7792	0.0596	8.2989
19	1.153	0.8677	20.339	0.0492	17.6468	0.0567	8.7759
20	1.161	0.8612	21.491	0.0465	18.5080	0.0540	9.2517
21	1.170	0.8548	22.652	0.0442	19.3628	0.0517	9.7261
22	1.179	0.8484	23.822	0.0420	20.2112	0.0495	10.1994
23	1.188	0.8421	25.001	0.0400	21.0533	0.0475	10.6714
24	1.196	0.8358	26.188	0.0382	21.8892	0.0457	11.1422
25	1.205	0.8296	27.385	0.0365	22.7188	0.0440	11.6117
26	1.214	0.8234	28.590	0.0350	23.5422	0.0425	12.0800
27	1.224	0.8173	29.805	0.0336	24.3595	0.0411	12.5470
28	1.233	0.8112	31.028	0.0322	25.1707	0.0397	13.0128
29	1.242	0.8052	32.261	0.0310	25.9759	0.0385	13.4774
30	1.251	0.7992	33.503	0.0299	26.7751	0.0374	13.9407
31	1.261	0.7932	34.754	0.0288	27.5683	0.0363	14.4028
32	1.270	0.7873	36.015	0.0278	28.3557	0.0353	14.8636
33	1.280	0.7815	37.285	0.0268	29.1371	0.0343	15.3232
34	1.289	0.7757	38.565	0.0259	29.9128	0.0334	15.7816
35	1.299	0.7699	39.854	0.0251	30.6827	0.0326	16.2387
40	1.348	0.7417	46.446	0.0215	34.4469	0.0290	18.5058
45	1.400	0.7145	53.290	0.0188	38.0732	0.0263	20.7421
50	1.453	0.6883	60.394	0.0166	41.5665	0.0241	22.9476
55	1.508	0.6630	67.769	0.0148	44.9316	0.0223	25.1223
60	1.566	0.6387	75.424	0.0133	48.1734	0.0208	27.2665
65	1.625	0.6153	83.371	0.0120	51.2963	0.0195	29.3801
70	1.687	0.5927	93.620	0.0109	54.3046	0.0184	31.4634
75	1.751	0.5710	100.183	0.0100	57.2027	0.0175	33.5163
80	1.818	0.5501	109.073	0.0092	59.9945	0.0167	35.5391
85	1.887	0.5299	118.300	0.0085	62.6838	0.0160	37.5318
90	1.959	0.5105	127.879	0.0078	65.2746	0.0153	39.4946
95	2.034	0.4917	137.823	0.0073	67.7704	0.0148	41.4277
100	2.111	0.4737	148.145	0.0068	70.1746	0.0143	43.3311

附表 3　1%普通（按年计）复利表

n	一次支付		等额支付数列				等差数列
	复利终值	复利现值	年金终值	偿债基金	年金现值	资金回收	
	知 P 求 F	知 F 求 P	知 A 求 F	知 F 求 A	知 A 求 P	知 P 求 A	知 G 求 A
	$(1+i)^n$	$\frac{1}{(1+i)^n}$	$\frac{(1+i)^n-1}{i}$	$\frac{i}{(1+i)^n-1}$	$\frac{(1+i)^n-1}{i(1+i)^n}$	$\frac{i(1+i)^n}{(1+i)^n-1}$	
	$F/P, i, n$	$P/F, i, n$	$F/A, i, n$	$A/F, i, n$	$P/A, i, n$	$A/P, i, n$	$A/G, i, n$
1	1.010	0.9901	1.000	1.0000	0.9901	1.0100	0.0000
2	1.020	0.9803	2.010	0.4975	1.9704	0.5075	0.4975
3	1.030	0.9706	3.030	0.3300	2.9410	0.3400	0.9934
4	1.041	0.9610	4.060	0.2463	3.9020	0.2563	1.4876
5	1.051	0.9515	5.101	0.1960	4.3534	0.2060	1.9801
6	1.062	0.9421	6.152	0.1626	5.7955	0.1726	2.4710
7	1.072	0.9327	7.214	0.1386	6.7282	0.1486	2.9602
8	1.083	0.9235	8.236	0.1207	7.6547	0.1307	3.4478
9	1.094	0.9143	9.369	0.1068	8.5660	0.1168	3.0337
10	1.105	0.9053	10.462	0.0956	9.4713	0.1056	4.4179
11	1.116	0.8963	11.567	0.0865	10.3676	0.0965	4.9005
12	1.127	0.8875	12.683	0.0789	11.2551	0.0889	5.3815
13	1.138	0.8787	13.809	0.0724	12.1338	0.0824	5.8607
14	1.149	0.8700	14.947	0.0669	13.0037	0.0769	6.3384
15	1.161	0.8614	16.097	0.0621	13.8651	0.0721	6.8143
16	1.173	0.8528	17.258	0.0580	14.7179	0.0680	7.2887
17	1.184	0.8444	18.430	0.0543	15.5623	0.0643	7.7613
18	1.196	0.8360	19.615	0.0510	16.3983	0.0610	8.2323
19	1.208	0.8277	20.811	0.0481	17.2260	0.0581	8.7017
20	1.220	0.8196	22.019	0.0454	18.0456	0.0554	9.1694
21	1.232	0.8114	23.239	0.0430	18.8570	0.0530	9.6354
22	1.245	0.8034	24.472	0.0409	19.6604	0.0509	10.0998
23	1.257	0.7955	25.716	0.0389	20.4558	0.0489	10.5626
24	1.270	0.7876	26.973	0.0371	21.2434	0.0471	11.0237
25	1.282	0.7798	28.243	0.0354	22.0232	0.0454	11.4831
26	1.295	0.7721	29.526	0.0339	22.7952	0.0439	11.9409
27	1.808	0.7644	30.821	0.0325	23.5596	0.0425	12.3971
28	1.321	0.7568	32.129	0.0311	24.3165	0.0411	12.8516
29	1.335	0.7494	33.450	0.0299	25.0658	0.0399	13.3045
30	1.348	0.7419	34.785	0.0288	25.8077	0.0388	13.7557
31	1.361	0.7346	36.133	0.0277	26.5423	0.0377	14.2052
32	1.375	0.7273	37.494	0.0267	27.2096	0.0367	14.6532
33	1.389	0.7201	38.369	0.0257	27.9897	0.0357	15.0955
34	1.403	0.7139	40.258	0.0248	28.7027	0.0318	15.5443
35	1.417	0.7059	41.660	0.0240	29.4086	0.0310	15.9871
40	1.489	0.6717	48.886	0.0205	32.8347	0.0305	18.1776
45	1.565	0.6391	56.481	0.0177	36.0945	0.0277	20.3273
50	1.645	0.6080	64.463	0.0155	39.1961	0.0255	22.4363
55	1.729	0.5785	72.852	0.0137	42.1472	0.0237	24.5049
60	1.817	0.5505	81.670	0.0123	44.9550	0.0223	26.5333
65	1.999	0.5227	90.937	0.0110	47.6266	0.0210	28.5217
70	2.007	0.4983	100.676	0.0099	50.1685	0.0199	30.4703
75	2.199	0.4741	110.913	0.0090	52.5871	0.0190	32.3793
80	2.217	0.4511	121.672	0.0082	54.8882	0.0182	34.2492
85	2.330	0.4292	132.979	0.0075	57.0777	0.0175	36.0801
90	2.449	0.4084	144.863	0.0069	59.1009	0.0169	37.8725
95	2.574	0.3886	157.354	0.0064	61.1430	0.0164	39.6265
100	2.705	0.3697	170.481	0.0059	63.0289	0.0159	41.3426

附表 4　1.25%普通（按年计）复利表

n	一次支付		等额支付数列				等差数列
	复利终值	复利现值	年金终值	偿债基金	年金现值	资金回收	
	知 P 求 F	知 F 求 P	知 A 求 F	知 F 求 A	知 A 求 P	知 P 求 A	知 G 求 A
	$(1+i)^n$	$\frac{1}{(1+i)^n}$	$\frac{(1+i)^n-1}{i}$	$\frac{i}{(1+i)^n-1}$	$\frac{(1+i)^n-1}{i(1+i)^n}$	$\frac{i(1+i)^n}{(1+i)^n-1}$	
	$F/P, i, n$	$P/F, i, n$	$F/A, i, n$	$A/F, i, n$	$P/A, i, n$	$A/P, i, n$	$A/G, i, n$
1	1.013	0.9877	1.000	1.001	0.9877	1.0126	0.0000
2	1.025	0.9755	2.013	0.4970	1.9631	0.5095	0.4932
3	1.038	0.9635	3.038	0.3293	2.9265	0.3418	0.9895
4	1.051	0.9516	4.076	0.2454	3.8780	0.2579	1.4830
5	1.064	0.9398	5.127	0.1951	4.8177	0.2076	1.9729
6	1.077	0.9282	6.191	0.1616	5.7459	0.1741	2.4618
7	1.091	0.9168	7.268	0.1376	6.6627	0.1501	2.9491
8	1.105	0.9055	8.359	0.1197	7.5680	0.1322	3.4330
9	1.118	0.8943	9.463	0.1057	8.4623	0.1182	3.9158
10	1.132	0.8832	10.582	0.0946	9.3454	0.1071	4.3960
11	1.147	0.8723	11.714	0.0854	10.2177	0.0979	4.8744
12	1.161	0.3616	12.860	0.0778	11.0792	0.0903	5.3506
13	1.175	0.8509	14.021	0.0714	11.9300	0.0839	5.8248
14	1.190	0.8404	15.196	0.0659	12.7704	0.0784	6.2968
15	1.205	0.8300	16.386	0.0611	13.6004	0.0736	6.7669
16	1.220	0.8198	17.591	0.0569	14.4201	0.0694	7.2350
17	1.235	0.8097	18.811	0.0532	15.2298	0.0657	7.7099
18	1.251	0.7997	20.046	0.0499	16.0293	0.0624	8.1645
19	1.266	0.7898	21.296	0.0470	16.8191	0.0595	8.6264
20	1.282	0.7801	22.563	0.0444	17.5991	0.0569	9.0861
21	1.298	0.7704	23.845	0.0420	18.3695	0.0545	9.5439
22	1.314	0.7609	25.143	0.0398	19.1303	0.0523	9.9993
23	1.331	0.7515	26.457	0.0378	19.8818	0.0503	10.4528
24	1.347	0.7423	27.788	0.0360	20.6240	0.0485	10.9044
25	1.364	0.7331	29.135	0.0344	21.3570	0.0469	11.3539
26	1.381	0.7240	30.499	0.0328	22.0310	0.0453	11.8012
27	1.399	0.7151	31.880	0.0314	22.7960	0.0439	12.2465
28	1.416	0.7063	33.279	0.0301	23.5022	0.0426	12.6898
29	1.434	0.6976	34.695	0.0289	24.1988	0.0414	13.1311
30	1.452	0.6889	36.128	0.0277	24.8886	0.0402	13.5703
31	1.470	0.6804	37.580	0.0267	25.5690	0.0392	14.0074
32	1.488	0.6720	39.050	0.0257	26.2410	0.0382	14.4425
33	1.507	0.6637	40.538	0.0247	26.9047	0.0372	14.8756
34	1.526	0.6555	42.045	0.0238	27.5601	0.0363	15.3066
35	1.545	0.6475	43.570	0.0230	28.2075	0.0355	15.7357
40	1.644	0.6085	51.489	0.0195	31.3266	0.0320	17.8503
45	1.749	0.5718	59.915	0.0167	34.2578	0.0292	19.9144
50	1.861	0.5374	68.880	0.0146	37.0125	0.0271	21.9284
55	1.980	0.5050	78.421	0.0128	39.6013	0.0253	23.8925
60	2.107	0.4746	88.573	0.0113	42.0342	0.0238	25.8072
65	2.242	0.4460	99.375	0.0101	44.3206	0.0226	27.6730
70	2.386	0.4192	110.870	0.0091	46.4693	0.0216	29.4902
75	2.539	0.3939	123.101	0.0082	48.4886	0.0207	31.2594
80	2.702	0.3702	136.116	0.0074	50.3862	0.0199	32.9812
85	2.875	0.3479	149.965	0.0067	52.1696	0.0199	34.6560
90	3.059	0.3270	164.701	0.0061	53.8456	0.0186	36.2844
95	3.255	0.3073	180.382	0.0056	55.4207	0.0181	37.8671
100	3.463	0.2888	197.067	0.0051	56.9009	0.0176	39.4048

附表 5　2.5%普通（按年计）复利表

n	一次支付		等额支付数列				等差数列
	复利终值	复利现值	年金终值	偿债基金	年金现值	资金回收	
	知 P 求 F	知 F 求 P	知 A 求 F	知 F 求 A	知 A 求 P	知 P 求 A	知 G 求 A
	$(1+i)^n$	$\frac{1}{(1+i)^n}$	$\frac{(1+i)^n-1}{i}$	$\frac{i}{(1+i)^n-1}$	$\frac{(1+i)^n-1}{i(1+i)^n}$	$\frac{i(1+i)^n}{(1+i)^n-1}$	
	$F/P,\ i,\ n$	$P/F,\ i,\ n$	$F/A,\ i,\ n$	$A/F,\ i,\ n$	$P/A,\ i,\ n$	$A/P,\ i,\ n$	$A/G,\ i,\ n$
1	1.015	0.9852	1.000	1.0000	0.9852	1.0150	0.0000
2	1.030	0.9707	2.015	0.4963	1.9559	0.5113	0.4963
3	1.046	0.9563	3.045	0.3284	2.9122	0.3434	0.9901
4	1.061	0.9422	4.091	0.2446	3.8544	0.2595	1.4814
5	1.077	0.9283	5.152	0.1941	4.7827	0.2091	1.9702
6	1.093	0.9146	6.230	0.1605	5.6972	0.1755	2.4566
7	1.110	0.9010	7.323	0.1366	6.5982	0.1516	2.9405
8	1.127	0.8877	8.433	0.1186	7.4859	0.1336	3.4219
9	1.143	0.8746	9.559	0.1046	8.3605	0.1196	3.9008
10	1.161	0.8617	10.703	0.0934	9.2222	0.1084	4.3772
11	1.178	0.8489	11.863	0.0843	10.0711	0.0993	4.8512
12	1.196	0.8364	13.041	0.0767	10.9075	0.0917	5.3227
13	1.214	0.8240	14.237	0.0703	11.7315	0.0853	5.7917
14	1.232	0.8119	15.450	0.0647	12.5434	0.0797	6.2582
15	1.250	0.7999	16.682	0.0600	13.3432	0.0750	6.7223
16	1.269	0.7880	17.932	0.0558	14.1313	0.0708	7.1839
17	1.288	0.7764	19.201	0.0521	14.9077	0.0671	7.6431
18	1.307	0.7649	20.489	0.0488	15.6726	0.0638	8.0997
19	1.327	0.7536	21.797	0.0459	16.4262	0.0609	8.5539
20	1.347	0.7425	23.124	0.0433	17.1686	0.0583	9.0057
21	1.367	0.7315	24.471	0.0409	17.9011	0.0559	9.4550
22	1.388	0.7207	25.838	0.0387	18.6208	0.0537	9.9018
23	1.408	0.7100	27.225	0.0367	19.3309	0.0517	10.3462
24	1.430	0.6996	28.634	0.0349	20.0304	0.0499	10.7881
25	1.451	0.6892	30.063	0.0333	20.7196	0.0483	11.2276
26	1.473	0.6790	31.514	0.0317	21.3986	0.0467	11.6646
27	1.495	0.6690	32.987	0.0303	22.0676	0.0453	12.0992
28	1.517	0.6591	34.481	0.0290	22.7267	0.0440	12.5313
29	1.540	0.6494	35.999	0.0278	23.3761	0.0428	12.9610
30	1.563	0.6398	37.539	0.0266	24.0158	0.0416	13.3883
31	1.587	0.6303	39.102	0.0256	24.6462	0.0406	13.8131
32	1.610	0.6210	40.688	0.0246	25.2671	0.0396	14.2355
33	1.634	0.6118	42.299	0.0237	25.8790	0.0387	14.6555
34	1.659	0.6028	43.933	0.0228	26.4817	0.0378	15.0731
35	1.684	0.5939	45.592	0.0291	27.0756	0.0369	15.4882
40	1.814	0.5513	54.268	0.0184	29.9159	0.0334	17.5277
45	1.954	0.5117	63.614	0.0157	32.5523	0.0307	19.5074
50	2.105	0.4750	73.080	0.0136	34.9997	0.0286	21.4277
55	2.268	0.4409	84.530	0.0118	37.2715	0.0268	23.2894
60	2.443	0.4093	96.215	0.0104	39.3803	0.0254	25.0930
65	2.632	0.3799	108.803	0.0092	41.3378	0.0242	26.8392
70	2.835	0.3527	122.364	0.0082	43.1549	0.0232	28.5290
75	3.055	0.3274	136.973	0.0073	44.8416	0.0223	30.1631
80	3.291	0.3039	152.711	0.0066	46.4073	0.0216	31.7423
85	3.545	0.2821	169.665	0.0059	47.8607	0.0209	33.2676
90	3.819	0.2619	187.930	0.0053	49.2099	0.0203	34.7399
95	4.114	0.2431	207.606	0.0048	50.4622	0.0198	36.1602
100	4.432	0.2256	228.803	0.0044	51.6247	0.0194	37.5295

附表 6　2%普通（按年计）复利表

n	一次支付		等额支付数列				等差数列
	复利终值	复利现值	年金终值	偿债基金	年金现值	资金回收	
	知 P 求 F	知 F 求 P	知 A 求 F	知 F 求 A	知 A 求 P	知 P 求 A	知 G 求 A
	$(1+i)^n$	$\frac{1}{(1+i)^n}$	$\frac{(1+i)^n-1}{i}$	$\frac{i}{(1+i)^n-1}$	$\frac{(1+i)^n-1}{i(1+i)^n}$	$\frac{i(1+i)^n}{(1+i)^n-1}$	
	F/P，i，n	P/F，i，n	F/A，i，n	A/F，i，n	P/A，i，n	A/P，i，n	A/G，i，n
1	1.020	0.9804	1.000	1.0000	0.9804	1.0200	0.0000
2	1.040	0.9612	2.020	0.4951	1.9416	0.5151	0.4951
3	1.061	0.9423	3.060	0.3268	2.8839	0.3468	0.9869
4	1.082	0.9239	4.122	0.2426	3.8077	0.2626	1.4753
5	1.104	0.9057	5.204	0.1922	4.7135	0.2122	1.9604
6	1.126	0.8880	6.308	0.1585	5.6014	0.1785	2.4423
7	1.149	0.8706	7.434	0.1345	6.4720	0.1545	2.9208
8	1.172	0.8535	8.583	0.1165	7.3255	0.1365	3.3961
9	1.195	0.8368	9.755	0.1025	8.1622	0.1255	3.8681
10	1.219	0.8024	10.950	0.0913	8.9826	0.1113	4.3367
11	1.243	0.8043	12.169	0.0822	9.7869	0.1022	4.8021
12	1.268	0.7885	13.412	0.0746	10.5754	0.0946	5.2643
13	1.294	0.7730	14.680	0.0681	11.3484	0.0881	5.7231
14	1.319	0.7579	15.974	0.0626	12.1063	0.0826	6.1786
15	1.346	0.7430	17.293	0.0578	12.8493	0.0778	6.6309
16	1.373	0.7285	18.639	0.0537	13.5777	0.0737	7.0799
17	1.400	0.7142	20.012	0.0500	14.2919	0.0700	7.5256
18	1.428	0.7002	21.412	0.0467	14.9920	0.0667	7.9681
19	1.457	0.6864	22.841	0.0438	15.6785	0.0638	8.4073
20	1.486	0.6730	24.297	0.0421	16.3514	0.0612	8.8433
21	1.516	0.6598	25.783	0.0388	17.0112	0.0588	9.2760
22	1.546	0.6468	27.299	0.0366	17.6581	0.0566	9.7055
23	1.577	0.6342	28.845	0.0347	18.2922	0.0547	10.1317
24	1.608	0.6217	30.422	0.0329	18.9139	0.0529	10.5547
25	1.641	0.6095	30.030	0.0312	19.5235	0.0512	10.9745
26	1.673	0.5976	33.671	0.0297	20.1210	0.0497	11.3910
27	1.707	0.5859	35.344	0.0283	20.7069	0.0483	11.8043
28	1.741	0.5744	37.051	0.0270	21.2813	0.0470	12.2145
29	1.776	0.5631	38.792	0.0258	21.8444	0.0458	12.6214
30	1.811	0.5521	40.568	0.0247	22.3965	0.0447	13.0251
31	1.848	0.5413	42.379	0.0236	22.9377	0.0436	13.4257
32	1.885	0.5306	44.227	0.0226	23.4683	0.0426	13.8230
33	1.922	0.5202	46.112	0.0217	23.9886	0.0417	14.2172
34	1.961	0.5100	48.034	0.0208	24.4986	0.0408	14.6083
35	2.00	0.5000	49.994	0.0200	24.9986	0.0400	14.9961
40	2.208	0.4529	60.402	0.0166	27.3555	0.0366	16.8885
45	2.438	0.4102	71.893	0.0139	29.4902	0.0339	18.7034
50	2.692	0.3715	84.579	0.0118	31.4236	0.0318	20.4420
55	2.972	0.3365	98.587	0.0102	33.1748	0.0302	22.1057
60	3.281	0.3048	114.052	0.0088	34.7609	0.0288	23.6961
65	3.623	0.2761	131.126	0.0076	36.1975	0.0276	25.2147
70	4.000	0.2500	149.978	0.0067	37.4986	0.0267	26.6632
75	4.416	0.2265	170.792	0.0059	38.6771	0.0259	28.0434
80	4.875	0.2051	193.772	0.0052	39.7445	0.0252	29.3572
85	5.383	0.1858	219.144	0.0046	40.7113	0.0246	30.6064
90	5.943	0.1683	247.157	0.0041	41.5859	0.0241	31.7929
95	6.562	0.1524	278.085	0.0036	42.3800	0.0236	32.9189
100	7.245	0.1380	312.232	0.0032	43.0984	0.0232	33.9863

附表 7　3%普通（按年计）复利表

n	一次支付		等额支付数列				等差数列
	复利终值	复利现值	年金终值	偿债基金	年金现值	资金回收	
	知 P 求 F	知 F 求 P	知 A 求 F	知 F 求 A	知 A 求 P	知 P 求 A	知 G 求 A
	$(1+i)^n$	$\frac{1}{(1+i)^n}$	$\frac{(1+i)^n-1}{i}$	$\frac{i}{(1+i)^n-1}$	$\frac{(1+i)^n-1}{i(1+i)^n}$	$\frac{i(1+i)^n}{(1+i)^n-1}$	
	$F/P, i, n$	$P/F, i, n$	$F/A, i, n$	$A/F, i, n$	$P/A, i, n$	$A/P, i, n$	$A/G, i, n$
1	1.030	0.9709	1.000	1.0000	0.9709	1.0300	0.0000
2	1.061	0.9426	2.030	0.4926	1.9135	0.5226	0.4926
3	1.093	0.9152	3.091	0.3235	2.8286	0.3535	0.9803
4	1.126	0.8885	4.184	0.2390	3.7171	0.2690	1.4631
5	1.159	0.8626	5.309	0.1884	4.5797	0.2184	1.9409
6	1.194	0.8375	6.468	0.1546	5.4172	0.1846	2.4138
7	1.280	0.8131	7.662	0.1305	6.2303	0.1605	2.8819
8	1.267	0.7894	8.892	0.1125	7.0197	0.1425	3.3450
9	1.305	0.7664	10.159	0.0984	7.7861	0.1284	3.3082
10	1.344	0.7441	11.464	0.0872	8.5302	0.1172	4.2565
11	1.384	0.7224	12.808	0.0781	9.2526	0.1081	4.7049
12	1.126	0.7014	14.192	0.0705	9.9540	0.1005	5.1485
13	1.469	0.6810	15.618	0.0640	10.6350	0.0940	5.5872
14	1.513	0.6611	17.086	0.0585	11.2961	0.0885	6.0211
15	1.558	0.6419	18.599	0.0538	11.9379	0.0838	6.4501
16	1.605	0.6232	20.157	0.0496	12.5611	0.0796	6.8742
17	1.653	0.6050	21.762	0.0460	13.1661	0.0760	7.2936
18	1.702	0.5874	23.414	0.0427	13.7535	0.0727	7.7081
19	1.754	0.5703	25.117	0.0398	14.3228	0.0698	8.1179
20	1.806	0.5537	26.870	0.0372	14.8775	0.0672	8.5229
21	1.860	0.5376	28.676	0.0349	15.4150	0.0619	8.9231
22	1.916	0.5219	30.537	0.0328	15.9369	0.0628	9.7094
23	1.974	0.5067	32.453	0.0308	16.4436	0.0608	9.7094
24	2.033	0.4919	34.426	0.0291	16.9356	0.0591	10.0954
25	2.094	0.4776	36.459	0.0274	17.4132	0.0574	10.4768
26	2.157	0.4637	38.553	0.0259	17.8769	0.0559	10.8535
27	2.221	0.4502	40.710	0.0246	18.3270	0.0546	11.2256
28	2.283	0.4371	42.931	0.0233	18.7641	0.0533	11.5930
29	2.357	0.4244	45.219	0.0221	19.1885	0.0521	11.9558
30	2.427	0.4120	47.575	0.0210	19.6005	0.0510	12.3141
31	2.500	0.4000	50.003	0.0200	20.0004	0.0500	12.6678
32	2.575	0.3883	52.503	0.0191	20.3888	0.0491	13.0169
33	2.652	0.3770	55.078	0.0182	20.7658	0.0482	13.3616
34	2.732	0.3661	57.730	0.0173	21.1318	0.0473	13.7018
35	2.814	0.3554	60.462	0.0165	21.4872	0.0465	14.0375
40	3.262	0.3066	75.401	0.0133	23.1148	0.0433	15.6502
45	3.782	0.2644	92.720	0.0108	24.5187	0.0408	17.1556
50	4.384	0.2281	112.797	0.0089	25.7298	0.0389	18.5575
55	5.082	0.1968	136.072	0.0074	26.7744	0.0374	19.8600
60	5.892	0.1697	163.053	0.0061	27.6756	0.0361	21.0674
65	6.830	0.1464	194.333	0.0052	28.4529	0.0352	22.1841
70	7.918	0.1263	230.594	0.0043	29.1234	0.0343	23.2145
75	9.179	0.1090	272.631	0.0037	29.7018	0.0337	24.1624
80	10.641	0.0940	321.363	0.0031	30.2008	0.0331	25.0354
85	12.336	0.0811	377.857	0.0027	30.6312	0.0327	25.3349
90	14.300	0.0699	443.349	0.0023	31.0024	0.0323	26.5667
95	16.578	0.0603	519.272	0.0019	31.3227	0.0319	27.2351
100	19.219	0.0520	607.288	0.0017	31.5989	0.0317	27.8445

附表 8 4%普通（按年计）复利表

n	一次支付		等额支付数列				等差数列
	复利终值	复利现值	年金终值	偿债基金	年金现值	资金回收	
	知 P 求 F	知 F 求 P	知 A 求 F	知 F 求 A	知 A 求 P	知 P 求 A	知 G 求 A
	$(1+i)^n$	$\frac{1}{(1+i)^n}$	$\frac{(1+i)^n-1}{i}$	$\frac{i}{(1+i)^n-1}$	$\frac{(1+i)^n-1}{i(1+i)^n}$	$\frac{i(1+i)^n}{(1+i)^n-1}$	
	$F/P, i, n$	$P/F, i, n$	$F/A, i, n$	$A/F, i, n$	$P/A, i, n$	$A/P, i, n$	$A/G, i, n$
1	1.040	0.9615	1.000	1.0000	0.9615	1.0400	0.0000
2	1.082	0.9246	2.040	0.4902	1.8861	0.5302	0.4902
3	1.125	0.8890	3.122	0.3204	2.7751	0.3604	0.9739
4	1.170	0.8548	4.246	0.2355	3.6299	0.2755	1.4510
5	1.217	0.8219	5.416	0.1846	4.4518	0.2246	1.9216
6	1.265	0.7903	6.633	0.1508	5.2421	0.1908	2.3857
7	1.316	0.7599	7.898	0.1266	6.0021	0.1666	2.8433
8	1.369	0.7307	9.214	0.1085	6.7328	0.1485	3.2944
9	1.423	0.7026	10.583	0.0945	7.4353	0.1345	3.7391
10	1.480	0.6756	12.006	0.0833	8.1109	0.1233	4.1773
11	1.539	0.6496	13.486	0.0742	8.7605	0.1142	4.6090
12	1.601	0.6246	15.026	0.0666	9.3851	0.1066	5.0344
13	1.665	0.6006	16.627	0.0602	9.9857	0.1002	5.4533
14	1.732	0.5775	18.292	0.0547	10.5631	0.0947	5.8659
15	1.801	0.5553	20.024	0.0500	11.1184	0.0900	6.2721
16	1.873	0.5339	21.825	0.0458	11.6525	0.0858	6.6720
17	1.948	0.5134	23.698	0.0422	12.1657	0.0822	7.0656
18	2.026	0.4936	25.645	0.0390	12.6593	0.0790	7.4530
19	2.107	0.4747	27.671	0.0361	13.1339	0.0761	7.8342
20	2.191	0.4564	29.778	0.0336	13.5903	0.0736	8.2091
21	2.279	0.4388	31.969	0.0313	14.0292	0.0713	8.5780
22	2.370	0.4220	34.248	0.0292	14.4511	0.0692	8.9407
23	2.465	0.4057	36.618	0.0273	14.8569	0.0673	9.2973
24	2.563	0.3901	39.083	0.0256	15.2470	0.0656	9.6479
25	2.666	0.3751	41.646	0.0240	15.6221	0.0640	9..9925
26	2.772	0.3607	44.312	0.0226	15.9828	0.0626	10.3312
27	2.883	0.3468	47.084	0.0212	16.3296	0.0612	10.6640
28	2.999	0.3335	49.968	0.0200	16.6631	0.0600	10.9909
29	3.119	0.3207	52.966	0.0189	16.9837	0.0589	11.3121
30	3.243	0.3083	56.085	0.0178	17.2920	0.0578	11.6274
31	3.373	0.2965	59.328	0.0169	17.5885	0.0569	11.9371
32	3.508	0.2851	62.701	0.0160	17.8736	0.0560	12.2411
33	3.648	0.2741	66.210	0.0151	18.1477	0.0551	12.5396
34	3.794	0.2636	69.858	0.0143	18.4112	0.0543	12.8325
35	3.946	0.2534	73.652	0.0136	18.6646	0.0536	13.1199
40	4.801	0.2083	95.026	0.0105	19.7928	0.0505	14.4765
45	5.841	0.1712	121.029	0.0083	20.7200	0.0483	15.7047
50	7.107	0.1407	152.667	0.0066	21.4822	0.0466	16.8123
55	8.646	0.1157	191.159	0.0052	22.1086	0.0452	17.8070
60	10.520	0.0951	237.991	0.0042	22.6235	0.0442	18.6972
65	12.799	0.0781	294.968	0.0034	23.0467	0.0434	19.4909
70	15.572	0.0642	364.290	0.0028	23.3945	0.0428	20.1961
75	18.945	0.0528	448.631	0.0022	23.6804	0.0422	20.8206
80	23.050	0.0434	551.245	0.0018	23.9154	0.0418	21.3719
85	28.044	0.0357	676.090	0.0015	24.1085	0.0415	21.8569
90	34.119	0.0293	817.983	0.0012	24.2673	0.0412	22.2826
95	41.511	0.0241	1012.785	0.0010	24.3978	0.0410	22.6550
100	50.505	0.0198	1237.624	0.0008	24.5050	0.0408	22.9800

附表 9　5%普通（按年计）复利表

n	一次支付		等额支付数列				等差数列
	复利终值	复利现值	年金终值	偿债基金	年金现值	资金回收	
	知 P 求 F	知 F 求 P	知 A 求 F	知 F 求 A	知 A 求 P	知 P 求 A	知 G 求 A
	$(1+i)^n$	$\frac{1}{(1+i)^n}$	$\frac{(1+i)^n-1}{i}$	$\frac{i}{(1+i)^n-1}$	$\frac{(1+i)^n-1}{i(1+i)^n}$	$\frac{i(1+i)^n}{(1+i)^n-1}$	
	$F/P，i，n$	$P/F，i，n$	$F/A，i，n$	$A/F，i，n$	$P/A，i，n$	$A/P，i，n$	$A/G，i，n$
1	1.050	0.9524	1.000	1.0000	0.9524	1.0500	0.0000
2	1.103	0.9070	2.050	0.4878	1.8594	0.5378	0.4878
3	1.158	0.8638	3.153	0.3172	2.7233	0.3672	0.9675
4	1.216	0.8227	4.310	0.2320	3.5460	0.2820	1.4391
5	1.276	0.7835	5.526	0.1810	4.3295	0.2310	1.9025
6	1.340	0.7462	6.802	0.1470	5.0757	0.1970	2.3579
7	1.407	0.7107	8.142	0.1228	5.7864	0.1728	2.8052
8	1.477	0.6768	9.549	0.1047	6.4632	0.1547	3.2445
9	1.551	0.6446	11.027	0.0907	7.1078	0.1407	3.6758
10	1.629	0.6139	12.587	0.0795	7.7217	0.1295	4.0991
11	1.710	0.5847	14.207	0.0704	8.3064	0.1204	4.5145
12	1.796	0.5568	15.917	0.0628	8.8633	0.1128	4.9219
13	1.886	0.5303	17.713	0.0565	9.3936	0.1065	5.3215
14	1.980	0.5051	19.599	0.0510	9.8987	0.1010	5.7133
15	2.079	0.4810	21.579	0.0464	10.3797	0.0964	6.0973
16	2.183	0.4581	23.658	0.0423	10.8378	0.0923	6.4736
17	2.292	0.4363	25.840	0.0387	11.2741	0.0887	6.8423
18	2.407	0.4155	28.132	0.0356	11.6896	0.0856	7.2034
19	2.527	0.3957	30.539	0.0328	12.0853	0.0828	7.5569
20	2.653	0.3769	33.066	0.0303	12.4622	0.0803	7.9030
21	2.786	0.3590	35.719	0.0280	12.8212	0.0780	8.2416
22	2.925	0.3419	38.505	0.0260	13.1630	0.0760	8.5730
23	3.072	0.3256	41.430	0.0241	13.4886	0.0741	8.8971
24	3.225	0.3101	44.502	0.0225	13.7987	0.0725	9.2140
25	3.386	0.2953	47.727	0.0210	14.0940	0.0710	9.5238
26	3.556	0.2813	51.113	0.0196	14.3752	0.0696	9.8266
27	3.733	0.2679	54.669	0.0183	14.6430	0.0683	10.1224
28	3.920	0.2551	58.403	0.0171	14.8981	0.0671	10.4114
29	4.116	0.2430	62.323	0.0161	15.1411	0.0661	10.6936
30	4.322	0.2314	66.439	0.0151	15.3725	0.0651	10.9691
31	4.538	0.2204	70.761	0.0141	15.5928	0.0641	11.2381
32	4.765	0.2099	75.299	0.0133	15.8027	0.0633	11.5005
33	5.003	0.1999	80.064	0.0125	16.0026	0.0625	11.7566
34	5.253	0.1904	85.067	0.0118	16.1929	0.0618	12.0063
35	5.516	0.1813	90.320	0.0111	16.3742	0.0611	12.2498
40	7.040	0.1421	120.800	0.0083	17.1501	0.0583	13.3775
45	8.985	0.1113	159.700	0.0063	17.7741	0.0563	14.3644
50	11.467	0.0872	209.348	0.0048	18.2559	0.0548	15.2233
55	14.636	0.0683	272.713	0.0037	18.6335	0.0537	15.9665
60	18.679	0.0535	353.584	0.0028	18.9293	0.0528	11.6062
65	23.840	0.0420	456.798	0.0022	19.1611	0.0522	17.1541
70	30.426	0.0329	588.529	0.0017	19.3427	0.0517	17.6212
75	38.833	0.0258	756.654	0.0013	19.4850	0.0513	18.0176
80	49.561	0.0202	971.229	0.0010	19.5965	0.0510	18.3526
85	63.254	0.0158	1245.087	0.0008	19.6838	0.0508	18.6346
90	80.730	0.0124	1594.607	0.0006	19.7523	0.0506	18.8712
95	103.035	0.0097	2040.694	0.0005	19.8059	0.0505	19.0689
100	131.501	0.0076	2610.025	0.0004	19.8479	0.0504	19.2337

附表 10　6%普通（按年计）复利表

n	一次支付		等额支付数列				等差数列
	复利终值	复利现值	年金终值	偿债基金	年金现值	资金回收	
	知 P 求 F	知 F 求 P	知 A 求 F	知 F 求 A	知 A 求 P	知 P 求 A	知 G 求 A
	$(1+i)^n$	$\frac{1}{(1+i)^n}$	$\frac{(1+i)^n-1}{i}$	$\frac{i}{(1+i)^n-1}$	$\frac{(1+i)^n-1}{i(1+i)^n}$	$\frac{i(1+i)^n}{(1+i)^n-1}$	
	F/P，i，n	P/F，i，n	F/A，i，n	A/F，i，n	P/A，i，n	A/P，i，n	A/G，i，n
1	1.060	0.9434	1.000	1.0000	0.9434	1.0600	0.0000
2	1.124	0.8900	2.060	0.4854	1.8334	0.5454	0.4854
3	1.191	0.8396	3.184	0.3141	2.6730	0.3741	0.9612
4	1.262	0.7921	4.375	0.2286	3.4651	0.2886	1.4272
5	1.338	0.7473	5.637	0.1774	4.2124	0.2374	1.8836
6	1.419	0.7050	6.975	0.1434	4.9173	0.2034	2.3304
7	1.504	0.6651	8.394	0.1191	5.5824	0.1791	2.7676
8	1.594	0.6274	9.897	0.1010	6.2098	0.1610	3.1952
9	1.689	0.5919	11.491	0.0870	6.8017	0.1470	3.6133
10	1.791	0.5584	13.181	0.0759	7.3601	0.1359	4.0220
11	1.898	0.5268	14.972	0.0668	7.8869	0.1268	4.4213
12	2.012	0.4970	16.870	0.0593	8.3869	0.1193	4.8113
13	2.133	0.4688	18.882	0.0530	8.8527	0.1130	5.1920
14	2.261	0.4423	21.015	0.0476	9.2950	0.1076	5.5635
15	2.397	0.4173	23.276	0.0430	9.7123	0.1030	5.9260
16	2.540	0.3937	25.673	0.0390	10.1059	0.0990	6.2794
17	2.693	0.3714	28.213	0.0355	10.4773	0.0955	6.6240
18	2.854	0.3504	30.906	0.0324	10.8276	0.0924	6.9397
19	3.026	0.3305	33.760	0.0296	11.1581	0.0896	7.2867
20	3.207	0.3118	36.786	0.0272	11.4699	0.0872	7.6052
21	3.400	0.2942	39.993	0.0250	11.7641	0.0850	7.9151
22	3.604	0.2775	43.392	0.0231	12.0416	0.0831	8.2166
23	3.820	0.2618	46.996	0.0213	12.3034	0.0813	8.5099
24	4.049	0.2470	50.816	0.0197	12.5504	0.0797	8.7951
25	4.292	0.2330	54.865	0.0182	12.7834	0.0782	9.0722
26	4.549	0.2198	59.156	0.0169	13.0032	0.0769	9.3415
27	4.822	0.2074	63.706	0.0157	13.2105	0.0757	9.6030
28	5.112	0.1956	68.528	0.0146	13.4062	0.0746	9.8568
29	5.418	0.1846	73.640	0.0136	13.5907	0.0736	10.1032
30	5.744	0.1741	79.058	0.0127	13.7648	0.0727	10.3422
31	6.088	0.1643	84.802	0.0118	13.9291	0.0718	10.5740
32	6.453	0.1550	90.890	0.0110	14.0841	0.0710	10.7988
33	6.841	0.1462	97.343	0.0103	14.2302	0.0703	11.0166
34	7.251	0.1379	104.184	0.0096	14.3682	0.0696	11.2276
35	7.686	0.1301	111.435	0.0090	14.4983	0.0690	11.4319
40	10.286	0.0972	154.762	0.0065	15.0463	0.0665	12.3590
45	13.765	0.0727	212.744	0.0047	15.4558	0.0647	13.1413
50	18.420	0.0543	290.336	0.0035	15.7619	0.0635	13.7964
55	24.650	0.0406	394.172	0.0025	15.9906	0.0625	14.3411
60	32.988	0.0303	533.128	0.0019	16.1614	0.0619	14.7910
65	44.145	0.0227	719.083	0.0014	16.2891	0.0614	15.1601
70	59.076	0.0169	967.932	0.0010	16.3846	0.0610	15.4614
75	79.057	0.0127	1300.949	0.0008	16.4559	0.0608	15.7058
80	105.796	0.0095	1746.600	0.0006	16.5091	0.0606	15.9033
85	141.579	0.0071	2342.982	0.0004	16.5490	0.0604	16.0620
90	189.465	0.0053	3141.075	0.0003	16.5787	0.0603	16.1891
95	253.546	0.0040	4209.104	0.0002	16.6009	0.0602	16.2905
100	339.302	0.0030	5638.368	0.0002	16.6176	0.0602	16.3711

附表 11　7%普通（按年计）复利表

n	一次支付		等额支付数列				等差数列
	复利终值	复利现值	年金终值	偿债基金	年金现值	资金回收	
	知 P 求 F	知 F 求 P	知 A 求 F	知 F 求 A	知 A 求 P	知 P 求 A	知 G 求 A
	$(1+i)^n$	$\frac{1}{(1+i)^n}$	$\frac{(1+i)^n-1}{i}$	$\frac{i}{(1+i)^n-1}$	$\frac{(1+i)^n-1}{i(1+i)^n}$	$\frac{i(1+i)^n}{(1+i)^n-1}$	
	$F/P, i, n$	$P/F, i, n$	$F/A, i, n$	$A/F, i, n$	$P/A, i, n$	$A/P, i, n$	$A/G, i, n$
1	1.070	0.9316	1.000	1.0000	0.9346	1.0700	0.0000
2	1.145	0.8734	2.070	0.4831	1.8080	0.5531	0.4831
3	1.225	0.8163	3.215	0.3111	2.6243	0.3811	0.9549
4	1.311	0.7629	4.440	0.2252	2.3872	0.2952	1.4155
5	1.403	0.7130	5.751	0.1739	4.1002	0.2439	1.8650
6	1.501	0.6664	7.153	0.1398	4.7665	0.2098	2.3032
7	1.606	0.6228	8.654	0.1156	5.3893	0.1856	2.7304
8	1.718	0.5820	10.260	0.0975	5.9713	0.1675	3.1466
9	1.838	0.5439	11.978	0.0835	6.5152	0.1535	3.5517
10	1.967	0.5084	13.816	0.0724	7.0236	0.1424	3.9461
11	2.105	0.4751	15.784	0.0634	7.4987	0.1334	4.3296
12	2.252	0.4440	17.888	0.0559	7.9427	0.1259	4.7025
13	2.410	0.4150	20.141	0.0497	8.3577	0.1197	5.0649
14	2.579	0.3878	22.550	0.0444	8.7455	0.1144	5.4167
15	2.759	0.3625	25.129	0.0398	9.1079	0.1098	5.7583
16	2.952	0.3387	27.888	0.0359	9.4467	0.1059	6.0897
17	3.159	0.3166	30.840	0.0324	9.7632	0.1024	6.4110
18	3.380	0.2959	33.999	0.0294	10.0591	0.0994	6.7225
19	3.617	0.2765	37.379	0.0268	10.3356	0.0968	7.0242
20	3.870	0.2584	40.996	0.0244	10.5940	0.0944	7.3163
21	4.141	0.2415	44.865	0.0223	10.8355	0.0923	7.5990
22	4.430	0.2257	49.006	0.0204	11.0613	0.0904	7.8725
23	4.741	0.2110	53.436	0.0187	11.2722	0.0887	8.1369
24	5.072	0.1972	58.177	0.0172	11.4693	0.0872	8.3923
25	5.427	0.1843	63.249	0.0158	11.6536	0.0858	8.6391
26	5.807	0.1722	68.676	0.0146	11.8258	0.0846	8.8773
27	6.214	0.1609	74.484	0.0134	11.9867	0.0834	9.1072
28	6.649	0.1504	80.698	0.0124	12.1371	0.0824	9.3290
29	7.114	0.1406	87.347	0.0115	12.2777	0.0815	9.5427
30	7.612	0.1314	94.461	0.0106	12.4091	0.0806	9.7487
31	8.145	0.1228	102.073	0.0098	12.5318	0.0798	9.9471
32	8.715	0.1148	110.218	0.0091	12.6466	0.0791	10.1381
33	9.325	0.1072	118.933	0.0084	12.7538	0.0784	10.3219
34	9.978	0.1002	128.259	0.0078	12.8540	0.0778	10.4987
35	10.677	0.0937	138.237	0.0072	12.9477	0.0772	10.6687
40	14.974	0.0668	199.635	0.0050	13.3317	0.0750	11.4234
45	21.002	0.0476	285.749	0.0035	13.6055	0.0735	12.0360
50	29.457	0.0340	406.529	0.0025	13.8008	0.0725	12.5287
55	41.315	0.0242	575.929	0.0017	13.9399	0.0717	12.9215
60	57.946	0.0173	813.502	0.0012	14.0392	0.0712	13.2321
65	81.273	0.0123	1146.755	0.0009	14.1099	0.0709	13.4760
70	113.989	0.0088	1614.134	0.0006	14.1604	0.0706	13.6662
75	159.876	0.0063	2269.657	0.0005	14.1964	0.0705	13.8137
80	224.234	0.0045	3189.063	0.0003	14.2220	0.0703	13.9274
85	314.500	0.0032	4478.576	0.0002	14.2403	0.0702	14.0146
90	441.103	0.0023	6287.185	0.0002	14.2533	0.0702	14.0812
95	618.670	0.0016	8823.854	0.0001	14.2626	0.0701	14.1319
100	867.716	0.0012	12381.662	0.0001	14.2693	0.0701	14.1703

附表 12　8%普通（按年计）复利表

n	一次支付		等额支付数列				等差数列
	复利终值	复利现值	年金终值	偿债基金	年金现值	资金回收	
	知 P 求 F	知 F 求 P	知 A 求 F	知 F 求 A	知 A 求 P	知 P 求 A	知 G 求 A
	$(1+i)^n$	$\frac{1}{(1+i)^n}$	$\frac{(1+i)^n-1}{i}$	$\frac{i}{(1+i)^n-1}$	$\frac{(1+i)^n-1}{i(1+i)^n}$	$\frac{i(1+i)^n}{(1+i)^n-1}$	
	F/P，i，n	P/F，i，n	F/A，i，n	A/F，i，n	P/A，i，n	A/P，i，n	A/G，i，n
1	1.080	0.9259	1.000	1.0000	0.9259	1.0800	0.0000
2	1.166	0.8573	2.080	0.4808	1.7833	0.5608	0.4808
3	1.260	0.7938	3.246	0.3080	2.5771	0.3880	0.9488
4	1.360	0.7350	4.506	0.2219	3.3121	0.3919	1.4040
5	1.469	0.6806	5.867	0.1705	3.9927	0.2505	1.8465
6	1.587	0.6302	7.336	0.1363	4.6229	0.2163	2.2764
7	1.714	0.5835	8.923	0.1121	5.2064	0.1921	2.6937
8	1.851	0.5403	10.637	0.0940	5.7466	0.1740	3.0985
9	1.999	0.5003	12.488	0.0801	6.2469	0.1601	3.4910
10	2.159	0.4623	14.487	0.0690	6.7101	0.1490	3.8713
11	2.332	0.4289	16.645	0.0601	7.1390	0.1401	4.2395
12	2.518	0.3971	18.977	0.0527	7.5361	0.1327	4.5958
13	2.720	0.3677	21.495	0.0465	7.9038	0.1265	4.9402
14	2.937	0.3405	24.215	0.0413	8.2442	0.1213	5.2731
15	3.172	0.3153	27.152	0.0368	8.5595	0.1168	5.5945
16	3.426	0.2919	30.324	0.0330	8.8514	0.1130	5.9046
17	3.700	0.2703	33.750	0.0296	9.1216	0.1096	6.2038
18	3.996	0.2503	37.450	0.0267	9.3719	0.1067	6.4920
19	4.316	0.2317	41.446	0.0241	9.6036	0.1041	6.7697
20	4.661	0.2146	45.762	0.0219	9.8182	0.1019	7.0370
21	5.034	0.1987	50.423	0.0198	10.0168	0.0998	7.2940
22	5.437	0.1840	55.457	0.0180	10.2008	0.0980	7.5412
23	5.871	0.1703	60.893	0.0164	10.3711	0.0964	7.7786
24	6.344	0.1577	66.765	0.0150	10.5288	0.0950	8.0066
25	6.848	0.1460	73.106	0.0137	10.6748	0.0937	8.2254
26	7.396	0.1325	79.954	0.0125	10.8100	0.0925	8.4352
27	7.988	0.1252	87.351	0.0115	10.9852	0.0915	8.6363
28	8.627	0.1159	95.339	0.0105	11.0511	0.0905	8.8289
29	9.317	0.1073	103.966	0.0096	11.1584	0.0896	9.0133
30	10.063	0.0994	113.283	0.0088	11.2578	0.0888	9.1897
31	10.868	0.0920	123.346	0.0081	11.3498	0.0881	9.3584
32	11.737	0.0852	134.214	0.0075	11.4350	0.0875	9.5197
33	12.676	0.0789	145.951	0.0069	11.5139	0.0869	9.6737
34	13.690	0.0731	158.627	0.0063	11.5869	0.0863	9.8208
35	14.785	0.0676	172.317	0.0058	11.6546	0.0858	9.9611
40	21.725	0.0460	259.057	0.0039	11.9246	0.0839	10.5699
45	31.920	0.0313	386.506	0.0026	12.1084	0.0826	11.0447
50	46.902	0.0213	573.770	0.0018	12.2335	0.0818	11.4107
55	68.914	0.0145	848.923	0.0012	12.3186	0.0812	11.6902
60	101.257	0.0099	1253.213	0.0008	12.3766	0.0808	11.9015
65	148.780	0.0067	1847.248	0.0006	12.4160	0.0806	12.0602
70	218.606	0.0046	2720.080	0.0004	12.4428	0.0804	12.1783
75	321.205	0.0031	4002.557	0.0003	12.4611	0.0803	12.2658
80	471.955	0.0021	5886.935	0.0002	12.4735	0.0802	12.3301
85	693.456	0.0015	8655.706	0.0001	12.4820	0.0801	12.3773
90	1018.915	0.0010	12723.939	0.0001	12.4877	0.0801	12.4116
95	1497.121	0.0007	18701.507	0.0001	12.4917	0.0801	12.4365
100	2199.761	0.0005	27484.516	0.0001	12.4943	0.0800	12.4545

附表 13　9%普通（按年计）复利表

n	一次支付		等额支付数列				等差数列
	复利终值	复利现值	年金终值	偿债基金	年金现值	资金回收	
	知 P 求 F	知 F 求 P	知 A 求 F	知 F 求 A	知 A 求 P	知 P 求 A	知 G 求 A
	$(1+i)^n$	$\frac{1}{(1+i)^n}$	$\frac{(1+i)^n-1}{i}$	$\frac{i}{(1+i)^n-1}$	$\frac{(1+i)^n-1}{i(1+i)^n}$	$\frac{i(1+i)^n}{(1+i)^n-1}$	
	$F/P, i, n$	$P/F, i, n$	$F/A, i, n$	$A/F, i, n$	$P/A, i, n$	$A/P, i, n$	$A/G, i, n$
1	1.090	0.9174	1.000	1.0000	0.9174	1.0900	0.0000
2	1.188	0.8417	2.090	0.4785	1.7591	0.5685	0.4785
3	1.295	0.7722	3.278	0.3051	2.5313	0.3951	0.9426
4	1.412	0.7084	4.573	0.2187	3.2397	0.3087	1.3925
5	1.539	0.6499	5.985	0.1671	3.8897	0.2571	1.8282
6	1.677	0.5963	7.523	0.1329	4.4859	0.2299	2.2498
7	1.828	0.5470	9.200	0.1087	5.0330	0.1987	2.6574
8	1.993	0.5019	11.028	0.0907	5.5348	0.1807	3.0512
9	2.172	0.4604	13.021	0.0768	5.9953	0.1668	3.4312
10	2.367	0.4224	15.193	0.0658	6.4177	0.1558	3.7978
11	2.580	0.3875	17.560	0.0570	6.8052	0.1470	4.1510
12	2.813	0.3555	20.141	0.0497	7.1607	0.1397	4.4910
13	3.066	0.3262	22.953	0.0436	7.4869	0.1336	4.8182
14	3.342	0.2993	26.019	0.0384	7.7862	0.1284	5.1326
15	3.642	0.2745	29.361	0.0341	8.0607	0.1241	5.4346
16	3.970	0.2519	33.003	0.0303	8.3126	0.1203	5.7245
17	4.328	0.2311	36.974	0.0271	8.5436	0.1171	6.0024
18	4.717	0.2120	41.301	0.0242	8.7556	0.1142	6.2687
19	5.142	0.1945	46.018	0.0217	8.9501	0.1117	6.5236
20	5.604	0.1784	51.160	0.0196	9.1286	0.1096	6.7675
21	6.109	0.1637	56.765	0.0176	9.2923	0.1076	7.0006
22	7.659	0.1502	62.873	0.0159	9.4424	0.1059	7.2232
23	7.258	0.1378	69.532	0.0144	9.5802	0.1044	7.4358
24	7.911	0.1264	76.790	0.0130	9.7066	0.1030	7.6384
25	8.623	0.1160	84.701	0.0118	9.8226	0.1018	7.8316
26	9.399	0.1064	93.324	0.0107	9.9290	0.1007	8.0156
27	10.245	0.0976	102.723	0.0097	10.0266	0.0997	8.1906
28	11.167	0.0896	112.968	0.0089	10.1161	0.0989	8.3572
29	12.172	0.0822	124.135	0.0081	10.1983	0.0981	8.5154
30	13.268	0.0754	136.308	0.0073	10.2737	0.0973	8.6657
31	14.462	0.0692	149.575	0.0067	10.3428	0.0767	8.8083
32	15.763	0.0634	164.037	0.0061	10.4063	0.0961	8.9436
33	17.182	0.0582	179.800	0.0056	10.4645	0.0956	9.0718
34	18.728	0.0534	196.982	0.0051	10.5178	0.0951	9.1933
35	20.414	0.0490	215.711	0.0046	10.5668	0.0946	9.3083
40	31.409	0.0318	337.882	0.0030	10.7574	0.0930	9.7957
45	48.327	0.0207	525.859	0.0019	10.8812	0.0919	10.1603
50	74.358	0.0135	815.084	0.0012	10.9617	0.0912	!0.4295
55	114.408	0.0088	1260.092	0.0008	11.0140	0.0908	10.6261
60	176.031	0.0057	1944.792	0.0005	11.0480	0.0905	10.7683
65	270.846	0.0037	2998.288	0.0003	11.0701	0.0903	10.8702
70	416.730	0.0024	4619.223	0.0002	11.0845	0.0902	10.9427
75	641.191	0.0016	7113.232	0.0002	11.0938	0.0902	10.9940
80	986.552	0.0010	10950.574	0.0001	11.0999	0.0901	11.0299
85	1517.932	0.0007	16854.800	0.0001	11.1038	0.0901	11.0551
90	2335.527	0.0004	25939.184	0.0001	11.1064	0.0900	11.0726
95	3593.497	0.0003	29916.635	0.0000	11.1080	0.0900	11.0847
100	5529.041	0.0002	61422.675	0.0000	11.1091	0.0900	11.0930

附表 14 10%普通（按年计）复利表

n	一次支付		等额支付数列				等差数列
	复利终值	复利现值	年金终值	偿债基金	年金现值	资金回收	
	知 P 求 F	知 F 求 P	知 A 求 F	知 F 求 A	知 A 求 P	知 P 求 A	知 G 求 A
	$(1+i)^n$	$\frac{1}{(1+i)^n}$	$\frac{(1+i)^n-1}{i}$	$\frac{i}{(1+i)^n-1}$	$\frac{(1+i)^n-1}{i(1+i)^n}$	$\frac{i(1+i)^n}{(1+i)^n-1}$	
	$F/P, i, n$	$P/F, i, n$	$F/A, i, n$	$A/F, i, n$	$P/A, i, n$	$A/P, i, n$	$A/G, i, n$
1	1.100	0.9091	1.000	1.0000	0.9091	1.1000	0.0000
2	1.210	0.8265	2.100	0.4762	1.7355	0.5762	0.4762
3	1.331	0.7533	3.310	0.3021	2.4869	0.4021	0.9366
4	1.464	0.6830	4.641	0.2155	3.1699	0.3155	1.3812
5	1.611	0.6209	6.105	0.1638	3.7908	0.2638	1.8101
6	1.772	0.5645	7.716	0.1296	4.3553	0.2296	2.2236
7	1.949	0.5132	9.487	0.1054	4.8684	0.2054	2.6216
8	2.144	0.4665	11.436	0.0875	5.3349	0.1875	3.0045
9	2.358	0.4241	13.579	0.0737	5.7590	0.1737	3.3724
10	2.594	0.3856	15.937	0.0628	6.1446	0.1628	3.7255
11	2.853	0.3505	18.531	0.0540	6.4951	0.1540	4.0641
12	3.138	0.3186	21.384	0.0468	6.8137	0.1468	4.3884
13	3.452	0.2897	24.523	0.0408	7.1034	0.1408	4.6988
14	3.798	0.2633	27.975	0.0358	7.3667	0.1358	4.9955
15	4.177	0.2394	31.772	0.0315	7.6061	0.1315	5.2789
16	4.595	0.2176	35.950	0.0278	7.8237	0.1278	5.5493
17	5.054	0.1979	40.545	0.0247	8.0216	0.1247	5.8071
18	5.560	0.1799	45.599	0.0219	8.2014	0.1219	6.0526
19	6.116	0.1635	51.159	0.0196	8.3649	0.1196	6.2861
20	6.728	0.1487	57.275	0.0175	8.5136	0.1175	6.5081
21	7.400	0.1351	64.003	0.0156	8.6487	0.1156	6.7189
22	8.140	0.1229	71.403	0.0140	8.7716	0.1110	6.9189
23	8.954	0.1117	79.543	0.0126	8.8832	0.1126	7.1085
24	9.850	0.1015	88.497	0.0113	8.9848	0.113	7.2881
25	10.835	0.0923	98.347	0.0102	9.0771	0.1102	7.4580
26	11.918	0.0839	109.182	0.0092	9.1610	0.1092	7.6187
27	13.110	0.0763	121.100	0.0083	9.2372	0.1083	7.7704
28	14.421	0.0694	134.210	0.0075	9.3066	0.1075	7.9137
29	15.863	0.0630	148.631	0.0067	9.3696	0.1067	8.0489
30	17.449	0.0573	164.494	0.0061	9.4269	0.1061	8.1762
31	19.194	0.0521	181.943	0.0055	9.4790	0.1055	8.2962
32	21.114	0.0474	201.138	0.0050	9.5264	0.1050	8.4091
33	23.225	0.0431	222.252	0.0045	9.5694	0.1045	8.5152
34	25.548	0.0392	245.477	0.0041	9.6086	0.1041	8.6149
35	28.102	0.0356	271.024	0.0037	9.6442	0.1037	8.7086
40	45.259	0.0221	442.593	0.0023	9.7791	0.1023	9.0962
45	72.890	0.0137	718.905	0.0014	9.8628	0.1014	9.3741
50	117.391	0.0085	1163.909	0.0009	9.9148	0.1009	9.5704
55	189.059	0.0053	1880.591	0.0005	9.9471	0.1005	9.7075
60	304.482	0.0033	3034.816	0.0003	9.9672	0.1003	9.8023
65	490.371	0.0020	4893.707	0.0002	9.9796	0.1002	9.8672
70	789.747	0.0013	7887.470	0.0001	9.9873	0.1001	9.9113
75	1271.895	0.0008	12708.954	0.0001	9.9921	0.1001	9.9410
80	2048.400	0.0005	20474.002	0.0001	9.9951	0.1001	9.9609
85	3298.969	0.0003	32979.690	0.0000	9.9970	0.1000	9.9742
90	5313.023	0.0002	53120.226	0.0000	9.9981	0.1000	9.9831
95	8556.676	0.0001	85556.760	0.0000	9.9988	0.1000	9.9889
100	13780.612	0.0001	137796.123	0.0000	9.9993	0.1000	9.9928

附表 15 12%普通（按年计）复利表

n	一次支付		等额支付数列				等差数列
	复利终值	复利现值	年金终值	偿债基金	年金现值	资金回收	
	知 P 求 F	知 F 求 P	知 A 求 F	知 F 求 A	知 A 求 P	知 P 求 A	知 G 求 A
	$(1+i)^n$	$\frac{1}{(1+i)^n}$	$\frac{(1+i)^n-1}{i}$	$\frac{i}{(1+i)^n-1}$	$\frac{(1+i)^n-1}{i(1+i)^n}$	$\frac{i(1+i)^n}{(1+i)^n-1}$	
	$F/P, i, n$	$P/F, i, n$	$F/A, i, n$	$A/F, i, n$	$P/A, i, n$	$A/P, i, n$	$A/G, i, n$
1	1.120	0.8829	1.000	1.0000	0.8929	1.1200	0.0000
2	1.254	0.7972	2.120	0.4717	1.6901	0.5917	0.4717
3	1.405	0.7118	3.374	0.2964	2.4018	0.4164	0.9246
4	1.574	0.6355	4.779	0.2092	3.0374	0.3292	1.3589
5	1.762	0.5674	6.353	0.1574	3.6048	0.2774	1.7746
6	1.974	0.5066	8.115	0.1232	4.1114	0.2432	2.1721
7	2.211	0.4524	10.089	0.0991	4.5638	0.2191	2.5515
8	2.476	0.4039	12.300	0.0813	4.9676	0.2013	2.9132
9	2.773	0.3606	14.776	0.0677	5.3283	0.1877	3.2574
10	3.106	0.3220	17.549	0.0570	5.6502	0.1770	3.5547
11	3.479	0.2875	20.655	0.0484	5.9377	0.1684	3.8953
12	3.896	0.2567	24.133	0.0414	6.1944	0.1614	4.1897
13	4.364	0.2292	28.029	0.0357	6.4236	0.1557	4.4683
14	4.887	0.2046	32.393	0.0309	6.6282	0.1509	4.7317
15	5.474	0.1827	37.280	0.0268	6.8109	0.1468	4.9803
16	6.130	0.1631	42.753	0.0234	6.9740	0.1434	5.2147
17	6.866	0.1457	48.884	0.0205	7.1196	0.1405	5.4353
18	7.690	0.1300	55.750	0.0179	7.2497	0.1379	5.6427
19	8.613	0.1161	63.440	0.0158	7.3658	0.1358	5.8375
20	9.646	0.1037	72.052	0.0139	7.4695	0.1339	6.0202
21	10.804	0.0926	81.699	0.0123	7.5620	0.1323	6.1913
22	12.100	0.0827	92.503	0.0108	7.6447	0.1308	6.3514
23	13.552	0.0738	104.603	0.0096	7.7184	0.1296	6.5010
24	15.179	0.0659	118.155	0.0085	7.7843	0.1285	6.6407
25	17.000	0.0588	133.334	0.0075	7.8431	0.1275	6.7708
26	19.040	0.0525	150.334	0.0067	7.8957	0.1267	6.8921
27	21.325	0.0469	169.374	0.0059	7.9426	0.1259	7.0049
28	23.884	0.0419	190.699	0.0053	7.9844	0.1253	7.1098
29	26.750	0.0374	214.583	0.0047	8.0218	0.1247	7.2071
30	29.960	0.0334	241.333	0.0042	8.0552	0.1242	7.2947
31	33.555	0.0298	271.293	0.0037	8.0850	0.1237	7.3811
32	37.582	0.0266	304.848	0.0033	8.1116	0.1233	7.4586
33	42.092	0.0238	342.429	0.0029	8.1354	0.1229	7.5303
34	47.143	0.0212	384.521	0.0026	8.1566	0.1226	7.5965
35	52.800	0.0189	431.664	0.0023	8.1755	0.1223	7.6577
40	93.051	0.0108	767.091	0.0013	8.2438	0.1213	7.8988
45	163.988	0.0061	1358.230	0.0007	8.2825	0.1207	8.0572
50	289.002	0.0035	2400.018	0.0004	8.3045	0.1204	8.1597

附表 16 15%普通（按年计）复利表

n	一次支付		等额支付数列				等差数列
	复利终值	复利现值	年金终值	偿债基金	年金现值	资金回收	
	知 P 求 F	知 F 求 P	知 A 求 F	知 F 求 A	知 A 求 P	知 P 求 A	知 G 求 A
	$(1+i)^n$	$\frac{1}{(1+i)^n}$	$\frac{(1+i)^n-1}{i}$	$\frac{i}{(1+i)^n-1}$	$\frac{(1+i)^n-1}{i(1+i)^n}$	$\frac{i(1+i)^n}{(1+i)^n-1}$	
	$F/P, i, n$	$P/F, i, n$	$F/A, i, n$	$A/F, i, n$	$P/A, i, n$	$A/P, i, n$	$A/G, i, n$
1	1.150	0.8696	1.000	1.0000	0.8696	1.1500	0.0000
2	1.323	0.7562	2.150	0.4651	1.6257	0.6151	0.4651
3	1.521	0.6575	3.473	0.2880	2.2832	0.4380	0.9071
4	1.749	0.5718	4.993	0.2003	2.8550	0.3503	1.3263
5	2.011	0.4972	6.742	0.1483	3.3522	0.2983	1.7228
6	2.313	0.4323	8.754	0.1142	3.7845	0.2642	2.0972
7	2.660	0.3759	11.067	0.0904	4.1604	0.2404	2.4499
8	3.059	0.3269	13.727	0.0729	4.4873	0.2229	2.7813
9	3.518	0.2843	16.786	0.0596	4.7716	0.2096	3.0922
10	4.046	0.2472	20.304	0.0493	5.0188	0.1993	3.3832
11	4.652	0.2150	24.349	0.0411	5.2337	0.1911	3.6550
12	5.350	0.1869	29.002	0.0345	5.4206	0.1845	3.9082
13	6.153	0.1625	34.352	0.0291	5.5832	0.1791	4.1438
14	7.076	0.1413	40.505	0.0247	5.7245	0.1747	4.3624
15	8.137	0.1229	47.580	0.0210	5.8474	0.1710	4.5650
16	9.358	0.1069	55.717	0.0180	5.9542	0.1680	4.7523
17	10.761	0.0929	65.075	0.0154	6.0472	0.1654	4.9251
18	12.375	0.0808	75.836	0.0132	6.1280	0.1632	5.0843
19	14.232	0.0703	88.212	0.0113	6.1982	0.1613	5.2307
20	16.367	0.0611	102.444	0.0098	6.2593	0.1598	5.3651
21	18.822	0.0531	118.810	0.0084	6.3125	0.1584	5.4883
22	21.645	0.0462	137.632	0.0073	6.3587	0.1573	5.6010
23	24.891	0.0402	159.276	0.0063	6.3988	0.1563	5.7040
24	28.625	0.0349	184.168	0.0054	6.4338	0.1554	5.7979
25	32.919	0.0304	212.793	0.0047	6.4642	0.1547	5.8834
26	37.857	0.0264	245.712	0.0041	6.4906	0.1541	5.9612
27	43.535	0.0230	283.569	0.0035	6.5135	0.1535	6.0319
28	50.066	0.0200	327.104	0.0031	'6.5335	0.1531	6.0960
29	57.575	0.0174	377.170	0.0027	6.5509	0.1527	6.1541
30	66.212	0.0151	434.745	0.0023	6.5660	0.1523	6.2066
31	76.144	0.0131	500.957	0.0020	6.5791	0.1520	6.2541
32	87.565	0.0114	577.100	0.0017	6.5905	0.1517	6.2970
33	100.700	0.0099	664.666	0.0015	6.6005	0.1515	6.3357
34	115.805	0.0086	765.365	0.0013	6.6091	0.1513	6.3705
35	133.176	0.0075	881.170	0.0011	6.6166	0.1511	6.4019
40	267.864	0.0037	1779.090	0.0006	6.6418	0.1506	6.5168
45	538.769	0.0019	3585.128	0.0003	6.6543	0.1503	6.5830
50	1083.657	0.0009	7217.716	0.0002	6.6605	0.1501	6.6205

附表 17 20%普通（按年计）复利表

n	一次支付		等额支付数列				等差数列
	复利终值	复利现值	年金终值	偿债基金	年金现值	资金回收	
	知 P 求 F	知 F 求 P	知 A 求 F	知 F 求 A	知 A 求 P	知 P 求 A	知 G 求 A
	$(1+i)^n$	$\frac{1}{(1+i)^n}$	$\frac{(1+i)^n-1}{i}$	$\frac{i}{(1+i)^n-1}$	$\frac{(1+i)^n-1}{i(1+i)^n}$	$\frac{i(1+i)^n}{(1+i)^n-1}$	
	F/P，i，n	P/F，i，n	F/A，i，n	A/F，i，n	P/A，i，n	A/P，i，n	A/G，i，n
1	1.200	0.8333	1.000	1.0000	0.8333	1.2000	0.0000
2	1.440	0.6945	2.200	0.4546	1.5278	0.6546	0.4546
3	1.728	0.5787	3.640	0.2747	2.1065	0.4747	0.8791
4	2.074	0.4823	5.368	0.1863	2.5887	0.3863	1.2742
5	2.488	0.4019	7.442	0.1344	2.9906	0.3344	1.6405
6	2.986	0.3349	9.930	0.1007	3.3255	0.3007	1.9788
7	3.583	0.2791	12.916	0.0774	3.6046	0.2774	2.2902
8	4.300	0.2326	16.499	0.0606	3.8372	0.2606	2.5756
9	5.160	0.1938	20.799	0.0481	4.0310	0.2481	2.8364
10	6.192	0.1615	25.959	0.0385	4.1925	0.2385	3.0739
11	7.430	0.1346	32.150	0.0311	4.3271	0.2311	3.2893
12	8.916	0.1122	39.581	0.0253	4.4392	0.2253	3.4841
13	10.699	0.0935	48.497	0.0206	4.5327	0.2206	3.6597
14	12.839	0.0779	59.196	0.0169	4.6106	0.2169	3.8175
15	15.407	0.0649	72.035	0.0139	4.6755	0.2139	4.9589
16	18.488	0.0541	87.442	0.0114	4.7296	0.2114	4.0851
17	22.186	0.0451	105.931	0.0095	4.7746	0.2095	4.1976
18	26.623	0.0376	128.117	0.0078	4.8122	0.2078	4.2975
19	31.948	0.0313	154.740	0.0065	4.8435	0.2065	4.3861
20	38.338	0.0261	186.688	0.0054	4.8696	0.2054	4.4644
21	46.005	0.0217	225.026	0.0045	4.8913	0.2045	4.5334
22	55.206	0.0181	271.031	0.0037	4.9094	0.2037	4.5942
23	66.247	0.0151	326.237	0.0031	4.9245	0.2031	4.6475
24	79.497	0.0126	392.484	0.0026	4.9371	0.2026	4.6943
25	95.396	0.0105	471.981	0.0021	4.9476	0.2021	4.7352
26	114.475	0.0087	567.377	0.0018	4.9563	0.2018	4.7709
27	137.371	0.0073	681.853	0.0015	4.9636	0.2015	4.8020
28	164.845	0.0061	819.223	0.0012	4.9697	0.2012	4.8291
29	197.814	0.0051	984.068	0.0010	4.9747	0.2010	4.8527
30	237.376	0.0042	1181.882	0.0009	4.9789	0.2009	4.8731
31	284.852	0.0035	1419.258	0.0007	4.9825	0.2007	4.8908
32	341.822	0.0029	1704.109	0.0006	4.9854	0.2006	4.9061
33	410.186	0.0024	2045.931	0.0005	4.9878	0.2005	4.9194
34	492.240	0.0020	2456.118	0.0004	4.9899	0.2004	4.9308
35	590.668	0.0017	2948.341	0.0003	4.9915	0.2003	4.9407
40	1469.772	0.0007	7343.858	0.0002	4.9966	0.2001	4.9728
45	3657.262	0.0003	18281.310	0.0001	4.9986	0.2001	4.9877
50	9100.438	0.0001	45497.191	0.0000	4.9995	0.2000	4.9945

附表 18　25%普通（按年计）复利表

n	一次支付		等额支付数列				等差数列
	复利终值	复利现值	年金终值	偿债基金	年金现值	资金回收	
	知 P 求 F	知 F 求 P	知 A 求 F	知 F 求 A	知 A 求 P	知 P 求 A	知 G 求 A
	$(1+i)^n$	$\frac{1}{(1+i)^n}$	$\frac{(1+i)^n-1}{i}$	$\frac{i}{(1+i)^n-1}$	$\frac{(1+i)^n-1}{i(1+i)^n}$	$\frac{i(1+i)^n}{(1+i)^n-1}$	
	$F/P，i，n$	$P/F，i，n$	$F/A，i，n$	$A/F，i，n$	$P/A，i，n$	$A/P，i，n$	$A/G，i，n$
1	1.250	0.8000	1.0000	1.000	0.8000	1.2500	0.0000
2	1.563	0.6400	2.250	0.4445	1.4400	0.6945	0.4445
3	1.953	0.5120	3.813	0.2622	1.9520	0.5123	0.8525
4	2.441	0.4096	5.766	0.1735	2.3616	0.4235	1.2249
5	3.052	0.3277	8.207	0.1219	2.6893	0.3719	1.5631
6	3.815	0.2622	11.259	0.0888	2.9514	0.3388	1.8683
7	4.768	0.2097	15.073	0.0664	3.1611	0.3164	2.1424
8	5.960	0.1678	19.842	0.0504	3.3289	0.3004	2.3873
9	7.451	0.1342	25.802	0.0388	3.4631	0.2888	2.6048
10	9.313	0.1074	33.253	0.0301	3.5705	0.2801	2.7971
11	11.642	0.0859	42.566	0.0235	3.6564	0.2735	2.9663
12	11.552	0.0687	54.208	0.0185	3.7251	0.2685	3.1145
13	18.190	0.0550	68.760	0.0146	3.7801	0.2646	3.2438
14	22.737	0.0440	86.949	0.0115	3.8241	0.2615	3.3560
15	28.422	0.0352	109.687	0.0091	3.8593	0.2591	3.4530
16	35.527	0.0282	138.109	0.0073	3.8874	0.2573	3.5366
17	44.409	0.0225	173.636	0.0058	3.9099	0.2558	3.6084
18	55.511	0.0180	218.045	0.0046	3.9280	0.2546	3.6698
19	69.389	0.0144	273.556	0.0037	3.9424	0.2537	3.7222
20	86.736	0.0115	342.945	0.0029	3.9539	0.2529	3.7667
21	108.420	0.0092	429.681	0.0023	3.9631	0.2523	3.8045
22	135.525	0.0074	538.101	0.0019	3.9705	0.2519	3.8365
23	169.407	0.0059	673.626	0.0015	3.9764	0.2515	3.8634
24	211.758	0.0047	843.033	0.0012	3.9811	0.2512	3.8861
25	264.698	0.0038	1054.791	0.0010	3.9849	0.2510	3.9052
26	330.872	0.0030	1319.489	0.0008	3.9879	0.2508	3.9212
27	413.590	0.0024	1650.361	0.0006	3.9903	0.2506	3.9346
28	516.988	0.0019	2663.952	0.0005	3.9923	0.2505	3.9457
29	646.235	0.0016	2580.939	0.0004	3.9936	0.2504	3.9551
30	807.794	0.0012	3227.174	0.0003	3.9951	0.2503	3.9628
31	1009.742	0.0010	4034.968	0.0003	3.9960	0.2503	3.9693
32	1262.177	0.0008	5044.710	0.0002	3.9968	0.2502	3.9746
33	1577.722	0.0006	6306.887	0.0002	3.9975	0.2502	3.9791
34	1972.152	0.0005	7884.609	0.0001	3.9980	0.2501	3.9828
35	2465.190	0.00004	9856.761	0.0001	3.9984	0.2501	8.9858

附表 19　30%普通（按年计）复利表

n	一次支付		等额支付数列				等差数列
	复利终值	复利现值	年金终值	偿债基金	年金现值	资金回收	
	知 P 求 F	知 F 求 P	知 A 求 F	知 F 求 A	知 A 求 P	知 P 求 A	知 G 求 A
	$(1+i)^n$	$\frac{1}{(1+i)^n}$	$\frac{(1+i)^n-1}{i}$	$\frac{i}{(1+i)^n-1}$	$\frac{(1+i)^n-1}{i(1+i)^n}$	$\frac{i(1+i)^n}{(1+i)^n-1}$	
	$F/P,\ i,\ n$	$P/F,\ i,\ n$	$F/A,\ i,\ n$	$A/F,\ i,\ n$	$P/A,\ i,\ n$	$A/P,\ i,\ n$	$A/G,\ i,\ n$
1	1.300	0.7692	1.000	1.0000	0.7692	1.3000	0.0000
2	1.690	0.5917	2.300	0.4348	1.3610	0.7348	0.4348
3	2.197	0.4552	3.990	0.2506	1.8161	0.5506	0.8271
4	2.856	0.3501	6.187	0.1616	2.1663	0.4616	1.1783
5	3.713	0.2693	9.043	0.1106	2.4356	0.4106	1.4903
6	4.827	0.2072	12.756	0.0784	2.6428	0.3784	1.7655
7	6.275	0.1594	17.583	0.0569	2.8021	0.3569	2.0068
8	8.157	0.1226	23.858	0.0419	2.9247	0.3419	2.2156
9	10.605	0.0943	32.015	0.0312	3.0190	0.3312	2.3963
10	13.786	0.0725	42.620	0.0235	3.0915	0.3235	2.5512
11	17.922	0.0558	56.405	0.0177	3.1473	0.3177	2.6833
12	23.298	0.0429	74.327	0.0135	3.1903	0.3135	2.7952
13	30.288	0.0330	97.625	0.0103	3.2233	0.3103	2.8895
14	39.374	0.0254	127.913	0.0078	3.2487	0.3078	2.9685
15	51.186	0.0195	167.286	0.0060	3.2682	0.3060	3.0345
16	66.542	0.0150	218.472	0.0046	3.2832	0.3046	3.0892
17	86.504	0.0116	285.014	0.0035	3.2948	0.3035	3.1345
18	112.455	0.0089	371.518	0.0027	3.3037	0.3027	3.1718
19	146.192	0.0069	483.973	0.0021	3.3105	0.3021	3.2025
20	190.050	0.0053	630.165	0.0016	3.3158	0.3016	3.2276
21	247.065	0.0041	820.215	0.0012	3.3199	0.3012	3.2480
22	321.184	0.0031	1067.280	0.0009	3.3230	0.3009	3.2646
23	417.539	0.0024	1388.464	0.0007	3.3254	0.3007	3.2781
24	542.801	0.0019	1806.003	0.0006	3.3272	0.3006	3.2890
25	705.641	0.0014	2348.803	0.0004	3.3286	0.3004	3.2979
26	917.333	0.0011	3054.444	0.0003	3.3297	0.3003	3.3050
27	1192.533	0.0008	3971.778	0.0003	3.3305	0.3003	3.3107
28	1550.293	0.0007	5164.311	0.0002	3.3312	0.3002	3.3153
29	2015.381	0.0005	6714.004	0.0002	3.3317	0.3002	3.3189
30	2619.996	0.0004	8729.985	0.0001	3.3321	0.3001	3.3219
31	3405.994	0.0003	11349.981	0.0001	3.3324	0.3001	3.3242
32	4427.793	0.0002	14755.975	0.0001	3.3326	0.3001	3.3261
33	5756.130	0.0002	19183.768	0.0001	3.3328	0.3001	3.3276
34	7482.970	0.0001	24939.899	0.0001	3.3329	0.3001	3.3288
35	9727.860	0.0001	32422.868	0.0000	3.3330	0.3000	3.3297

附表 20　40%普通（按年计）复利表

n	一次支付		等额支付数列				等差数列
	复利终值	复利现值	年金终值	偿债基金	年金现值	资金回收	
	知 P 求 F	知 F 求 P	知 A 求 F	知 F 求 A	知 A 求 P	知 P 求 A	知 G 求 A
	$(1+i)^n$	$\frac{1}{(1+i)^n}$	$\frac{(1+i)^n-1}{i}$	$\frac{i}{(1+i)^n-1}$	$\frac{(1+i)^n-1}{i(1+i)^n}$	$\frac{i(1+i)^n}{(1+i)^n-1}$	
	$F/P，i，n$	$P/F，i，n$	$F/A，i，n$	$A/F，i，n$	$P/A，i，n$	$A/P，i，n$	$A/G，i，n$
1	1.400	0.7143	1.000	1.0001	0.7143	1.4001	0.0000
2	1.960	0.5103	2.400	0.4167	1.2245	0.8167	0.4167
3	2.744	0.3645	4.360	0.2294	1.5890	0.6294	0.7799
4	3.842	0.2604	7.104	0.1408	1.8493	0.5408	1.0924
5	5.378	0.1860	10.946	0.0914	2.0352	0.4914	1.3580
6	7.530	0.1329	16.324	0.0613	2.1680	0.4613	1.5811
7	10.541	0.0949	23.853	0.0420	2.2629	0.4420	1.7664
8	14.758	0.0678	34.395	0.0291	2.3306	0.4291	1.9186
9	20.661	0.0485	49.153	0.0204	2.3790	0.4204	2.0423
10	28.925	0.0346	69.814	0.0144	2.4136	0.4144	2.1420
11	40.496	0.0247	98.739	0.0102	2.4383	0.4102	2.2215
12	56.694	0.0177	139.234	0.0072	2.4560	0.4072	2.2846
13	79.371	0.0126	195.928	0.0052	2.4686	0.4052	2.3342
14	111.120	0.0090	275.299	0.0037	2.4775	0.4037	2.3729
15	155.568	0.0065	386.419	0.0026	2.4840	0.4026	2.4030
16	217.794	0.0046	541.986	0.0019	2.4886	0.4019	2.4262
17	304.912	0.0033	759.780	0.0014	2.4918	0.4014	2.4441
18	426.877	0.0024	1064.691	0.0010	2.4942	0.4010	2.4578
19	597.627	0.0017	149.567	0.0007	2.4959	0.4007	2.4682
20	836.678	0.0012	2089.195	0.0005	2.4971	0.4005	2.4761
21	1171.348	0.0009	2925.871	0.0004	2.4979	0.4004	2.4821
22	1639.887	0.0007	4097.218	0.0003	2.4985	0.4003	2.4866
23	2295.842	0.0005	5737.105	0.0002	2.4990	0.4002	2.4900
24	3214.178	0.0004	8032.945	0.0002	2.4993	0.4002	2.4926
25	4499.847	0.0003	11247.110	0.0001	2.4995	0.4001	2.4945
26	6299.785	0.0002	15746.960	0.0001	2.4997	0.4001	2.4959
27	8819.695	0.0002	22046.730	0.0001	2.4998	0.4001	2.4970
28	12347.570	0.0001	30866.430	0.0001	2.4998	0.4001	2.4978
29	17286.590	0.0001	43213.990	0.0001	2.4999	0.4001	2.4984
30	24201.230	0.0001	60500.580	0.0001	2.4999	0.4001	2.4988

附表 21　50%普通（按年计）复利表

n	一次支付		等额支付数列				等差数列
	复利终值	复利现值	年金终值	偿债基金	年金现值	资金回收	
	知 P 求 F	知 F 求 P	知 A 求 F	知 F 求 A	知 A 求 P	知 P 求 A	知 G 求 A
	$(1+i)^n$	$\frac{1}{(1+i)^n}$	$\frac{(1+i)^n-1}{i}$	$\frac{i}{(1+i)^n-1}$	$\frac{(1+i)^n-1}{i(1+i)^n}$	$\frac{i(1+i)^n}{(1+i)^n-1}$	
	$F/P, i, n$	$P/F, i, n$	$F/A, i, n$	$A/F, i, n$	$P/A, i, n$	$A/P, i, n$	$A/G, i, n$
1	1.500	0.6667	1.000	1.0000	0.6667	1.5000	0.0001
2	2.250	0.4445	2.500	0.4000	1.1112	0.9001	0.4001
3	3.375	0.2963	4.750	0.2106	1.4075	0.7106	0.7369
4	5.063	0.1976	8.125	0.1231	1.6050	0.6231	1.0154
5	7.594	0.1317	13.188	0.0759	1.7367	0.5759	1.2418
6	11.391	0.0878	20.781	0.0482	1.8245	0.5482	1.4226
7	17.086	0.0586	32.172	0.0311	1.8830	0.5311	1.5649
8	25.629	0.0391	49.258	0.0204	1.9220	0.5204	1.6752
9	38.443	0.0261	74.887	0.0134	1.9480	0.5134	1.7597
10	57.665	0.0174	113.330	0.0089	1.9654	0.5089	1.8236
11	86.498	0.0116	170.995	0.0059	1.9769	0.5059	1.8714
12	129.746	0.0078	257.493	0.0039	1.9846	0.5039	1.9068
13	194.620	0.0052	387.239	0.0026	1.9898	0.5026	1.9329
14	291.929	0.0035	581.858	0.0018	1.9932	0.5018	1.0519
15	437.894	0.0023	873.788	0.0012	1.9955	0.5012	1.9657
16	656.841	0.0016	1311.681	0.0008	1.9970	0.5008	1.9757
17	985.261	0.0011	1968.522	0.0006	1.9980	0.5006	1.9828
18	1477.891	0.0007	2953.783	0.0004	1.9987	0.5004	1.9879
19	2216.837	0.0005	4431.671	0.0003	1.9991	0.5003	1.9915
20	3325.256	0.0004	6648.511	0.0002	1.9994	0.5002	1.9940
21	4987.882	0.0003	9973.765	0.0002	1.9996	0.5002	1.9958
22	7481.824	0.0002	14961.640	0.0001	1.9998	0.5001	1.9971
23	11222.730	0.0001	22443.470	0.0001	1.9999	0.5001	1.9980
24	16834.100	0.0001	33666.210	0.0001	1.9999	0.5001	1.9986
25	25251.160	0.0001	50500.330	0.0001	2.0000	0.5001	1.9991

参 考 文 献

1. 国家发展和改革委员会，建设部．建设项目经济评价方法与参数．北京：中国计划出版社，2006

2. 国家经贸委财务司，国家统计局工交司编．工业企业综合评价指标体系．北京：中国经济出版社，1999

3. [美]亨利·马尔科姆·斯坦纳著．工程经济学原理．张芳等译．北京：经济科学出版社，2000

4. Leland T Blamk，Texas A & M University．Engineering Economy，5th．北京：清华大学出版社，2003 影印版

5. 傅家骥．技术经济学．北京：清华大学出版社，1996

6. 阿尔丁夫．技术经济学．北京：中国物资出版社，1988

7. 刘新梅．工程经济学．西安：西安交通大学出版社，1998

8. 万威武．可行性研究与项目评价．西安：西安交通大学出版社，1998

9. 王兴德．现代管理决策的计算机方法．北京：中国财政经济出版社，1999

10. 李南．工程经济学．北京：科学出版社，2000

11. 陈锡璞．工程经济．北京：机械工业出版社，2002